Alabama 1860 Agricultural and Manufacturing Census

Volume 2

Transcribed and Compiled by
Linda L. Green

WILLOW BEND BOOKS
2010

WILLOW BEND BOOKS
AN IMPRINT OF HERITAGE BOOKS, INC.

Books, CDs, and more—Worldwide

For our listing of thousands of titles see our website
at
www.HeritageBooks.com

Published 2010 by
HERITAGE BOOKS, INC.
Publishing Division
100 Railroad Ave. #104
Westminster, Maryland 21157

Copyright © 2000 Linda L. Green

All rights reserved. No part of this book may be reproduced or transmitted in any form or by any means, electronic or mechanical, including photocopying, recording or by any information storage and retrieval system without written permission from the author, except for the inclusion of brief quotations in a review.

International Standard Book Numbers
Paperbound: 978-1-58549-811-6
Clothbound: 978-0-7884-8468-1

Table of Contents

Introduction	v
Other Data Columns Available	vii

County	Page
Lowndes	1
Madison	16
Marengo	28
Marion	40
Marshall	54
Macon	68
Mobile	81
Montgomery	88
Monroe	99
Morgan	108
Index	120

INTRODUCTION

The 1860 Alabama Agricultural and Manufacturing Census was not different from the 1850 census in format. Again, when an individual was missed on the regular population census for whatever reason, sometimes he showed up on this census. The agricultural and manufacturing census revealed much about how people lived. I chose to transcribe only six of 46 columns. The six are: Name of Owner, Improved Acreage, Unimproved Acreage, Cash Value of the Farm, Value of Farm Implements and Machinery, and Value of Livestock. On the next page is a list of all other types of information available on this census. For a fee of $3.00, I will provide the remaining information on your ancestor. Please copy the list on the next page and send to the author with a check for $3.00.

Linda L. Green
13950 Ruler Court
Woodbridge, VA 22193

OTHER DATA COLUMNS

Colums/Title

6.	Horses
7.	Asses and Mules
8.	Milch Cows
9.	Working Oxen
10.	Other Cattle
11.	Sheep
12.	Swine
14.	Wheat, bushels of
15.	Rye, bushels of
16.	Indian Corn, bushels of
17.	Oats, bushels of
18.	Rice, lbs of
19.	Tobacco, lbs of
20.	Ginned Cotton, bales of 400 lbs each
21.	Wool, lbs of
22.	Peas and Beans, bushels of
23.	Irish Potatoes, bushels of
24.	Sweet Potatoes, bushels of
25.	Barley, bushels of
26.	Buchwheat, bushels of
27.	Value of Orchard Products in Dollars
28.	Wine, gallons of
29.	Value of Produce of Market Gardens
30.	Butter, lbs of
31.	Cheese, lbs of
32.	Hay, tons of
33.	Clover seed, bushels of
34.	Other Grass seed, bushels of
35.	Hops, lbs of
36.	Dew Rotted Hemp, tons of
37.	Water Rotten Hemp, tons of
38.	Flax, lbs of
39.	Flaxseed, bushels of
40.	Silk Cocoons, lbs of
41.	Maple Sugar, lbs of
42.	Cane Sugar, hnds of 1000 lbs
43.	Molases, gallons of
44.	Beeswax and Honey, lbs of
45.	Value of Home Made Manufactures
46.	Value of Animals Slaughtered

Lowndes County Alabama
1860 Agricultural Census

Agricultural and Manufacturing Census for 1860 Microfilmed by the Alabama Department of Archives and History under a Grant from the National Science Foundation

1860 Schedule 4 Agricultural –Dekalb to Morgan Counties

Filmed for the University of North Carolina from Original Records in the Alabama Department of Archives and History

These are the items represented and separated by a comma: for example John Doe, 20, 25, 10, 5, 100

1. Owner
2. Acres of Improved Land
3. Acres of Unimproved Land
4. Cash Value of Farm
5. Value of Farm Implements and Machinery
13. Value of Livestock

The following symbol is used to maintain spacing and to indicate no entry: (-) Sometimes words such as vacant land, public land, rented, or rented land are used. These are words are separated by a comma to maintain columns and do not necessarily reflect information normally in columns 3 and 4 as shown above.

NOTE: In some instances where the first few letters of the first name or initials are missing and indicated with _, the microfilming did not pick up parts of the left margin for Lowndes Co. for it was too close to the binding and could not be flattened enough. It is my understanding that the sheets once filled out were then bound. My guess is that the Alabama Department of Archives and History would not allow the books to be taken apart and had to be filmed as is. Thus, some parts of first names or initials are not visible on the film.

A. M. Simms, -, -, -, -, 300
R. A. Reid, -, -, -, -, 350
Jno. M. Lee, -, -, -, -, 200
Jno. Lee, 70, 50, 1000, 60, 225
B. T. Ansley, 120, 80, 1000, 230, 560
Mary Hinson, 250, 250, 5000, 525, 1632
L. G. Snelgrove, 200, 200, 6000, 220, 1369
J. H. Garrett, 230, 570, 8000, 255, 1500
Wm.Thorman (Thomson), 130, 116, 1732, 245, 842
A. J. Warren, 50, 110, 1000, 100, 400
Nancy H. Day, -, -, -, -, 60
David Lee, 600, 500, 10000, 465, 2470
Ab. Jackson, -, -, -, -, 150
N. Plumb, -, -, -, 25, 200
Thos. Hawkins, -, -, -, 85, 375
Stephen Adams, 600, 500, 25000, 150, 2760
Jno. A. Lyson, 30, 50, 1000, 5, 235
John Z. Adams, 60, 66, 1008, 125, 898

B. DeNoble, 75, 45, 1200, 95, 163
Eli Nobles, 25, 95, 360, 5, 130
Elison M. Pritch, 70, 90, 2000, 150, 700
Leroy Day, 80, 80 1000, 105, 270
Sam Johnson, 65, 15, 800, 125, 420
Wm. Miller, 130, 70, 2000, 475, 881
Oscar Wiley, 80, 80, 2000, 115, 378
A. W. Spier, 110, 130, 2500, 140, 490
P. Marwin, 400, 360, 11400, 395, 2100
David Little, 25, 55, 320, 800, 106
Hugh Wheeler, -, -, -, -, 40
Isom Leach, 100, 260, 3600, 250, 1108
A. A. Bargainer, 50, 30, 800, 85, 350
A. C. Wiley, 90, 70, 2400, -, 217
D. A. H. Senterfrit, 225, 255, 12000, 125, 1100
Henry Senterfrit, 250, 630, 17600, 307, 1357
Jas. Pollard, 40, 120, 4000, 50, 206
J. H. Roberson, 300, 100, 6000, 300, 1800

D. M. Tersure, 300, 100, 5000, 400, 1700
M. G. Hamilton, 200, 40, 2500, 75, 728
S. P. McCall, 1000, 580, 31600, 1000, 6707
John Spivy, -, -, -, -, 150
A. J. Garrett, -, -, -, 100, 900
R. H. Lee, 110, 490, 5000, 80, 1000
Alex Reid, 160, 254, 6505, 340, 1275
Silas Garrett, 40, 160, 1200, 50, 626
J. J. Daniel, 640, 300, 13000, 520, 2960
A. Tyson farms, 1900, 875, 67000, 1500, 10000
Willis Cooper, -, -, -, -, 300
J. F. Carnes, -, -, -, 150, 500
M. Woodruff, -, -, -, -, 230
Jno. G. Brown, 1800, 1150, 50000, 1480, 9340
B. W. Edwards, 240, 305, 6630, 600, 1620
F. Gordon, 1400, 560, 30000, 710, 6500
Tabitha Gordon, 50, 25, 500, 290, 1800
E. R. Mooser (Moorer), -, -, -, 25, 275
Wm. Carnes, 170, 20, 2400, 300, 900
Jno. B. Rudolph, 900, 540, 30000, 1000, 2100
S. W. Bowie, 650, 310, 20000, 1000, 4000
M. F. Whatley, 80, 80, 1600, 30, 500
Alfred Crawford, 400, 810, 7000, 281, 1962
Wm. Woodruff, 160, 200, 3600, 105, 360
Ann Key, 280, 160, 4400, 85, 335
John Dudley, 500, 500, 20000, 500, 3450
L. B. Bradley, 800, 1900, 27600, 800, 5130
E. A. Gunter, 400, 1400, 5000, 500, 2400
James Little, 300, 340, 9000, 300, 1830
E. Harrell, 900, 424, 18000, 1000, 4100
Walter Drane, 370, 680, 10000, 308, 1480
J. M. Hrabowski, -, -, -, 150, 1097
D. B. Sulivan, 550, 813, 17000, 570, 3518
Eli Atkinson, 540, 1000, 17000, 678, 3665
M. H. Berry, 140, 100, 4000, 157, 2133
A. J. Wilson, -, -, -, 12, 155
T. W. Hawkins, -, -, -, 8, 110
Chas. Crawford, 130, 150, 5000, 268, 1097
Charlotte Maples, -, -, -, -, 35
E. B. Maples, 60, 100, 2500, 125, 435
Nancy Robison, 50, 130, 1440, 25, 188
D. H. P. Woodruff, 125, 105, 1500, 85, 707
Sarah Bufington, 80, 86, 1660, 60, 451
Geo. Buffington, -, -, -, -, 198
F. Leatherwood, 250, 290, 5400, 355, 1180
Jas. Leatherwood, -, -, -, -, -
Calhoun Moorer, -, -, 10, -, 300
Reason Hobby, 70, 90, 1600, 150, 622
Jas. Hobby, 70, 50, 960, 250, 732
A. M. Leatherwood, 65, 55, 1200, 90, 445
Jas. Stricklin, -, -, -, -, 244
W. W. Stricklin, 60, 100, 1280, 150, 629
Wm. Gooden, -, -, -, 10, 75
Laban Warren, 45, 255, 2100, 70, 760
Merry Woodruff, 40, 40, 500, 10, 335
Lena Jones, 40, 40, 500, 10, 99
Lewis Hall, -, -, -, 40, 470
John Hannah, -, -, -, -, -
Thos. Bufington, -, -, -, 15, 375
E. D. Davidson, 80, 220, 5000, 200, 900
Louiza Roberts, 50, 30, 800, -, -
Precilla Woodruff, 70, 90, 1600, 95, 510
Martha Lee, 45, 155, 3200, 90, 77
Wm. Coker, 200, 440, 8000, 156, 1398
H. Woodruff, -, -, -, 10, 154
L. M. Pruitt, 80, 120, 2000, 150, 805
H. G. Hartley, 400, 440, 5000, 385, 2100
M. C. Gafford, -, -, -, -, 88
Emily Crenshaw, 42, 38, 500, 18, 413
J. P. Banks, 30, 50, 500, 10, 212
B. F. Salley (Sulley), -, 70, 700, 65, 519
Geo. J. Salley (Sulley), 35, 225, 2400, 20, 480
J. N. Casey, 190, 190, 2000, 350, 770
G. C. Snow, 240, 360, 6000, 455, 2280
R. D. Twombley, 70, 110, 2500, 100, 650
Robt. Key, -, -, -, -, 300
D. M. Hagood, -, -, -, -, 250
Wm. Bruner, 62, 88, 1460, 500, 700
G. A. Thigpen, 40, 45, 2000, 10, 350
Wm. Watson, 150, 150, 3000, 370, 1300
J. W. Crook, 5, 35, 1000, 10, 175
J. B. Bender, 4, -, 600, -, 150
Baker Meek, 60, 32, 656, 15, 399
Burrel Johnson, 140, 100, 2000, 140, 820
B. H. Johnson adm., 300, 400, 3000, 170, 1325
Elizabeth Jonson, -, -, -, 80, 750
J. G. Hensley, 100, 60, 2000, 20, 475
Free Jones, -, -, -, 100, 300
Sarah Paterson, 450, 600, 10000, 500, 3385
A. K. Gordon, -, -, -, -, -
C. B. Robison, 590, 910, 10000, 707, 2450
W. E. Peake, 100, 1180, 20000, 530, 2036
Jacob Vogle, -, -, -, -, -
Henry Meek, -, -, -, 15, 146

W. G. Tenison, -, -, -, -, 205
Hiram McKinney, -, -, -, 50, 210
B. D. Ford, Bender, 400, 560, 20000, 425, 3130
L. M. Buford, 110, 130, 3500, 175, 1080
F. F. Buford, 150, 115, 5470, 330, 1049
G. L. Buck, 350, 476, 8260, 500, 2400
T.R. Smiley, 350, 250, 10000, 300, 1995
J. Foster for Wm., 350, 650, 15000, 480, 2550
W. H. Foster, -, -, -, 20, 462
Rebecca Blalock, 40, 46, 300, -, 130
L. D. Crum, 700, 700, 23800, 400, 3174
B. D. Crum, -, -, -, -, 550
Edward Gunter, 400, 400, 8000, 300, 3200
M. A. Reynolds, 5, -, 450, -, 46
Itherial Ingram, -, -, -, 40, 474
J. Ingram adm. For W., 200, 400, 10000, 50, 791
J. S. Ingram, -, -, -, 10, 484
J. C. Tranick, 62, 70, 1400, 95, 485
Eliz. Underwood, 200, 300, 3000, 200, 944
Jas. Dunn, -, -, -, -, 30
Jane C. Hobby, 120, 60, 180, 80, 790
D. T. Posey, 150, 250, 4000, 262, 2245
Wm. Smith, 20, 20, 480, 100, 680
Sarah Stallworth, 200, 360, 5600, 365, 620
John D. Stallworth, -, -, -, -, 800
Jas A. Stewart, 260, 150, 6150, 325, 1424
T. W. Alston, 85, 134, 2600, 266, 1225
John Oliver, 300, 700, 12500, 450, 2161
Wm. Langford, 80, 80, 2000, 156, 605
T. P. Buffington, 75, 100, 2000, 20, 335
Loena Godwin, 100, 240, 4250, 70, 1719
W. J. & R. J. Underwood, 200, 280, 5760, 365, 865
H. L. Yeates, -, -, -, 80, 625
Fleur Blackman, 125, 258, 3830, 50, 1250
Martin Lee, 300, 100, 4800, 390, 1919
J. R. Lee, -, -, -, -, 150
J. N. Soles, 68, 12, 960, 15, 484
Jas. Buffington, 100, 60, 1600, 60, 552
J. C. Blalock, -, -, -, -, 100
E. S. James, -, -, -, 75, 750
J. D. Moorer, 300, 429, 18000, 500, 3969
Jas Soles, 500, 300, 9600, 500, 2558
F. O. Lockwood, -, 5, 100, -, 710
J. D. Aliston, -, -, -, -, 100
John Hunter, 50, 80, 650, 75, 431
J. S. Dudley, 250, 130, 5000, 600, 1250
Edwd. Dudley, 240, 100, 5000, 400, 1170
D. L. Bozeman, 5, -, 300, -, 300

J. W. for J. B. Cox, 300, 260, 3600, 320, 1075
Jemima Crosby, 30, 70, 500, 35, 400
T. B. McCullough, 70, 50, 1440, 80, 1211
Lafayte Atkinson, 80, 80, 1500, 125, 790
J. S. Peake, 30, 50, 1500, -, 600
T. W. Lee, 200, 400, 10000, 230, 1725
J. R. Brazile, 50, 30, 720, 80, 445
Clemon Siles, 65, 75, 800, 155, 538
Gabriel Moorer, 250, 750, 12000, 465, 3148
Geo Wiloby, 20, 112, 1056, 190, 738
Jas. Carmte (Carmto), -, -, -, 5, 185
Wm. Davidson, 250, 570, 8200,, 225, 1415
P. H. Averhart, 110, 40, 1000, 30, 798
James Averhart, -, -, -, 20, 625
O. H. P. Moorer, 340, 580, 7000, 845, 2825
_. J. Moorer, -, -, -, 351, 1795
H. J. Moorer, -, -, -, -, 620
Eliz Moorer, 80, 160, 3600, -, 905
W. H. Thompson, -, -, -, -, 177
Elijah H. Snow, 600, 480, 8000, 245, 1440
G. N. Lewis, 140, 220, 8000, 245, 1440
A. L. Scott, 140, 220, 8000, 245, 1190
Curtis Stean, 250, 700, 16000, 500, 2072
Henry Finigan, 70, 35, 560, 100, 355
M. E. Dilbone, 80, 110, 2850, 15, 596
Thos. Griggers (Driggers), 25, 15, 100, 60, 83
J. M. Goodwin, 40, 160, 1200, 15, 172
R. H. Goodwin, -, -, -, -, 25
Redick Arant, 50, 80, 1000, 20, 335
N. S. Arant, 30, 290, 2500, 90, 500
Hamp Till, 40, 40, 800, 95, 419
J. H. Till, 18, 22, 200, 10, 420
W. F. Luckie, 50, 110, 1500, 15, 416
Violet Luckie, 100, 94, 1900, 90, 542
Saml Till, 160, 40, 1800, 70, 685
M. E. Bogan, 50, 170, 1500, 95, 550
J. M. Bruner, 170, 500, 3400, 225, 1608
Jno. Driggers, 40, 80, 1200, 95, 595
A. Dantzler, 30, 33, 567, 120, 583
E. D. Arant, 30, 50, 700, 45, 176
H. H. Daily, 30, 146, 1600, 20, 250
L. R. Glenn, 100, 140, 3600, 260, 948
S. T. Glenn, 40, 80, 1500, 15, 523
T. E. Perkins, -, -, -, -, 91
J. G. Little, 70, 90, 1500, 100, 560
R. A. Finigin, 8, 30, 500, 50, 160
H. M. Little, 90, 280, 3700, 60, 607
E. H. Matchett, 25, 15, 400, 10, 175
Nancy Hare, 15, 25, 500, 40, 200
Jesse Osolt, 20, 20, 400, 15, 130

M. E. Boutwell, 30, 10, 400, 15, 153
B. Edins, -, -, -, -, -
Jas. Maynard, 200, 405, 8500, 290, 1102
J. J. Willingham, 300, 224, 8000, 300, 1750
Rob Mcferran, 75, 115, 2000, 130, 1010
T. M. Moorer, 420, 720, 10000, 490, 2500
A. M. Crum, 45, 37, 1600, 95, 614
J. T. Posey, 180, 320, 6000, 350, 1415
R. J. Care, 250, 180, 6000, 537, 1996
G. B. Murphee, 250, 250, 6000, 425, 1831
J. C. Favor, 50, 50, 1000, 90, 425
M. Kilgore, 30, 90, 1200, 120, 359
F. Sulivan, -, -, -, -, 100
W. M. Williams, 100, 60, 2000, 70, 495
R. Manning, -, -, -, 45, 174
Jno. W. Maning, -, -, -, -, 108
J. W. Coleman, 225, 135, 1800, 100, 1215
Jas. Holida, 80, 40, 1440, 60, 397
Jas. Shanks, 70, 128, 2280, 87, 684
J. L. Schley, 200, 245, 4500, 275, 1750
Jno. A. Knight, 260, 310, 5700, 262, 1854
G. W. O. Harbin, 20, 20, 700, 25, 275
W. C. Pierce, 90, 70, 1040, 70, 335
Duncan Sellers, 165, 75, 3600, 333, 1241
W. L. Hagood Exr., 300, 280, 8700, 300, 2140
J. E. Casey, 170, 130, 1000, 100, 913
E. A. Posey, 180, 220, 4000, 275, 1160
A. W. Mason, -, -, -, -, 60
Ann Hannah, -, -, -, 100, 450
O. Z. Davis, 55, 145, 1000, 80, 505
Leonora Till, 30, 10, 480, 20, 240
R. A. Autrey, 60, 120, 225, 60, 157
John Till, 80, 280, 5400, 165, 1630
C.L. Bruner, 80, 200, 2800, 120, 1708
Jo. Gramblin, 70, 190, 3900, 120, 1238
Eliz Stabler, -, -, -, -, 180
Jas. Lester, 45, 35, 1000, 110, 640
B.Magors, 30, 50, 800, 50, 241
Wm. Huggins, -, -, -, -, 80
Jas. Sulivan, -, 40, 50, 10, 239
M. A. Baldwin, 15, 105, 1200, 3, 123
J. A. Peacock, 18, 17, 700, 10, 385
J. H. Cowey (Corvey), 75, 85, 800, 90, 685
Jas. McFerran, 90, 270, 1500, 200, 906
Rob M. Shanks, 110, 285, 3000, 140, 780
Mathew Shanks, 110, 450, 2800, 70, 534
J. C. Boutwell, 50, 70, 1500, 60, 605
D. M. Moorer, 30, 55, 650, 20, 357
M. R. P. Moorer, 8, 32, 400, 20, 100
J. J. Shanks, -, -, -, -, 265

R. Canterberry, 65, 90, 1550, 100, 987
J. L. Davis, 250, 310, 3920, 220, 1639
Jno. McFerrin, 150, 178, 2800, 327, 917
J. E. Lesie, 10, -, 700, -, 95
Nineny Maning, 20, 20, 400, 10, 288
J. S. Canterberry, 18, 23, 700, 110, 215
Joah Thigpen, 40, 40, 1200, 20, 268
V. T. Hawkins, 30, 85, 1000, 20, 489
W. A. McFerrin, 14, 23, 400, 10, 380
M. L. Tulley, 70, 100, 800, 20, 432
John Meredith, 50, 68, 1770, 135, 311
E. T. Knight, 125, 155, 3000, 350, 1170
J. J. Meredith, 65, 135, 2550, 125, 416
J. A. Waller, 450, 410, 3000, 135, 1400
B. Boutwell, 45, 85, 1500, 95, 586
A. W. Coldman, 20, 22, 500, 95, 228
N. R. Lewis, 60, 60, 1500, 50, 323
Ed. R. Wadkins, 60, 90, 1875, 120, 497
Martin Luckie, -, -, -, 10, 125
Jas. Adams, 75, 145, 2750, 80, 674
Asa Ernest, 75, 160, 2400, 120, 850
T. B. Ernest, 75, 85, 1600, 230, 635
Eliz Jackson, -, -, -, -, 55
J. W. Scaloon, 30, 50, 800, 14, 227
G. M. L. Ernest, -, -, -, 15, 30
John Adams, 25, 15, 200, 15, 137
Simeon Goodwin, 60, 60, 1200, 50, 576
Noah Branch, -, -, -, 10, 275
W. F. Branch, -, -, -, 90, 565
C.E. Crenshaw, 320, 2000, 17000, 350, 2716
H. C. Goodwin, -, -, -, -, 85
G. H. Dennis, -, -, -, 10, 271
Jerry Dennis, -, -, -, 10, 210
T. J. Butler, -, -, -, 15, 120
Mary Goodwin, 30, 53, 500, -, 80
Harriett Right, 60, 40, 600, 15, 185
J. M. Sulivan, -, -, -, 15, 25
N. F. Holidy, 40, 42, 1025, 15, 140
G. W. Cochran, 25, 15, 320, 10, 132
J. J. Hudson, 100, 60, 2000, 85, 572
J. S. Partin, -, -, -, 15, 40
F. M. Holida, -, -, -, -, 225
W. W. Shanks, 100, 100, 1200, 75, 597
C. W. Leach, -, 400, 4000, -, 140
R. M. Brownlee, 180, 326, 5100, 135, 1173
J. H. Holiday, 90, 120, 2000, 130, 613
A. J. Ray, 600, 200, 8000, 500, 3000
C. Howard, 700, 1537, 30000, 815, 5137
Jesse B. Knight, 1000, 797, 30000, 740, 5286
C. W. Knight, -, -, -, -, 645
J. M. Acreman, 150, 150, 4500, 277, 1082
Wm. Hawkins, 100, 90, 1900, 145, 325

S. M. Hawkins, 100, 50, 1500, 80, 432
A. Pierce, -, -, -, -, 140
Henry Hawkins, 60, 140, 1600, 10, 272
Thos. A Fortner, -, -, -, -, 182
Stephen Hawkins, 170, 230, 1600, 307, 1067
Jno. P. Cook, 600, 400, 20000, 500, 3966
W. A. Thomas, 600, 320, 18400, 500, 3523
A. G. Smith, -, -, -, -, 25
E. Bullock, 20, 60, 1000, 10, 50
Jas. Care, 300, 216, 9288, 282, 1570
C. Ellington, -, -, -, -, 150
F. M. Gilmer, 200, 775, 20000, 310, 2046
F. M. Gilmer, 450, 525, 20000, 425, 2840
J. G. Dick, -, -, -, -, 150
F. M. Gilmore, 700, 1240, 50000, 660, 5467
S. N. Parkey, -, -, -, 10, 52
J. R. Langford, 60, 120, 1800, 10, 410
Jesse Barganier, 300, 120, 2000, 550, 2980
M. Cates, 60, 20, 800, 45, -
R. B. Botiright, 125, 112, 2970, 140, 1072
J. H. Cheatham, 75, 85, 1120, 95, 310
Danl. Wheeler, 50, 230, 700, 120, 90
J. M. Parmer, 200, 200, 4000, 210, 1582
M. W. Jones, 110, 210, 3200, 280, 1292
J. H. Bruce, 80, 140, 2000, 40, 372
Jas. G. Wood, 50, 170, 2000, 50, 330
H. H. Barganier, -, 80, 1000, 10, 287
L. B. Barganier, 35, 85, 2200, 35, 386
Jno. Sherling -, -, -, 80, 325
D.M. Gilmer, 1200, 3500, 50000, 650, 5700
C. Taylor, -, -, -, 30, 645
A. J. Jenkins, 350, 306, 9690, 310, 1785
N. B. Norris, 300, 310, 9150, 330, 1310
Chas. Gardner, 100, 70, 2550, 70, 630
E. A. Simmons, 20, 60, 1000, 85, 485
E. H. Gilmer, 430, 570, 10000, 295, 3290
R. W. Porterfield, 50, 30, 800, 30, 391
D. H. Jones, 28, 132, 2000, 90, 935
A. G. Connor, -, -, -, -, 150
John Holloway, 45, 35, 1200, 12, 237
L. J. Taimer, 40, 40, 2000, 70, 526
D. Maynard, -, -, -, 10, 193
Emily Meritte, 80, 191, 2710, 120, 1168
D. S. Miller, 35, 45, 1200, 10, 250
J. H. Reuchen (Reucher), 65, 15, 1200, 130, 850
J. D. Burt, 180, 180, 5000, 330, 858
A.M. F. Kolb, 80, 80, 1600, 50, 414
Eliz Harrison, 100, 150, 2040, 115, 520
E. H. Mamiam, -, -, -, 85, 100

Perry Reese, 200, 200, 5000, 215, 1572
Freeman Day, -, -, -, 10, 37
Wm. Boddy, 70, 10, 1000, 10, 162
A. R. Boddy, -, -, -, 10, 962
E. M. Mims, 30, 50, 800, 20, 269
Tilmon Cook, 175, 65, 1500, 270, 830
W. R. May, 225, 257, 4800, 330, 1245
R. N. Moore, 80, 240, 2500, 130, 865
F. P. Oliver, 280, 280, 8400, 350, 1575
Eliz Goodson, 40, 40, 1200, -, 75
Ira Pugh, 90, 110, 2200, 5, 200
J.J. Merchant, -, -, 300, 30, 135
Jas. T. Jones, -, -, -, 60, 522
J.C. Patrick, 175, 113, 4320, 550, 1080
W. H. Garner, 135, 115, 4500, 160, 1010
J.C. Collins, -, -, -, 100, 212
E. A. O'daniel, -, -, -, -, 250
L. A. Sale, -, -, -, -, 683
D. J. Sampley, 200, 400, 4000, 500, 900
G. T. Cheatham, -, 33, 500, 65, 220
Wm. M. McDanold, 4, 40, 400, 10, 370
J. A. Steele, 25, 15, 600, 10, 27
J. A. Sampley, 30, 10, 500, 10, 185
Geo. Moseley, 60, 20, 1200, 70, 195
Jesse Moseley, -, -, -, -, -
Lewis Styson, -, -, -, -, 290
M. A. Chesnut, -, -, -, -, 90
C. P. Barganier, 50, 150, 2400, 95, 582
Danl Paterson, 60, 140, 2500, 60, 311
J.H. Avenger, 140, 20, 1600, 70, 766
G. M. Nesmith, 125, 155, 2800, 80, 844
J.R. Stott, 35, 25, 600, 35, 332
W. P. Kirkpatrick, 100, 100, 2500, 80, 476
J.L. Kirkpatric, 125, 115, 2500, 100, 742
J.F. Barginere, 40, -, 300, 95, 750
Peter Mcfarland, 100, 494, 5110, 100, 852
W. C. Sellers, -, -, -, 120, 706
D. Mcfarland, 75, 85, 1600, 45, 324
L. A. Pickens, 35, 5, 400, 10, 264
W. M. Pickens, 20, 43, 600, 80, 85
T. L. Pickens, 12, 28, 400, 10, 98
L. Kirkpatric, 40, 40, 640, 20, 270
Melisa Dickson, -, -, -, -, 75
J. M. Dickson, 40, 43, 249, 8, 135
David Cane, 35, 20, 550, 10, 361
H. W. Jones, 50, 30, 539, 10, 130
J. J. Huckabee, -, -, -, 10, 45
Michael Gresham, 300, 210, 5100, 460, 1634
T. N. Hicks, 45, 18, 1200, 15, 373
W. T. Bates, 50, 110, 1200, 75, 255
M. M. Pullen, 5, 115, 1200, 105, 505
Mary Bates, 80, 50, 510, 40, 194
J.J. Bates, -, -, -, -, 365

J. J. Perdue, 100, 105, 2050, 80, 779
Rob Russel, 290, 190, 6000, 380, 1185
Jas. McQueen, 300, 340, 5120, 525, 1393
J.H. Russel, -, -, -, -, 560
L. Lasiter, -, -, -, 100, 1000
T. H. Jefferson, -, -, -, -, 25
J. H. Witherspoon, 525, 75, 7500, 540, 3400
H. S. Jingle_, 60, 41, 1100, -, 150
Jno. Stephens, 40, 215, 2167, 145, 569
Jas. Farr, 44, 116, 2400, 45, 1418
J. L. Gaffney, 30, 50, 1200, 70, 295
J.D. Massey, 856, 948, 27600, 1010, 3672
Jno. McDermot, -, -, -, -, 150
R. M. Burt, 90, 310, 6000, 120, 750
P. C. Burt, 100, 400, 7500, 330, 607
J.F. Barganier, 22, 35, 600, 10, 230
M. H. Barganier, 150, 50, 4000, 540, 660
W. L. Shank, -, -, -, -, 165
A. McKaskil, 60, 60, 3000, 63, 387
J. E. Lasiter, -, -, -, 100, 464
J. M. Redmond, -, -, -, -, 75
J.B. Alums, 34, 46, 640, 20, 290
Wm. Payne, 400, 600, 10000, 900, 3600
A.A. Jarrat, 343, 67, 12600, 600, 275
J. F. McQueen, -, -, -, 100, 481
S. G. Perry, -, -, -, -, 150
C. M. Cottingham, 80, 147, 2270, 30, 466
A.J. Perry, 200, 200, 5000, 170, 1750
Geo. Harrison, -, -, -, -, 1430
G. W. Harrison, -, -, -, -, 640
J. H. Stone, 100, 149, 4700, 60, 750
Samson Robertson, 130, 110, 4000, 180, 975
W. H. Poole, 200, 120, 6400, 580, 1310
J.M. Perdue, 40, 30, 1410, 60, 396
A. A. Duncan, 44, 202, 2465, 15, 370
S. M. Meriwether, 300, 500, 8000, 550, 2059
D. R. Meriwether, -, -, -, 30, 400
J. S. Williamson, 900, 1614, 18000, 600, 5000
W. W. Pirdue, 115, 65, 540, 40, 820
T. S. Lane, -, -, -, -, 265
Jas. Burrows, 200, 300, 5000, 215, 1725
Jno. Perdue, -, -, -, -, 146
P. F. Webb, 200, 257, 5484, 220, 1193
R. N. May, 60, 95, 2325, 95, 710
H. G Parmer, 80, 80, 1200, 15, 400
J. E. Sowell, -, -, -, -, 10
A. C. Bates, 50, 150, 1100, 20, 142
Francis Kirkpatric, 100, 216, 4000, 110, 628
Danl. Herlong, 150, 259, 4000, 110, 958
E. F. Roper, 100, 105, 2050, 95, 520
T. M. King, 100, 105, 1005, 90, 525

S. T. Pirdue, 100, 60, 960, 30, 640
S. T. Pirdue Sen., 100, 128, 1368, 260, 890
F. W. Webb, 500, 560, 6000, 600, 2300
W. J. Dickson, -, -, -, -, 30
A. J. Sims, 150, 150, 3000, 100, 550
E. M. Roper, 120, 80, 1400, 220, 1240
F. L. Ellis, 250, 650, 9000, 335, 157
Wm. Grant, 95, 45, 1120, 110, 1076
E. G. Herlong, 70, 52, 1225, 85, 575
D. E. Hurlong, 154, 40, 1940, 95, 575
J. H. Hurlong, 65, 15, 800, 60, 487
W. A. Roper, 60, 60, 1200, 90, 482
Chas. Perdue & Son, 80, 160, 1680, 95, 900
J. B. Perdue, 200, 120, 2000, 170, 999
J. E. Roper, -, -, -, -, 456
A. J. Brooks, -, -, -, 25, 566
John Bolling, 195, 345, 15120, 265, 2620
Mark Lott, 30, 50, 800, 15, 272
T. S. Harris, 40, 40, 1000, 40, 120
D. S. Harbin, -, -, -, 50, 207
T. J. Coburn, 40, 46, 1720, 75, 261
E. A. Coburn, -, -, -, -, 240
J. B. Perdue, -, -, -, -, 300
D. M. McQueen, -, -, -, -, 380
Rachel Williams, 70, 70, 6000, 70, 1970
D. D. Rambo, 40, 120, 1920, 198, 1475
Thos. Perdue, 15, 65, 1000, 10, 210
G. T. Perdue, 90, 310, 5000, 75, 643
J. P. Haynes, -, -, -, 10, 128
David Reeves, 80, 36, 1160, 125, 951
R.W. Reeves, 70, 70, 1400, 15, 275
Jas. Richey, 20, 20, 200, 15, 186
John Richey, 30, 45, 750, 20, 233
Saml. McQueen, 280, 345, 9375, 120, 1187
G. G. Julian, 75, 407, 6800, 360, 1220
J.C. Julian, -, -, -, -, 25
J. G. McQueen, -, -, -, 115, 1010
A. B. McWhorter, 250, 354, 12000, 475, 1380
J. C. Stockase, -, -, -, -, 290
Thos. Sawyer, 100, 141, 1205, 70, 400
N. S. Bonham, -, -, -, -, 240
W. C. March, 350, 300, 9840, 345, 1914
Jno. A. Robertson, -, -, -, -, 200
Webb V. Calaway, 500, 472, 15000, 295, 1813
T. P. Williamson, -, -, -, -, 625
J. S. Webb Est., 350, 450, 12000, 480, 2000
J. H. Jones, -, -, -, -, 270
W. M. Hudson, -, -, -, -, 240
B. B. Wilson, 120, 40, 1600, 80, 614
E. R. Donalson, 185, 100, 3562, 90, 905

J. S. Acre, -, -, -, -, 53
R. F. Taylor, 205, 160, 3650, 220, 1870
Gibson Slone, 35, 45, 260, 10, 215
John Davis, -, -, -, 120, 460
J. M. Dean, 30, 10, 200, 8, 110
L. D. Williams, 20, 20, 640, 15, 300
J. D. Conyers, -, -, -, -, 1650
M. L. Gilmer, 500, 900, 14000, 460, 1900
J.L. Burton, -, -, -, -, 200
Peter Bells est., 200, 235, 6520, 200, 780
Wm. Grant, -, -, -, -, 150
J. F. Coleman, -, -, -, -, 280
M. C. Shaw, -, -, -, -, 125
J. A. Fanville, 350, 850, 5000, 500, 1800
R. B. Colvin, 100, 60, 1920, 130, 712
Aron Crislmass, -, -, -, 7, 103
John Cottingham, 100, 98, 1980, 60, 758
C.W. Cottingham, 75, 125, 2000, 40, 851
J.F. Scaif, -, -, -, -, 230
F. Armstrong, 150, 250, 10000, 180, 2300
Wm. Hall, 65, 115, 3640, 20, 888
Eliza Anderson, 100, 60, 800, 100, 200
Eliza Anderson Jun., -, -, -, -, 315
J. F. Davis, 60, 20, 500, 90, 316
Jas. Johnston, 40, 80, 360, 40, 370
Frank Bedsole, -, -, -, -, 55
John Davis, 75, 285, 18000, 20, 417
G. C. Chambers, 22, 58, 500, 10, 196
Henry Bedsole, 160, 320, 4000, 332, 1060
Randal Farley (Fanly), 150, 170, 2400, 115, 1110
M. C. Williams, -, -, -, -, 95
J. A. Stewart, 260, 500, 6040, 310, 1336
J. W. Hall, 50, 90, 1400, 70, 487
Walter Furlong, 50, 70, 1000, 60, 535
John Barfield, 1, 79, 1000, -, 220
E. A. Davis, -, -, -, -, 40
David Davis, 60, 60, 960, 10, 284
Danl. Blackwell, -, -, -, -, 260
J. W. Burdeaux, 100, 100, 2000, 80, 260
Albert Moseley, 60, 94, 1590, 50, 408
J. B. Boseman, 100, 200, 25000, 275, 1252
Aggy Bozeman, 75, 165, 1500, 75, 346
James Burdeaux, -, -, -, -, 10, 115
Cathrine Brodnax, 250, 150, 5000, 450, 1255
Crowell Brodnax, -, -, -, -, 550
G. W. Hall, 27, 33, 900, 85, 350
J. F. Williams, 30, 10, 300, 15, 125
Alex Davis, 25, 58, 1000, 30, 315
S. T. Hall, 18, 22, 500, 15, 100
B. L. Davis, -, -, -, 10, 173
Morew Ingram, 20, 20, 300, 35, 195

W. L. Edwards, 120, 120, 2000, 130, 1100
Henry Humphries, 2, 38, 600, 90, 240
Uriah Sumner, 60, 100, 1920, 20, 392
Jno. Huffman, 35, 65, 1250, 60, 322
G. W. Pouncey, 15, 45, 480, 10, 215
Thos. Wicker, 35, 25, 800, 95, 230
E. P. Davis, 75, 85, 1600, 70, 470
Wm. Davis, 50, 50, 1250, 60, 265
Everit Davis, 43, 117, 1600, 8, 749
Rebecca Davis, 60, 100, 800, 5, 297
Wm. Robertson, 35, 46, 400, 60, 277
L. H. Simmons, 40, 140, 1800, 75, 454
J. M. Brady, 50, 50, 1000, 60, 410
Jno. Jones, 170, 510, 5000, 70, 878
Etheldred Bozeman, 90, 90, 2700, 90, 715
J. M. Lawrence, -, -, -, -, 125
E. _. Stewart, 600, 560, 5000, 591, 2043
A. J. Sloan, 250, 110, 4200, 220, 1938
Chas. Ward, 15, 25, 400, 10, 140
R. D. Surles, 100, 400, 2500, 160, 1150
Eliz Croxton, 40, 100, 700, 70, 271
Catherine Bullard, 12, 28, 200, 10, 145
Jennet Cook, 40, 60, 1000, 90, 338
J. J. Chambers, -, -, -, 10, 169
Jas. Cheshire, 70, 330, 1200, 50, 355
Wm. Cauthern, -, -, -, 10, 41
A.D. Cowels, 200, 400, 6000, 362, 1966
T. J. Scofield, -, -, -, -, 150
Henry Brown, -, -, -, 18, 144
Alex Cauthern, 50, 160, 500, 110, 400
Jas. Polk, 120, 220, 1700, 95, 607
Wm. Tomson, 20, 20, 305, 85, 283
W. E. Montgomery, -, -, -, 10, 132
John Graham, 60, 120, 900, 80, 350
T. J. McKey, 15, 85, 500, 10, 69
Jas. Sharpe, -, -, -, 10, 90
T. J. Wintes, 50, 30, 800, 20, 325
J. J. Winters, 5, -, 100, 10, 126
W. D. Boothe, 25, 13, 300, 10, 120
W. Norsworthy, 40, 90, 500, 70, 490
E. H. Norsworthy, -, -, -, 12, 145
Jas. Norsworthy, -, -, -, -, 190
John Ellison, 150, 150, 3000, 250, 2040
Rob. R. Polk, 60, 140, 1000, 100, 394
J. M. Carr, 16, 64, 800, 10, 160
S. S. Ryals, 120, 240, 900, 175, 621
Rody McCarty, 120, 440, 2800, 75, 425
W. J. Croxton, 80, 140, 1920, 100, 524
Susan Nichols, 40, 120, 1600, 10, 220
Jno. Scofield, -, -, -, 70, 107
E. W. Croxton, 100, 220, 1550, 220, 1010
Benedict Best, 47, 53, 700, 50, 240
Jacob Champion, 75, 365, 2200, 100, 1903
Web Loften, 10, 76, 600, 10, 150

J. W. Lofton, 200, 74, 3500, 200, 1104
W. A. Richardson, 30, 90, 1500, 65, 558
J. A. Richardson, -, -, -, -, 375
J. B. Myers, 20, 22, 210, 65, 260
Simeon Stough, 150, 230, 1900, 80, 1070
Pleasant Cox, 15, 26, 240, 10, 50
T. H. Bozeman, 60, 60, 500, 20, 430
J. C. Chesser, 40, 110, 400, 12, 162
H.B. Middlebrox, 300, 220, 2600, 130, 841
S. P. Catleon, -, -, -, -, 115
J. C. McKee, 125, 155, 1400, 140, 1045
Nat Davis, -, -, -, -, 180
W. F. Bennett, 50, 90, 1200, 70, 563
H.F. Hinds, 200, 111, 4600, 150, 950
W.J. Bird, 100, 180, 2240, 30, 1712
Hugh Bird, 200, 350, 2250, 250, 890
A. A. Bird, 10, 30, 320, 10, 200
Henry Darby, -, -, -, -, 150
N. P. Bird, 100, 73, 1384, 100, 980
Alex Ellison, 2, 76, 624, 15, 480
J. F. Roper, 110, 250, 5000, 100, 400
G. T. Harris, 20, 60, 480, 65, 241
Nathaniel Acre, 25, 15, 280, 15, 324
J.D. Howe, 60, 85, 1000, 95, 273
Jas. Ferrell, 25, 95, 400, 70, 105
J. W. Watkins, 70, 10, 400, 95, 7552
M. H. Bryans, -, -, -, -, 551
Redmon Allen, 9, 151, 400, 30, 225
J. J. Hudson, 200, 120, 1600, 95, 472
Saml. Corthorn, 100, 300, 500, 50, 530
Wm. Johnson, 150, 850, 2000, 10, 405
J. M. Best, 20, 50, 800, 10, 275
A. C. Hood, 35, 45, 400, 55, 220
A. B. Mackey, 60, 180, 1000, 8, 700
W. E. A. McQueen, 30, 90, 360, 115, 625
M. M. McQueen, 70, 170, 1200, 15, 86
C. McCormack, 5, 75, 400, 15, 210
J. W. Ware, -, -, -, 20, 245
A. P. Spear, -, -, -, 50, 335
Danl. Stough, 80, 80, 480, 13, 585
R. W. Stough, 20, 60, 400, 12, 386
Jos. Scofield, -, -, -, 22, 168
J. M. Dillard, 12, 68, 240, 60, 173
S. M. Landson, -, -, -, 20, 250
Josiah Warick, 90, 208, 2000, 60, 210
Ira H. Lewis, 120, 120, 1920, 55, 650
Felix Jordin, 250, 990, 6200, 300, 1770
J. M. Jordan, 150, 450, 6000, 24, 1050
M. U. Stough, 75, 425, 1500, 115, 500
N. L. W. Jordan, -, -, -, 10, 280
Mike Stough, 50, 70, 800, 80, 505
J.A. M. Davis, 18, 422, 1100, 8, 472
B. F. Castelaw, 40, 200, 3000, 95, 500
Steph Wetherford, 25, 55, 240, 12, 95
J. J. Evans, 50, 270, 1600, 70, 435

W. D. Lansdon, 25, 95, 600, 15, 270
W. J. Jordon, 200, 930, 5630, 150, 950
Geo. Petrey, 130, 270, 8000, 115, 1300
L. S. Berry, 60, 320, 4560, 80, 652
Robt. Heuse (House), 40, 80, 1200, 60, 585
W. S. Rye, 70, 130, 1000, 40, 250
W. J. Lansdon, 50, 70, 350, 70, 450
T. D. Tucker, 60, 20, 1000, 70, 330
S. J. Murphy, 120, 80, 1200, 70, 450
Danl Burron (Burrow), 100, 140, 1200, 60, 270
J. J. Logue, 55, 65, 700, 95, 400
J. F. C. Harrion, 75, 185, 2600, 120, 550
W. J. Collier, 80, 115, 2000, 70, 355
Sarah Farier, 26, 20, 350, 15, 275
J. P. Collier, 65, 55, 800, 80, 815
Susan May, 350, 570, 15000, 500, 1000
A. S. May, 100, 100, 1000, 75, 300
J.M. May, 40, 48, 1300, 10, 75
S. R. May, 370, 600, 5000, 300, 1058
Ranson Jeter, 45, 155, 1600, 105, 500
Eliz Gamble, 250, 150, 2800, 110, 1250
Wm. Driver, 60, 100, 800, 45, 430
Geo. Hazard, 200, 160, 3600, 410, 1587
D. P. J. Murphy, 40, 80, 600, 50, 435
T. W. Thrower, 150, 387, 6000, 180, 1246
J. A. Graham, 400, 600, 20000, 425, 3050
E. H. Whitaker, 100, 133, 3485, 205, 1115
J. H. Nichols, 550, 550, 20000, 700, 4493
L. A. Easterly, 150, 850, 10000, 340, 1276
Allen Kenedy, 35, 45, 640, 20, 360
J. P. Norman, -, -, -, -, -
W. S. M. Burnett, -, -, -, 10, 210
J. M. Burnett, -, -, -, 10, 70
Calvin Wilson, -, -, -, 50, 240
John Bain, 30, 10, 400, 60, 550
Wm. Mastin (Martin), 200, 600, 8000, 90, 1058
J. Crenshaw, 25, 56, 500, 20, 190
Sparkin Kemp, 35, 65, 500, 35, 270
H. S. Graden, 50, 58, 1080, 10, 485
J. F. Foster, 50, 55, 1050, 45, 272
Wm. Vinson, 50, 172, 2220, 120, 510
J.B. Vinson, 15, 25, 280, 6, 210
Ansley Giddens, 200, 330, 6432, 215, 1450
J. D. Wilson, 100, 40, 1400, 60, 445
Selia Walker, 60, 100, 1600, 10, 195
F. L. Walker, 6, 74, 400, 10, 190
J. C. Nickels, 60, 240, 2000, 80, 560
B. A. Walker, 60, 100, 1000, 85, 513
B.R. Ingram, 60, 100, 1600, 90, 548

J. R. Walker, 200, 240, 8440, 210, 1968
Pleas. Warren, 150, 330, 3840, 140, 1215
Wash. Warren, 100, 180, 2040, 110, 840
J. V. Yates, 75, 195, 1300, 70, 715
W. H. Chessir, 55, 25, 400, 8, 68
Ruffin Gregory, -, -, -, 20, 477
Rob Bradley, 60, 94, 750, 90, 737
G. W. Tucker, 30, 90, 840, 12, 275
Wm. Ducke, 100, 220, 2000, 90, 500
Alex. Tucker, 50, 10, 75, 30, 155
R. T. Chessir, 60, 220, 3360, 70, 360
J.J. Tucker, 90, 250, 1020, 60, 662
Martha Boon, 60, 136, 1200, 40, 478
W. J. Rylander, 100, 180, 2240, 250, 1281
S. L. Dickson, 230, 570, 9600, 150, 1415
L. J. Glass, -, -, -, 10, 190
Allen Vinger, 40, 40, 400, 10, 290
H. M. Champion, 65, 195, 3000, 70, 395,
H.A. Champion, 50, 30, 640, 80, 340
J.J. Cothran, -, -, -, 8, 194
A. J. Champion, 60, 140, 1000, 80, 430
John Cothran, 160, 200, 3600, 80, 220
W. J. L. Peck, 30, 1711, 800, 8, 115
W. E. Kirkpatric, 20, 60, 400, 15, 245
Arthur Ingram, 40, 185, 500, 32, 195
T. J. Brandzway, 40, 120, 1280, 12, 150
Jas. Scofield, 40, 40, 100, 77, 541
Thos. Scofield, -, -, -, 45, 183
Abijah Addison, 10, 130, 1200, 230, 410
Marcus Montgomery, -, -, -, 10, 205
Rob Vickery, 30, 90, 150, 5, 405
Jef Cook, 10, 70, 400, 10, 175
L. B. Davis, 38, 162, 1500, 100, 445
J. M. Dugless, 70, 290, 3600, 85, 336
Danl Jones, 130, 148, 2300, 190, 695
S. A. Yarborough, 100, 180, 1500, 100, 840
Claborn Gill, 20, 100, 720, 10, 230
Levi Owen, 30, 90, 260, 10, 140
Henry Owen, 20, 100, 300, 10, 80
S. G. Watson, 30, 50, 400, 40, 195
G. W. White, 30, 90, 400, 35, 195
R. T. Taylor, 75, 85, 400, 80, 580
Gallent Kelly, 80, 200, 1400, 70, 440
W. K. Best, 25, 55, 400, 15, 162
Alex Bodeford, 150, 330, 4800, 270, 2160
T. B. Bradley, 15, 65, 400, 35, 272
James Bodefort, 30, 50, 200, 8, 335
A. J. Bodeford, 30, 130, 200, 8, 335
Hiram King, 60, 60, 300, 85, 330
Richd Taylor, 70, 330, 2226, 80, 634
B.L. Taylor, 4, 36, 280, 10, 82
Jno. Taylor, 40, 70, 1100, 10, 161
C. A. Anderson, 18, 22, Pub., 57, 285

D. W. Loe, 35, 45, 400, 35, 295
John Holley, 80, 80, 800, 85, 634
Sarah Buck, 40, 40, 320, 60, 470
Jno. Owens, 2, 38, 200, 10, 76
E. M. Vinson, 50, 250, 1500, 80, 490
Leon Fleming, 50, 210, 1820, 28, 418
W. H. Walker, -, -, -, 15, 255
Jno. N. Walker, 50, 150, 1700, 10, 300
J.T. Dormon, 40, 40, 620, 20, 358
H. B. Best, 60, 20, 200, 20, 190
J. H. Medley, 6, 34, 50, 20, 150
A. R. Williamson, 70, 50, 400, 10, 138
Jno. Hollandhead, -, -, -, 60, 124
J. L. Boyette, 34, 86, 600, 70, 261
T. F. Daniel, 60, 140, 1000, 110, 575
Thos. Boyette, 50, 150, 1000, 80, 500
Jas. Boyette, 160, 160, 1920, 40, 580
J. M. Willis, 22, 18, 300, 120, 350
Syntha Kelly, 15, 65, 640, 5, 30
Sam Williams, 60, 100, 1680, 12, 127
Daydon Merchant, 80, 80, 1600, 95, 840
Gilbert Mastin, -, -, -, 15, 260
Wm. Nix, 20, 60, 800, 50, 325
R. H. Cross, 70, 90, 1600, 140, 485
E. L. Griffin, -, -, -, 10, 142
Wm. Wheeler, 60, 100, 560, 35, 564
M. W. Perdue, 60, 100, 800, 95, 510
S. M. Reddock, 30, 20, 150, 15, 275
Derrel Fost, 45, 35, 400, 100, 220
T. C. McDaniel, 100, 380, 3640, 1018, 725
Wm. Hartin (Martin), 25, -, -, 20, 64
T. O. Merriwether, 120, 135, 3550, 150, 615
Sam Jordan, 400, 400, 8000, 391, 2013
John Barganier, 75, 105, 3000, 35, 639
Jas. Powers, -, -, -, -, 180
John Quinn, 210, 360, 5700, 295, 1440
A.B. & H. Mcfersion, 160, 100, 2600, 140, 590
J.W. Brooks, 1000, 3000, 60000, 1100, 4150
T. J. Burnett, 300, 420, 18000, 875, 2800
A. Bowie, 145, 265, 6000, 365, 2110
N. J. Moorer, 350, 590, 10000, 485, 3482
F. A. Turner, 200, 400, 6000, 250, 548
J. J. Bruner, 24, 32, 560, 25, 365
J. J. Walker, 150, 570, 11000, 200, 1200
B. B. Rudolph, 1500, 940, 30000, 1000, 7000
Wm. H. Spear, 150, 110, 3400, 150, 1225
Larkin Cottrell, 300, 120, 8400, 700, 2548
James Meadows, 600, 190, 15800, 800, 3500

E. H. Herbert, Rented, Rented Rented, 150, 815
George T. Cox, 110, 608, 15000, 200, 760
F. Kenneday, Land Rented, Land Rented, Land Rented, 150, 115
Robert McQueene, Land Rented, Land Rented, Land Rented, 150, 970
J. N. Sims (Tims), 200, 120, 10000, 400, 1935
Susan Sims (Tims), 45, 7, 1600, -, 300
Wm. F. Varner, Rented Land, Rented Land, Rented Land, 110, 560
B.T. Meadows, 175, 445, 10000, 240, 2540
P. H. Cook, 200, 260, 12000, 300, 930
J. A. McRea, 400, 1040, 20000, 670, 2900
A. Bell, 120, 87, 4140, -, 739
A. Bell, 220, 60, 5600, 425, 900
A. B. Stone, Rented Land, Rented Land, Rented Land, -, 125
J. W. Lloyd, 60, 40, 1500, 100, 465
C. McDonald, 55, 25, 2000, 15, 435
L. Rambo, 150, 390, 13500, 150, 1055
M. A Mangum, Land Rented, Land Rented, Land Rented, 70, 378
Allen Powell, 600, 611, 24600, 410, 3775
Jacob Bruice, 380, 340, 20000, 600, 3795
R. Morrison, 40, 40, 1600, 20, 246
D. Davis, Land Rented, Land Rented, Land Rented, 8, 149
Wm. G. Huckabee, Land Sold, Land Sold, Land Sold, 120, 602
M. M. Morgan, 180, 140, 6400, 675, 1093
Wm. D. Light, 60, 20, 2000, 75, 530
McDaniel Atcherson, 400, 160, 8960, 205, 1870
A. Gillchrist Est., 1000, 2200, 64000, 1420, 11030
J. P. Straty, 400, 400, 14000, 1000, 3600
Duncan McCall, 1000, 900, 57000, 2000, 7850
Ichabod Bell, 300, 500, 16000, 800, 2825
Joseph Beasley, Land Rented, Land Rented, Land Rented, -, -
John M. Sadler, 10, 27, 4000, 15, 1150
Wm. H. C_cher_, Rented, Rented, -, 15, 1300
J.H. Caffey, 30, -, 1500, 65, 5335
M. B. Campbell, Rented, Rented, -, 20, 400
C. C. Howard, 10, Rented, Rented, 120, 750
A. G. Grove, Rented, Rented, -, 100, 250

H. McLemore, 1000, 760, 70600, 200, 6585
H. H. Whetstone, 270, 184, 18000, 750, 2460
K. W. Russell, 300, 180, 10000, 350, 1750
J. K. Whitman, 20, -, 600, 250, 675
G. E. Hartison, 670, 600, 25000, 800, 3000
Newport Warehouse Co., Rented, Rented, -, -, 560
T. Gresham, 300, 260, 7000, 1200, 1700
J. M. Reese Est., 1400, 940, 46000, 3000, 5500
H. V. Hooten Est., 450, 550, 15000, 1000, 3000
P. _. Cilley, 20, Rented, Rented, -, 150
McGinney & Cilley, 480, 320, 24000, 700, 3428
J. T. Hearne, 900, 11000, 35000, 1000, 6554
H. V. Smith, 1000, 1500, 60000, 1850, 9525
J. E. Evans, 1000, 700, 51000, 1500, 6140
T. C. Hartwell, 25, 16, 1435, 175, 3500
M & E. R. McCall, 240, 390, 16000, 35, 1400
Wm. Shelby, 900, 1400, 58000, 900, 5380
Wm. Shelby, 80, 80, 4000, 40, 530
G. L. Davidson, 800, 900, 51000, 1000, 9000
Wm. Robertson, 1200, 448, 32096, 400, 10560
Wm. F. Powell, 140, 353, 8000, 400, 725
B. W. & J. H. Harris, 700, 260, 19200, 700, 4185
G. W. McQueene, 325, 100, 8000, 700, 2545
J. G. Spann Est., 1745, 280, 40580, 3484, 11710
J. G. Spann Est., 1370, 110, 29600, 2984, 6842
---------------line left blank----------------
John Murry, 350, 170, 15600, 1750, 1800
F. J. Smith, 500, 290, 15000, 1000, 4275
S. O. Smith Est., 1300, 620, 40000, 1300, 5630
Morgain Smith Est., 900, 220, 20000, 1200, 6390
A. F. Williamson, 750, 410, 40000, 550, 3425
Wm. C. Bibb, 1600, 900, 75000, 1500, 7375

G. C. Freeman, 550, 800, 32000, 3000, 3700
C. Garrett, 250, 330, 29000, 1155, 2160
Wm. Wallarm, 15, -, 400, 20, 238
Dora A. Hall, 1200, 600, 3600, 530, 5469
F. T. Centerfret, 7, Rented, Rented, 15, -
James T. Smith, 500, 300, 22000, 600, 300
T. L. Brooks, 600, 680, 51200, 1650, 6850
James Harrison, 250, 100, 13000, 1600, 5110
F. A. Turner, 300, 20, 9600, 200, 1200
F. A. Turner, 325, 75, 12000, 800, 2125
F. A. Turner, 150, 450, 7000, 20, 800
J. M. Turner, 375, -, 7500, 1090, 2220
M. M. Powell, 275, 270, 15000, 100, 350
J.H. Powell Est., 140, 290, 5450, 245, 1165
S. H. Powell, 180, 205, 5500, 100, 1500
Moses Douglass & Co., 7, -, 500, 25, 1025
Hiram and Whitman (Whitmer), 695, 527, 30700, 1600, 420
J.H. Howard, 600, 775, 26000, 600, 3655
S. P. Howard, Rented, Rented, -, -, -
E. Alexander, 550, 360, 9500, 1000, 2000
T. J. Humphin, 115, 65, 4000, 200, 1450
O. T. Goodin, 140, 60, 3000, 20, 1038
L. E. Kirkland, 150, 280, 4500, 50, 1085
C.Hunter, 240, 240, 12000, 750, 2678
Joseph Bell, 1050, 235, 24930, 700, 4490
G. L. Mushatt, 200, 200, 8000, 870, 3235
G. Livingston, 60, 80, Rented, 200, 150
Levi Spencer, 325, 155, 7200, 820, 2065
John Marrast, 1000, 600, 48000, 2470, 7265
John McQueene Est., 900, 550, 29000, 965, 4366
J. D. McDonald, 100, 60, 3200, 100, 789
R. Chuk, 1000, 260, 25200, 950, 7350
R. Chuk, 500, 140, 16000, 650, 3030
Thomas N. Moss, 80, -, 1600, 135, 939
S. E. Brinson, 300, 270, 14250, 955, 2340
John Smith, 40, 40, 2500, 160, 340
N. Reese Est., 700, 100, 20000, 1500, 2865
N. Reese Ets., 700, 220, 31200, 1000, 5070
A. Miles, 500, 780, 25800, 780, 6233
Thomas Jones, 378, 150, 16140, 500, 3400
Thomas Jones, 380, 100, 10000, 500, 350
Harriett Smith, 200, 90, 8700, 200, 2225
George & P. Givhan, 80, 80, 3200, 100, 1576
George & P. Givhan, 445, 75, 10400, 753, 4354
D. A. & F. Gordon, 360, 200, 14000, 610, 2565
E. L. Shoford, 800, 700, 45000, 2030, 6080
A. C. Care, 290, 110, 10000, 1000, 2373
John S. Johnson, 12, 8, 800, 25, 267
U. G. W. Powell, 30, 31, 1000, 350, 2050
J. D. McCall, 750, 450, 30000, 2135, 5309
Mary McCall, 400, 200, 6000, 1000, 2290
A. Tyson, 30, 17, 12000, 105, 750
J. W. McQueene, 900, 965, 54600, 1970, 9129
D. F. Caldwell, 850, 390, 37200, 1008, 5042
Willie Turner Est., 1200, 918, 57186, 1470, 6250
H.P. Grant, 337, 223, 14000, 840, 2341
J. G. Gilchrist, 550, 800, 32500, 1560, 8800
J. G. Gilchrist, 500, 300, 21000, 665, 4690
John Baine, 75, 25, 1200, 60, 450
C. H. Colvin, 325, 239, 10000, 1034, 1927
J. A. Broughton, 850, 850, 51000, 1335, 4290
J. W. Cook, 850, 770, 48600, 1180, 4695
Wilson Krose, 250, 310, 20650, 486, 3365
A. J. Lamar Est., 1130, 3150, 225600, 2506, 11408
M. T. Relfe, 550, 300, 21250, 1175, 4295
Wm. R. Powell, 700, 250, 23750, 1150, 3615
J. W. Cook, 1000, 1194, 43880, 1284, 5015
G. N. Gilmer, 600, 500, 33000, 1446, 6850
Wm. D. Simington, 800, 800, 40000, 1106, 5897
J. W. Cowling, 600, 320, 9200, 516, 5660
J. W. Cowling, 300, 370, 6700, 420, -
E. P. Holcomb, 550, 523, 31000, 1608, 6470
Pattern & Fagg, 450, 777, 36710, 1550, 5885
S. G. Moss, 700, 340, 15600, 797, 3110
J. R. Williams, 500, 113, 10000, 962, 3150
H. R. Wilson, 375, 321, 10440, 595, 2910
M. A. L. Hardy, 200, 120, 4800, 690, 1297

Doria J. McCord, Rented, Rented, -, 25, 1225
R. P. McCord, 800, 440, 25000, 2074, 3897
Daniel Rast, 1300, 700, 30000, 1500, 6100
J. W. Rast, Rented, Rented, -, 300, 1185
J. N. Kendall, 300, 255, 7000, 167, 746
Thomas Barlow, 150, 250, 8000, 625, 2134
Thomas Barlow, 540, 100, 8000, 625, 2337
Wm. B. Haynes, 240, 200, 8800, 620, 1908
Wm. S. May, 500, 220, 10800, 1322, 3900
R. C. Ruff, 320, 65, 7900, 880, 1756
G. W. Traylor, 200, 370, 6000, 770, 2839
J. W. Hardy, 450, 350, 11200, 945, 2310
J. A. Shelby, 150, 330, 12000, 1200, 2035
T. J. Middleton, 450, 430, 15000, 816, 2885
J. R. Hadaway, 100, 140, 3600, 140, 627
John Stue, 700, 600, 19500, 1150, 3010
J.Wood, 650, 650, 20000, 975, 3740
Bogue Whelus, -, -, -, -, 840
Eliza Walker, 400, 400, 12000, 800, 1580
D. A. Stue, 900, 1930, 46995, 2130, 5559
Wm. Gresham, 500, 456, 14340, 815, 2871
Cornelius Robertson Jr., 400, 680, 48600, 1305, 4310
W. W Pruitt, 60, 100, 1000, -, -
Willoughby Todd, 85, 165, 10000, 115, 1605
James N. Canty, 440, 400, 16800, 1210, 2850
Jordon Peters, 400, 500, 15000, 675, 2800
P. Fitzpatrick, 600, 2000, 35000, 575, 3300
G. W. Young, 30, 70, 6000, 180, 1379
Henrietta Pylant, 120, 120, 2000, 200, 80
J. W. Kelly, 60, 100, 2000, 120, 835
Jonathan Mealing, 600, 400, 10000, 905, 2182
George W. Tarleton, 525, 600, 13067, 1810, 2116
Jacob P. Mane, 300, 330, 20000, 1225, 4050
John Dudley Sr., 750, 1450, 88000, 1120, 7740
A. B. Howard Est., 300, 630, 9600, 525, 938
T. C. Reese, 700, 700, 22400, 1730, 7033
T. C. Reese, 700, 500, 36000, 1475, -
Oliver Powell, 250, 390, 6300, 800, 1620
Wm. B. Harralson, 800, 1496, 45920, 1157, 3933
J. W. Dunklin, 800, 840, 20000, 1000, 4266
Ann E. Pearce, 40, 1, -, 140, 780
H. W. Caffey, 200, 307, 6840, 815, 1355
Thomas W. Dunklin, 800, 1100, 50000, 1148, 3905
H.P. Reid, 1000, 360, 27200, 1398, 6275
M. G. Haygood, 20, 30, 1500, 125, 1030
David Gordon, 375, 612, 25000, 1445, 3841
J.H. Gordon Sr., 125, 75, 4000, 692, 1021
A.G. McGinney, 500, 140, 15300, 1925, 6020
Micajah Thomas, 450, 150, 12000, 666, 1478
John J. Chappell, 1100, 500, 32000, 1934, 6510
J. T. Gilmer, 700, 800, 56000, 1320, 6533
B. Harrison, 1200, 600, 45000, 1320, 7740
A.G. McGehee, 1200, 580, 53400, 5530, 6810
H. B. Wigginton, 240, 7, 6175, 545, 1955
J. H. Smith, 900, 1600, 104000, 1885, 6498
T. A. Johnson, Rented, Rented, -, -, 150
Benj. J. Smith, 800, 1009, 72390, 1799, 6525
A.W. Walker Est., 685, 115, 16000, 760, 4675
Alprea (Alhrea) James, 300, 140, 11000, 1043, 1623
Daniel P. Hopping, 250, 70, 5700, 735, 1395
Catharine Bird, 80, -, 800, 23, 75
Michael Bird, 67, Rented, 1340, 172, 680
W. F. Bird, 600, 360, 17280, 878, 1854
E. L. Sanderson, 650, 150, 16000, 1375, 4262
B. J. Relfe, 180, 80, 6000, 515, 1325
Mecha Besant, 460, 120, 10000, 908, 3679
John Farrior, 350, 570, 18400, 886, 1479
James A. Moseley, 30, 50, 1600, 35, 335
Wm. L. Lucky, 25, 55, 1600, 30, 249
Wm. H. Moseley, -, -, -, -, 220
John McRea, 90, 60, 3750, 37, 664
J.F. Jackson, -, -, -, 1483, 3515
John L. Fulmar, 300, 100, 800, 885, 1517
Jackson Harrison, 870, 470, 33500, 692, 2140
Mary Tillman, 16, -, 320, 25, 270
Wm. A. Rice, 120, 80, 300, 70, 1540
T. T. Taylor, 350, 90, 11000, 394, 2496

Wm. A. Daniel, 260, 140, 8000, 1196, 2693

J.W. Osbourn, 580, 360, 28200, 1256, 2146

Andrew W. Hurst, 480, 600, 47200, 1982, 4007

Elizabeth Moncrief, 340, 380, 7230, 632, 1798

T. R. Johnson, 250, 282, 10640, 796, 1805

Asa Dea, 150, 120, 6400, 75, 1026

E. E. Cantolou, 400, 160, 8400, 1565, 2275

Wm. L. Cantolou, 200, -, 4000, -, 125

George Harrison, 300, 450, 15000, 784, 2557

T. B. McCall, 900, 155, 31650, 1000, 7650

M. D. Farm's Est, 700, 380, 21620, 1208, 3546

M. D. Lewis, 400, 84, 9680, 1215, 4265

R. & W. Meadows, 350, 480, 18600, 1003, 2557

Edmund Harrison, 700, 800, 75000, 2521, 5540

Joseph H. Hale, 700, 694, 18000, 679, 2953

J. J. Hale, 50, Rented, -, -, 1250

Warren T. Stone, 1000, 675, 30000, 1165, 6020

R. W. Dacus, 340, 90, 8600, 827, 1449

R. B. Dickerson, 600, 360, 19200, 655, 3920

Mary A. Boling, 440, 100, 15500, 1279, 2226

J. M. Cole, 450, 329, 15580, 1315, 5334

S. B. Garr_e, 180, 320, 10000, 556, 1666

R. B. Hale, 320, 320, 22400, 995, 3456

Alfred Moore, 120, 40, 1600, 83, 1060

F. L. B. Shaver, 20, 20, 4000, 117, 700

B. W. Young, Rented, Rented, -, 134, 1241

John P. Nale, 1000, 500, 37500, 7530, 5240

George R. Haigler, 450, 150, 15000, 978, 1900

Josiah Haigler, 450, 300, 20000, 1275, 3032

Peyton T. Graves, 600, 240, 21000, 804, 3500

J. D. Houser, 300, 500, 24000, 950, 3561

M. T. Hambleton, 400, 200, 15000, 255, 1541

John T. Holland, 230, 230, 13800, 343, 1769

Margarete Beathea, 40, 40, 3000, 80, 403

W. O. Nixon, 450, 270, 15400, 1410, 2736

W. O. Nixon, 940, 100, 20800, 1540, 3691

John Bragg, 1400, 1100, 50000, 1169, 6534

F. F. Debardlaben, 300, 100, 12000, 1026, 2025

Joseph A. White, 600, 1200, 50000, 1530, 5475

Joseph A. White, 1000, 1700, 60000, 2355, 6840

Jane StClair, 150, 90, 4800, 580, 807

Benj. Saffold, 600, 200, 16000, 722, 2467

T. B. Brown, 900, 740, 57400, 1728, 4580

Wm. B. Hale, 1000, 1800, 84000, 1621, 10105

Wm. B. Hale, 800, 2000, 84000, 1099, 4625

Wm. B. Hale, 800, 700, 70000, 1060, 4664

Wm. L. Bledsoe, 200, 40, 4800, 534, 1309

Ann Reese, 400, 350, 24100, 579, 1195

L. R. Hrabowski, 135, 145, 4760, 90, 880

G. W. Stone, 600, 460, 16000, 875, 2000

L. D. Greshan, 32, -, 640, 75, 645

Wm. H. Burdett, 8, -, 240, 15, -

H. W. Adams, 400, 160, 19600, 1483, 3454

Thomas Polly, 500, 460, 24000, 789, 3590

T. M. Williams, 30, 23, 6000, 110, 1271

John Elesberry, 500, 290, 23760, 997, 2829

John B. Rudolph, 1200, 1380, 129000, 994, 4360

Jemima E. Sessions, 45, 35, 2000, 60, 235

B.H. Gary, 60, 102, 3564, 142, 980

F. L. Holmes, 10, 30, 800, 20, 275

Wm. Garp Est., 1100, 640, 43500, 1895, 7385

Julius C. Reynolds, 200, 240, 10000, 1033, 2175

A. D. Rogers, 350, 250, 12000, 1088, 2115

Samuell Gordon, 80, 40, 3000, 80, 979

N.P. Greene, 1200, 200, 17500, 765, 4506

R. P. Rives (Rivis), 600, 450, 12693, 1689, 3420

Wm. H. Stanley, 60, 20, 1000, 76, 405

Snelgrove A. Rabb, 300, 100, 15000, 493, 900

Susan D. Tucker, 175, 158, 4995, 522, 925

J.W. Tucker, 10, Rented, -, 15, 180
John H. Barlow, 330, 330, 9450, 815, 1675
Hardy Todd, 60, 325, 19250, 709, 1135
Atha Todd, 40, 141, 4600, 121, 724
John Todd, 80, 170, 7500, 75, 530
Bird Whatley, 100, 60, 2400, 110, 1067
J.W. Davidson, 80, 80, 2400, 79, 435
J. G. Cowan, 800, 880, 42000, 773, 5158
Mary E. Moore, 1200, 1400, 65000, 2720, 5662
David Peobles, 300, 340, 6400, 525, 1540
T. A. Carsin, 480, 400, 17600, 1281, 2830
Charles Cobb, 300, 330, 12600, 517, 2028
Thomas M. Robinson, 100, -, 1500, 100, 565
Wm. Stringer, 300, 731, 15465, 694, 2320
Bryant, Frails, 200, 150, 5250, 378, 1582
T. H. Bender, 14, Rented, -, 28, 310
R. A. A. Mecachane, 200, 93, 3416, 377, 1202
Wm. R. Waldron (Waldson), -, -, -, -, 200
Wm. G. Quarles, 360, 710, 21400, 1030, 3800
Leroy Covington, 60, 20, 1600, 100, 290
Edmund C. Hardy, 400, 600, 12500, 843, 2556
Mary Hardy Sr., 250, 390, 10000, 987, 1575
Mary Hardy Jr., 250, 575, 9945, 657, 755
Wm. W. Hardy, 225, 135, 5000, 750, 2606
John H. Walker, 600, 400, 15000, 1750, 3630
George T. Edwards, 550, 533, 27900, 825, 3095
Susanah Caldwell, 65, 55, 1800, 70, 340
John Quarles, 40, 120, 2400, 30, 190
Henry E. Mealing, 150, 330, 7200, 165, 1005
Edward G. Mane, 240, 320, 14000, 1730, 4190
Mary Mane Est., 1500, 300, 18000, 1690, 6860
Mary Mane Est., 300, 100, 20000, 1690, -
Robert Rives (Rivis), 600, 900, 37500, 2144, 4919
James K. Gordon, 300, 180, 9600, 941, 3565
Alfred Edwards, 220, 80, 6400, 658, 2450
Uriah T. Keenan, 290, 347, 19110, 808, 2142

John Gresham, 500, 660, 15000, 1000, 3300
Wm. Whatley, 100, 120, 4500, 70, 926
Wm. J. Holt, 1200, 445, 32900, 957, 5945
John P. Holmes, 164, 156, 6400, 832, 864
Thomas Graves, 180, 250, 7740, 751, 1381
Wm. D. Wiggins, 260, 60, 6400, 335, 1255
N.L. Lipscomb, 200, 360, 14000, 844, 1658
G. W. Balderce, 80, 40, 2400, 20, 388
Elijah Myers, 150, 90, 5000, 345, 1320
G. W. Adams, 30, 130, 3200, 20, 95
Margerett J. Smith, 200, 200, 8000, 660, 1611
Elijah Whitington, 100, 220, 9600, 65, 707
Elizabeth Seaigler, 140, 60, 200, 460, 435
Wm. Hamilton, 300, 360, 16000, 900, 2209
D. T. McCall, 900, 280, 29500, 1565, 6758
H.B. Boynton, 550, 950, 27500, 500, 7000
J. R. Rives (Rivis), 500, 290, 15800, 1063, 1659
T. M. Turner Est., 1000, 400, 28000, 1790, 6450
H. T. Toole, 350, 130, 12000, 1260, 3825
T. Wilson, 700, 300, 20000, 600, 3380
Wm. E. Alexandra, 600, 577, 23540, 1291, 3520
Cader F. Pearce, 70, 10, 1200, 75, 425
Mary Carr, 260, 260, 15600, 1104, 1930
F. M. Holley, 80, 47, 2540, 111, 624
Barbery Frasier, 15, 25, 500, -, 38
Hugh Sloan, 130, 270, 6000, 917, 1256
Wm. R. Wall, 125, 115, 2880, 155, 1088
W. D. B. Middlebrooks, 80, 60, 1050, 136, 390
B. B. Wilson, 30, 50, 1000, 68, 595
Rina Frazier, 30, 50, 500, 21, 171
Malinda Thomblinson, 150, 330, 4800, 87, 1050
M Hambrick, 65, 436, 3000, 65, 520
J. R. Kelly, 75, 350, 2000, 40, 375
D. R. Norman, 15, 65, 240, 25, 316
John A. Duncan, 20, 60, 560, 25 140
Mathias Dry, 150, 257, 4070, 105, 534
Elias Sexton, 60, 129, 1134, 84, 371
Alcy Sexton, 15, Rented, -, 20, 100
Thomas Spraggins, 80, 280, 2520, 130, -
Wm. J. Daniel, 200, 960, 23200, 259, 1476
C. B. Pouncy, 25, Rented, Rented, -, 51

James McGough, 125, 275, 4000, 625, 841
J. Cook, 12, 68, 800, 18, 208
John Coker, 20, 60, 480, 20, 204
John Isham, 25, 55, 480, 13, 206
Wilie G. Saunders, 273, 167, 1500, 125, 270
John A. Collins, 30, 130, 1240, 52, 310
David Davis, 80, 160, 1440, 121, 529
Charity Maynard, 43, 37, 800, 20, 295
James Mothershead, 125, 455, 5800, 205, 795
J.A. Mothershead, 8, 42, 500, 20, 30
Seabourn Kelly, 50, 104, 539, 50, 195
C. C. Mothershead, 50, 110, 1660, 35, 492
A. Beasley, 40, 40, 448, 30, 316
J.A. Ficklin, 10, 70, 800, 16, 186
James Glass, 80, 40, 720, 36, 305
Laban Faulks, 20, 60, 800, 10, 118
Jackson Coaker, 30, 10 180, 105, 145
Ezekiell Brown, 30, 50, 640, 16, 192
N.Williams, 16, Rented, Rented, 15, 30
Hosia Kelly, 21, Rented, Rented, 15, 172
Argalous Turner, 127, 213, 2700, 90, 717
Wm. Sowell, 35, 5, 280, 50, 264
John K. Sewell, 15, 25, 200, 60, 280
John A. Nosworthy, 25, 15, 150, 15, 128
Dennis Harrington, 25, Rented, -, 20, 185
Mary Smith, 20, 20, 200, 15, 86
Daniel Gregg 60, 100, 800, 80, 685
P. L. Hooks, 130, 230, 3600, 129, 870
John S. Todd, 60, 87, 4000, 38, 150
John Adams, 300, 190, 9800, 1090, 1420
E. W. Davis, 35, 45, 1600, 12, 493
John L. Miles, 75, Rented, 160, 160, 1970
Richard Isham, 60, 60, 600, 20, 322
G. M. Cook, 230, 116, 6920, 800, 1285

Madison County Alabama
1860 Agricultural Census

Agricultural and Manufacturing Census for 1860 Microfilmed by the Alabama Department of Archives and History under a Grant from the National Science Foundation

1860 Schedule 4 Agricultural –Dekalb to Morgan Counties

Filmed for the University of North Carolina from Original Records in the Alabama Department of Archives and History

These are the items represented and separated by a comma: for example John Doe, 20, 25, 10, 5, 100

1. Owner
2. Acres of Improved Land
3. Acres of Unimproved Land
4. Cash Value of Farm
5. Value of Farm Implements and Machinery
13. Value of Livestock

The following symbol is used to maintain spacing and to indicate no entry: (-) Sometimes words such as vacant land, public land, rented, or rented land is used. These are words are separated by a comma to maintain columns and do not necessarily reflect information normally in columns 3 and 4 as shown above.

NOTE: In some instances where the first few letters of the first name or initials are missing and indicated with _, the microfilming did not pick up parts of the left margin for Madison Co. for it was too close to the binding and could not be flattened enough. It is my understanding that the sheets once filled out were then bound. My guess is that the Alabama Department of Archives and History would not allow the books to be taken apart and had to be filmed as is. Thus, some parts of first names or initials are not visible on the film.

James Nickols, 75, 145, 3000, 150, 800
Sam Reece, -, 40, 150, 15, 100
Geo. Maples, 55, 25, 1000, 125, 500
Mary Flippin, 100, 140, 4000, 150, 700
Jno. Douglass, 150, 200, 5000, 200, 1200
Sam Cole, 125, 155, 3000, 80, 500
Peter Maples, 80, -, 2000, 150, 800
Wm. Manning, 70, 100, 2500, 150, 650
Grove Simmons, 325, 155, 8000, 400, 2500
Edward Douglas, 300, 300, 10000, 200, 2000
Elizabeth Willhelms, 60, 60, 1800, 10, 400
David Allison, 300, 700, 15000, 500, 2500
Geo. Bullman, 30, 50, 1200, 80, 600
P. Woodall, 200, 00, 9000, 300, 1850
Jno. Pence, 85, 122, 2500, 100, 300

David Kennaman(Kennamore), 75, 170, 1800, 115, 1200
Jno. Kennaman (Kennamore), 35, 50, 800, 100, 800
S. Killingsworth, 35, 85, 1600, 75, 350
Henry Bulimer (Bullman),55, 105, 2000, 100, 700
E. Flippin (tenant), -, -, -, 20, 225
Aner Honey (Horey), 20, 60, 600, 10, 125
Martin Hanea, 20, 20, 500, 30, 200
Sarah Hanea, 30, 50, 600, 15, 200
Harriett Ledbetter, 30, 20, 500, 10, 200
Jno. Hambleton, 30, 10, 500, 10, 65
A. H. Russell, 60, 60, 2000, 120, 500
Geo. Dilworth, 20, 60, 1000, 10, 250
P. E. Ledbetter (tenant), -, -, -, 15, 300
John Selvage (tenant), -, -, -, 4, 175
James Hull, 40, 80, 1200, 70, 250
Wm. Whitaker, 75, 225, 2000, 20, 500
Jno. Ikard, 60, 300, 2600, 100, 820

Kno. Seaton, 30, 90, 800, 10, 350
Wm. Christian, 42, 38, 400, 25, 300
Jno. Clark, 50, 110, 2000, 50, 700
Robt. Woody, 25, 95, 1200, 15, 400
Wherry Whitaker, 75, 325, 4000, 100, 1600
Jno. Stapler, 40, 120, 3000, 8, 800
Joseph Stapler, 44, 256, 2000, 10, 500
Jno. Whitaker, 20, 20, 500, 25, 330
Wm. Gibson, 20, 140, 800, 20, 400
Jno. Taylor, 30, 50, 1500, 140, 360
Jno. W. Harless, 50, 220, 3000, 60, 675
Jno. Rivers, 150, 90, 3000, 75, 1400
Anderson Carter, 100, 140, 3000, 100, 650
Davis Moore, 100, 125, 2500, 60, 800
Jno. P. Smith, 150, 180, 5000, 140, 2000
Elijah Whitaker, 60, 80, 1600, 50, 800
Simon Whitaker, 35, 45, 800, 10, 800
Jno. Dilworth, 30, 10, 1000, 10, 650
James Taylor, 75, 50, 1500, 150, 800
Nancy Dilworth, 60, 60, 2500, 25, 500
Robt. Woody, 140, 180, 6400, 150, 2000
H. D. Buford, 75, 75, 1800, 50, 600
Jno. Southall, 10, 40, 600, 100, 400
Geo. Terry, 130, 228, 3000, 200, 1000
H. M. Glass, 35, 45, 2500, 120, 600
Harris Hornbuckle, 65, 255, 4000, 175, 325
Mary Owens, 80, 160, 2100, 75, 800
Isaac Wann (Vann), 211, 404, 8950, 300, 1305
Geo. Woodby, 95, 50, 3000, 165, 875
Thomas Harless, 75, 85, 1600, 80, 400
Jno. W. Ledbetter, 65, 67, 2800, 100, 1230
J. C. Drake, 500, 200, 15000, 300, 1565
Wm. Allison, 40, 40, 1600, 10, 380
James Rice, 40, 160, 1500, 100, 500
Jno. Horner, 250, 290, 12000, 100, 2000
Jack H. Childress, 400, 800, 12000, 800, 2560
Obedience Randle, 50, 54, 800, 80, 400
Wm. Chison, 30, 225, 1500, 50, 340
Jno. Edwards (tenant), -, -, -, -, -
Jno. Cloud, 37, 133, 3300, 65, 500
Jno. Stewart, 50, 279, 3200, 75, 3000
James Clark, 40, 40, 1000, 35, 200
Adams Lanier, 40, 240, 2000, 10, 250
Hiram Vann, 100, 500, 3000, 100, 800
Anderson Hamer (Horner), 100, 190, 2000, 20, 1050
Fulan Saloman, 22, 28, 500, 6, 240
Tho. Vann, 150, 350, 6000, 200, 1800
Dempsey Vann, 40, 80, 1200, 35, 500
Jesse Vann, 100, 280, 3800, 30, 650

W. T. Allison, 30, 50, 600, 8, 300
Lewis (Lane) Harmer(Horner), 90, 390, 4000, 100, 400
Wm. Hornbuckle, 30, 90, 1000, 70, 180
Wily Smith, 25, 2000, 3000, 70, 500
J. B. Bell, 200, 400, 10000, 550, 2535
Henry Russel, 45, 95, 1400, 75, 300
Jno. Taylor, 30, 150, 1500, 10, 600
Martha Watson, 25, 175, 600, 75, 400
H. B. Taber, 60, 140, 3000, 45, 400
Jno. T. Haam (Haum), 100, 500, 12000, 300, 1500
Thomas Owen, 90, 80, 3200, 125, 420
Wm. Green, 102, 483, 1500, 100, 450
Sam Green, 110, 110, 1000, 30, 1000
H. B. Green, 25, 15, 400, 10, 250
D. Cobb, 25, 100, 1100, 100, 400
Joseph Giles, 80, 120, 2000, 100, 500
Tho. Cobb, 14, 66, 900, 5, 300
S. M. Neighbors, 35, 85, 1200, 12, 225
James Wiley, 50, 110, 2000, 200, 300
A. Vane (tenant), -, -, -, 30, 250
N. C. Worley, 35, 165, 1500, 20, 200
Prudence Smothers, 40, 120, 600, 10, 300
Benj. Glover, 35, 45, 800, 6, 300
Geo. Hunt, 20, 60, 1000, 200, 400
Wm. Rich, 40, 160, 2000, 150, 250
Wm. Mathewson, 15, 65, 800, 15, 400
Wm. Draper, 45, 35, 1000, 75, 650
Zeak Craft (Croft), 30, 70, 1000, 5, 150
A. T. Woods, 130, 370, 10000, 200, 1000
J. H. Poar, 70, 30, 2000, 100, 650
D. C. Humphreys, 800, 600, 6000, 1000, 4400
W. J. Jinkins, 100, 120, 3000, 60, 300
W. R. Chandler, 45, 70, 1200, 20, 400
Green Branham, 75, 130, 1500, 20, 400
Harvy Glover, 40, 120, 1500, 50, 200
Wm. Butler, 75, 45, 1500, 140, 450
Geo. Lason (Cason), 50, 100, 1000, 20, 250
James Glover, 40, 40, 500, 40, 300
Wm. Glover, 40, 40, 800, 80, 550
J. Glover, 200, 150, 3000, 200, 1375
Levi Thomas, 100, 160, 3500, 200, 350
Hiram Cornelius, 50, 30, 1200, 100, 300
Michael Mathis, 60, 20, 130, 12, 300
M. B. Brazelton, 100, 270, 4000, 60, 770
Wm. Esslinger, 25, 55, 80, 75, 400
J. H. Narmint, 50, 230, 300, 100, 600
J. H. Collier (tenant), -, -, -, 30, 470
B. Cobb, 225, 770, 15000, 300, 600
J. W. Sullnam(Sullman), 280, 360, 5000, 120, 1000
Canada Butler, 300, 600, 12000, 1000, 1980

Miley Moon, 40, 40, 600, 10, 290
A. J. Moon, 21, 60, 800, 40, 580
Mills Jinkins, 450, 350, 16000, 600, 2410
R. S. Phipps, 70, 275, 3000, 50, 600
J. Sanford (tenant), -, -, -, 15, 300
J. Poar (tenant), -, 80, 500, 7, 100
Ann Grayson, 36, 17, 1060, 50, 550
L. B. Wade, 215, 400, 20000, 160, 900
Cynthia Grayson, 30, 40, 1000, 65, 375
J. S. Ellett, 5, 515, 500, 65, 500
W. L. Van, 80, 150, 1600, 85, 50
Wm. Ellett, 100, 127, 2000, 125, 300
Robt. Layne (tenant), -, -, -, 10, 350
Jno Carpenter, 150, 140, 6000, 10, 1500
Mose Rush, 30, 30, 800, 15, 400
Isaac Miller, 75, 120, 2000, 100, 400
Aaron McGaha, 34, 173, 300, 5, 160
Wm. Hill, 75, 85, 2400, 100, 600
Wm. Layne, 30, 12, 420, 7, 400
Beal G__in, 50, 400, 1000, 30, 100
James Glover, -, 30, 210, 75, 150
Elizabeth Dixon, 60, 70, 1200, 8, 250
Green Brazelton (tenant), -, -, -, 10, 125
Robt. Wade, 14, 426, 500, 140, 580
C. Latham (tenant), -, -, -, 15, 240
Susan Charleston, 50, 115, 1500, 50, 300
Asbery Hunt, 40, 40, 1500, 70, 625
L. McDuff, 30, 206, 3000, 45, 300
Jno. Cross, 90, 360, 3000, 60, 700
Jno. Kirksy (tenant), -, -, -, 8, 200
J. G. Grayson, 300, 367, 13340, 295, 1875
A. H. Sibly, 200, 225, 3500, 100, 200
B. S. Anjan, 300, 200, 3000, 100, 600
W. S. King, 75, 165, 2400, 70, 725
M. G. Miligan, 190, 50, 2400, 60, 920
Joseph Pickens, 100, 60, 1500, 100, 665
D. K. Huntor, 40, 40, 1200, 45, 400
J. W. Miller, 60, 100, 1500, 30, 400
Daniel Wadley, 60, 100, 2000, 20, 1000
Sarah Scrimsher, 30, 100, 500, 75, 300
H. Scrimsher, 30, 6, 500, 7, 125
N. Williams, 75, 140, 2000, 60, 800
Delila Saddler, 30, 50, 1200, 15, 150
Z. N. Drake, 500, 300, 8000, 25, 4000
J. M. Brazelton Jr., 80, 100, 800, 30, 400
J. P. Brown, 55, 105, 800, 50, 230
Rebecca Miller, 45, 58, 800, 45, 500
S. M. Brazelton, 80, 77, 3800, 40, 670
Wm. McGaha (tenant), -, -, -, 10, 385
Estate of Wm. Robinson, 100, 2100, -, 1000, 4500
Jno. H. Drake, 280, 380, 11300, 250, 200
J. L. Webster, 50, 225, 2000, 10,500
Betsy McGaha, 40, 40, 1200, 300, 250
T. L. Scrimsher, 60, 113, 2000, 25, 300

Burges Miller, 55, 105, 2000, 15, 450
Wily Scrimsher, 120, 180, 3000, 100, 910
J. F. Childress (tenant), -, -, -, 15, 200
J. T.Taylor, 60, 100, 2000, 200, 300
J. K. Sanford, 140, 100, 3600, 230, 1040
Robt. Childress, 75, 125, 2000, 75, 500
Wm. Jones (tenant), -, -, -, 150, 125
Alfred Scrimsher, 50, 190, 2000, 50, 500
L. M. Peevey, 175, 515, 4000, 100, 1300
Samuel Adare, 50, 70, 1500, 65, 400
James Gaston, 150, 170, 4000, 300, 1170
Calaway Patts____, -, -, -, 35, 500
Thos. Esslinger (tenant), -, -, -, 8, 200
Gilfara Bennet, 100, 140, 1500, 75, 500
J. K. Jinkins, 55, 30, 1000, 35, 600
James Wright, 40, 40, 800, 30, 150
Margaret Movor, 75, 100, 2000, 50, 250
Jack Movor, 15, 5, 200, 4, 200
J. D. Owens, 26, 15, 600, 30, 400
Jno. McGaha, 290, 350, 1000, 165, 1200
Est. J. W. McClung, 700, 875, -, 550, 5225
James Manning, 75, 165, 2000, 100, 375
Eada Maples, 55, 75, 1000, 30, 570
Jno. Allison, 600, 988, 15000, 1350, 5400
Joseph Collier, 180, 120, 6000, 100, 850
R. M. White, 35, 31, 700, 20, 300
R. W. Peevey, 90, 50, 2500, 155, 650
Wm Moon, 40, 40, 1200, 60, 325
S. T. Debow, 350, 500, 12000, 605, 2000
Wm. Wright, 400, 450, 12000, 440, 2000
Le__ Powel (Parvel), 120, 380, 5000, 80, 160
J. B. Middleton, 6, 60, 1500, 10, 125
J. R. Wright (tenant), -, -, -, 7, 100
W. C. McBroom 100, 60, 1250, 100, 300
Z. Bell (tenant), -, -, -, 10, 100
J. D. Middleton, 65, 14, 1200, 150, 400
Jno. Scott, 200, 200, 6000, 400, 1000
Jane C. Canslelep, 100, 72, 5000, 300, 800
Robt. Ragan, 18, 102, 1200, 10, 190
Wm. Gurley 250, 500, 8000, 100, 950
Richard Bradshaw (tenant), -, -, 300, 20, 300
Jno. Derreck (tenant), -, -, -, 100, 525
Elleck Hall, 40, 45, 2000, 75, 300
Asa Hill (tenant), -, -, -, 15, 700
G. W. Lewis, 70, 90, 2400, 125, 500
Jno. Gurley, 1000, 800, 50000, 450, 2710
Jas. _. Stegar, 150, 250, 6000, 100, 1250
Allen Sanford, 400, 500, 10000, 240, 2900
C. N. Vincent, -, -, -, 600, 2500
Benj. Lawler, 600, 809, 28180, 780, 7500

J. R. F. Hewlett, 250, 250, 5000, 150, 1500
M. M. Massengale, -, -, 2000, 20, 260
A. M. Hewlett, 300, 50, 10000, 280, 2600
Wm. Rountree, 300, 50, 800, 100, 450
Kerman Stegar, 350, 500, 8000, 310, 2220
P. Miller, 40, 80, 600, 30, 500
Jno. Lamberson, 330, 118, 5000, 170, 920
J. L. T. Kelly, 145, 100, 9000, 500. 1450
Jehu Lawler, 300, 300, 7000, 300, 2500
Eliz. Furgerson, 150, 45, 5000, 115, 250
Sam Moon, 100, 100, 2500, 20, 750
Monroe Sublett, 50, 150, 2000, 100, 800
Jno Adare, 20, 25, 500, 75, 280
Jno Samford (tenant), -, -, -, 15, 300
Tho. Fearn, 425, 375, -, 400, 2500
David L. Moore, 1000, 3000, - 490, 5000
Eliza Steel, 350, 400, 20000, 1000, 3000
William Powers, 325, 655, 30220, 720, 4200
Robt. Saddler, 35, 165, 2000, 100, 1000
Mary Williams, 80, 200, 5600, 80, 300
Meradeth Calhoun, 425, 700, 10000, 50, 13000
Samuel Breck, 125, 75, 8000, 200, 432
C. B. Williams, -, 68, 150, 100, 350
S. S. Ewing, 100, 100, 5000, 100, 1330
J. R. Dranke, 900, 1600, 35000, 940, 8400
R. C. Brikcle, 700, 60, 20000, 1000, 3850
R.M. Lynes, 1000, 973, -, 1150 5026
A. J.Esslinger, 400, 500, 1500, 820, 3360
Peter Wetherly, 280, 280, 6600, 200, 1430
Stephen Hains, 200, 280, 10000, 320,1700
Lewis Sumptor (tenant), -, -, -, 20, 150
Robt. Hunt, 45, 35, 600, 50, 200
Geo. P. Beirn, 1300, 400, -, 1000, 7000
F. H. Bell, 300, 180, 5000, 30, 800
Kesiah Hobbs, 300, 420, -, 50, 900
Elisha Bell (tenant), -, -, -, 40, 1000
Estate of Jno. Morris, -, -, -, 500, 2200
Joseph Brown, 90, 119, 4500, 150, 1000
Thomas White, 450, 1250, 45000, 750, 2200
Louisa Campbell, 130, 514, 2500, 50, 800
Jackson Lee, 50, 60, 1000, 60, 500
Elizabeth Smith, 100, 100, 1500, 75, 1000
Jno. Campbell, 130, 450, 5000, 100, 1200
Jno. Morrice (tenant), -, -, -, 100, 100
J. H. Hobbs, 400, 760, 15000, 400, 4890
David Gardner, 250, 620, 5000, 325, 1200
Ann D. Osburn, 100, 384, 4000, 100, 700

Wm. Gardner, 280, 1420, 10000, 250, 1520
Wm.McCloud, 100, 190, 1500, 250, 600
J. R. Morrice, 70, 90, 1500, 100, 400
Geo. Atchly, 3, 77, 200, 5, 100
H. H. Haam, 120, 240, 7000, 75, 700
W. R. Glasscock, 50, 400, 10000, 50, 480
S. J. Stone, 90, 50, 2000, 70, 350
D. H. Pettey, 100, 102, 2000, 75, 450
A. J. Mitchell, 100, 120, 2600, -, -
W. E. Payne, 325, 450, 12000, 1000, 2500
T. H. Bayless, 300, 100, 7000, 400, 1053
G. L. Terry, 70, 50, 2500, 75, 567
F. E. H. Steger, 30, 35, 1500, 200, 900
W. H. Worthan, 30, 60, 6400, 80, 865
L. D. Potts Agt., 75, 325, 5000, 20, 300
W. H. Fowler, 30, 50, 800, 50, 460
Jno. H. McMullin, 230, 120, 6500, 800, 1160
Robt. Hall, 55, 25, 1600, 20, 200
Nat. Conoley, 75, 26, 2500, 130, 600
D. Rignivy, 100, 56, 1600, 75, 600
Lida Rignivy, 200, 60, 2000, 60, 1065
J. A. Douglas, 350, 130, 5000, 200, 1300
Dr. F. Jordan, 1600, 800, 50000, 1500, 4757
W. P. Isbell, 60, 40, 2500, 100, 765
Benj. Stegar, 300, 290, 11000, 500, 2000
Thos. Cawthon, 150, 110, 5000, 150, 980
Jonathan Tipton, 100, 220, 2500, 155, 1000
William Tipton Agt., -, -, -, 10, 245
William Flanegan, 500, 200, 9000, 1000, 4000
S. M. Tipton, 130, 310, 4000, 25, 930
Geo W. Moring, 100, 100, 3000, 200, 1000
E. Vepor Agt., -, -, -, 20, 600
E. H. Hancock, 220, 195, 5188, 200, 1200
Jacob Provence Manager, -, -, -, 10, 150
Jesse Read, 30, 10, 600, 60, 220
Jas. Lawler, 180, 100, 5600, 100, 750
Robt. Light, 60, 28, 1500, 90, 350
Cas. Derrick Manager, -, -, -, 150, 1330
Jno. McDonald, 145, 50, 1900, 25, 730
Wm. Elkins Mang., 400, 600, 20000, 200, 2500
Jno. Byrne, 120, 40, 3000, 25, 1200
Rev. M. H. Bone, 500, 300, 13600, 302, 2352
Jno. Derreck, 180, 140, 5000, 160, 1272
Susan Ragsell(Russell), 45, 10, 850, 25, 375
Isaac Mitchell, 55, 124, 1000, 100, 307
J. W. Sharp, 39, 41, 1000, 45, 700

V. Grait, 300, 100, 6000, 500, 1400
Jno. Irby, 60, 20, 2000, 30, 260
Robt. Sloan, 201, 120, 7200, 75, 1200
Ard Beard, 35, 125, 2000, 20, 400
Bradfor Hambrick, 500, 215, 1300, 300, 1500
Jno. W. Nance Agt., -, -, -, 100, 400
Jas. Taylor, 50, 36, 1600, 100, 600
Jos. Sharp, 85, 100, 1800, 100, 500
Seborn Provence, 20, 60, 300, 5, 400
J. W. Carter Agt., 700, 700, 30000, 800, 3000
Ed Tipton, Agt., -, -, -, 15, 250
Chas. Harris, 12, 108, 500, 10, 250
Jas. Murray, 40, 280, 1000, 10, 250
H. C. Scott, 55, 105, 2000, 30, 400
Leroy Sharp Agt., -, -, -, 15, 210
Isaac Key, -, -, -, 60, 150
William Sharp, 80, 320, 3000, 5, 200
Abram Miller, 100, 200, 2700, 75, 700
Jas Hall Agt., -, -, -, 250, 2500
J. C. Bowhanon, 35, 45, 1800, 20, 375
Ed Bailes, 145, 110, 7000, 150, 925
Nancy Bragg Agt., -, -, -, 15, 180
Mary Golden, 50, -, 1500, 10, 375
Geo. Willis, 75, 95, 4000, 70, 640
Tho. Giles, 100, 420, 3000, 200, 750
L. W. Bragg, 160, 200, 5000, 150, 1500
A. D. Lansden, 200, 240, 5000, 100, 1650
Jno. Combs, 70, 140, 2500, 75, 600
J. H. Bragg, 45, 95, 2500, 75, 700
Benj. Bragg, 40, 75, 2500, 75, 550
Wm. Power, 25, 10, 1200, 50, 500
J. L. Power, 110, 50, 4800, 100, 1200
J. G. Fogg(Fagg) Agt., -, -, -, 5, 120
Geo. Douglass, 100, 60, 4800, 100, 800
Alfred Hambrick, 400, 300, 21000, 100, 2500
P. S. Baker, 120, 230, 5000,170, 1500
Jas. Hambrick, 400, 400, 43000, 500, 2500
Wm. Lexon (Laxon), 100, 100, 4000, 100, 950
John Yarbrough, 100, 800, 1800, 75, 570
G.W. Carmichal, 140, 60, 4000, 150, 950
Jas. Miller, 600, 360, 20000, 500, 2900
Tholley W. Williamson Agt., -, -, -, 50, 565
Saml. Barley, 80, 120, 3000, 150, 900
E. Morris, 75, 125, 3000, 100, 675
C.Snyder, 75, 175, 4000, 100, 800
Robt. Davis, 50, 45, 2000, 125, 1000
Jno. Pettey, 150, 290, 2000, 250, 1250
Wm. H. Ward, 320, 255, 9000, 1500, 3100
Isaac Boggs, 12, 68, 400, 15, 240

J. W. Tipton Agt., -, -, -, 10, 100
Jas. Whitman, 85, 85, 3000, 25, 600
Danl. Homer (Horner), 200, 206, 12000, 400, 580
W. P. Guynn, 200, 375, 7000, 150, 1795
Wm. Campbell Agt., -, -, -, 45, 180
John Power Agt., -, -, -, 100, 700
Wm. Jacks, 45, 115, 4000, 75, 400
Jas. Power, 100, 121, 6600, 150, 1700
Sallie Bragg, 40, 60, 3000, 100, 350
Jas. Fanning, Agt., -, -, -, 6, 300
Wm. Herriford, 200, 160, 8000, 100, 1500
Robt. Norris, 100, 60, 4800, 75, 800
Wm. Castain Agt., -, -, -, 10, 100
S. Golden, 55, 105, 2000, 75, 500
Ad Campbell, Agt., -, -, -, 10, 200
Jas. Nance, 160, 200, 7000, 150, 1000
Wm. Crayton, 35, 125, 1000, 60, 300
Eli Woodward, 28, 73, 800, 65, 600
Eli Sharp, 25, 55, 500, 65, 200
Wm. Smether (Smithers), 27, 93, 800, 5, 100
Seborn Jones, 75, 250, 1000, 150, 1230
W. Drake, 200, 180, 7980, 351, 1000
Isaac Criner, 220, 220, 9000, 150, 2076
Wm. Clum Agt., -, -, -, 7, 300
Kat Howard, 45, 75, 1500, 75, 450
Wm. Howard Agt., -, -, -, 9, 500
M. Howard, 100, 200, 1500, 125, 600
J. W. Davis, 150, 550, 8000, 30, 1600
R. J. Clum (Cluner), 60, 220, 3500, 70, 580
Abner Moore, 50, 275, 1500, 15, 600
John May, 21, 59, 600, 5, 150
Jas. Hudson, 70, 160, 2000, 10, 100
J. R. Calaway, 80, 360, 2000, 50, 400
Calvin Taylor, 18, 22m 150, 45, 150
Hiram Durham, 12, 108, 200, 14, 40
Jesse Robinson, 55, 77, 2500, 100, 845
Wm. Hale, 30, 210, 2500, 125, 700
Geo. Stone, 20, 100, 1500, 20, 400
Frances Oldfield, 50, 150, 1200, 30, 600
John Oldfield, 45, 115, 800, 20, 600
David Jacks, 40, 35, 2000, 50, 540
Mrs. A. Johnson, 35, 55, 1000, 10, 300
John Campbell, 50, 30, 1000, 15, 400
H. M. Walker, 160, 110, 5700, 50, 800
Delela Walker, 150, 600, 10000, 100, 1300
Henry Smith Agt., -, -, -, 30, 60
Reed Walker, 250, 500, 15000, 140, 1350
W. B. Jones, 400, 378, 20000, 560, 3430
Wm. Walker, 120, 220, 4000, 400, 1140
Saml. Yarbrough, 120, 40, 3200, 150, 1020

G. F. Strong, 150, 100, 3000, 250, 1200
G. T. Jones, 500, 1100, 25000, 500, 5786
Rachel Berry, 200, 50, 2000, 100, 1000
Jas. Clum, 75, 75, 1600, 75, 200
Jas. Pike Agt., -, -, -, 150, 150
Dr. G. C. Norris, 15, -, 2000, 150, 800
D. Mosley, 60, 60, 1000, 60, 400
S. Fanning, 100, 60, 2000, 80, 1500
Jas. Hawkins, 200, 170, 3000, 150, 900
W. C. Davis Agt., 600, 160, 15000, 400, 2400
A. J. Stitte (Slitte), 300, 265, 20000, 400, 3500
A. J. Campbell, 6, 34, 200, 60, 600
Wm. Crutcher, 800, 700, 20000, 400, 3118
Mrs. M. E. Spraggins, 250, 200, 9000, 150, 980
Mrs. Rebecca Pettey, 100, 20, 2400, 175, 500
A. Snead, 40, 120, 800, 60, 350
Geo. Britton, 100, 60, 300, 20, 250
E. B. Snead, 7, 73, 200, 5, 100
John Thomas Agt., 1920, 400, 26000, 300, 4800
G. C. Saunders, 400, 240, 16000, 300, 1962
D. B. Friend, 700, 200, 13500, 300, 2850
G. B. Strother, 50, 15, 2000, 150, 300
Wm. Otey, 350, 185, 10000, 400, 2350
Robt. Strong, 200, 130, 6000, 75, 1500
J. N. Harris, 500, 300, 16000, 450, 2500
G. M. Harris, 65, 30, 1800, 125, 750
S. S. Darwin, 9, -, 1500, 25, 200
Eliza Conaley, 40, 100, 1200, 15, 175
Jno. O. Friend Agt., 300, 225, 16000, 300, 2300
B. B. Rogers 80, 65, 2000, 200, 650
Mrs. S. Rogers, 100, 100, 1000, 100, 500
Mrs. E. Jones, 60, 24, 1200, 100, 570
M. B. Cawthon Agt., 400, 80, 5000, 80, 425
Geo. Anderson, 570, 200, 8000, 500, 2200
R. J. Kelley, 1000, 1600, 52500, 600, 3560
S. O. Nuckolls, 500, 200, 18000, 400, 2600
W. H. Moore, 50, 20, 30000, 220, 1100
O. D. Sledge, 1500, 900, 58000, 1000, 6670
Mrs. C. Robinson, 35, 15, 40000, 250, 850
R. Chapman, 150, 170, 10000, 200, 1500
W. W. McCrary, 175, 125, 7500, 60, 990
Thos. McCrary, 470, 90, 11020, 200, 2330
M. Miller Agt., 700, 570, 33750, 800, 2740
Mid Fanning, 300, 184, 3000, 250, 2350
Thos. Bragg, 33, 87, 1000, 6, 125
Sanford Bragg, 40, 50, 400, 93, 400
Robt. Grimmit Agt., 60, 40, 2000, 50, 340
H. M. Teague, 70, 70, 2500, 200, 500
Wm. Blackburn, 25, 35, 400, 6, 125
J. J. Burdine, 70, 50, 3000, 150, 400
M. Burdine, 50, 100, 3000, 100, 400
Jno. Giddens, 150, 131, 2000, 300, 800
Geo. Datton (Dalton), 40, 40, 1000, 100, 300
Jas. Irvin, 100, 46, 800, 100, 600
Sanford Bayless, 70, 103, 2000, 125, 800
Mrs. R. Loving, 50, 50, 800, 25, 300
Mrs. N. Douglass, 4320, 180, 13000, 500, 1500
E. S. Douglass, 60, 20, 1000, 30, 200
Mrs. S. Scruggs, 140, 60, 4000, 100, 300
Benj. Tiller, 200, 120, 8000, 250, 1400
J.H. & G. L. Masten(Martin), 700, 245, 25000, 450, 3550
L. A. McBride, 110, 62, 4000, 125, 500
Wm. M. Roper, 377, 323, 10800, 250, 1040
Jno. Penney, 400, 88, 10000, 300, 1532
Mrs. E. Mayhew, 410, 300, 21300, 600, 4126
A. Elliott, 300, 200, 15000, 300, 1000
F. Masten, 650, 200, 34000, 500, 4500
G. W. Jones, 100, 1150, 10000, 300, 2200
Mary Lewis, 70, 10, 600, 15, 100
Mrs. M. Ford, 863, 300, 34890, 500, 2250
Chas. Thomas Agt., 1120, 380, 22000, 300, 2000
Geo. McBride, 75, 70, 800, 50, 600
Robt. McBride, 12, 15, 300, 10, 150
W. Blankenship, 500, 300, 20750, 500, 2875
W. D. Humphrey, 1100, 400, 37000, 500, 2780
Thos. Bibb Agt., 70, 25, 1800, 125, 600
Jno. Pruit, 350, 130, 11000, 100, 2100
Mrs. E. Strong, 500, 70, 18000, 300, 1680
Jno. G. Bentley, 65, 5, 2500, 150, 250
Corbin Lewis, 360, 100, 6900, 360, 1362
Patton Donegan & Co., 300, 1200, 100000, 500, 3500
C. H. Patton, 316, 80, 8000, 150, 1300
Mrs. E. Coneron (Conerou), 250, 150, 9000, 100, 700
Jno. L. Farris, 450, 240, 20000, 550, 2600

Mrs. D. N. Allison, 200, 165, 5475, 100, 800
J. M. Hambrick, 200, 140, 7000, 100, 1200
J. A. Sneede (Snude), 30, 40, 500, 3, 200
Othanael Rice, 60, 120, 1750, 50, 260
A. O. Williamson, 80, 120, 2500, 25, 1000
Jno. Brown, 100, 140, 3000, 200, 800
Eliza Smith, 23, 37, 300, 20, 200
Isham Wadkins, 150, 63, 3000, 150, 200
John Mealls, 290, 460, 9500, 350, 1500
Jonathan Hockings, 60, 90, 600, 20, 100
Jas. Davis, 140, 138, 5000, 100, 920
Alex Irvin, 100, 90, 3000, 75, 900
W. F. Whitman, 350, 385, 12000, 60, 1790
Jno. Lanford, 60, 30, 900, 90, 200
M. J. Rice, 77, 70, 2000, 75, 300
Jas. Rice, 360, 250, 1000, 300, 1200
C. McLeod, 80, 150, 2300, 125, 525
Hiram Lamb, 50, 110, 1200, 75, 200
Geo. Freeman, 70, 20, 3500, 15, 1000
John Heathcock, 100, 200, 3500, 15, 1000
Jno. M. Wright, 300, 100, 8000, 200, 1785
Wm. Stone, 200, 200, 8000, 60, 1225
Jesse Stone, 300, 360, 4500, 500, 1246
Geo. Kinnard, 280, 250, 12000, 75, 850
Alex Freeman, 30, 50, 400, 15, 300
M. Robins, 95, 185, 4000, 15, 250
Thos. Turner Agt., 125, 175, 3000, 75, 300
Susan Olds, 150, 50, 1200, 50, 500
Ed Darnaby, 80, 60, 1000, 60, 2300
Robt. Rodgers, 150, 150, 1000, 100, 725
S. Gooduir, 100, 400, 4000, 75, 1520
Jno. Childress, 40, 40, 1600, 50, 500
L. A. Kelley, 180, 400, 5000, 80, 900
Mat Kinney Agt., 40, 20, 600, 75, 500
Benj. Griffith, 500, 600, 10000, 150, 1400
Ples. Miles, 60, 90, 1000, 60, 600
E. Griffith, 100, 192, 4000, 70, 800
W. B. Hoffa Agt., 250, 125, 4000, 50, 500
Jas. Cochran, 200, 240, 2600, 80, 650
A. Flynt Agt.,200, 500, 7000, 200, 1500
Wm. Cox Agt., 30, 10, 500, 20, 150
L. Couch, 10, 150, 100, 10, 65
Abram Andrews, 40, 80, 300, 80, 125
Jef Goldin, 6, 73, 80, -, 70
Reub Goldin, 125, 115, 1800, 80, 550
Goodwin Fisk, 50, 190, 1200, 80, 375
Ed. Webster, 30, 80, 400, 5, 50

T. W.Buchanan, 200, 500, 5000, 200, 1240
A. Bevell, 30, 150, 200, 20, 60
John Towny, 30, 50, 300, 10, 100
H. Manly, 30, 210, 1200, 20, 300
Jno. Hill, 25, 15, 150, 6, 75
Saml. Grigsby, 40, 20, 560, 12, 200
Jo. Clark, 10, 70, 1000, 50, 100
H. W. Kelley, 200, 36, 9600, 200, 1373
J. H. Kelley Agt., 300, 180, -, -, -
Wm. Simms Agt., 400, 300, 8000, 450, 1510
Abner Tate, 200, 140, 4000, 400, 1300
Lan__ Noblin, 80, 80, 800, 100, 1550
Mrs. L. Saunders, 70, 130, 1000, 200, 1150
Ambrose Driskill, 200, 525, 4350, 110, 943
Jo. Higginbotham Agt., 1450, 845, 45900, 400, 3260
Levi Donaldson, 900, 500, 10000, 300, 4000
Mrs. Ex. Townsend, 1200, 900, 36000, 500, 4800
R. Hyman, 160, 80, 5000, 100, 700
Z. Ford Agt., 650, 300, 14000, 350, 2000
J. C. Graham Agt., 400, 240, 6400, 175, 1430
J. C. Graham Agt., 440, 200, 4500, 175, 1030
J. C. Graham Agt., 400, 200, 9000, 175, 1110
Alex Whitaker, 500, 500, 30000, 400, 4740
M. Miller, 100, 100, 3000, 75, 600
Jno. M. Humphrey, 400, 300, 18500, 450, 1700
M. K. Taylor, 105, 55, 1600, 60, 600
Jno. Hall, 80, 143, 3000, 6, 400
K. T. Daniel, 70, 80, 3000, 100, 800
R. G. Scott, 200, 265, 5000, 100, 2000
Josiah Springer, 275, 102, 10750, 800, 3090
Thomas Jamar, 200, 400, 9195, 300, 1610
Ewing B. Bell, 250, 467, 400, 300, 445
Nancy Graham, 300, 580, 17600, 100, 665
D. C. Humphreys for others, 900, 520, 21300, 1000, 3200
Mary Wall, 350, 150, 7500, 300, 2270
Harry B. Turner, 400, 270, 6700, 380, 1465
J. A. Lanier and others, 1600, 1519, 62380, 1325, 5647
John J. Fletcher, 692, 180, 13000, 365, 3055

Sarah Lipscomb, 500, 300, 12000, 300, 1405
Wm. Holding, 800, 800 48000, 400, 2910
Sarah Farley, 90, 70, 1750, 30, 150
Mary Cartright, 100, 250, 1750, 100, 280
Mary P. Rice, 600, 140, 17000, 200, 4134
Margaret Toney for others, 500, 238, 17450, 250, 1500
James J. Donegan, -, -, -, -, 2350
James Lanman, 670, 470, 28000, 450, 4050
Henry C. Jordan, 300, 303, 12000, 450, 2590
Burrel Jacobs, 100, 60, 1600, 100, 400
George Horton, 255, 1400, 12240, 260, 2080
Theophilas Leacy, 550, 350, 18000, 675, 4195
Alex H. Leacy, 500, 300, 10000, 500, 4450
Martha J. Russell, 270, 360, 9900, 400, 2420
James B. Turner, 320, 80, 15400, 350, 2250
C. Hunt Overseer for Charles H. Patton Owner, 500, 650, 15000, 500, 5000
Thos. Beadle, 100, 80, 540, 100, 450
Abram H. Beadle, 100, 80, 540, 200, 450
Wm. J. McCalley, 700, 550, 43750, 600, 4500
Hugh Binford, -, -, -, 130, 800
Glasgow Jordan, 300, 360, 18000, 225, 4500
Thos. S. McCalley, 600, 300, 30000, 1000, 4555
Susan Pollard, 10, -, 1000, -, -
Wm. H. T. Browne, 5, -, 1500, 25, 200
Addison White, 65, -, 20000, 200, 1525
J. J. Jordan, 431, 129, 5000, 600, 1610
Wm. Acklin, 500, 800, 27000, 700, 4570
Elizabeth Echard, 3 ½, -, 1000, 30, 254
Harriet Barnard, 700, 500, 35000, 325, 2250
Joseph Sibley, 450, 305, 15000, 3375, 2230
Daniel Whitworth, 100, 50, 2000, 20, 325
John Farrald, 50, 20, 1000, 40, 350
Richd. Jamar, 900, 400, 30000, 600, 4180
Samuel Ward, 1000, 600, 32000, 400, 5600
Luke Mathews, 1500, 1000, 50000, 600, 4010
Isom J. Fennell, 1400, 800, 30000, 500, 5500
Ellizabeth M.Brown, 30, 20, 1000, -, 80
James H. Pride, 400, 200, 10000, 300, 1270
Martha Bradford, 1000, 700, 17000, 300, 1800
James Clemens, 900, 600, 30000, 1000, 4000
Elisha F. Betts, 560, 400, 20000, 1000, 4750
W. J. Clark for Chas. H. Patton, 800, 300, 33000, 750, 5000
Martha L. Patton,700, 180, 17600 400, 4970
Catherine Moore, 600, 600, 2500, 250, 2800
Mary Williams, 52, 35, 800, 35, 200
A. M. Barkley, 900, 520, 25000, 415, 3000
Chas. E. Collier, 1100, 600, 25600, 300, 3100
William W. Watkins, 125, 50, 1200, 150, 750
William B. Edwards, 380, 175, 480, -, 390
Jas. _. Dillard, 100, 50, 3000, 100, 635
Jas. F. Watkins, 40, 30, 1500, 30, 800
Richd Wiggins, 1050, 700, 35000, 600, 5500
Clarisa Toney, 320, 320, 13000, 400, 300
William Row, 180, 120, 5000, 350, 1125
M.A. Lewis, 560, 250, 12000, 300, 2720
Jno. L. McIntosh, 300, 170, 8000, 350, 2050
D. A. McIntosh, 220, 125, 5000, 50, 800
Thos. Overstreet, 27, -, 700, 15, 780
Richd. Holding, 400, 240, 19200, 300, 2010
Richd. Holding, 400, 240, 19200, 300, 1450
Richd. Holding, 100, 50, 7000, 50, 1350
Orvel M. Hundley, 450, 450, 18000, 300, 1930
Edmund Toney, 800, 1000, 36000, 400, 4105
J. S. Scruggs for others, 700, 560, 25000, 900, 2680
H. G. Bradford, 600, 922, 45660, 650, 1880
John Simpson, 150, 510, 5000, 300, 1641
Francis E. Pritchet, 50, 250, 3000, 100, 730
Jno. M. Lynch, 225, 327, 6900, 350, 1700
Charita Lee, 400, 540, 30000, 600, 2925
Thos. J. Owen, 250, 250, 9000, 480, 1100
Samuel Trotman, 90, 30, 2500, 40, 223
Archibald McDamal (?), 800, 1100, 48750, 575, 4280

Susan A. Jones, 300, 100, 6000, 400, 1600
William Watkins, 250, 610, 40000, 450, 2625
Daniel F. Strut, 45, 115, 1200, 150, 500
Geo. W. Carmichael, 90, 70, 3200, 150, 8000(?)
NEXT ENTRIES WRITING IS NOT VERY CLEAR
Martin Marrin, 16, 24, 50, 5, 480
Levina Tribble, 12, 68, 200, -, 70
D. W. Tribble, -, -, -, -, 20
D. L. Rawlins, 30, 50, 800, -, -
Jas Doublin, 60, 100, 800, 100, 482
Sarah Benham, -, -, -, -, 70
Edward Lane, 150, 190, 4000, 100, 1088
Thursday Jones, 60, 20, 100, 5, 55
Rebecca W. Price, 100, 86, 2000, 40, 360
J. Sanderson, 25, 55, 800, 75, 510
Nathaniel Gooch, 120, 150, 1000, 45, 40
Benj. N. __ord(?), 300, 100, 2600, 150, 460
P. Bowers, 225, 250, 4000, 150, 1200
John Bibb, 105, 100, 3000, 100, 350
Jas. T. Crutcher, 130, 190, 400, 100, 895
Wm. H. Crutcher, 60, 20, 800, 50, 150
Jas. H. Bibb, 130, 10, 2000, 200, 600
Wm. H. Stevens, 160, -, 1500, 80, 275
Lewis Garrett, 30, 10, 500, -, 30
Mathew B. Nail, 2, 78, 620, 12, 100
Wm. C. Green, 100, 20, 1300, 10, 110
D. D. Dedman, 55, 25, 1000, 10, 230
Geo. H. Dupree, 15, 45, 960, 35, 125
John Lynch, -, -, -, 5, 29
John F. Tribble, 55, 65, 1500, 35, 260
Thos. H. Dupree, 12, 28,, 300, 5, 205
John H. Clifton, 100, 740, 2500, 15, 488
D. W. Hilliard, -, -, -, 35, 75
Line left Blank
Wm. J. Cosby, 50, 190, 100, 75, 700
John H. Fick(Pick), 56, 104, 1500, 70, 400
Roda Ferrin, 18, 32, 300, 5, -
John F. Ferrin, -, -, -, -, -
Mary K. Crutcher, 12, -, 500, 75, 370
Nancy Mclehany, 40, 120, 450, 10, 300
Jas. M. Farley, 200, 280, 5000, 100, 693
Clary A. G____, -, -, -, 5, 115
John J. Drake(?), 350, 285, 10000, 200, 1300
M. A. Pike(Fike), 95, 293, 3700, 75, 500
Wm. Johnston, 100, 60, 1000, 150, 1094
Richard Martin, 60, 80, 2000, 20, 200
R. M. Martin, 2, -, 500, -, 300
J. B. Fitts, 160, 213, 2400, 75, 400

Chas. M. Canterberry, 25, 37, 1000, 50, 250
Elizah Fitts, 50, 30, 1000, 50, 210
Wm. Carnes, -, -, -, -, 60
Geo. M. Nail, 45, 45, 1000, 15, 150
Benj. L. Camper, 1, 1, 5, 10, 165
Jas. Gorden, 200, 200, 4000, 500, 1320
Wm. Lanford, 1000, 733, 40000, 100, 3170
Alex. J. Cosby, -, -, -, -, 130
B. P. McCrary, 150, 490, 50000, 1500, 6155
John Gales, 250, 150, 5000, 50, 752
H. G. Bradford, 500, 205, 21000, 500, 620
Alex P. Jones, 1000, 200, 75000, 1000, 10000
J. B. Fowler, -, -, -, 10, 100
Wm. McKiney, -, -, -, 60, 135
Wesly Shavers, -, -, -, 5, -
Ellen Franklin, -, -, -, 8, 67
J. H. Bransford, -, -, -, 100, 400
Wm. H. Binford, 250, 2150, 10000, 200, 1275
Jas. B. Turner, 800, 550, 10000, 150, 4630
P. P. Neal, 500, 140, 10000, 230, 423
Jas. M. Jones, 175, 65, 7000, 124, 1350
Clay Lightfoot, 400, 300, 15000, 420, 1370
E. B. Spottswood, 20, 67, 6000, 100, 1510
N. Hawkins, 120, 55, 6250, 125, 1050
Edward C. Betts, 600, 300, 30000, 500, 3500
J. R. B. Eldridge, 130, 30, 6000, 75, 930
Joseph Osborn, 110, 40, 10000, -, 530
Wm. H. Wilson, 140, -, 12000, -, 1145
Geo. J. Robertson, 14, -, 5000, -, 110
Jas. W. Allisin, 9, -, 400, -, 80
F. B. Johnson, 2 ½, -, 100, -, 20
J. W. Watkins, 10, -, 3500, 5, 300
Jas. H. Gallup, ¼, -, 250, -, -
Geo. W. Bryant, ¾, -, 1000, -, -,
John T. Chatman(?), 300, -, 1200, 150, 2375
Allen Giles, -, -, -, 15, 147
Wm. J. Studdar, 1200, 200, 15000, 188, 1030
Wm. Jones, 2, -, 1000, 3, 20
Elizabeth Holbrook, 2, -, 2000, -, 10
Wm. R. Patton, 45, 11, 12000, 30, 840
Chas. P. Cabiness, 200, 330, 10000, 250, 1200
Wm. E. Spottswood, 140, 20, 10000, 200, 650

Hariett Aday, 82, -, 5000, 50, 750
George W. Drake, 44, 8, 10000, 125, 7
John T. Lowery, 41, 25, 10000, 20, 830
J. W. Scruggs, 80, -, 40000, 50, 1000
Saml. S. Clark, 2, -, 2000, -, 550
K. G. Britt, 1, -, 500, 10, 150
Wm. Oflanigham, 1, -, 1200, -, -
C. N. Vincent, 18, -, 8000, 220, 530
Hezakiah Balch, 140, 300, 1500, 200, 1170
Alfred Wall, 40, 300, 700, 35, 410
Simeon Gerron, 100, 40, 700, 35, 410
C. L. Rodgers, 30, 90, 300, 5, 45
Benj. F. Rodgers, 25, 95, 150, -, 40
Lemuel Rodgers, 20, 214, 700, 50, 81
Benj. S. Rodgers, 12, 28, 100, 10, 70
Elizabeth Taylor, -, -, -, 20, 260
Thos. Douglass, 200, 134, 3500, 100, 1220
D. C. Davis, 1000, 250, 15000, 230, 3000
Thos. Lewis, 12, 114, 600, 65, 10
Samuel Ferrin, appears, to be, erased, 25, 125
S. J. Pettus, 600, 460, 5000, 50, 1025
S. Stephenson, 100, 60, 500, 10, 240
Luch Hilliard, 100, 60, 2000, 200, 2180
Woodard H. Ba_gher, -, -, -, 110. 280
Wm. F. Lewis, -, -, -, -, 65
Wm. Ratby, 40, 80, 400, 12, 280
S. H. Dedman, -, -, -, 6, -
Thos. W. Pettus, 350, 400, 5000, 150, 800
Wm. R. Pettus, 180, 400, 3000, 125, 750
Sarah A. Bailey, 175, 145, 2500, 12, 325
Joel Beadle, 150, 262, 2500, 12, 49
Dempsey D. Tyler, 7, -, 5000, 100, 150
Jarrett Knox, 80, 80, 500, 25, 170
C. H. Sanderson, 50, 30, 200, -, 400
John J. Johnson, 20, -, 500, 25, 75
Major Land, -, -, -, 10, 25
P. B. Hilliard, 70, 250, 1800, 8, 106
J. M. Hilliard, -, -, -, 10, 265
Cynthia Fowlkes, 250, 247, 6000, 450, 2050
J. H. King, 600, 400, 7000, 125, 120
Jas. M. Magaha, 1000, 1700, 30000, 300, 4180
Wm. Douglass, 400, 160, 9000, 300, 1150
Saml. L. Smithes (Smithers), 500, 370, 12000, 2000, 3000
Jas. L. Browning, -, -, -, 50, 3520
Nancy R. Kelley, 500, 300, 10000, 350, 2490
Bryant P. Reedy, -, -, -, 50, 520
John Seay, 450, 200, 6000, 110, 1010
Wm. M. Gooch, 475, 165, 10000, 300, 930
Saml. E. Daveson, 400, 160, 7000, 300, 2700
Dudley Sale, 700, 420, 2000, 987, 5475
Theo Herreford, 300, 380, 10000, 200, 1400
Fleming B. White, 25, 30, 1000, 50, 300
T. L. Hammon, 20000, 2200, 40000, 1000, 10500
Mary Nance, 275, 200, 3500, 150, 1215
Wm. F. Baldridge, 225, 55, 2400, 125, 1370
N. P. Wilburn, 300, 100, 3000, 100, 1150
John P. Turner, 15, 125, 600, 150, 800
W. T. Garner, 200, 150, 1800, 6, 1080
Wm. T. Kelley, 285, 175, 1800, 75, 1380
Richard Wiggins, 120, 40, 32, -, -
D. Blackburn, 310, 250, 11200, 50, 3060
Joseph Martin, 11, -, 6000, -, 350
Benj. Patterson, 100, 50, 15000, 100, 1516
Jas. H. Scruggs, 12, -, 6000, 15, 897
Robt. K. Dickson, 20, 25, 5000, 100, 1000
Sarah Humphrey, 225, 135, 7200, 150, 720
John D. King, 100, 700, 46505, 334, 3940
E. M. Easton, 200, 100, 5900, 30, 920
Lewis G. Malone, -, -, -, 24, 590
Mary J. Ewing, -, -, -, 18, 546
Loyd H. Hamlett, -, -, -, 90, 845
Phebe Hamlett, 250, 70, 9530, 150, 1830
Jas. B. Robinson, 120, 5, 1500, 100, 1375
John Robinson, 800, 500, 40000, 620, 4260
Leroy A. Horton, 130, -, 15000, 100, 640
Nashville Malone, 800, 160, 29000, 112, 6445
Alcuen Eason, 700, 100, 25000, 1000, 3250
Geo. W. Wharton, 500, 250, 25000, 200, 2030
Jno. Laughinghouse, 350, 350, 12000, 300, 820
George Jude, 514, 446, 19440, 400, 2284
Chas. W. Strong, 800, 400, 36330, 300, 1864
J D. Battle, 500, 350, 16600, 510,, 2415
Jas. Bates, 40, -, 450, 10, 115
V. G. Pruit, 550, 275, 20000, 300, 3670
Mary McCoa, 130, 53, 3660, 100, 420
Wm. Higginbotham, 110, 40, 1000, 100, 400
Obadiah Mitchell, -, -, -, 15, 156

J. R. Eldridge, 600, 230, 15000, 200, 3420
D. C. Strong, -, -, -, 50, 470
David Wade, 250, 270, 20800, 500, 2740
David Wade Jr., -, -, -, 200, 1460
E. D. Humphrey, 200, 200, 5000, 150, 570
Franklin Glenn, -, -, -, 50, 101
Wm. Cornelius, 600, 440, 2500, 500, 3960
Wm. T. Johnson, 48, -, 500, 10,3 40
Geo. Darwin, 180, 24, 4000, 200, 1415
J. M. Eldridge, 500, 100, 11000, 500, 2385
Franklin Steel, 250, 150, 6000, 200, 1100
Saml. M. Scott, 50, 50, 1500, 200, 795
Robt. L. Pulley, 110, 50, 2000, 200, 1050
Jas. A. Phillips, 75, 85, 1000, 75, 1700
J. O. Kelley, 400, 240, 5000, 200, 2500
J. Faulkenberry, 27, 108, 1350, 5, 100
Susan Sanderson, 30, 10,150, 5, 144
Lucinda Day, 75, 80, 500, 100, 315
R. S. Stephenson, 150, 80, 1000, 80, 1110
M. L. Bronaugh, 200, 760, 5400, 636, 1250
J. W. Weaver, -, -, -, 10, 80
David Clutts, 20, 100, 150, 10, 80
J. S. Bronaugh, 60, 425, 1000, 200, 380
J. Atkins, 500, 220, 6000, 100, 1025
J. W. Freeman, 40, 50, 600, 10, 60
J. R. Gardner, 450, 420, 6000, 350, 1600
Elizabeth Cook, 60, 20, 500, 100, 170
W. A. Clark, -, -, -, 36, 260
John Power, 100, 128, 600, 50, 260
Lewis Toone, 1000, 2000, 12000, 500, 1500
Peter Belew, 100, 200, 1200, 50, 595
George Toone, 25, 155, 1100, 50, 370
W. E. Buffaloe, 50, 110, 500, 10, 200
J. W. Benton, 1, 160, 415, 10, 170
Francis Adams, 100, 78, 2100, 75, 380
F. M. Smith, 15, 305, 1000, 5, 165
Abraham Isaacs, 300, 395, 4000, 150, 1500
J. M. Carter, 400, 290, 2000, 350, 1980
Wm. Edwards, -, -, -, 50, 135
Elijah Toney, 150, 700, 4000, 100, 1000
R. W. Bayless, 220, 280, 3500, 600, 606
Thos. Menifee, -, -, -, 25, 150
J. Leatherwood, 250, 307, 3500, 100, 1030
Jas. Newby, 200, 640, 1500, 120, 1314
J. B. Ellis, 1100, 132, 5000, 200, 1650
J. M. Hill, -, -, -, 5, 65
J. M. Andrews, 25, 15, 100, 3, 20
Wallace Kincade, 250, 150, 1700, 75, 320

Allen Walls, 510, 526, 8000, 532, 1397
Saml. Childress, -, -, -, 5, 40
Wm. Freeman, 130, 60, 1000, 110, 280
John Langley, 30, 150, 400, 15, 15
Wm. Stricklin, 62, 258, 1000, 15, 160
C. M. Carrick, -, -, -, 65, 119
Sarah A. Cole, 100, 60, 700, 75, 573
Thos. M. Martin, 80, 710, 2400, 225, 480
Martin Cole, 80, 80, 1000, 30, 150
M. Carmichael, 30, 21, 300, 20, 410
Joseph Cosa, 60, 100, 500, 15, 175
H. P. Turner, 800, 980, 20000, 2500, 2600
Basil Oneal, 500, 260, 5000, 200, 700
J. W. Burwell, 5300, 100, 6000, 225, 2375
Matilda Nance, -, -, -, 150, 750
Lucy J. Strong, 150, 250, 1600, 335, 2270
B. C. Garner, 500, 300, 5000, 250, 1080
Dorinda Reece, 100, 60, 600, 10, 155
Thos. Phillips, -, -, -, 15, 15,
Mary Sullavan, 250, 250, 2000, 150, 1550
L. P. Sulivan, 340, 30, 9000, 400, 1500
Saml. Thompson, 200, 100, 4000, 20, 860
Wiley Thompson, 800, 366, 15000, 600, 4850
Benj. Thompson, 80, 30, 1000, 60, 200
Jas. McGaugh, -, -, -, 10, 300
H. Bishop, 400, 130, 3000 150, 1535
Francis Taylor, 40, 39, 330, 105, 277
Wm. Birdsong, 25, 52, 330, 25, 140
Jno. Birdsong, -, -, -, -, 15
S. F. Garner, 200, 100, 1500, 70, 530
C. M. Higginbotham, 50, 118, 1280, 8, 60
Wm. McCaleb, 100, 100, 800, 50, 244
J. H. Crocker, 30, 160, 500, 20, 120
Wm. Murphy, 250, 150, 1500, 25, 1185
Rebecca Ford, 75, 45, 400, 100, 335
W. McD. Taylor, 300, 187, 4000, 150, 1345
Martha Flynt, 200, 220, 2000, 75, 700
L. Sullivan, 30, 90, 135, 10, 168
Millie Sullivan, 75, 245, 450, 50, 315
M. R. Neaber, 40, 40, 180, 40, 360
Stephen Cason, 30, 50, 100, 5, 114
E. M. Rice, 15, 16, 150, 20, 250
David Shelby, 250, 170, 4500, 100, 804
Saml. C. Townsen, 450, 550, 20000, 250, 2440
J. B. Thompson, 150, 180, 2000, 100, 820
J. Townsen est., 620, 150, 7800, 150, 2700
S. D. Clark, 40, 40, 150, 25, 50
Anna Wilburn, 500, 220, 1440, 75, 2190
Isaac Baker, 100, 540, 1280, 10, 220
Jas. Horton, 100, 60, 700, 75, 793

Jas. English, 24, 40, 150, 10, 150
John Mason, 20, 60, 150, -, 121
J. T. Moore, 45, 115, 500, 30, 320
Evn Ashworth, 160, 80, 2000, 150, 700
Geo. Carmichael, 220, 40, 2000, 80, 645
Jas. Reynolds, 125, 215, 1200, 50, 486
Henry Boyd, 30, 50, 400, 100, 225
Jas. Bailey, 225, 270, 2000, 215, 1196
Archie Tanner, 40, 160, 500, 60, 332
J. M. Sanders, 17, 100, 150, 7, 100
Jerekiah Tanner, 5, 115, 300, 10, 121
H. B. Gregory, 20, 60, 400, 3, 120
W. H. Heral, 30, 330, 2000, 100, 895
J. M. Stafford, 20, 19, 400, 25, 390
Mary S. Townsen, 650, 600, 30000, 725, 3120
Sophie McCaa (?), 100, 60, 800, 50, 875
Calvin Baker, 9, 71, 100, 65, 525
Abraham Winsett, 50, 175, 1500, 100, 351
J. S. Mitchell, -, 80, 50, 75, 280
Ashley Rozell, 40, 610, 800, 10, 331
Jas. T. Webb, 25, 135, 700, 10, 90
Chas. L. George, 30, 50, 500, 60, 172
G. A. Mehaffey, 15, 105, 400, 60, 440
Virginia McCartney, 80, 80, 500, 70, 188
Chas. McCartney, -, -, -, -, 55
John Mehaffey, 60, 180, 2000, 50, 466
Saml. P. George, 120, 140, 800, 75, 250
J. H. Holloway, 100, 60, 1600, 115, 568
E. Blankinship, 380, 300, 2600, 75, 500
Wm. McAdams, 12, 28, 80, 5, 35
Bartley Bayless, 30, 970, 2500, 150, 900

Wm. Bayless, 8, 72, 500, 12, 345
Wm. H. Cast, 40, 120, 400, 50, 145
Wm. Faulkenberry, 10, 30, 30, 5, 40
Thos. Franklin, 20, 100, 1000, 60, 250
Thos. Largen, 25, 195, 600, 400, 1110
Elizabeth Crosley, 14, 68, 300, 100, 250
Blaine Jamerson, 70, 374, 340, 80, 398
J. W. Moats, 30, 25, 1605, 10, 320
Wm. D. Crouch, -, -, -, -, -
Henley Clem, 35, 5, 300, 10, 130
H. Toone, 20, 60, 125, 20, 50
Nancy Keggle, -, -, -, 50, 100
Kineth McIntosh, 20, 260, 700, 150, 862
J. P. Watson, 6, 74, 150, 10, 50
Doctor G. Hopwood, 30, 130, 600, 10, 300
David Sanders, 20, 60, 600, 50, 150
Saml. Rainey, 80, 72, 400, 40, 283
J. Loveless, -, -, -, 60, 235
W. Wilbanks, 5, 35, 500, 60, 50
Mary A. Eddins, 25, 55, 400, 15, 140
John Hig_lo_, -, -, -, 10, 100
G. M. Pike, 50, 176, 1230, 50, 440
J. B. T. Phillips, 70, 10, 800, 75, 800
Clemens estate, 300, 180, 1200, 50, 1600
Worley White, 75, 21, 25000, 150, 1225
John W. Taylor, 25, 126, 1500, 100, 300
H. L. Nichols, 200, 242, 1000, 100, 563
Wm. F. Knox, -, -, -, 10, 95
Frank T. Martin, 1500, 500, 70000, 5000, 8500

Marengo County Alabama
1860 Agricultural Census

Agricultural and Manufacturing Census for 1860 Microfilmed by the Alabama Department of Archives and History under a Grant from the National Science Foundation

1860 Schedule 4 Agricultural –Dekalb to Morgan Counties

Filmed for the University of North Carolina from Original Records in the Alabama Department of Archives and History

These are the items represented and separated by a comma: for example John Doe, 20, 25, 10, 5, 100

1. Owner
2. Acres of Improved Land
3. Acres of Unimproved Land
4. Cash Value of Farm
5. Value of Farm Implements and Machinery
13. Value of Livestock

NOTE: In some instances where the first few letters of the first name or initials are missing and indicated with _, the microfilming did not pick up parts of the left margin for Marengo Co. for it was too close to the binding and could not be flattened enough. It is my understanding that the sheets once filled out were then bound. My guess is that the Alabama Department of Archives and History would not allow the books to be taken apart and had to be filmed as is. Thus, some parts of first names or initials are not visible on the film.

D. B. Bush, 225, 380, 10000, 300, 1500
B. L. Turner, 450, 2000, 25000, 1500, 6000
G. M. Cade, 140, 420, 3000, 60, 1100
Mrs. M. L. Barney, 1000, 3500, 30000, 4000, 10000
J. C. Cowan, 30, 250, 2000, 50, 500
A. R. Smith, 45, 300, 1500, 20, 400
Henry McMillan, 30, 210, 1000, 10, 150
A. Bishop, 15, 214, 1000, 15, 150
Thos. Landrum, 30, 290, 1000, 15, 200
B. W. Herrin, 40, 320, 2500, 300, 1000
R. H. Pritchett, 40, 320, 2000, 130, 300
Jno. McMillan, 70, 210, 750, 28, 500
James Little, 40, 80, 400, 10, 300
Avin Little, 80, 500, 2000, 20, 350
Ann Gibson, 30, 130, 800, 20, 200
William Waller, 15, 150, 450, 25, 275
Wm. Smith, 50, 250, 1000, 10, 520
Joseph Law, 40, 220, 300, 125, 250
E. W. Christian, 75, 455, 2500, 125, 450
Wm. Worthy, 60, 260, 1000, 50, 275
L. T. Ethridge, 30, 130, 500, 15, 250

J. W. Smith, 25, 195, 750, 15, 250
Gray Little, 100, 300, 2000, 135, 550
J. M. Little, 14, 266, 300, 15, 210
Nathan Ethridge, 90, 210, 250, 50, 900
Edmond Ethridge, 50, 230, 500, 15, 450
Mrs. P. E. Greer (Green), 185, 550, 7500, 300, 1700
Wm. Roberts, 20, 220, 400, 15, 175
E. R. Luker, 30, 290, 600, 15, 250
James Degman, 50, 270, 600, 15, 300
Thos. J. Miles, 50, 270, 600, 15, 500
J. Hawk, 25, 235, 1000, 15, 230
Robert Hasty(Harty), 30, 210, 1200, 10, 400
James Mathews, 40, 280, 1800, 10, 175
S. D. Chapman, 20, 300, 1200, 15, 250
W. N. Nichols, 25, 215, 1200, 15, 550
Jno. Nichols, 70, 250, 1800, 75, 800
Charlotte Pope, 20, 60, 300, 13, 250
Avline Roberts, 30, 70, 500, 15, 300
Nancy Loftin, 40, 200, 1200, 75, 500
C. Webb, 30, 120, 500, 10, 175

Robert Painter (Pointer), 40, 80, 200, 15, 125
James Gilbert, 20, 60, 250, 40, 175
Mary F. Buchail, 100, 150, 1000, 200, 650
W. P. King, 200, 880, 8000, 400, 1500
W. P. King, 600, 2200, 35000, 800, 4210
Wm. Hewson, 100, 340, 2250, 25, 640
Haman, Smith, 50, 110, 1000, 125, 650
Saml. Pruit, 50, 110, 1000, 125, 475
Mary Pruit, 150, 110, 1000, 150, 800
R. H. Henderson, 200, 300, 9000, 450, 1600
James Faulk, 75, 160, 2500, -, 450
N. Bates, 300, 420, 19000, 325, 1584
W. S. Norwood, 125, 315, 5000, 125, 1130
R. G. Norwood, 200, 260, 10000, 300, 1100
Jno. G. Rentz, 80, 420, 1700, 75, 375
J. F. Rentz, 35, 285, 800, 85, 175
John Dunning, 175, 625, 800, 250, 1400
Dr. A. Baldwin, 400, 725, 14000, 600, 2550
D. Braswell, 60, 116, 500, 125, 675
D. A. Braswell, 25, 295, 2000, 12, 275
M. G. Roberts, 100, 300, 3500, 75, 750
M. E. Lewis, 40, 220, 1000, 15, 250
Elija Keys, 85, 365, 2800, 75, 825
Jno. F. Wright, 90, 470, 2800, 100, 650
Solomon Grantham, 15, 185, 400, 15, 160
Benj. Kirkum, 150, 770, 4500, 120, 1000
A. McMillan, 8, 72, 175, 5, 140
Jno. D. McMillan, 20, 180, 400, 14, 36
Wm. Rentz, -, -, -, 10, 275
J. A. Kirku, 70, 440, 4500, 15, 400
James Tucker, 40, 280, 2500, 100, 400
Benj. Rentz, 25, 131, 700, 15, 150
R. H. Tucker, 90, 610, 2500, 125, 1000
W. T. Tucker, -, -, -, 10, 225
Asa Booger, 60, 260, 2500, 35, 600
Jno. Ethrige, 60, 140, 800, 85, 550
Maria Ethrige, 35, 225, 750, 800, 500
Jno. Ethrige, Jr., 40, 40, 300, 15, 160
Jno. Kelley, 50, 350, 1000, 75, 250
Eliza Henson, -, -, -, 15, 200
Sarah Ethrige, -, -, -, 15, -
Stephen Ethrige, 60, 300, 1750, 65, 760
Allen Ethrige, 200, 400, 5000, 200, 1300
Jno. C. Collingsworth, 15, 25, 150, 15, 100
C. Grantham, 62, 440, 1000, 10, 300
M.D. Moore, 40, 250, 800, 10, 310
Jno. Mayton, 85, 435, 1000, 75, 1000
Jno. Methers, 50, 310, 1800, 10, 520
Joseph Methers, 25, 775, 3000, 10, 200
E. B. Methers, 75, 845, 4000, 100, 500
James M. Diransy, 40, 480, 2800, 100, 500
A. J. Ethrige, 35, 285, 1800, 65, 500
Francis Foster, 30, 190, 400, 75, 200
Wm. Wade, 25, 135, 500, 10, 400
A. Horn, 50, 130, 2000, 75, 700
Mathew Privitt, 30, 190, 50, 50, 260
W. J. Millstead, 40, 280, 1000, 75, 500
Ashley Williams, 40, 280, 4000, 50, 1350
B. H. Wright, -, -, -, 10, 225
Saml. D. Carter, 35, 765, 7000, 200, 1200
Frank A. Rogers, 180, 240, 3500, 400, 1800
Thos. W. Rogers, 300, 520, 6000, 450, 2100
Charles Irby, 1300, 100, 12000, 800, 7000
Seaborn Saulby, -, -, -, 10, 150
W. B. Cleland, 200, 340, 5000, 370, 725
Cathrine McDuffey, -, -, -, -, 30
B. W. Terry, 90, 410, 2300, 100, 1050
Jno. Mane, 200, 1700, 24000, 60, 1500
T. O. Brackenridge, 40, 390, 2000, 220, 1200
Mamit (Morrit) Moyer, 25, 215, 750, 30, 1050
Wilks Hard, 60, 260, 2500, 20, 400
Susan Landrum, 60, 120, 2000, 100, 350
Saml. Landrum, 140, 620, 6000, 50, 800
A. D. Ross, 100, 660, 6000, 60, 750
T. A. Ross, 40, 280, 1400, 20, 400
J. H. Davidson, 65, 165, 1250, 40, 360
W. R. Dillworth, 40, 120, 800, 85, 300
David Barr, 600, 300, 1800, 58, 285
Robt. Barr Sr., 12, 346, 1300, 10, 170
W. B. Doss, -, 40, 200, 15, 600
Jno. B. Cakeney, 200, 1160, 9000, 275, 1100
W. A. Nutles, (Neetles, Nuttes), 200, 270, 5000, 525, 1700
W. J. Updike, 100, 150, 2500, 60, 1000
Jno. Napier, 1200, 1900, 20000, 750, 3500
M. G. Pritchett, 150, 1050, 6000, 200, 1860
John Barron (Barrow), 140, 560, 2000, 150, 1100
Asa Christian, 60, 140, 1500, 160, 1200
Jno. G. Williams, 400, 2600, 4000, 300, 2000
Richd. M. Williams, 150, 560, 3000, 300, 1600
John Bates, 225, 315, 5000, 15, 150
Thos. J. Barnes, 40, 140, 1500, 15, 635
James L. Barnes, 60, 60, 150, 5, 375

Thos. Johnson, -, -, -, 75, 750
Marion Johnson, 60, 166, 800, 30, 450
Eliza Cabiness, -, -, -, 20, 200
R. H. Allen, 30, 50, 500, 15, 200
Abb Williams, 40, 280, 600, 15, 375
W. G. Williams, 90, 490, 700, 200, 1260
Asa Parten, 50, 460, 1200, 15, 650
Henry Bates, 750, 975, 20000, 600, 3000
S. Webb, 160, 538, 5000, 75, 1000
Jno. D. Rodgers, -, 240, 1000, 50, 600
Joseph Knight, 1000, 140, 2000, 60, 650
N. W. Walker, 21, 99, 750, 60, 250
W. T. Nichols, 30, 130, 400, 10, 325
Wm. Nichols, 40, 300, 750, 55, 500
W. J. Alexander, 275, 1625, 4000, 125, 1400
Jno. W. Alexander, -, -, -, -, 325
J. B. Williams, 700, 2300, 10000, 500, 3575
Jno. A. Norwood, 200, 800, 10000, 550, 2100
J. C. Rodgers, 50, 190, 1200, 85, 425
J. A. (H.) Rodgers, 40, 220, 300, 10, 566
Wm. Glover, 30, 90, 300, 7, 35
B. Branch, 30, 90, 300, 5, 235
Jonah Rodgers, 177, 463, 2000, 65, 675
Geo. Keys, 25, 278, 500, 10, 400
Riley Roberds, 125, 275, 1700, 250, 800
Wm. T. Roberds, -, -, -, 5, 140
J. T. Brackenridge, 20, 140, 300, 8, 200
W. F. Freeman, 60, 140, 800, 10, 250
Jno. M. Singleton, 45, 275, 1000, 40, 400
Noah Worthington, 20, 260, 900, 5, 150
Dave Grantham, 35, 285, 750, 4, 275
W. A. Carter, 300, 263, 3000, 200, 1050
Lewis Cato, -, -, -, 5, 325
J. M. Witherspoon, 350, 690, 10000, 600, 4600
E. A. Poellnitz, 225, 505, 10000, 100, 1500
J. N. Brackenridge, 60, 290, 1500, 100, 700
Gaius Whitfield, 600, 2100, 54000, 600, 5300
Gaius Whitfield, 1800, 1200, 60000, 1000, 9000
Gaius Whitfield, 1400, 400, 18000, 1000, 7000
Benj. Adams, 140, 300, 5000, 300, 220
S. B. Jackson, 300, 900, 18800, 400, 3500
Jno T. Wade, 150, 250, 6000, 150, 1800
B. B. Poellnitz, 350, 1102, 8000, 700, 3000
Julius Poellnitz, 500, 824, 6000, 700, 3500

D. B. Jackson, 750, 10000, 21000, 825, 4500
Jerry Nobles, 100, 360, 2800, 100, 750
James M. Rembert, 550, 1730, 30000, 800, 4200
Est. of J. Rembert, 700, 1875, 25000, 500, 3700
C. A. Poellnitz, 2500, 5000, 30000, 3000, 16500
J. E. Poellnitz, 728, 800, 15000, 1000, 42500
Henry Vaughn, 200, 520, 5000, 100, 1275
Richd. Napier, 1000, 7500, 40000, 500, 3500
James W. Grayson, 7, 113, 750, 75, 600
Alfred Frittz, 60, 140, 250, 10, 200
W. H. Pasley, 100, 380, 6000, 150, 950
Dickson Barley, 40, 560, 6000, 100, 1350
Burrel McKinney, 500, 1960, 20000, 700, 3500
Nancy Barley, 30, 10, 400, 10, 700
C. C. Hogue, 30, 130, 700, 10, 400
J. M. Hammons, 100, 100, 1000, 50, 240
Carter Riggins, 140, 380, 4000, 250, 800
V. G. Grayson, 85, 115, 1000, 50, 500
T. S. Abernathy, 250, 290, 15000, 400, 2300
L. G. Evans, 450, 570, 15000, 400, 2300
W. H. Ball(en), 250, 190, 4000, 200, 1400
Elizabeth Raiby, 130, 340, 1800, 85, 650
James B. Peague, 240, 210, 2600, 400, 1500
Lewis Fortner, 60, 260, 2000, 60, 725
C. Vaughan, 100, 60, 1200, 75, 700
Giles Vaughan, -, -, -, 5, 200
Elizabeth Burden, 55, 105, 800, 75, 800
J. A. Walker, 50, 13, 600, 125, 400
Jesse H. C. Shaw, 115, 235, 4000, 200, 800
Thos. Matkins, -, -, -, -, 1200
E___. Curtis, 600, 400, 20000, 1000, 4000
Christopher Curtis, 300, 120, 800, 500, 2500
L. B. Lane Sr. 1000, 440, 20000, 500, 6500
Wm. Wallston, 60, 15, 1000, 100, 500
Zara Stubbs, 500, 228, 5000, 300, 2300
S. L. Bishop, -, -, -, 20, 400
Lee Lipscomb, 200, 100, 3000, 300, 1150
L. B. Lane Jr., 600, 300, 23000, 500, 3250
T. J. Torbert, 400, 600, 6000, 100, 1500
Mary Jones, -, -, -, 200, 2500

Jno. G. Allen, 1000, 1000, 33000, 700, 5500
C. J. Peagus, 300, 140, 3600, 225, 3000
Dr. James R. Jones, 1000, 1500, 20000, 600, 8500
Emmott Sledge, 400, 370, 6000, 275, 1500
Sarah Lee, -, -, -, 10, 350
Jno. S. Thompson, 300, 300, 9000, 500, 3000
Lemuel Sledge, 800, 1000, 9000, 600, 2300
Jno. Suddith, 10, 30, 200, 10, 175
Eliza Hartley, -, -, -, -, 2000
James Westbrook, -, -, -, -, 1000
Jno. Doughdrill, 270, 290, 5000, 300, 2000
J. W. Bradley, 200, 180, 2500, 200, 1000
L. J. Stewart, 200, 400, 5000, 250, 1500
Edward A. Gover, 2000, 1490, 50000, 1650, 12000
Edward Prince, 1900, 400, 50000, 1575, 10000
Robt. Sulivan, 200, 40, 4500, 123, 1500
L. A. Sledge, 900, 300, 30000, 300, 5335
Geo. Skinner, 800, 345, 30000, 350, 4800
Jno. M. Chapman, 1000, 50, 60800, 700, 5400
Elizabeth Strudwick, 350, 50, 16000, 600, 3500
Isabelle Coxe, 350, 130, 15000, 260, 1200
Robt. Korneagry, 800, 300, 222000, 400, 4000
Mrs. J. McCrea, 500, 180, 20000, 700, 1600
Isiah DuBose, 440, 120, 28000, 600, 1800
J. & J.B. Robinson, 900, 100, 50000, 1000, 4750
Gideon E. Nelson, 1200, 874, 100000, 1500, 10000
Jno. H. Burton, 250, 43, 6000, 375, 1963
Saml. Sturdwick, 1500, 700, 50000, 2000, 12300
Alfred Hatch, 2000, 1000, 25000, 1000, 11000
Geo. P. Taylor, 800, 330, 50000, 1000, 5300
Dr. G. G. Griffin, 2000, 700, 38000, 3000, 17000
Dr. H. W. Ruse, 1000, 400, 28000, 1000, 7000
Frank S. Lyon, 1400, 320, 80000, 2000, 12000
Geo. F. Glover, 1500, 500, 80000, 1000, 7000
Benj. N. Glover, 400, 760, 16000, 1000, 5750
L. B. McCarty, 200, 200, 5000, 350, 3000
T. G. Cornish, -, -, -, -, 1050
Richd. Russell, 190, 397, 5000, 200, 1500
E. A. Taylor, -, -, -, -, 700
Geo. G. Lyon, 980, 2250, X, 500, 10000
G. Breitling, 1000, 400, 30000, 800, 6000
Margarett Mathews, -, -, -, 500, 3000
Mrs. B. Michael, 225, 215, 10000, 400, 1600
W. H. Lym, 80, -, 4000, 50, 2000
Est. of Wm. McAllister, 350, 150, 7500, 250, 1700
Ira Patterson, 100, 60, 2500, 500, 1000
L. G. Houston, 360, 113, 10000, 1200, 300
Mrs. A. McAllister, 200, 50, 5000, 100, 100
David Compton Sr., 700, 1250, 10000, 600, 4500
N. B. Whitfield, 700, 900, 72000, 800, 5000
A. Fascue, 1300, 800, 42000, 1200, 8000
L. Stewart, 140, 156, 36000, 500, 3600
J. H. Armstrong, 350, 110, 10000, 400, 3000
Jno. Bainbridge, 125, 350, 12000, 400, 1500
Oswell Eddins, 250, 5000, 700, 2200
B. W. Reid, 230, 90, 13000, 500, 2000
S. D. Fulford, 80, 240, 5000, 50, 1100
R. J. Manning, 350, 210, 5000, 500, 2000
Clifford, Fulford, 320, 880, 15000, 350, 2500
Wm. Fulford, 100, 100, 2500, 50, 700
James M. Hillsmith, 60, 60, 3000, 100, 400
Lewis Simmons, 965, 615, 30000, 1700, 8500
Nathan Lipscomb, 350, 150, 6000, 400, 2600
A. S. Vaughan, 150, 190, 5000, 400, 1500
Henry Breitling, 150, 130, 7600, 500, 1200
H. A. Enners, 280, 100, 12000, 500, 2200
Daniel Deans, 225, 135, 7200, 600, 1400
A. W. Cooper, 250, 250, 8000, 400, 2000
Wm. Bush, 125, 165, 2000, 300, 800
S. M. Nereil, 80, 60, 500, 150, 600
James Pearson, 100, 220, 1500, 125, 600
A. M. Sledge, 200, 600, 4000, 250, 1400
W. Peteet, 200, 82, 7000, 400, 1300
Eliza Rawls, 200, 160, 5000, 500, 1100
J. W. Scranage, 175, 225, 6000, 200, 850

Mary Jane Fascue, 500, 440, 7500, 250, 1000
J. _. Lipscomb, -, -, -, 50, 800
Jno. Ellis, 220, 479, 5000, 500, 12000
Jno. H. Worvan, -, -, -, 100, 1500
James H. DuBose, 450, 1200, 12000, 600, 2600
B. T. Hart, 630, 600, 12000, 500, 2500
James N. Hart, 1000, 3400, 30000, 1000, 8000
Miss Claracy Vawter, 190, 10, 1000, 300, 800
Mrs. A. _. Coxe, 1200, 2500, 18500, 700, 500
James Manning, 900, 850, 20000, 2300, 7000
Mrs. K. Y. Mitchell, 230, 450, 3000, 350, 1500
N. B. Whitfield, 1600, 4000, 50000, 1500, 7000
J. F. Alldridge, 300, 460, 10000, 350, 3300
J. W.Scott, 226, 300, 7000, 300, 1000
Poly Bryan, 50, 650, 12000, 100, 325
A. M. Lewis, 75, 206, 7500, 175, 1400
A. M. Lewis, 400, 411, 7000, 300, 1200
Nath Bradley, 500, 1500, 30000, 1000, 500
Mary A. Finch, 647, 1000, 20000, 400, 3500
L. A. Hillsmith (Hilldrith), 45, 435, 20000, 30, 2100
W. L. Kelley (Keeley), 160, 120, 3000, 250, 1500
A. White, 125, 115, 3000, 100, 1200
J. W.Smith, 50, 40, 1000, 100, 700
J. M. Williams, 500, 850, 5000, 500, 800
Jno. H. Williams, -, -, -, 75, 500
J. M. C. Speed, -, -, -, 100, 600
Mrs. A. Jack, -, -, -, 10, 400
W. & F. A. Jones, -, -, -, 200, 800
John J. Westbrook, 280, 85, 5000, 400, 1000
James Hilldreth, 700, 2100, 15000, 500, 3700
David Compton Jr., 300, 700, 5000, 300, 2000
Lucy Simmons, 300, 295, 6000, 400, 2100
Jno. Besteder, 300, 150, 7000, 300, 2200
Wm. Simmons, 675, 700, 14000, 500, 5000
Wm. Lipscomb, 100, 60, 500, 30, 7000
J. Killingsworth, 120, 40, 1000, 300, 1000
B. Eskridge, 500, 1400, 20000, 800, 4600

Basal Grant, 500, 220, 9000, 600, 1600
Nick Hackworth, 60, 40, 7000, 200, 750
Elizabeth White, 300, 440, 11000, 300, 2000
J. R. Bryan, 1700, 1600, 30000, 1000, 11000
Phinis Morrow, 100, 190, 3000, 50, 1000
F. B. Bryan, 80, -, 800, 100, 550
Mary E. Westbrook, 800, 360, 25000, 600, 4000
Jno. Gilmore (Gilman), 150, 90, 3000, 150, 700
Bryan Grant, 300, 25, 4000, 400, 1500
Geo. W. Morrisette, 200, 493, 5000, 100, 1200
Jesse Drinkard, 50, 180, 1200, 50, 250
Sallie Jones, 1000, 1200, 37000, 2000, 4000
John Drinkard, 50, 100, 1200, 25, 500
John C. Ethridge, 100, 100, 2000, 100, 400
Hyram M. Luu(Lure), 50, 90, 2000, 75, 500
Mary Luu(Lure), 50, 90, 500, 25, 200
Nathaniel Harrison, 35, 5, 100, 100, 400
Henry Hendrix, 150, 127, 3000, 200, 800
John M. Ulmer, 160, 100, 2000, 100, 600
O. P. Slater, 200, 240, 400, 100, 1500
Ivy M. Lure, 40, 120, 1250, 25, 300
William Lure, 35, 325, 1800, 25, 500
Orrville Walker, 40, -, 300, 15, 100
Match_ir, Curtis, 35, 85, 700, 25, 275
Dr. Tho. DeLoach, 60, -, 300, 25, 800
A. T. Fountain, 20, -, 200, 100, 300
Abraham Thompson, 25, -, 250, 100, 300
Geo. C. Brackett, 140, 160, 2100, 150, 600
Ruben Downey, 100, 90, 2000, 100, 700
Thos. A. Jorden, 1200, 1000, 20000, 400, 3500
Sarah Woodard, 50, 170, 1200, 50, 400
W. F. Fountain, 50, 350, 2500, 150, 700
Alexander Shaw, 100, 60, 2000, 50, 400
Green E. Jones, 400, 200, 7500, 400, 300
Floyd N. Dixon, 150, 550, 7000, 175, 1200
Joel Dixon, 100, 400, 7000, 200, 1200
Joel Dixon Jr., 130, 600, 5000, 250, 900
Cornelius Moore, 300, 7000, 13000, 400, 3300
Gideon Marion, 30, 290, 3200, 100, 451
Franklin Kenard, 50, -, 100, 10, 200
Calvin F. Finney, 63, 365, 4280, 25, 600
Jesse B. McClure, 40, 260, 1500, 25, 200
William H. Read, 300, 300, 3000, 125, 1111

Robt. Marion, 120, 120, 2400, 140, 850
William H. Wooten, 250, -, 640, 100, 2000
John Gildersleeve, 150, 400, 6000, 200, 700
Robt. C. Morrison, 100, 300, 2000, 200, 700
John S. Porter, 60, 344, 2000, 125, 250
Margereth H. Jones, 75, 45, 600, 100, 400
Joel Simms, 45, 75, 1500, 50, 175
William E. Powe, 250, 850, 16000, 350, 2000
Jesse F. Evans, 16, 64, 700, 25, 150
Wm. H. Hawkins, 22, 18, 700, 25, 450
Rial Kane, 20, 280, 1500, 25, 200
Jacob Rabon, 20, 20, 200, 20, 175
Eli Swearingen, 140, 560, 3500, 200, 1100
Jackson J. Trull, 15, 40, 200, 10, 130
F. H. Kimbrough, 250, 445, 8300, 300, 1500
Noah Autry, 60, 129, 350, 100, 150
L. Brit, 20, 20, 200, 20, 100
Tho. Pittman, 20, 20, 150, 15, 80
Soloman Proctor, 70, 192, 1200, 100, 340
Charles N. Smily, 75, 325, 2000, 100, 350
James D. Agee, 80, 200, 1200, 100, 220
Abner Weatherly, 200, 300, 4000, 100, 500
Wm. E. Esterland, 200, 300, 4000, 100, 800
Wm. Kimbrough, 50, -, 500, 20, 300
James Smyly, 300, 230, 5000, 300, 850
Joseph E. Smyly, 30, 10, 300, 50, 500
Hames Harper, 25, 15, 400, 25, 300
James A. Cowan, 15, 185, 800, 25, 200
Leonard Hall, 45, 35, 800, 10, 650
James W. Hall, 100, 500, 4200, 10, 820
James F. Jackson, 100, 200, 2100, 50, 600
Randle Jackson, 15, -, 150, 25, 150
Peter E. Kirvin, 200, 360, 5600, 175, 1450
V. A. Loftin, 73, 117, 1260, 200, 800
W. E. Jackson, 45, 285, 1500, 100, 600
Robt. Draw, 20, 80, 600, 20, 100
Robt. Pritchett, 350, 1050, 8400, 100, 1450
J. A. J. Pritchett, 12, 28, 400, 10, 135
Robt. Pritchett, 10, -, 50, -, 600
Barnet M. Green, 8, 13, 500, 10, 75
Ewd. Williamson, 20, -, 50, 150, 175
Edmon R. Vick, 60, 80, 800, 150, 450
Jerry Pritchett, 200, 600, 4000, 200, 1100
David Pritchett, 20, 100, 300, 10, 300
James Pritchett, 170, 500, 5200, 75, 1000
Joel Manus, 20, 60, 400, 25, 1275

H. G. Allen, 175, 325, 1200, 200, 700
E. W. Quinncy, 275, 1100, 6000, 60, 800
Tho. A. Beverly, 40, 100, 1000, 10, 280
E. M. Vick, 40, 380, 1800, -, -
James Dunning, 120, 700, 8000, 100, 1000
James Rolen, 65, 95, 1000, 100, 400
Dicy Reisor, 180, 50, 4000, 150, 800
W. L. Deloach, -, -, -, -, 175
Allen Mobley, 130, 418, 4500, 150, 1100
Edith Oneal, 40, 80, 1200, 50, 30
Elizabeth Bouler, 100, 180, 3400, 150, 1100
Gideon Coward, 150, 450, 12000, 300, 750
Newit Coward, 40, 210, 2500, 15, 2200
Visey Drinkard, 80, 600, 6800, 100, 500
Tho. D. Hall, 100, 230, 7000, 150, 600
Joel. W. Pope, 20, 340, 1500, 10, 50
Rachael Buckalew, 12, 32, 100, 10, 70
Gideon Lucy, 200, 320, 4160, 150, 1050
Absalum Autry, 100, 180, 800, 50, 815
Jno. H. Martin, 40, 40, 200, 60, 380
Tho. Dunning, 130, 950, 5400, 1500, 1162
Jefferson N. Lewis, 175, 525, 14000, 400, 400
James W. W. Robinson, 200, 250, 6500, 200, 925
William Holland, 7, 130, 2000, 100, 560
W. C. Knight, 25, 15, 200, 7, 212
Green J. Huckabee, 20, 40, 200, 60, 440
John J. Quinney(Quinncy), 60, 100, 400, 200, 675
Moses Hill, 400, 80, 800, 25, 200
Alex J. Robinson, 28, 172, 600, 85, 335
John R. Vise, 40, 200, 400, 100, 155
Abijah (U.) Pratt, 55, 305, 1000, 50, 334
Charles Tucker, 10, 80, 150, 10, 140
James Fortner, 100, 520, 3100, 100, 850
William Fortner, 10, 90, 500, 10, 300
G. B. Hill, 8, 32, 50, 5, 75
John Morgan, 15, 25, 50, 10, 125
John Hale, 90, 170, 1120, 100, 566
D. B. Philips, 6, 34, 100, 8, -
Abraham M. Squires, 20, 20, 200, 10, 120
Coleman White, 15, 25, 200, 60, 125
Geo. W. Phillips, 30, 90, 1000, 20, 100
Charles D. Spiva, 70, 610, 3400, 75, 560
Samuel Spiva, 60, -, 600, 15, 350
John G. Tucker, 40, 140, 720, 10, 325
Joshua Stephens, 40, 60, 300, 10, 100
Mrs. F. Whitley, 40, 120, 800, 25, 425
Rial Norris, 100, 380, 2400, 25, 960
David L. Tucker, 56, 310, 5400, 100, 725
Starling Hill, 100, 200, 1200, 100, 600

Rebecca M. Jones, 150, 450, 3000, 100, 850
Hyram White, 12, 18, 100, 10, 100
Thos. J. Skinner, 35, 365, 3000, 50, 610
Martha W. Tucker, 200, 300, 8000, 150, 850
Mrs. F. Whitley, 120, 40, 1600, 100, 400
H. White, 12, 18, 150, 20, 125
A. B. Hosea, 250, 1370, 5000, 600, 1975
J. W. Ford, -, -, -, -, 520
W. A. McIntosh, -, 160, 800, -, 925
George Barkley, 50, 150, 250, 80, 752
W.H. Barkley, 12, 148, 1000, 50, 390
W. T. Hosea, 100, 260, 4200, 100, 1000
J. L. Cunningham, 160, 480, 5000, 250, 1400
Joseph Chandler, 100, 200, 1500, -, 600
William Stockman, 120, 140, 2600, 75, 850
Andrew Jackson, 14, 66, 400, 50, 2015
John J. Finney, 36, 130, 1200, 50, 325
Gay Jackson, 150, 850, 10000, 400, 1000
Jan G. Allen, 600, 1200, 24000, 450, 2700
Jesse Anderson, 80, 160, 2500, 120, 400
H. S. Lismbe(Lisenbe), 100, 340, 1400, 75, 600
T. D. C. Threadgill, 80, 400, 1500, 100, 540
Joel Maness, 20, 100, 400, 10, 150
Jaret Kiker, 40, 60, 900, 25, 230
George Vick, 40, -, 400, 25, 200
Tho. R. Robbison, 80, 100, 750, 100, 265
S. T. Robinson, 4, 76, 240, 10, 260
Alex H. Beverly, 30, 90, 500, 25, 210
James Beverly, 40, 160, 700, 300, 500
Sam Threadgill, 150, 100, 1500, 340, 1000
Lidia Threadgill, 30, 80, 1200, 75, 560
Martha A. Stafford, 40, 200, 1000, 75, 350
Geo. Washington Vick, 30, -, 150, 10, 50
T. H. Maness, 50, 70, 1000, 150, 450
J. C. Creeduss(Creedeys), 90, 230, 1200, 1100, 740
Charles Raley, 39, 500, 4000, 50, 300
Jacob Sherry, 12, 68, 350, 20, 200
William Chandler, 50, 70, 600, 25, 400
J. B. Hurn, 40, 40, 400, 25, 128
Jackson Raley, 30, 200, 600, 100, 400
E. D. Skinner, -, 160, 800, -, 300
James H. Curtis, 165, 40, 1640, 100, 620
John R. Coats, 120, 440, 5800, 300, 750
Emily Ulwurn, 30, 70, 1000, 10, 180
Joel Maness, 20, 60, 400, 10, 100
Edward Ballard, 30, 10, 400, 10, 125

William Moore, 40, 60, 1000, 25, 575
Tho. Lloyd, 25, 100, 3000, 175, 300
William T. Dismukes, 300, 400, 7000, 200, 1125
Joes Maness, 40, 80, 500, 25, 160
Richard Small, 100, 260, 4000, 150, 1130
Henry Bolen, 100, 100, 2000, 200, 600
John A. Bolen, -, -, -, -, 150
Myatt P.(D.) Harris, -, -, -, -, 180
Dudley Mask, 260, 260, 10400, 250, 1165
John Phillips, 150, 250, 6000, 150, 1520
W.H. Hatch, 75, 240, 6000, 200, 800
A. J. Stacea, 300, 800, 9000, 300, 900
Mrs. M. Horton, 80, -, 400, 25, 130
Bal__ Manuss, 100, 260, 2000, -, 390
W. Harris, 130, 190, 3200, 200, 1025
Jack Collier, 175, 243, 6270, 250, 995
JohnTwilley, 275, 765, 15600, 500, 2598
T. W. Harris, 30, 210, 3600, 100, 470
G. (Y.) E. Bolling, 25, 135, 1600, 25, 758
Mrs. Susan Morgan, 210, 380, 5900, 300, 1113
Tho. Moton, 220, 200, 8400, 360, 1025
Benj. Harty, -, -, -, -, 180
Wyatt Swearingen, 30, 50, 800, -, 375
John Hill, 10, 3, 400, 50, 255
James W. Lawson, 450, 1000, 10000, 400, 3460
Geo. W. Barkley, -, 80, 420, 50, 150
Dr. Jno. Thomas, 700, 2904, 35000, 1200, 4000
W. H. Tucker, 130, 370, 1375, 100, 1000
J L. Tucker, 60, 120, 900, 300, 1160
B. R. Bradford, 250, 1230, 4000, 300, 2140
Johnathan Glass, 200, 1000, 12000, 500, 3000
Mrs. Emma Campbell, 100, 620, 8640, 400, 790
Meshach Pruitt, -, -, -, -, 675
James Tate, 650, 950, 6000, 300, 1750
Edwyn Lockhard, 15, 65, 800, 25, 400
A. J. Witherspoon, 2, 1410, 11100, 600, 2300
John G. Morrison, 42, 124, 12000, 35, 300
Spencer Adams, 300, 800, 10000, 300, 1200
William S. Ford, 130, 70, 1400, 150, 700
Joel S. Jones, 300, 200, 10000, 600, 4950
Leach & Robbins, 350, 750, 20000, -, 2800
Thomas J. Hosea, 386, 1495, 6000, 800, 1890
C. A. Poellnitz, 700, 900, 8000, 500, 5000

Isom Agee, 160, 425, 4500, 50, 600
Mrs. Elizabeth Agee, 550, 1230, 16000, 800, 3000
Wm. L. Baley, 400, 347, 9337, 450 3460
Eliza(Elija) Northrup, 100, 240, 3400, 250, 960
Peter D. May, 100, 140, 3600, 525, 1325
Gladin Gorin, 650, 950, 32000, 1000, 4385
Saml. L. Burnett, 250, 774, 8000, 400, 2300
Thos. H. Burnett, 60, 140, 1600, 150, 570
Philip Maske, 200, 420, 15500, 350, 2236
Laura S. Tread_ll, 250, 370, 12400, 300, 1572
H. J. Craig, 350, 850, 20000, 450, 2000
John B. Stanford, 150, 350, 6000, 200, 1140
W. B. Henderson, 140, 260, 6000, 200, 1550
John L. Hayes, 140, 660, 12000, 250, 1200
Q. D. Thomason, 170, 130, 4500, 450, 1400
Wilson Crocker, 60, 140, 5000, 75, 650
Dr. Jno. W.Wilkerson, 200, 700, 13500, 450, 1640
Levi Smith, 170, 410, 8700, 450, 1715
Lewis Burwell, 220, 260, 9600, 450, 2000
L. Mauldin, 500, 780, 25600, 550, 3400
Williamson Glass, 150, 90, 4800, 350, 1200
Eli Boozer, 200, 200, 8000, 350, 1800
Ruben Pickett, 400, 212, 12240, 500, 2030
Tho. J. Morgan, 260, 340, 3000, 300, 1500
Malcom McNeil, 290, 1100, 13900, 400, 2175
John D. Forniss, 150, 450, 3000, 400, 1800
Mary Baily, 100, 360, 4600, 250, 1100
A. N. Wright, -, -, -, -, 150, 150
William B. Braswell, 15, 80, 800, 50, 840
James Glass & Co. 50, 150, 2000, 50, 700
Henry B. Ware, 400, 700, 12000, 250, 1580
Zachariah D. Agee, 400, 600, 12000, 175, 2300
Geo. B. Wright, 450, 750, 18000, 2500, 2900
John W. Isler, 340, 300, 16000, 300, 2170
W. T. Worth & Bro., 500, 410, 25000, 500, 3275
E. C. England, 450, 190, 19200, 200, 4000

W. E. Beville, 200, 200, 6000, 300, 2275
Jame Varner, 92, 148, 4800, 160, 930
Catharine Skipper, 26, 54, 1200, 50, 450
D. S. Managham, 140, 340, 13000, 300, 1380
Martin H. Smith, 450, 974, 25000, 500, 4000
Mrs. R. McNair, 40, 40, 400, 15, 460
F. A. McNeil, 140, 580, 10000, 600, 4100
George Grower, 100, 260, 1500, 100, 980
Henry P. Grower, 15, 305, 500, 25, 185
N. B. Glover, 360, 1320, 25200, 625, 2450
James Bishop, 500, 300, 8000, 500, 3175
J. E. Polnitts, -, -, -, -, -
William King, 150, 200, 3500, 300, 2320
John M. Elliot, 60, 420, 2500, 200, 540
N. W. Ridille, 1000, 1130, 52000, 750, 4500
Williams & Haywood, 800, 300, 16500, 500, 4896
David C. Houston, 800, 4800, 60000, 600, 600
A. J. Crawford, 220, 920, 10000, 300, 678
Mrs. Rachael Varner, -, 80, 400, -, 40
C. A. Prillnitz, 700, 900, 8000, 500, 5000
Mrs. A. P. Johnson, 600, 700, 15600, 350, 2180
D. E. Thrash, -, -, -, -, 500
Jno. T. Hollis, 800, 690, 40975, 570, 4540
J. W. Morring, -, -, -, -, 300
F. G. Adams, 850, 470, 26400, 800, 6287
J. H. Steadman, -, -, -, -, 185
Richard Jones, 600, 2480, 35800, 400, 3825
W. Belfore, -, -, -, -, 150
Saml. Glass, 175, 175, 3000, 200, 1425
Zack Glass, -, -, -, -, 200
Cade H. Glass, 50, 150, 1600, 20, 435
A. A. Riddle, 1100, 2856, 20000, 560, 4980
Griffin Stegall, 240, 130, 1650, 25, 605
Martha A. Jones, -, -, -, -, 300
John J. Saunders, 800, 1040, 27600, 1000, 4601
Edward Moore, -, -, -, -, 250
Leach & Andrews, 800, 600, 18000, 500, 2790
Hugh C. Holt, 220, 260, 4800, 200, 1420
B. F. Phillips, -, -, -, -, 200
Allen Fritts, 3000, 3700, 67000, 2000, 5760
Thomas Holt, 350, 7, 6300, 400, 3000

W. R. Marr Agt., 350, 650, 15000, 400, 3000
Eli Boozer, 300, 340, 6400, 400, 1200
J. A. Adams, -, -, -, -, 10
Danl. Breslin, 2, ½,600, -, 600
E. C. (&) J. B. Thomas, -, -, -, -, 600
Mary E. Varner, 300, 380, 10000, 500, 2500
James Y. Alston, 60, 300, 3600, -, 850
Benj. F. May, -, -, -, -, 250
Levi Borden, 10, 17, 1800, 6, 175
S. F. Pe_kins, 400, 640, 22000, 500, 400
David H. Stephenson, 4, 2, 500, -, 150
Sarah R. Price, 160, 165, 3000, 200, 650
W. B. Phifer, 23, -, 500, 20, 250
John H. Phifer, 5, -, 400, 10, -
W. L. Anderson, 12, 20, 1500, 10, 300
E. H. Parker, 8, -, -, -, 45
Richard Parker, -, -, -, -, 100
T. B. Thompson, 60, -, 750, 25, 355
G. W. Parks & Bro. 450, 200, 12000, 1000, 2990
John W. Dial, 220, 100, 6000, 400, 1700
B. F. Guirrant (Guirraut), 150, 250, 3600, 500, 950
Benj. Glover, 950, 1650, 40000, 625, 4550
Jno. J. McCorkle, 175, 125, 3100, 250, 1000
Cain G. White, 150, 126, 2760, 150, 675
N. Y. Alston, 280, 470, 11250, 300, 1896
Saml. F. Shields, 150, 50, 1400, 20, 1270
Wiliam A. P_kins, 100, 100, 2000, 135, 835
R. J. Howlette, 8, 3, 300, -, 20
William Bolton, 45, 2, 800, 10, 230
E. W. Abrahams, 400, 320, 11250, 600, 2270
Aaron Hinson, -, 240, 1200, -, 170
Jurk(Jack) Mayton, -, -, -, -, 275
C. B. Lowry, -, -, -, -, 180
Joseph Buck, 150, 127, 6915, 125, 696
L. C. Steele, 1200, 1337, 76110, 1000, 7446
Thos.C. Shields, 140, 240, 2000, 300, 1000
Robt. L. Steele, -, -, -, -, 800
Mrs. Ann Smith, 120, 80, 2000, 100, 1000
Dr. S. S. King, 700, 300, 700, 400, 3440
Mrs. E. Green, 200, 120, 3200, 250, 1830
Mildred Jackson, 150, 90, 8400, 200, 1355
E. A. Slute, 300, 218, 10360, 450, 2100
Mrs. Ann Kirksey, 700, 1986, 67000, 1550, 4550

J. A. Wood, 700, 1000, 34000, 1500, 8240
Mrs. M. C. Glover, -, -, -, 100, 2730
Henry B. Morring, 150, 100, 2000, 300, 715
N. B. Lisuner, 1200, 4420, 56200, 1000, 6000
James A. Gamble, 300, 140, 9000, 400, 1900
Est. of G.T. Beville, 100, 100, 3000, 250, 446
John C. Wall, -, -, -, -,115
Tho. W. Shields, 120, 100, 330, 200, 1570
F. C. Lowry, 700, 527, 12270, 500, 4200
J. Saml. Hayes, 450, 460, 9000, 375, 2575
J. B. Edwards, 10, 50, 480, 75, 280
Calender Young, 16, -, 325, -, 94
Dr. W. T. Abrahams, -, -, -, -, 500
J. W.Cohron, -, -, -, 20, 300
W. C. Ray, -, -, -, 30, 300
A. W. Mixon, -, -, -, 30, 350
W. F. Perkins, 600, 1300, 38000, 3000, 2763
Mary Massey, 150, 90, 2000, 30, 443
Stephen Taylor, 60, 20, 2200, 20, 700
Thoms Cammack, 100, 240, 6000, 40, 1460
Thomas Taylor, 200, 100, 3000, 50, 1270
George Vasser, 100, 260, 5400, 400, 695
Edgar Fluker, 175, 305, 9600, 275, 1400
P. B. Ogletree, 125, 95, 5500, 150, 1000
John Talbert, 320, 430, 11250, 50, 1500
William Ogletree, 375, 265, 9600, 40, 1934
Thomas Batte, 1, 19, 200, -, 150
Sarah Green, 500, 700, 12000, 400, 2790
Sarah Conner, 180, 185, 12000, 300, 945
H. E. McGimphrey, 8, -, 400, -, 10
W. E. Clarke, 16, 35, 3600, -, 1150
Josephine Boddie, 1120, 195, 55000, 1500, 11700
W. F. Terril, 4, -, 1500, -, 535
R. T. Chambers, -, -, -, -, 155
Enos Rogers, 1 ¾, -, 3000, -, 70
Edward Strudwick, 11, -, 2500, -, 520
R. D. Gilbert, 3 ½, -, 5000, -, 30
M. G. Askew, 25, 100, 1200, -, 275
S. Y. Lee, ½, -, 1050, -, 75
Thomas Hennesser, 22, 274, 6000, 300, 600
A. D.Styron, -, -, -, -, 30
W. H. Baptist, -, -, -, -, 150
P. B. Archy, -, -, -, -, 200
H. J. Askew, 450, 550, 3500, 500, 3200

H. H. Stewart, -, -, -, -, 40
Mrs. E. Tucker, -, 160, 1600, -, -
S. A. Nelurs, -, -, -, -, 80
Mrs. R. V. Edson, -, -, -, -, 93
JL. WG & S. Browning, 1500, 2500, 6000, 200, 16258
T. J. Woolf, 250, 390, 20000, 500, 3350
E. T. Wattlington, 320, 306, 12500, 500, 4750
J. B. Woolf, 330, 335, 8000, 500, 2460
Mrs. Rumbart, -, -, -, -, 380
Josiah Barker, -, -, -, -, 350
C. K. Goodwyn, 250, 300, 5500, 200, 1350
Jo. H. Sanders, 110, 144, 6350, 150, 912
Spencer You, -, -, -, 25, 950
T. B. Gains, 600, 440, 15600, 1000, 3930
Mrs. T. J. Cade, 300, 1060, 28000, 1000, 2784
L. W. Reeves, 850, 350, 6000, 1000, 7730
J. C. Dansby, 260, 420, 6800, 300, 2930
J. L. Terrell, 1500, 1880, 86130, 1500, 10950
Mrs. Ann E McIntosh, 200, 200, 6000, 150, 800
Mrs. M. W. Hawkins, 40, 60, 500, -, -
J. T.Terrill, 600, 250, 36000, 700, 5025
R. R. Pickering, 1248, 612, 41930, 1000, 7585
Dr. Winfield Woolf, 500, 600, 2000, 250, 3500
J. M. Curry, -, -, -, 175, 2620
T. R. Eaton, 600, 800, 28000, 2475, 4665
R. A. Jones, 600, 1000, 25000, 1000, 4430
Mrs. Mary Springfield, 50, 70, 2000, 150, 646
David Curry, 300, 125, 10000, 350, 3190
Joseph Moss, 120, 40, 2400, 400, 1065
William Langford, 300, 500, 8000, 500, 2720
Mrs. P. Whatley, -, -, -, 100, 400
G. W. Bell, -, -, -, 160, 605
Mrs. Ann Torbert, -, -, -, 1500, 5625
James Pickens, 35, 125, 1000, -, -
John C. Cade, 800, 2200, 60000, -, 2790
Mrs. E. Black, 600, 1600, 25000, 400, 3560
Fleming Coleman, -, -, -, 25, 300
W. B. Mohawill, 30, 135, 10000, 30, 1000
Jno. D. Alexander, 450, 550, 3820, 500, 3712
Est. W. Darden, 300, 100, 6000, 150, 1465
Lewis Anderson, 300, 100, 12000, 150, 3390
Jno. Geo. P. Coleman, 1218, 209, 42840, 80, 3086
Jane P. Craighead, 1450, 1050, 109200, 650, 9535
J. M. Alexander, -, -, -, 300, 4662
G. P. Taylor, 600, 200, 32000, 100, 3490
James M. Smither, -, -, -, -, 100
D. B. Turner, 120, 40, 4800, 178, 1770
Sarah Turner, 160, 80, 4800, 30, 592
Henry Brame, -, -, -, 40, 1880
S. A. Powell, 500, 300, 32000, 150, 3245
E. T. Wright, -, -, -, -, 420
H. S.Whitfield,-, -, -, 40, 200
E. A. Cathry, 120, 100, 6000, 150, 810
Na_ McLeod, 200, 120, 12800, 230, 1745
S. B. Houston, 225, 95, 1440, 250, 1421
Wm. F. Trippe, 100, 60, 4800, 200, 1050
D. C. Alexander, 280, 80, 10800, 250, 1800
Martin Hill, -, -, -, -, 20
R. W. Price, -, -, -, -, 200
Jesse Simmons, -, -, -, -, 200
Colman Bohanon, 445, 227, 15000, 500, 1735
J. R. Hill, 40, 40, 800, 60, 198
William Simmons, 100, 60, 2400, 200, 585
Charles Frasier, -, -, -, -, 178
Laura Nelson, -, -, -, -, 40
Hora A. Elmore, -, -, -, 40, 140
William K. Paulling, 1150, 1550, 150000, 850, 7550
John H. Davidson, 500, 220, 28800, 500, 3380
Est. John E. Boddie, 800, 340, 57300, 1000, 5445
John H. Price, 770, 80, 34080, 3000, 7200
B. O. Taylor(Tayloe) (Morgan Agt), 1500, 800, 115000, 2500, 25490
T. L. Lynn (Smith Agt), 1400, 360, 88000, 3000, 10000
W. P. Brickel (Collins Agt), 900, 300, 48000, 1200, 9866
A.P. Calhoun (Walker Agt), 1150, 200, 67500, 1000, 6257
David Minge, 1000, 320, 60000, 600, 5112
K. C. DuBose, 1250, 530, 83700, 1500, 8340
Edward Baptist, 400, 80, 24400, 600, 4080
F. F. McCrary (Nabor Agt), 800, 270, 53500, 1200, 6840
G. Breitling, 900, 300, 60000, 1000, 6835

John DuBose, 160, -, 9000, 500, 975
R. R. Pool, 800, 240, 31200, 1000, 6792
F. W. Siddens, -, -, -, 800, 2920
D. F. McCrary, 530, 350, 36200, 1000, 4910
W. P. Brock (Cleghorn Agt), 460, 100, 22400, 500, -
Rebecca Horn, 500, 220, 35000, 5000, 2000
John Horn, -, -, -, 500, 1300
P. J. Weaver, 1000, 2400, 255000, 1100, 5950
F. C. Stephenson, 1200, 2200, 255000, 1200, 6960
N. M. Booker, 450, 50, 20000, 500, 1933
G. A. H. Buckhaurn, 190, -, 6000, 350, 1425
Wm. L. Davidson, 400, 200, 12000, 400, 3830
J. W. Narrington, 600, 280, 44000, 500, 4528
R. H. Hudson, 350, 50, 11000, 300, 3340
W. J. Fitts, 450, 298, 33660, 500, 3198
Saml. A. Fitts, 500, 137, 25480, 1000, 4385
Charles Walker, 1200, 500, 85000, 3156, 7296
E. Blanks, 500, 140, 64000, 700, 4100
David S. Walker, 700, 340, 46800, 400, 6900
Oliver Brame, 45, -, 2000, 30, 200
R. F. Southall, 100, -, 5000, 200, 1110
Tho. Merchant, 30, -, 1500, 100, 200
James Desear, 11, -, 550, 8, 100
L. B. Croom, 620, 110, 34075, 100, 2700
Saml. F. Dollins, 50, -, 250, 100, 830
A. D. Bands (Bauds), 70, 120, 3800, 100, 750
L. W. Harrison, 900, 300, 60000, 1000, 6962
R. H. Adams, 700, 160, 43000, 500, 4730
Geo. N. Hellinger, 850, 350, 42000, 2000, 658
W. W. Horton, 1080, 440, 45600, 800, 7910
H. A. Taylor (Tayloe), 430, 618, 29025, 250, 3595
Mrs. A. G. Vaughn, 160, -, 4800, 50, 790
Mrs. Josephine McRea, 965, 115, 37800, 1000, 8035
Est. Henry Dugger, 500, 140, 32000, 1000, 2984
Mary W. Howard, 40, 73, 2275, 50, 300
J. W. Taylor (Tayloe), 1450, 200, 82500, 3000, 8675
J. H. DuBose, 1300, 2242, 201680, 3000, 23190
John Collins, 2800, 2242, 201680, 3000, 23190
Est. Duval, 200, 188, 11520, -, -
J.R. & W. R. Smaw, 1000, 445, 72250, 700, 4450
John Y. Gholson, 598, 100, 34900, 600, 3813
Isaac Croom 2300, 1700, 180000, 4000, 23810
J. H. Drake (Jones Agt), 560, 90, 32500, 700, 2740
R. B. Waller (Hays Agt), 1000, 375, 55000, 650, 6528
Est. of C. Norris, 360, 40, 12000, 400, 2600
Est. Jesse H. Croom, 1800, 300, 33000, 500, 2870
A. P. Blurch, 180, 140, 11200, 450, 1970
Dr. A. Sledge, 900, 200, 22000, 500, 4173
Dr. Jones (_ the Vaughan Place), -, -, -, 1000, 5320
Mrs. E. A. Tunstale, 500, 180, 13600,400, 2485
Ivy T. Lewis, 900, 300, 50000, 2000, 8790
Est. B. H. McFadden, 1200, 491, 16910, 2000, 7912
John D.Wilburn, 220, 80, 7500, 500, 1406
Dr. Jas. D. Browder, 800, 160, 43200, 800, 5781
J. H. Johnson, 650, 170, 4100, 820, 6625
S. Wheeler, 1550, -, 77500, 250, 6675
Est. K. C. Randolph, 1400, 80, 19200, 5710, 1645
James Manning, 710, 80, 4600, 1000, 4500
R. N. Harris, 1200, 800, 80000, 200, 9730
W. B. Harris, -, -, -, 40, 1050
J. J. Ormand, 1080, 1120, 90000, 1740, 8300
J. J. Ormand Jr., 100, 140, 7200, 140, 1301
R. C. Ware, 500, 100, 30000, 400, 2535
Tho. Greer, 250, 468, 21600, 400, 2840
Est. W. A. Christian, 1040, 240, 57200, 1500, 4050
James L. Price, 600, 300, 40000, 300, 4640
W. H.Taylor (Tayloe), 1300, 300, 56000, 1000, 8695
John M. Bryan, 550, 239, 35505, 500, 4075

John Morrisette, 320, 320, 46000, -, -
William Curry, 650, 200, 3500, 500, 3310
C. C. Huckabee, 500, 140, 25000, 1250, 3580
C. C. Huckabee, 460, 480, 47000, 1200, 2800
Caroline Nichols, 600, 500, 44000, 1000, 5326
J. C. Curry, 300, 340, 32000, 830, 2595
Gray Huckabee, 800, 300, 44000, 804, 4560
Gray Huckabee, 600, 300, 36000, 500, 2530

Marion County Alabama
1860 Agricultural Census

Agricultural and Manufacturing Census for 1860 Microfilmed by the Alabama Department of Archives and History under a Grant from the National Science Foundation

1860 Schedule 4 Agricultural –Dekalb to Morgan Counties

Filmed for the University of North Carolina from Original Records in the Alabama Department of Archives and History

These are the items represented and separated by a comma: for example John Doe, 20, 25, 10, 5, 100

1. Owner
2. Acres of Improved Land
3. Acres of Unimproved Land
4. Cash Value of Farm
5. Value of Farm Implements and Machinery
13. Value of Livestock

NOTE: In some instances where the first few letters of the first name or initials are missing and indicated with _, the microfilming did not pick up parts of the left margin for Marion Co. for it was too close to the binding and could not be flattened enough. It is my understanding that the sheets once filled out were then bound. My guess is that the Alabama Department of Archives and History would not allow the books to be taken apart and had to be filmed as is. Thus, some parts of first names or initials are not visible on the film.

John D. Terrell, 50, 1200, 2140, 30, 1050
W. J. Sims, 50, 1200, 2140, 10,58
Hannah W. Trotter, 30, 220, 700, 10, 180
Bennet Pope, 30, 170, 250, 3, 120
Johnathan Stephens, 20, 340, 200, 5, 150
Anthony H. Powell (Panee), 35, 85, 200, 10, 200
Bret Cantrell, 50, 150, 550, 5, 200
Elizabeth Cantrell, -, -, -, 3, 100
Mary Cantrell, 40, 30, 500, 3, 100
Sarah A. Burvis(Purvis), -, -, -, -, 20
Lorenzo B. Pope, 30, 90, 400, 12, 280
John H. Cantrell, 20, 140, 200, 10, 350
Berry Cantrell, 60, 157, 2000, 10, 707
Abe J. Cantrell, 10, 90, 300, 10, 100
Wm. Clark, 75, 325, 1000, 15, 545
Boshem E. Clark, 80, 300, 1000, 120, 675
Benj. W. Fry, 15, 215, 500, 20, 150
Jasper Clark, 85, 235, 1250, 125, 512
Sawyer Simpson, 45, 115, 500, 50, 322
Wm. H. Culwell, -, -, -, 60, 400
Pershebe Bishop, 140, 760, 1500, 100, 475
Mrtenor Sims, 60, 196, 500, 35, 350

Wm. D. Johnson, -, -, -, 3, 16
Thos. J. Glasscock, 38, 122, 900, 100, 300
Robt. D. Bowlen, 100, 300, 1000, 150, 300
Wm. Johnson, -, 80, -, -, -
Jas. M. Hall, 50, 350, 750, 125, 600
Jas. H. Glasscock, 75, 285, 1000, 150 600
B. H. Terrell, 80, 640, 1000, 70, 500
John A. Hall, 27, 133, 500, 50, 300
John M. Glasscock, 30, 130, 150, 75, 100
Daniel Davis, -, -, -, 4, 40
Wm. R.Whitaker, 20, 230, 600, 8, 212
Robt. Killcrease, -, -, -, 175, 75
Saml. Mixon, 8, 132, 300, 5, 75
Erasmus A. Mixon, -, 80, -, 5, 250
Ellis Carpenter, 50, 430, 750, 85, 500
John C. Felvingston, 750, 2970, 4800, 125, 1150
Nancy Cashion, 60, 100, 300, 40, 417
Reuben S. Belk, 50, 590, 950, 75, 480
Marion H. Key, 40, 860, 1500, 75, 375
Jeremiah Neal, 45, 155, 1500, 15, 156
Uriah Bowens, 50, 230, 600, 40, 200

Elizabeth K. Belk, 30, 170, 500, 10, 200
Geo. W. Jaggars, 20, 100, 300, 5, 150
Jas. T. Jones, 25, 200, 600, 7, 300
Edward S. Jones, 120, 300, 1000, 300, 600
Francis James, 65, 185, 800, 25, 200
Thos. W. Carpenter, 25, 55, 300, 5, 215
Geo. A. Hughey, 48, 312, 500, 25, 325
Davis B. Hall, 100, 260, 2000, 300, 275
Ezekiel Decanter, -, -, -, -, 12
Josiah Hall, 15, 213, 400, 5, 220
Richard W. Hall, -, -, -, -, 150
Washington Killcreuse, -, 80, -, -, -
Randolph McMullen, 300, 1200, 6000, 600, 760
Richard D. Polenred, 18, 62, 250, 55, 200
Wm. A. Hall, -, -, -, -, 80
Jas. White, 45, 355, 500, 95, 165
John M. Gillmer, 13, 67, 200, 40, 50
E.A. Bishop, -, -, -, -, 22
Henry Flurry, 40, 640, 600, 100, 200
Wm. P. Williams, -, 160, 156, 5, 120
Reusen, Evans, 50, 150, 600, 10, 100
LaFayette Smith, -, -, -, 5, 20
Thos. Tarver, -, -, -, 5, 75
Alfred Tarver, 45, 15, 660, 55, 331
Wm. Cantrell, 90, 700, 800, 35, 200
Jas. T. Bishop, 10, 250, 200, 25, 180
Adam Campbell, -, -, -, 20, 51
Sarah Cantrell, 35, 695, 300, 5, 240
John B. Lewis, -, 200, -, 5, 23
Benj. A. Todd, 24, 296, 200, 5, 200
Irvin Escue, 42, 158, 200, 75, 300
RileyEscue, 25, 95, 200, 25, 200
Malekiah Franklin, -, -, -, -, 30
Luke Sivet (Sevit), 37, 363, 160, 60, 440
Retley Sevet (Sevit), 60, 180, 200, 90, 410
Robert W.Sivet, 6, 40, 150, 50, 130
Wm. Baker, -, -, -, -, 20
Jas. Welden(Weldon), -, 47, 2, 98, 50
Isiah Lewis (?), 10, 70, 150, 5, 41
John Holly, 25, 135, 200, 5, 95
Henry Pollard, 16, 254, 200, 6, 214
Wm. W. Harris, 65, 175, 350, 10, 270
Thos. H. Pollard, 25, 325, 250, 10, 130
Azel D. Harris Sen., -, -, -, -, 100
Azel Harris Jr., 35, 290, 50, 10, 325
Jonah Johnson, 30, 130, 200, 10, 85
H. W. Miles(Mills), 60, 100, 400, 125, 878
Robt. M. Garl__ner, 15, 145, 200, 5, 237
Jesse Rigs, 40, 80, 150, 80, 220
Henry Luster, 1, 119, 50, 100, 100
Jas. W. Homer, 25, 17, 200, 15, 183
Jesse Huffman, 20, 255, 200, 3, 165

Francis Henson, 8, 92, 200, 8, 30
Watson C. Roper, 40, 40, 100, 5, 105
Archibald Morrison, 30, 280, 200, 100, 630
John McDoug__, -, -, -, 10, 215
Elizabeth A. McPew, 25, 325, 1000, 40, 344
Abijah Belk, 100, 130, 800, 150, 570
Sarah Smith, 60, 140, 1000, 15, 325
Ica _ Adkins, 60, 658, 700, 80, 990
Lewis Hartsfield, 20, 140, 100, -, 26
Simeon Wooten, 75, 325, 1000, 150, 740
Richard P. Adkins, 75, 645, 1000, 82, 1315
Arch. McDonald, 30, 545, 1000, 55, 182
Rich. McDonald, -, -, -, 75, 182
John Roper, 65, 235, 1000, 75, 482
Jas. W. Brown, 5, 190, 600, -, 50
Wm. Niece, 80, 220, 600, 200, 500
John Walden, -, -, -, 5, 190
Wm. Jeffers, -, -, -, 60, 200
Allen Thompson, -, -, -, 15, 300
Geo. W. Moze, -, -, -, 5, 110
Jackson Thompson, 50, 150, 200, 100, 274
Eledeons Thompson, 100, 300, 600, 150, 500
Jefferson Frederick, 35, 165, 400, 10, 600
Eli Thompson, 60, 200, 400, 100, 500
Edward Reed, 100, 250, 1000, 165, 655
Jas. M. Aston, 156, 316, 506, 200, 310
Andrew J. Rye, 15, 105, 75, 4, 105
Wm. V. Cantrell, 25, 475, 500, 60, 700
John Pearce, 12, 48, 1000, 5, 100
John C. McDougll, 35, 115, 400, 30, 180
John C. Cunningham, 20, 220, 250, 25, 237
Asa Archy, -, -, -, 5, 89
John R. David, 75, 325, 500, 5, 220
Zachariah Dornell, 15, 85, 250, 70, 135
Wm. R. Johnson, -, -, -, 10, 150
Alex McDonald, 18, 62, 100, 5, 166
Newton Walden, 18, 62, 100, 5, 150
Glen A Senry, 15, 226, 150, 5, 215
Wm. Rye, 50, 60, 500, 125, 750
Matil__ F. Harris, 35, 125, 350, 15, 313
Middleton Cottorhn, 10, 30, 100, -, 160
Jas Nolen, 25, 135, 300, 100, 404
Jas. T. Roper, 30, 50, 200, 10, 150
Seborn J. Duke, 80, 200, 400, 1250, 492
Silus M. Duke, -, -, -, -, 60
Isune Mayfield, 140, 540, 600, 120, 1125
Geo. H. Collins, -, -, -, 5, 46
Thos. J.Jeffers, -, -, -, 5, 100
Jacob Thompson, 35, 40, 200, 10, 230
Jas. H. Reed, -, -, -, 5, 150

Jesse Lindsey, -, -, -, 50, 40
Wm. G. Robuck, 100, 296, 750, 500, 520
Elvis Barren, -, 321, -, -, -
Wm. M. Murphy, -, -, -, 15, 45
Green J. Nichols, 100, 400, 500, 60, 400
S. B. Riggen, 92, 510, 1000, 100, 665
John Brown, 210, 890, 1050, 100, 500
Wm. P. __hen, -, 80, -, -, 13
T____ Haddoc, -, -, -, -, -
John Hamilton, 45, 375, 500, 200, 400
Micajah Davis, 30, 250, 350, 100, 635
Wm. H. Hamilton, -, 100, -, -, 225
John Custer(Caster), 100, 470, 500, 125, 700
Geo. T. Bird, 25, 95, 150, 10, 105
Benj. Hamilton, 20, 140, 200, 5, 157
Thos. B. Smith, -, 120, -, 5, 125
Milton Turman, 60, 420, 400, 100, 605
Jas. H. Davis, -, 212, -, -, 72
Wm. Conley, 40, 220, 500, 100, 350
John Bird, 40, 240, 250, 75, 350
Oscar B. Morehead, 10, 190, 1000, 150, 200
Wm. Davidon(Davidson) 300, 2500, 6000, 250, 1350
Geo. E. Wax, 50, 890, 1000, 100, 650
Robt. E. Lowery, 25, 144, 150, 40, 355
John H. Blalock, -, -, -, -, 200
Wm. Armstrong, 70, 1080, 1000, 75, 770
Edwin Duncan, 30, 50, 200, 20, 220
Mathew Young, 60, 180, 750, 25, 175
Silas W. Jones, -, -, -, 25, 115
Geo. W.Wilkerson, 12, 225, 400, 5, 130
Anguish M. Young, -, -, -, 8, 134
Johnathan Duncan, -, 160, -, 10, 105
Nancy Campbell, -, -, -, -, 55
John C. Hinson, 75, 285, 500, 100, 225
Wm. Crump, 225, 1135, 2000, 250, 1500
Jas. H. Metcalf, 250, 650, 4000, 300, 1546
Reb____ Hanson, 150, 650, 3000, 125, 730
Martin Cantrell, 50, 150, 600, 60, 490
Amos Cooper, 150, 370, 2000, 175, 865
Wm. Hall, 75, 400, 250, 75, 350
Wm. Reed, 40, 240, 200, 75, 300
Mathew Hamilton, 30, 220, 300, 60, 200
Lane (Leml) Price, 10, 70, 200, 10, 150
Caroline J. Price, -, -, -, 15, 80
Lurana (Luran__) Hamilton, 30, 210, 200, 15, 180
Wm. Hamilton, 100, 800, 1000, 100, 800
John B. Patterson. 60, 565, 800, 85, 700
Nancy Drann (Dunn, Dann), -, -, -, 2, 65
Mary Hanson, 2, 140, 150, -, 50
Wm. H. Drake, 12, 488, 100, 65, 340

Ollive Norton, -, 200, 50, 5, 53
John P. Cantrell, -, 280, -, 250, 500
John T. Neal, 20, 380, 500, 25, 500
John Adams, -, -, -, 8, 60
Wiley B. James, 12, 108, 150, 5, 125
David Hallman, 7, 192, 50, 5, 35
Seborn Duke, 10, 270, 100, 5, 140
L. R. Cantrell, 40, 220, 400, 100, 516
John L. Stuckey, 37, 192, 300, 35, 190
E. G. Terrell, 300, 1100, 8000, 500, 2430
John Arthur, -, -, -, 35, 30
Gibson H. Arthur, -, -, -, 40, 150
A. L. Duge___, 40, 240, 500, 20, 340
Ulman Sanders, 35, 245, 300, 200, 415
John M.Cantrell 100, 540, 500, 150, 504
A. J. Peoples, 30, 210, 200, 30, 250
Andrew Johnson, 75, 365, 1000, 75, 430
George Carman, 400, 1785, 250, 150, 300
Griffin White, 30, 210, 600, 10, 125
A. M. Mosely, -, -, -, -, 120
Joseph Miller, 50, 265, 700, 150, 603
Thos. A. J. Barren, 35, 121, 200, 5, 200
A. T. Willet, -, -, -, -, 200
Wm. A. Terrell, 20, 200, 100, 10, 60
Robt. G. Nolen, 15, 145, 150, 200, 350
John Reed, -, -, -, 5, 60
Wesley Sanders, 200, 820, 900, 200, 800
Isaac Lancer, -, -, -, 50, 50
Jesse Dodson, 60, 180, 500, 15, 311
Wm. W. Spruel, -, -, -, 5, 690
Joseph W. Henderson, 160, 1940, 1600, 90, 1770
John Pu__ket, -, -, -, 40, 90
Jas. C. Brooks, 40, 160, 300, 10, 365
Elizabeth Turman, 45, 455, 1000, 80, 433
George Turman, 25, 375, 1000, 15, 600
Hezekiah Johnson, 30, 210, 200, 25, 175
Michael Dormer, -, -, -, 10, 60
Wm. H. Williams, -, -, -, 125, 624
John Pope, 45, 635, 600, 5, 452
Lucinda Spruell, 25, 215, 100, 30, 695
Ezekiel Sandlin, 50, 200, 300, 5, 155
Alex Gilbert, 60, 640, 1200, 75, 532
Saml. W. Car, 1, 119, 30, 8, 53
Gideon Lewis, 25, 95, 200, 10, 133
__. A. Bird, 30, 250, 500, 15, 275
John Wilson, 20, 240, 250, 100, 650
Jas. G. Young, 85, 395, 700, 150, 700
Harvy Allen, 85, 113, 700, 150, 813
Benj. Winsted, 65, 375, 1000, 125, 950
David Webb, 50, 230, 800, 125, 750
Asa Allen, -, -, -, 10, 85
Gabriel Patrick, 200, 1020, 2500, 500, 976
Thos. J. Patrick, 15, 104, 300, 15, 427
Jefferson C. Lee, 120, 330, 750, 100, 812

Benj. Winsted Jnr., -, -, -, 10, 350
Mrs. G. McDonald, 16, 104, 100, -, 180
Micajah P. Bales, 8, 152, 200, 80, 108
Alfred S. McDonald, 25, 135, 300, 15, 355
Anguis McDonald, 60, 260, 600, 175, 605
Jeptha Evans, -, 40, -, 200, 320
John W. Lee, -, -, -, 15, 151
Leml. Fretwell, 35, 284, 300, 50, 520
Washington Beard, 7, 73, 100, 40, 103
John M. Ritter, 35, 285, 500, 65, 294
A. J. McMurry, 35, 269, 300, 10, 77
John Winsted, 40, 360, 400, 25, 625
Wm. G. Lewis, 15, 145, 100, 5, 75
John C. Evans, 30, 170, 200, 10, 200
Sarah Box, 25, 50, 200, 55, 520
Thos. Evans, 100, 600, 1500, 125, 790
Richard G. Evans, 100, 397, 650, 75, 400
Hamilton Johnson, 10, 130, 100, 10, 100
Willis Johnson, 10, 130, 100, 10, 220
Anderson Lowery, 83, 197, 750, 125, 660
Wm. G. Webb, 50, 70, 500, 10, 90
John H. Paschal, 3, 77, 50, 15, 250
Hiram J. Webb, 40, 100, 800, 25, 400
Zachariah T. Footen (Wooten), -, 80, 200, 10, 60
Asel Pearch, 40, 80, 500, 60, 285
David Reed, 20, 98, 400, 50, 465
Bolin Wilkerson, 11, 48, 100, 6, 375
Lane W. Webb, -, -, -, 10, 130
Tillmon J. Irvin, -, -, -, 100, 367
Jas. Webb, 60, 140, 400, 100, 300
Nathaniel Cha___, 8, 760, 100, 60, 630
John Y. Lewis, 35, 120, 400, 50, 408
Burgiss White, -, 160, -, 2, 40
Elizabeth Balus, 8, 152, 75, 5, 105
Joseph Webb, 40, 440, 1000, 15, 595
Saml. Loggins, 50, 425, 250, 10, 360
Charles Loggins, 42, 318, 200, 75, 402
Noah Evins, 40, 80, 200, 10, 294
Anderson Sandlin, 40, 160, 200, 30, 290
Thos. Evins, 12, 120, 400, 5, 140
James Turman, -, 200, -, 5, 90
Charles Evins, 50, 270, 400, 100, 433
Edwin G. Turman, 20, 180, 300, 100, 100
Allen G. McDonald, -, -, -, 60, 30
Stephen C. Loyd, 50, 390, 800, 20, 355
Joseph C. Weaver, 5, 155, 50, 5, 100
Mary Beg___, 16, 64, 100, 15, 112
Littleton Sandlin, 60, 240, 400, 100, 287
Thos. Noe, 100, 900, 500, 250, 795
Geo. R. Noe, 15, 185, 75, 5, 120
Joel Noe, -, 160, -, 100, 480
Thos. Plunket, -, -, -, 5, 85
D. J. Guthery, 40, 160, 200, 50, 350
Mc. W. Loyd, 10, 290, 150, 5, 380
Isham J. Loyd, 60, 260, 700, 60, 355
Saml Noe, 60, 380, 500, 150, 652
Elisha Holloway, 6, 114, 50, 3, 73
Jess Sandlin, 60, 540, 600, 200, 517
Wm. Camp, -, -, -, -, -, 25
Stephen White, 12, 168, 150, 3, 290
Jas. A. McDonald, 37, 348, 1000, 20, 485
J. B. Pittsford, 70, 130, 700, 50, 335
Wm. M. Stone, 15, 280, 150, 10, 250
Sanford Loyd, 10, 190, 100, 10, 165
Wm. Allen, -, -, -, 65, 165
Benj. M. Riggen, 100, 700, 1000, 250, 700
Ben. Moxey, 50, 210, 600, 100, 790
George T. Carter, 35, 85, 150, 20, 320
Wm. L. Young, 30, 50, 150, 70, 220
Thos. J. Davidson, -, -, -, 125, 250
Dudley Cody, -, -, -, 20, 125
Joseph Jackson, 70, 50, 600, 125, 650
Elizabeth Wright, 60, 40, 500, 100, 303
Miles F. Cody, 75, 465, 800, 100, 815
John T. Wright, 20, 190, 500, 20, 153
H. D. Allen, 60, 140, 600, 20, 538
Wm. A. Patterson, -, -, -, -, 93
A. J. Cody, 50, 560, 900, 135, 735
Jacob M. Wright, -, -, -, 10, 100
George W. Ganus, -, -, -, 30, 80
John Boyd, -, 80, 180, 135, 220
Wm. E. Wright, 25, 15, 135, 3, 145
Robt. Wright, 60, 220, 700, 150, 940
Green B. Cody, 60, 300, 600, 200, 835
Amos P. Gilliland, 85, 195, 750, 60, 655
John W. Allen, -, 40, 40, 10, 188
Geo. W. Gilliland, -, -, -, 70, 240
Thos. Gilliland, 60, 340, 1000, 100, 334
Abner Cantrell, 40, 620, 750, 150, 445
Joseph M. Land, 10, 110, 50, 25, 141
John P. Bennet, 50, 150, 200, 20, 297
Isaac Parker, 1, 159, 60, -, 205
Henry V. Ausborn(Osborn), 75, 225, 400, 20, 190
Everet Ritter, 40, 107, 400, 20, 355
Silas M. Gilliland, -, -, -, 105, 220
Wm. Y. Allen, 50, 340, 400, 24, 220
Orissette Burris, 100, 120, 1000, 150, 822
Mathew Downs, 50, 110, 300, 25, 581
Jas. Burris, 18, 132, 400, 15, 510
Wm. R. Downs, 30, 90, 400, 10, 125
Jane Mcdougll, 50, 270, 1000, 100, 520
John Gillmore, 40, 120, 300, 25, 750
Carmelane Harrell, 25, 136, 100, 5, 135
Seaborn Smith, 50, 110, 500, 40, 495
Gracy A. Thompson, 14, 36, 100, 5, 55
Marmaduke W. House, 25, 55, 200, 40, 113

Jas. Daiton, -, 80, -, 8, 150
Wm. Deaton, 35, 125, 200, 12, 98
Salomon W. Wigley, 75, 437, 300, 200, 685
Feldon Wiggenton, 60, 250, 150, 15, 316
Mitchel Smith, 80, 228, 500, 40, 358
John Tucker, 80, 720, 500, 500, 278
Graves Harrell, 5, 85, 700, 100, 520
Bray Warren, -, -, -, 100, 480
Joseph R. Harrel, 75, 345, 800, 40, 850
Joseph Johnson, 150, 950, 2000, 300, 1039
Wm. T. Bishop, 110, 530, 1000, 140, 750
Leml. B. Trulvan(Trulvar), 150, 450, 1500, 250, 1300
Joseph Palmer, 15, 225, 100, 100, 75
Caleb F. Condry, 80, 120, 500, 50, 325
Nelson Walden, 50, 200, 1000, 125, 460
Edith Spears, 250, 1250, 2000, 500, 3110
D. B. F. Belk, 100, 380, 1000, 160, 660
Jas. M.Sanderson, 40, 190, 700, 50, 585
Joseph Stuckey, -, 405, -, 145, 400
Ruthed Stuckey, -, -, -, 8, 300
Stephen Blanchard, 100, 360, 1000, 75, 2265
John Mamgram, 250, 3000, 1000, 350, 1600
Russel Palmer, 40, 180, 300, 85, 288
Wm W. Purnell 31, 211, 200, 25, 195
Morris Purnell, 40, 210, 250, 100, 460
Alpha Neal, 60, 240, 1000, 75, 780
Gracy A. Swearingen, 600, 600, 1500, 500, 1200
Wiley Metcalf, 200, 200, 200, -, 420
Elizabeth Metcalf, 200, 340, 1200, 215, 951
Joseph Moon, -, 80, -, 15, 140
Jas. Sidgely, -, 80, -, 75, 45
Oswell Minor, 40, 200, 600, 10,2 05
Joel Tate, 40, 40, 15, -, 89
John Duncan, 30, 160, 200, 12, 265
Christopher Seaborn, 20, 140, 100, 8, 205
Paton E. Wright, 100, 200, 300, 15, 75
Wm. Mixon, 30, 90, 500, 40, 325
Amos P. Cooper, 40, 240, 600, 15, 413
Jas. Robertson, 50, 350, 500, 100, 637
Jas. Robertson Jr., -, 40, -, 110, 190
Wm. Hawkins, 20, 300, 150, 100, 215
Geo. Good, 170, 830, 2000, 400, 1404
Sarah M. Franks, -, 80, -, 30, 145
Edmund Mason, 18, 62, 150, 50, 175
Elizabeth Mason, 50, 310, 500, 3, 530
Peter Smith, 15, 105, 100, 15, 90
Permelus M. White, 6, 74, 50, 25, 122
Anth__ F. Gann, 20, 60, 150, 15, 225
Isiah Stanford, 5, 115, 50, 5, 37

Thos. Curruth, 60, 220, 500, 50, 440
John S. Stanford, 40, 280, 600, 35, 313
Joseph Stanford, 20, 240, 200, 15, 232
Geo. Stanford, 12, 148, 125, 150, 395
Sarah P. White, 8, 32, 75, 5, 54
Geo. E. Stanford, 15, 65, 150, 10, 50
Smith W. Gann, 40, 120, 500, 50, 500
Jas. Cown, 12, 68, 150, 5, 123
John Miller, 20, 220, 250, 10, 345
Thad Webb, 10, 70, 150, 10, 155
Caleb T. Mosely, 50, 20, 500, 10, 190
Elias Chaffin, -, -, -, 60, 369
Wm. Pace, 25, 95, 150, 115, 170
Uriah Barns, 40, 280, 400, 50, 190
John Wigginton, 62, 348, 500, 170, 508
Jasper Sanderson, 50, 270, 500, 40, 295
Jasper N. Sanderson, 25, 95, 100, 10, 75
Hillard Parker, -, -, -, 8, 83
Martin Wigginton, 5, 15, 50, 10, 32
Benj. Lewis, 30, 250, 600, 25, 154
Wm. Wigginton, 80, 280, 1000, 200, 840
John Marshal, -, 160, -, 50, 75
James Myers, -, -, -, 20, 260
Isaac Ballard, 45, 220, 500, 10, 276
Wm. A. Armstrong, -, 96, -, 7, 35
Garrison Ballard, 60, 380, 300, 200, 495
James T. Wood, 20, 60, 100, 5, 25
James Ballard, 55, 545, 500, 100, 425
Wm. Parnell, 12, 148, 200, 20, 240
James M. Bishop, 22, 178, 100, 30, 150
Wesley Stidham, 45, 115, 300, 250, 266
Winston Stidham Jr., -, 80, -, 25, 70
Eli Cantrell, 60, 636, 300, 60, 370
David C. Parsen, 45, 175, 300, 10, 220
John A. Cantrell, 5, 155, 150, 10, 40
John A. Reed, 16, 344, 100, 5, 191
Ambrose Stone, 40, 280, 200, 100, 240
Bushrod Stone, 20, 300, 200, 15, 338
Anderson Tyler, 55, 105, 800, 150, 390
Levi Northington, 250, 1750, 2000, 345, 1400
Jesse Northington, 125, 555, 1000, 235, 1250
Richard A. Dunkin, 55, 115, 500, 15, 387
Thomas Terry, -, 160, -, 4, 451
John _. Eenberson, 100, 220, 1200, 125, 480
Eli C. Moore, 60, 20, 1000, 75, 486
Loved C. Shotts, -, -, -, 100, 295
John Shotts, -, -, -, 20, 235
Pharis Stone, 50, 310, 1500, 120, 650
John Byford, 30, 130, 1500, 120, 650
John Stone, 100, 300, 1000, 45, 822
John E. Roberson, 80, 160, 450, 15, 595
Henry Roberson, 25, 135, 150, 75, 203
James Still Jr., 40, 120, 100, 10, 65

Nelson Waldset, 55, 165, 300, 50, 446
Chesley Ausborn, 60, 100, 200, 15, 600
James M. Clark, 55, 105, 200, 20, 376
James Spark, 40, 120, 350, 100, 423
Thomas Lockridge, 60, 100,3 00, 100, 600
Russel Lockridge, 60, 100, 500, 10, 571
Mary Lockridge, 100, 540, 1000, 150, 1804
Wm. Dunham, 150, 840, 1000, 200, 1000
Allue Bannister, -, -, -, 80, 470
Peter J. Thiess, 35, 165, 150, 65, 90
Wm.Cheak, -, -, -, 5, 46
Burzela Stone, -, -, -, 8, 145
Jabus J. Palmer, 85, 195, 400, 100, 750
John L. Stone, 50, 270, 600, 100, 666
Thomas Smith, 70, 181, 700, 150, 507
Miles L. Barnes, 10, 450, 800, 125, 450
Benj. Byford, 20, 60, 75, 5, 134
Willie Akins, 40, 240, 300, 15, 265
Martha Ford, 20, 140, 150, 10, 153
James Still Sr., 40, 193, 300, 20, 269
John Call, -, -, -, 4, 16
Francis M. Steward, 50, 190, 200, 65, 229
A. W. Killgo, 15, 77, 140, 20, 142
Wm. J. Murphy, 75, 245, 2000, 65, 625
John Alldridge, 15, 142, 100, 10, 206
James J. Riggs, -, -, -, 4, 35
James R. May, 22, 138, 125, 10, 175
Elijah Alldridge, -, -, -, 10, 117
Lucretia Mise, 15, 149, 200, 10, 125
John A. West, -, -, -, 100, 540
Martha Grigory, 40, 120, 500, 65, 290
George M. Rolen (Roler), -, 320, -, 12, 222
George Emerson, 60, 260, 1000, 75, 140
Anjela Mitchel, 40, 120, 500, 75, 140
Wm. Emerson, 40, 40, 200, 12, 177
Jams Miller, 30, 130, 300, 12, 159
Elijah W. Ford, 45, 35, 100, 25, 205
James B. Keniday, 25, 25, 300, 12, 125
Franses M. Lindsey, -, -, -, 10, 155
Janus H. Wallise, -, -, -, 20, 145
Ervin Keniday, 45, 275, 800, 150, 1148
Caroline Byrom, -, -, -, 10, 30
Wm. Tyler, -, -, -, 10, 234
Saml. McCarey, 25, 375, 500, 75, 433
Hazel Weatherford, 60, 340, 1000, 80, 619
Henry P. Johnson, -, -, -, 50, 265
Peter Schoot, 50, 640, 500, 150, 548
Geo. W. C. Schoot, 20, 140, 150, 10, 225
Wm. Glassiss, -, -, -, 5, 108
Stephen Brumly, 50, 110, 300, 50, 183
Burton Brumly, -, -, -, 10, 115
Riley Brumly, -, -, -, 3, 130

Bradford Davis, -, -, -, 2, 80
Hilliard Shoots, -, -, -, 10, 289
Geo. W. Thompson, -, 160, -, 35, 198
John Miller, 16, 224, 100, 135, 455
Wm. Nichols, 17, 103, 100, 10, 88
Ribba Winsett, 15, 25, 50, 15, 75
Thos. Winsett, 3, 37, 30, 5, 75
Thos. Reed, 100, 540, 1000, 100, 620
John Cox, 40, 320, 200, 5, 118
Jas. Mathews, 40, 1280, 100, 12, 150
Giles Farmer, 60, 260, 200, 8, 339
Wm. Cantrell, 10, 10, 100, 50, 237
Eli Reed, 10, 270, 75, 15, 435
Allen Reed, 35, 345, 150, 75, 152
Wiley Reed, 25, 55, 150, 10, 75
Hamilton Reed, 20, 260, 150, 5, 234
Alfred Nichols, 10,2 70, 100, 5, 40
Wm. R. Ables, 8, 208, 100, 5, 65
Benj. Nichols, 20, 140, 200, 40, 195
Joshua Nichols, 20, 100, 250, 20, 105
David Nichols, 10, 110, 150, 10, 50
Rebecced (Rebecca), Brown, 40, 160, 300, 20, 343
Marshal McLeod, 50, 425, 300, 125, 693
John Lockridge, 535, 4965, 1500, 200, 1655
John Mitchel, 35, 125, 150, 45, 293
Arthur Innman, 500, 100, 100, 175, 507
Jas. Mitchel, 45, 132, 400, 125, 281
Francis Mitchel, 70, 250, 400, 40, 645
Robt. Hallmark, 70, 250, 400, 40, 645
Thompson Hallmark, 12, 48, 75, 12, 150
John Ranson (Ravson), 90, 610, 100, 150, 506
Thos. Galbreth, 40, 240, 50, 40, 289
Elizabeth Duke, 100, 840, 500, 125, 543
Littleton Lindsey, 80, 140, 300, 50, 1002
C. C. Roller, 25, 150, 200, 10, 215
Chesley Pitts, 80, 250, 250, 10, 140
Geo. A. Smith, 80, 545, 800, 7, 379
Joseph Brown, 30, 285, 200, 10, 427
Jas. Neal, 70, 870, 600, 72, 492
Wm. J. Neal, 25, 125, 500, 10, 350
Jas. M. Neal, 30, 130, 500, 10, 395
Wm. Brown, 80, 520, 800, 200, 830
Kimter T. Brown, 65, 555, 900, 200, 558
David Harrison, 100, 100, 500, 40, 637
Geo. W. Redis, 50, 310, 500, 60, 227
John Lindsey, 45, 435, 300, 100, 919
Wm. H. Hill, -, -, -, 88, 91
J. B. Marchbanks, 90, 310, 1000, 90, 1048
Soloman Thomas, 90, 310, 600, 100, 470
James Stanford, 50, 390, 500, 200, 490
Soloman Jones, -, -, -, 8, 267
Jane Bankhead, 200, 600, 700, 130, 1592

Hubert Hollis, 50, 510, 400, 150, 623
John Black, 9, 111, 200, 200, 156
John G. Bankhead, 450, 2050, 2500, 290, 1992
S. L. Smith, 3, 157, 100, -, 65
Mary Jarret, 300, 1940, 2000, 215, 2630
S. S. Adams, 250, 750, 3500, 210, 780
Wm. L Morton, 50, 450, 700, -, 186
J. W. Estil, -, 20, -, 100, 760
Isaac Red, -, 200, -, -, 90
Daniel W. Hollie, 150, 150, 400, 150, 571
D. F. Hollis, 50, 110, 200, 8, 265
Gardner Jarret, 125, 1075, 1000, 60, 1583
John W. McDonald, 80, 90, 400, 70, 266
Johnathan Davis, 80, 300, 400, 100, 432
Wm. R. Bradley, 65, 265, 500, 50, 502
Wm. P. Hughey, 20, 60, 125, -, 200
Jas. W. Moore, -, 80, -, 10, 169
Thos. G. Boman, 33, 127, 200, 15, 266
Wm. Nolen, 100, 300, 350, 160, 705
Hiram Hollis, 80, 240, 300, 150, 555
Jasper N. Church, 15, 145, 100, 10, 50
Zacheriah Herrington, 30, 330, 300, 200, 605
Gibson Hill, 60, 140, 600, 130, 614
Abraham Lawler, 65, 275, 500, 250, 996
George C. Brown, 10, 170, 100, -, 300
John S. White, 60, 380, 400, -, 200
John A. Ring, 20, 80, 100, -, 165
Wm. T. Nolen, 80, 120, 200, 10, 285
Thos. Woods, 80, 620, 1200, 200, 780
Jas. Dunson, 35, 85, 300, 50, 150
Wiley Dunson, 30, 50, 200, 10, 102
John M. Lawler, 80, 280, 400, 350, 543
Jas. H. Redis, 40, 140, 300, -, -
Joshua Church, 50, 190 250, 50, 470
Wm. L. Armstrong, 43, 117, 150, 20, 305
John Hollis, 500, 900, 2000, 800, 1717
Relbli Terry, 250, 770, 1000, 300, 1233
John Hlliday, 150, 700, 1000, 230, 853
Francis M. Holliday, 30, 170, 100, 6, 236
Berry Hollis, 6, 154, 100, 2, 30
Jas. G. Bankhead, 300, 1200, 3000, 400, 3125
Thos. R. Guiton, 200, 400, 800, 225, 931
Wm. S. Strawbridge, 60, 260, 500, 100, 669
D. W. Hollis, 400, 680, 1800, 438, 2354
Thos. H. Harris, 80, 80, 300, 130, 598
John W. Guiton, 100, 400, 1000, 100, 1281
John L. Griffin, 60, 100, 200, 100, 567
Washington Barton, 100, 440, 700, 25, 650
John W. Terry, -, 80, -, -, 38
Jas. Holliday, 40, 100, 200, 10, 278

Aaron Pennington, 60, 360, 500, 70, 525
Mary Holliday, 125, 175, 100, 40, 160
Reuben Holliday, -, 120, -, -, 358
Jas. B. Bankhead, 400, 1040, 2800, 462, 2598
Mathew Taylor, -, 80, -, -, 175
Mark Watson, 100, 120, 2000, 150, 1122
Wm.M. KcKeown, 60, 174, 500, 80, 411
Francis Morrow, 40, 160, 500, 10, 489
Laml. Prichard, 20, 60, 300, 15, 97
Wm. W. Gosey, -, 80, -, -, -
Harben Sugg, 50, 190, 200, 50, 306
John Smith, 25, 135, 150, 5, 195
Elisha Allsup, 60, 140, 250, 100, 558
Joseph Halliday, 100, 260, 500, 30, 672
Absolem Martin, 55, 185, 200, 15, 518
Marion O. Smithson, 65, 255, 1500, 30, 765
Daniel Holliday, 200, 400, 1500, 200, 874
Jacob P. Webb, 40, 160, 250, 100, 383
Mary Gooden, -, 80, -, -, 54
Franklin Moore, 30, 130, 300, 10, 182
Derrel Hollis, 35, 365, 350, 15, 200
Isaac Rasberry, 80, 600, 1000, 150, 295
John McAdams, 12, 68, 100, 5, 52
David R. Estill, -, 160, -, 55, 171
Wm. J. Flin, -, -, -, 25, 150
Gabriel Holliday, 15, 25, 150, 10, 42
Jackson Flin, 25, 55, 150, 10, 155
Mary Holliday, 60, 20, 500, 5, 149
Solomon Smith, 70, 410, 300, 75, 426
Jas. W. Estille, -, 40, -, 20, 30
George Kinard, 15, 25, 100, 10, 20
Wm. B. Taylor, 70, 530, 500, 120, 535
George W. Holliday, -, 120, -, -, 15
Wm. Austin, -, -, -, -, 95
Reuben Terry, -, 80, -, 5, 28
John Miller, 60, 300, 400, 10, 135
Darling Hollis, 250, 750, 1500, 475, 1757
Leroy Kennedy, 80, 620, 1000, 250, 633
Jas. Hill Jnr., 45, 155, 600, 45, 430
Isaac Hill, 40, 160, 300, 40, 356
James Hill Senr., 30, 90, 250, 10, 188
Wright Gardner, -, -, -, 135, 475
Mary Stout, -, 40, -, 10, 220
Wm. Huff, 35, 325, 300, 110, 459
Marvel Thompson, 50, 300, 500, 45, 69
John Woods, 20, 20, 100, 60, 236
Wm. Tate, 1, 79, 20, 5, 150
Israel Watson, 15, 185, 500, 20, 365
John T. Gillmr, 20, 100,100, 50, 365
Archibald Gillmer, 35, 125, 200, 10, 40
John F. Hankins, 40, 315, 500, 100, 400
Anthony Johnson, 50, 110, 200, 20, 214
Mathews Taylor, 70, 130, 200, 20, 258
Wm. Barker, 4, 70, 30, 60, 20

Joseph Woods, -, -, -, 60, 304
Joel Hankins, 200, 2600, 700, 200, 1078
Jul___ Hankins, 100, 580, 200, 100, 625
Thos Moriss, 10, 150, 100, 75, 105
Henry Hankins, 50, 270, 100, 75, 445
John D. Hankins, 75, 650, 1000, 75, 870
Wm. Trailer, 12, 108, 75, 10, 94
Wm. P. Burnet, 15, 185, 200, 70, 95
Jas. Black, 60, 260, 500, 70, 540
A.L. Cunningham, -, 120, -, 10, 91
Joseph Black, 30, 130, 300, 10, 332
Ephrum Jones, -, -, -, 85, 286
Wm. M. Lucas, 25, 35, 150, 5, 68
Easther L. Casey, 40, 80, 100, 10, 196
Calvin (Colvin) Chaffin, 40, 100, 150, 10, 235
Wm. Oats, -, -, -, 15, 130
John Y. Cirk, 6, 394, 200, 80, 453
Sarah Brown, 25, 135, 150, 10, 264
Janus Cunningham, 14, 146, 80, 10, 86
Nancy Barker, 15, 25, 100, 10, 80
Wm. A. Sizemore, 100, 340, 250, 45, 431
Anna Sizemore, 175, 345, 500, 385, 1130
John W. Sizemore, 80, 380, 400, -, 228
Daniel Sizemore, 5, 225, 50, -, 740
Matilda Sanders, -, -, -, 5, 54
Wm. Brown, 50, 230, 300, 50, 391
Stephen Smith, -, -, -, 10, 654
Thos. Smith, -, 160, -, -, -
Saloman Smith, 15, 145, 100, 5, 74
Elizabeth Weeks, 20, 100, 50, 10, 210
Elisha Vickory, 30, 50, 100, 10, 87
Margaret Moon, -, -, -, 55, 100
Amos Taylor, 70, 250, 300, 40, 219
Allen Taylor, 100, 220, 500, 150, 790
Saml. Weeks, 75, 400, 520, 75, 720
Henry Weeks, 40, 120, 150, 60, 257
David Black, 45, 315, 250, 75, 350
Thos. Flinn, 50, 480, 500, 110, 320
Wm. B. Palmer, 110, 410, 1000, 250, 1171
Lemuel Nolin, 40, 160, 200, 10, 440
Nathaniel Nolin, 20, 60, 100, 15, 350
John Wright, 35, 245, 500, 105, 417
Darling Hollis, 30, 170, 300, 20, 160
David Redus, 30, 170, 75, 10, 65
Peter S. Earnest, 40, 220, 300, 25, 165
George M. Earnest, 25, 35, 100, 10, 19
Richard Earnest, 35, 225, 200, 8, 196
Robt. E. Bradley, 20, 180, 200, 25, 357
Mary Gibbs, 65, 255, 800, 95, 421
Wm. M. Maloy, 30, 150, 300, 20, 132
Nathaniel Miller, 45, 400, 1000, 120, 516
Janus (James) Miller, 60, 260, 1000, 125, 630
Wm. Minir, 50, 280, 400, 30, 415

Wm. A. Lawler, 35, 230, 600, -, 40
James D. Soudon, -, -, -, 60, 190
Elijah Sanders, -, -, -, 50, 213
Jacovus Arthur, -, -, -, 2, 12
Missouri Zineman, 4, 76, 50, 1, 10
Robt. Robuck, 90, 400, 500, 15, 430
Wm. W. Wood, -, 320, -, 25, 200
Wm. Gibbs, 35, 125, 300, 50, 431
Martin Minir, 20, 220, 100, 15, 40
Elijah Clause, 100, -, 250, 95, 719
Joel Johnson, 15, 25, 200, 6, 115
James Ling, 20, 60, 75, 40, 237
David Gilbert, 40, 120, 130, 20, 334
Abraham Metcalfe, 320, 1520, 2560, 415, 2340
John B. Metcalfe, 300, 1100, 1800, -,
Thomas Harper, 200, 650, 5000, 300, 750
Wm. Tucker, 25, 64, 225, 15, 45
James Tucker, 65, 283, 1000, 25, 500
H. L. Tucker, -, -, -, -, 200
Silas M. Tucker, 60, 300, 500, 80, 500
William G. Thrasher, 35, 125, 500, 75, 300
Talitha Gess, 25, 135, 500, -, 35
Wm. Amerson, 16, 64, 200, 4, 150
Nathan Sprinkle, 10, 310, 320, 5, 145
John D. Crow, 75, 405, 1500, 200, 1220
D. F. Tucker, 20, 140, 500, 10, 260
Isaac Tucker, 65, 250, 650, 150, 800
George Brown, 300, 3200, 7000, 500, 4000
John R. Brown, -, -, -, -, 200
Marth Tucker, 80, 40, 200, -, 100
Thomas Tuck, -, -, -, 5, 200
F. M. Tucker, -, -, -, -, 175
George Tucker, 25, 375, 300, 50, 250
Aron Boling, 55, 105, 1000, 75, 400
Peyton Burnet, 30, 500, 1000, 12, 600
D. D. Johnson, -, 320, 200, 3, 250
Oliver Bostic, -, -, -, 75, 200
Milton Kenum, -, -, -, 15, 60
Thos. Tucker Jun., 20, 100, 300, 200, 270
James E. Mills, 10, 70, 100, 6, 100
Henrey Chamness, -, -, -, 25, 5
Manuel Chamness, -, -, -, -, 90
Jacob Putt, -, 80, 150, 3, 50
Archible Whithead, 40, 60, 125, 5, 250
Jane Bose, 30, 130, 200, -, 20
Drewey Whithead, 7, 33, 100, 5, 145
Arch Whithead Jr., 30, 350, 500, 70, 150
Frank Morton, 18, 142, 300, 10, 405
L. Q. Morton, 25, 175, 350, -, 150
Jesse Grigg, 60, 300, 1000, 200, 560
I.J. Tucker, -, -, -, -, 160
John Amerson, 5, 155, 300, 75, 460
A. J. McWhirter, 75, 605, 400, 300, 600

Wm. Head, 20, 280, 300, 10, 200
James Kilensworth, 53, 187, 1500, 75, 286
Wash. Hallmark, 50, 510, 500, 5, 275
George Hallmark, 55, 525, 1500, 50, 300
Thos. Hallmark, 17, 303, 300, 60, 85
A.H. Caddell, 120, 400, 1000, 75, 550
John A Beazley, 100, 440, 1000, 100, 650
J. C. Beazley, 12, 68, 200, 5, 200
James _. Horton, -, -, -, 10, 250
Joshua Roberts, 50, 310, 350, 100, 385
Samuel C. Roberts, 45, 315, 500, 100, 472
Mary White, 20, 97, 200, -, 130
Joabb Webb, -, 80, 100, 5, 140
Elijah Johnson, 40, 220, 500, 5, 140
Wm. Ervin, 16, 100, 320, 40, 230
Joseph Whithead, 60, 660, 700, 20, 275
M. M. Martin, 30, 110, 200, 11, 90
Nath Chamness, 30, 50, 300, 15, 230
Marion Chamness, -, 160, 30, -, 285
David(Daniel) Chamness, 35, 205, 600, 15, 267
Samuel F. Henderson, 40, 260, 300, 10, 150
Maston E. Chamness, 50, 160, 600, 5, 200
Isaac J. Mills, 60, 180, 500, 10, 300
Silas Webb, 12, 228, 480, 15, 530
Littleton Stokes, 37, 2453, 1000, 30, 465
James Berryhill, 8, 312, 320, 40, 250
Jane L. Lee, 32, 183, 500, 10, 300
James M. Whitley, 14, 276, 300, 5, 150
Moses Haris, 80, 280, 800, 100, 500
James Berryhill, -, -, -, -, -
I. H. Warren,-, -, -, 75, 25
Jno. S. Wheeler, 160, 560, 1300, 200, 575
Bryant J. Lee, -, 320, 320, 5, 180
Wm. Berryhill, 150, 650, 1100, 200, 1010
Joseph B. Dennis, 60, 160, 400, 75, 180
D. D. McMinn, 50, 390, 1250, 100, 1240
Jno. Webb, -, -, -, 40, 740
John Gadess, 40, 40, 200, 5, 115
George Dickenson, 20, 230, 250, 5, 150
Daniel L. Logan, 35, 485, 400, 100, 490
Thos. Haris, 30, 210, 500, 75, 420
George W. Moss, 75, 175, 500, 10, 310
Barnet Moss, 130, 800, 800, 150, 518
James Lee, 80, 280, 1800, 150, 860
Abraham Moss, 150, 330, 1000, 50, 515
Robt. Haris, 25, 215, 600, 10, 270
Mateson Cocksey, 40, 115, 600, 10, 148
Jesse Gann, -, 160, 600, 6, 60
Calvin Bishop, 7, 233, 400, 10, 160
Anderson Maseum, 65, 455, 1500, 150, 765

Robert Y. Aston, 140, 600, 1300, 300, 710
Wm. Weeks, 50, 350, 1500, 20, 475
Robt. Adkins, 50, 160, 1000, 150, 406
W. W. Webster, 65, 475, 3000, 300, 1100
F. H. Stewart, 75, 280, 2500, 150, 1050
Jesse Wood, 75, 225, 1200, 150, 500
John Homer, 45, 275, 650, 10, 195
Newel Homer, 25, 265, 400, -, 30
Smith Franks, 4, 76, 125, -, 46
Eli Franks, 15, 205, 150, 75, 210
Wm. Helton, 15, 65, 250, 20, 151
Wm. Ables, 12, 108, 205, 7, 115
Pat Anagle, 20, 380, 850, 50, 320
Riley Baccus, 30, 290, 350, 10, 115
J. R. Smith, 30, 130, 650, 30, 217
Chs. Mcdaniel, 40, 120, 500, 40, 395
Jacob Crossnor, 60, 300, 900, 20, 171
Johnathan Vaughn, 40, 560, 1100, 40, 390
Wm. Cain, 30, 330, 500, 8, 185
Robt. Woods, 8, 112, 200, 5, 95
Jane Mcraw, 16, 104, 200, 8, 125
Voll Powel, -, 240, 420, 10, 10
James Mayfield, 12, 78, 200, 8, 50
Elijah Webb, 30, 410, 700, 100, 365
Thos. Webb, -, 120, 150, 10, 90
John Butler, 8, 112, 300, 50, 175
Wm. Mullina__, 15, 145, 500, 5, 140
James L. Powell, 20, 300, 450, 60, 240
Wm. Brice, 12, 240, 500, 30, 264
Joseph Bryce, 25, 539, 1000, 50, 310
Saml. P. Brown, 8, 72, 175, 5, 30
Jackson Westley, 14, 346, 500, 8, 160
Wiley Gann, 8, 192, 400, 60, 225
Obadiah Cabness, 50, 410, 850, 10,85
Samuel Perkins, 60, 140, 400, 100, 480
Wm. S. Perkins, 8, 392, 600, 5, 250
Nicholas Vaughn, 25, 116, 900, 115, 190
Ausborn Anderton, 14, 66, 50, 5, 87
Fletcher Williams, 25, 89, 300, 70, 85
Cornelius Cooksey, 12, 48, 150, 5, 100
John Cooksey, 9, 108, 150, 5, 170
Daniel Cooksey Sen., 30, 120, 150, 40, 190
Joseua Gann, -, -, -, 10, 85
Wm. Spann, 60, 208, 550, 50, 380
Benj. W. Spann, 20, 78, 200, 5, 150
Joseph H. Spann, 20, 210, 500, 8, 205
James Brown, -, -, -, 10, 195
Benj. W Maddox, 80, 90, 850, 20, 90
Joseph L. Mcgatha, 40, 120, 900, 125, 460
George W. Richards, 60, 120, 900, 20, 110
Wm. Beryhill Sen., 40, 120, 500, 10, 150

J. P. Loyd, 100, 520, 1500, 150, 1000
Benj. F. Beryhill, -, 40, 50, 10, 157
Benj. Perry(Penny), 15, 35, 200, 5, 150
Wm. Henderson, 30, 70, 300, 75, 165
Augustus Perry, 50, 100, 700, 75, 250
Nancy Lane, -, -, -, 10, 50
Alebrt Taylor, 13, 137, 500, 85, 422
Wm. Musgrove, 50, 170, 1000, 75, 490
John A. Thompson, 30, 230, 500, 25, 390
Henry F. Musgrove, 20, 100, 500, 10, 150
Pleasant May, 20, 80, 400, 10, 300
James Reed, 35, 45, 450, 15, 540
George May, 80, 100, 400, 100, 496
Robert May, 60, 40, 600, 20, 300
J. S. Mosley, 15, 85, 150, 15, 160
Lewis May, 100, 560, 2000, 100, 660
John Dickenson, 70, 81, 1400, 100, 600
Lynden Gadess, 16, 104, 600, 20, 300
John Crawford, 8, 2 ¾, 100, 5, 225
John N. Perry, -, -, -, -, 100
Alex. Beryhill, 75, 225, 1700, 100, 500
Wiley Pirrey, 160, 557, 3500, 100, 640
Arch Pate, -, -, -, 5, 260
Alfred L. Webster, 25, 175, 1500, 10, 240
Elisha Vickrey, 29, 299, 1100, 10, 130
Simen Estus, -, 120, 500, 110, 145
Martin Shirey, 30, 25, 400, 85, 380
Abraham Shirey, 12, 73, 300, 10, 68
Robt. May, 22, 118, 400, 10, 240
John S. Franks, 25, 219, 1200, 10, 320
Chs. Lowe, 36, 240, 600, 110, 750
Meredith Akins, 100, 644, 4000, 250, 1250
Robert Logan, 75, 325, 4500, 200, 1075
A. J. Reaves, -, 80, 100, 5, 20
Jesse Adkins, 18, 62, 300, 5, 45
Samuel Adkins, 8, 72, 200, 5, 115
Elijah Franks, 60, 203, 600, 35, 365
George Franks, 20, 140, 150, -, 140
Michael V. Franks, 315, 350, -, 163
David Reed, 70, 320, 1200, 250, 750
Samuel Gann, -, -, -, 60, 250
Edwin Pate, -, -, -, 15, 205
James Harper, 20, 140, 300, 100, 135
Robt. Adkins Jnr., 20, 113, 400, 10, 150
John Walden, -, 40, 100, 5, 32
Elisha D. Franks Jr., 35, 165, 900, 10, 175
David Haris, 100, 320, 1200, 100, 1060
James M. Dickenson, 60 260, 1000, 520, 560
Josiah Harper, 8, 72, 150, 10, 210
Wm. Dyer, -, -, -, 5, 75
Wm. Ransey, 25, 255, 550, 20, 75
Woodruff Mile, 30, 130, 300, 15, 135
G. H. Holcomb, 100, 380, 4000, 200, 1190

David Holcomb, -, 165, 50, 20, 250
Wise Holcomb, 25, 175, 400, 60, 250
Berry Smallwood, 12, 28, 250, 100, 280
D. C. Strickland, 20, 260, 500, 20, 200
Charles Cocks, 15, 65, 1000, 200, 200
Calvin Miles, 20, 340, 350, 20, 260
Jackson Westley, 14, 346, 500, 8, 160
Wm. Miles, 75, 605, 1000, 200, 900
Walter Matthews, 35, 130, 1000, 150, 675
Hosea Holcomb, 25, 170, 1000, 80, 375
Jasper N. Green, 40, 200, 1000, 100, 500
John Dickenson, 30, 250, 900, 100, 602
Soloman Thompson, 30, 90, 200, 50, 145
Wiley Harp, 35, 205, 600, 30, 212
Elijah Green, 80, 440, 1200, 220, 400
Patience Kemp, -, -,-, -, 200
Pinckney Bishop, 80, 400, 1500, 125, 680
Jackson Humfries, -, 320, 320, 15, 258
Lemuel Bulington, -, -, -, 5, 80
Lemuel Burnet, 125, 635, 2000, 300, 1100
Henrey Butler, 10, 70, 200, 20, 143
Andrew Huyston, 80, 420, 1600, 150, 675
Samuel Green, 35, 205, 300, 12, 260
John Ellmore, 45, 395, 900, 100, 455
Rite Shirley, 20, 140, 300, 40, 270
Robt. White, 35, 205, 500, 10, 140
James H. Cotton, 10, 30, 50, 8, 100
Wm. Hawkins, 8, 312, 500, 10, 150
Wm. Warren, 35, 165, 700, 10, 135
Jacob Lindley, 100, 320, 1500, 100, 537
Michael Gevin, -, 165, 300, 10, 65
Robt. Bryce, 40, 360, 1000, 10, 363
James B. Franks, 10, 150, 500, 35, 100
Thos. J. Nunn, 20, 100, 400, 60, 190
A. N. Jones, 30, 290, 1000, 10, 345
Panina Franks, 5, 75, 150, 5, 75
John Low, 40, 325, 800, 65, 340
Jesse Winkle, 10, 230, 160, 25, 90
Edwin P. Franklin, 7, 133, 300, 6, 110
Lvin Franks Sr., 35, 325, 800, 70, 315
Wm. Westbrook, 36, 694, 1200, 90, 360
Lawson Homer, 25, 175, 700, 50, 250
Gabriel Homer, 35, 245, 700, 15, 200
Jackson Byron, 70, 610, 1700, 70, 295
Norman Mcay, 27, 293, 650, 25, 337
Melton Adams, 35, 105, 700, 60, 242
Merideth Akers Jr., 40, 240, 1500, 125, 1200
Mansel Tidwell, 60, 140, 1000, 125, 720
John Wisham, -, -, -, -, 40
Hariet Hutten, 15, 25, 300, 5, 230
Edward Flerey, 30, 200, 200, 10, 27
Berry Gann, -, -, -, 55, 145
James Gann, 60, 130, 1000, 20, 340
Lavina Hughs, 75, 385, 1000, 75, 554

Lewis A. White, 50, 170, 800, 200, 894
Wm. Mcnuse, -, -, -, 10, 110
Joseph Harper, -, -, -, 10, 110
C M. Pyron, 20, 44, 300, 8, 20
Wm. Taylor, 90, 230, 3000, 150, 630
Wm. May, 40, 280, 2000, 15, 653
Peyton Mills, 30, 90, 800, 50, 434
Samuel Andetton, 2, 158, 160, 6, 112
W. L. Allman, 60, 290, 2000, 150, 275
Absolom Marcum, -, -, -, 10, 150
Burton Marcum, 40, 163, 600, 50, 300
Wm. Flerey, 60, 360, 1000, 65, 815
Richard Flerry, 16, 144, 300, -, 130
Thomas Hamelton, 35, 205, 720, 10, 210
Elizabeth Gann, 10, 30, 150, 5, 175
Hiram Gann, -, -, -, 130, 700
John B. Pitts, 30, 170, 800, 50, 225
A.M. Mosley, 60, 100, 1000, 25, 509
H. P. Donavum, 50, 230, 1000, 25, 446
D. F. M. Starnes, 15, 105, 175, 10, 50
Jno. Adams, 20, 60, 150, 10, 100
Hariet Clowers, 25, 135, 1000, 40, 335
A. M. Aston, 215, 2225, 3000, 200, 525
Henry N. Boling, 35, 285, 750, 60, 525
Elizabeth Byars, -, -, -, 15, 160
Benj. Weeks, 45, 250, 800, 60, 408
Jonathan Taylor, 40, 290, 1000, 50, 512
Vincen Roberts, 40, 200, 1100, 15, 320
Edwin Berryhill, 90, 210, 500, 100, 1130
Thos. Berryhill, 80, 200, 600, 130, 1100
Robt. Harrison, 95, 272, 1500, 100, 783
Jno. Kuykendall, 40, 110, 1000, 125, 420
Solomon A. Ward, 50, 255, 600, 15, 275
Mary Northcut, 22, 258, 400, 12, 290
A. B. Northcut, 20, 150, 400, 10, 200
Jesse Davis, 14, 66, 100, 6, 103
James M. Trimm, 30, 130, 475, 6, 140
Lemuel Dodson, 40, 320, 800, 150, 732
William Wood, 70, 370, 1500, 100, 485
Hugh Reed, 150, 350, 2000, 300, 740
John Ervin, 60, 88, 800, 23, 560
Benj. Ward, 25, 35, 300, 15, 430
Robert P. Ward, 60, 140, 500, 75, 332
Willis Ward, 100, 430, 1000, 80, 927
Matison Cabness, 60, 300, 1500, 100, 665
Thadeus Walker, 100, 800, 5000, 500, 930
Wm. Webb, 25, 180, 1000, 15, 200
Daniel N. Tucker, -, -, -, 75, 280
Howard Roberts, 60, 583, 4500, 150, 1010
M. Gervin, 75, 775, 3000, 255, 1670
Samuel Caigle, 18, 142, 320, 15, 145
George Haris, 6, 214, 600, 15, 275
John Anthony, -, -, -, 10, 100

W. N. Downam (Doronam), 55, 310, 1000, 75, 423
Wash. Mitchel, 60, 740, 3000, 180, 565
John Winters, 22, 218, 500, 35, 276
William Case, 13, 147, 150, 10, 160
John A. Cock, 4, 36, 50, 6, 75
Lee Armstrong, 62, 258, 800 10, 400
Moses Eldridge, 22, 60, 300, 80, 187
Edward Chasteen, 35, 175, 1000, 90, 320
George W. Keshours (Freshours), 35, 245, 600, 6, 275
G. M. Haley, 200, 2300, 3500, 150, 570
Jno. Roland, -, -, -, 15, 90
David Helton, -, 240, 200, 5, 90
Thos. O. Johnson, 15, 265, 250, 35, 225
Valentine, Vanhoosen, -, -, -, 5, 150
John I. Dickinson, 26, 240, 600, 100, 175
J. M. Underwood, 50, 110, 1000, 150, 1150
Wm. N. Weatherly, 20, 60, 150, 15, 200
Pleasant Kimbro, 20, 220, 300, 15, 307
Andrew Wetherly, 150, 304, 1300, 100, 1030
George S. Sims, 70, 310, 1000, 125, 375
John Stembridge, 24, 142, 400, 8, 70
M. A. Cantrell, 100, 340, 2000, 175, 645
Willis Ward B.H., -, 50, 150, 10, 140
Reubin Farr, 80, 560, 1500, 100, 605
John Suet, -, -, -, 10, 115
David Hudson, 3, 77, 150, 10, 40
Alex Underwood, 200, 680, 3000, 800, 1670
Alfred Sutherland, 10, 230, 400, 10, 355
Samuel B. Pate, 12, 98, 150, 10, 262
John R. Philips, 20, 300, 1000, 125, 182
Chs. Kaigle, -, -, -, 20, 216
Strother Johnson, 15, 185, 500, 10, 62
Mary Lea, -, -, -, 5, 25
W. C. Bradford, 70, 290, 1500, 15, 390
Nathan Pew, 12, 588, 500, 65, 422
C. B. Kigle, 45, 555, 2000, 10, 415
Patric Cumins, 2, 198, 200, 30, 230
David Lee, 25, 135, 500, 90, 276
Wm. Couch, 12, 63, 400, 10, 270
Allen Halley, 500, 1300, 4000, 600, 1980
Norman Ray, 6, 34, 150, 10, 283
Samuel Gann Sen., 12, 68, 140, 10, 100
Eliza Mosley, 40, 160, 50, 10, 455
S. B. Right, 140, 260, 2000, 400, 775
Wm. A. Mclarty, 6, 94, 200, 50, 247
W. V. Haley, 30, 50, 200, 50, 275
Wm. Webb Sen., 100, 140, 1500, 15, 505
H. N. Miller, 60, 340, 1500, 10, 207
Thos. Miller, 75, 375, 1500, 140, 1337
Wm. H. Johnson, -, -, -, 150, 650
Cates Gervin, 35, 336, 700, 15, 200

R. D. Casey, 15, 165, 200, 10, 308
C. C. Chaffin, 30, 130, 200, 10, 220
Alfred Gervin, 60, 500, 800, 150, 350
Samuel Freshous, -, -, -, 11, 150
David Gann, 20, 180, 800, 10, 265
Smith Gann, 30, 170, 400, 40, 420
Hulda Franks, 25, 295, 600, 10, 100
E. C. Cooksey, 5, 155, 210, 5, 45
Thomas Gann, 40, 360, 2000, 10, 350
John Gann, -, -, -, 10, 100
Westley O. Mills, 45, 315, 1000, 125, 365
S. C. Mcinley, 8, 142, 350, 50, 80
Chs. M. Miller, 32, 438, 1400, 20, 246
Wm. Pope, 15, 184, 500, 10, 100
Miles J. Pope, 20, 150, 550, 10 260
Wm. R. Hall, 50, 250, 2000, 275, 440
D. C. Marrow, 40, 180, 1000, 75, 320
John B. Young, 60, 225, 1400, 70, 554
A.M. Marrow(Morrow), 30, 130, 1000, 100, 270
Wm. Cooley, 25, 265, 1200, 75, 415
Gob Cantrell, -, -, -, 10, 100
H. L. Hulsey, 4, 76, 300, 130, 212
D. G.Gaskins, 40, 80, 500, 85, 290
Wm. H. Johnson B. H., 60, 340, 1000, 30, 307
Ira Pope, 40, 280, 850, 100, 370
Jesse Pope, 70, 280, 1000, 100, 740
Henry H. Bull, 15, 155, 200, 15, 250
G. W. Mays, 12, 188, 100, 10, 135
Wm. Loaden, 100, 220, 1500, 290, 365
Alsie Bryant, 4, 36, 100, 100, 146
Jno. Pearse Jun., 15, 265, 400, 75, 542
Aaaron Burlison, 100, 740, 1200, 150, 670
Isaac Chance, 15, 105, 350, 10, 35
Thos. Mays, 60, 460, 1000, 80, 740
David Pope, 18, 202, 400, 50, 40
Sandy Flippo, 45, 340, 1000, 70, 225
Wm. Woods, 20, 160, 800, 15, 168
John S. Bozman, 20, 60, 300, 10, 70
Benj. Haney, 10, 150, 500, 75, 400
Gordon Pearse, 22, 538, 700, 50, 300
Aaron Woods, 25, 175, 500, 5, 250
Lewis Woods, 35, 225, 800, 5, 85
Henrey, Gann, -, 60, 100, -, 55
D. N. Simes, 20, 140, 500, 15, 200
Jesse Underwood, -, -, -, 50, 375
Jno. A. Wiley, 150, 650, 1500, 100, 1060
Wm. Wiley, 35, 520, 700, 10, 342
James Logan, 100, 300, 1000, 200, 846
John C. Evans, 44, 236, 300, 15, 75
Isham Cradic, 30, 50, 300, 10, 160
Daniel Eads, 12, 68, 300, 10, 110
Alfred Dickenson, 60, 280, 800, 120, 600
George Dickenson, 30, 150, 540, 25, 207

Daniel Mciney, 150, 450, 3000, 100, 775
Wiley Dickenson, 45, 235, 840, 400, 215
Nathan Cox, 40, 280, 700, 10, 90
Allen B. Scruggs, 15, 105, 300, 10, 30
Thos. Walker, 50, 620, 1500, 135, 552
Henery L. Johnson, 35, 465, 800, 65, 245
Wm. A. Dickason, 12, 188, 440, 10, 150
John Odell, 30, 490, 800, 45, 308
Richmond Pace, 100, 300, 1000, 15, 350
Moses C. Pace, 45, 315, 600, 10, 291
James Gess, 15, 315, 600, 10, 291
Ananias Reed, -, -, -, 60, 220
David Borden, 35, 145, 450, 100, 318
B. G. Guiss, 20, 325, 500, 100, 320
Solomon Kinley, 30, 290, 600, 200, 190
Thomas Guist, 17, 143, 400, 25, 203
Elijah Guist, 5, 135, 200, 6, 310
Benj. Mansil, 34, 207, 400, 75, 275
W. C. Patterson, 40, 160, 500, 20, 96
G. C. Allen & Brothers, 30, 1750, 3000, 275, 1290
James Edgar, 20, 300, 500, 25, 300
John S. Russell, -, 160, 150, 15, 50
John Pickard, 10, 110, 250, 5, 129
Absolom Carpenter, 20, 520, 3000, 30, 400
John Thornburg, 30, 330, 300, 10, 137
Wm. Vaughn, 60, 540, 1000, 150, 626
Robert Storey, -, -, -, 5, 50
Wm. Little, 15, 145, 800, 50, 198
Anney Webb, 10, 100, 250, 8, 90
Hardey Chamness, 50, 230, 1000, 100, 340
Rusell Bull, 25, 535, 1500, 200, 493
Jacob Bull, 200, 1060, 2500, 100, 936
W. B. Manor, 7, 93, 150, 10, 80
Joel Williams, 22, 138, 500, 10, 87
Jno. P. Johnson, 30, 220, 310, 15, 420
Soloman McMurrey, 225, 135, 500, 10, 240
David Abott, 10, 30, 250, 10, 100
Andrew J. Fredric, 6, 154, 300, 10, 195
James W. Fredric, 25, 115, 1000, 45, 340
Isaac Lann, 65, 55, 500, 100, 681
James Frederic, 80, 640, 8000, 250, 912
Seath Bottoms, 40, 150, 350, 25, 98
Thorn Wetherley, 40, 160, 350, 30, 300
Sarah Burlison, 50, 170, 350, 75, 440
Calvin Burlison, 60, 380, 800, 100, 615
Ezekiel Burlison, 95, 830, 1000, 300, 600
Washington Stanford, 60, 400, 1000, 100, 400
James Spradlin, -, 200, 400, 150, 315
E. B. Autrey, 20, 140, 500, 40, 145
R. L. Haney, 30, 1013, 2000, 80, 261
Jeremiah Bradley, -, 80, 150, 10, 35

Jon Adkins, 25, 135, 480, 10, 119
Carol Aston, 70, 380, 1000, 60, 452
James Vaughn, 40, 280, 500, 50, 381
J. C. Franks, 30, 54, 700, 10, 160
Alvin Franks, -, 80, 100, 10, 50
Wm. White, 40, 120, 300, 120, 192
David Mays, 60, 420, 600, 50, 490
Jno. M. W. Pearse, 100, 1400, 3000, 150, 1020Marcus A. Pearse, 35, 145, 700, 90, 220
John W. Burlison, 50, 150, 600, 10, 85
Wm. C. Burlison, -, -, -, 60, 180
Ahaz Candle(Caudle), 25, 105, 200, 10, 292
Elisha Dodson, 40, 160, 200, 40, 257
Calvin Coal, 40, 160, 200, 40, 257
James E. Sulins, 30, 130, 200, 10, 145
A. J. Kelley, 12, 105, 250, 15, 165
Jno. Loden, 50, 350, 80, 50, 375
P. J. Burlison, -, -, -, 10, 165
Ephraim Thompson, 70, 490, 600, 100, 460
Johnathan Holcom, 60, 160, 350, 50, 330
Jesse Loden, 80, 380, 600, 200, 670
Griffin Wigenton, 16, 426, 800, 10, 300
Isaac T. Mixon, 50, 850, 1500, 50, 1281
Jno. N. Whitt, -, --, -, 50, 351
Elias Simpson, 25, 65, 400, 8, 65
Thos. Wigington, 20, 180, 275, 10, 175
Robert C. Carter, 25, 150, 250, 40, 140
John A. Purser, 20, 60, 250, 10, 145
Pleasant Ozburn, -, -, -, 10, 135
Dansil L. Duncan, 2, 278, 400, 15, 313
Reubin Cantrell, 25, 305, 500, 8, 160
John Petterson, 23, 57, 200, 60, 100
Wm. Hodges, 40, 280, 600, 75, 620
Stephen Hodge, 20, 220, 300, 10, 250
Joseph Hodge, 23, 176, 400, 10, 340
Wm. Stephens, 50, 150, 500, 60, 264
Wm. C. Miller, 50, 275, 650, 100, 345
Wm. H. Green, 20, 100, 200, 10, 107
B. W. More, 15, 145, 400, 10, 125
Thos. Moorman, 40, 260, 1000, 50, 591
R. W. Bishop, 12, 148, 150, 10, 85
Gabriel Moreland, 2, 78, 250, 10, 198
James Taylor (Taylon), 15, 285, 1000, 75, 275
Z. Bile___, 65, 835, 2000, 100, 288
John Kiplinger, 65, 175, 600, 50, 403
John A. Waid(Ward), 35, 365, 2000, 600, 385
Peter M. Scott, 23, 457, 300, 80, 320
A. K. Cohorn, 120, 400, 2000, 150, 380
Williford Jackson, 20, 100, 300, 30, 82
Drewey B. Bagget, 12, 233, 300, 500, 110
Jno. L. Mcluskey, 12, 98, 100, 20, 60

D. J. Burlison, 45, 155, 150, 150, 200
E. Self, 50, 70, 200, 100, 400
Chs. Caigle, 35, 205, 150, 5, 250
J. R. Caigle, 35, 289, 200, 5, 150
W. J. Stanford, 15, 450, 75, 8, 300
Joseph Stanford, 85, 895, 800, 50, 1800
John Armstrong, 15, 25, 50, 5, 150
John L. Mcguire, 70, 370, 200, 10, 500
James H. Sullens, 65, 375, 250, 15, 700
James Sisk, 30, 210, 100, 10, 300
Joshua Armstrong, 40, 160, 100, 8, 300
A. J. Armstrong, 12, 200, 200, 12, 110
T. T. Cantrell, 45, 205, 100, 10, 300
Robert H. Powell, 45, 75, 200, 10, 500
David Burlison, 35, 267, 500, 100, 300
Daniel Ward, -, -, -, 5, 150
Sarah Ward, 50, 160, 300, -, -
Martin Cole, 50, 50, 150, 30, 400
Absolom Green, 50, 530, 150, 75, 300
B. W. Howell, 25, 135, 100, 5, 200
Thos. G. Halcom, 25, 135, 100, 6, 300
Wm. Streetman, 40, 160, 100, 6, 200
Jacob B. Green, 25, 65, 100, 5, 160
Joseph A. Matthews, 35, 135, 200, 10, 300
H. G. Frederick, 4, 117, 75, 5, 175
J. H. Frederic, 60, 80, 200, 10, 350
Thos. Burlison, 25, 15, 100, 10, 200
John Howell, 30, 250, 150, 20, 100
Josh A. Burlison, 20, 140, 160, 20, 400
Philip Flowers, 30, 10, 200, 5, 25
Jno. Watson, 35, 45, 200, 20, 200
Peter Ingle, 50, 110, 200, 25, 500
Jas. A. Burlison, 10, 270, 50, 10, 150
David S. Kenedy, 40, 120, 130, 10, 300
A. A. Carr, -, -, -, 10, 200
Joah Streetman, -, -, -, 5, 300
Joseph Green, 40, 160, 100, 5, 200
R. H. Frederick, 35, 165, 300, 65, 375
Thos. Rayburn, 100, 320, 200, 40, 433
Jno. M. Rayburn, 16, 144, 100, 15, 150
James Petterson, 15, 105, 50, 10, 150
Joseph A. B. Mitchell, 50, 150, 100, 50, 180
David Mitchell, 20, 100, 100, 8, 25
Riley Comens, 35, 57, 100, 10, 175
E. B. Foard, 45, 395, 200, 10, 100
L. W. Green, -, -, -, 10, 175
T. W. Britnell, 12, 120, 130, 10, 70
J. M. Frederick, 30, 330, 800, 25, 520
Wm. M. Frederick, -, 240, 500, -, 200
Artemis Kenedy, -, 80, 250, 10, 160
Luke Nix, 15, 145, 300, 5, 170
Ezekiel Nix, 75, 340, 1000, 15, 600
Joseph Britnell, 25, 135, 160, 10, 150
James Lamb, 25, 100, 150, 15, 200

W. E. Orick, 25, 295, 150, 5, 250
Joshua Nichols, 25, 84, 300, 10, 145
Marion F. Miller, -, -, -, 10, 200
James M. Orick, -, 80, 100, 10, 125
Lucy Orick, 25, 200, 300, 10, 200
James Kenedy, -, 80, 50, 5, 150
B. S. Linsey, 23, 277, 600, 20, 520
Wm. J. Coal, 8, 142, 400, 30, 200
Wm. Clemens, 8, 32, 200, 10, 150
Wm. A. Wamsley, 20, 40, 200, 5, 100
J. N. Chamless, 25, 135, 600, 15, 300
John A. Federick, 40, 120, 500, 25, 300
Wsly Botoms, 50, 490, 600, 70, 450
David N. Bottoms, 35, 365, 1000, 15, 225
J. L. Wadkins, 40, 310, 350, 15, 300
Hardy Burlison, 45, 199, 700, 120, 970

Wm. Burlison, 65, 115, 450, 95, 680
James Howard, 35, 85, 400, 20, 275
Samuel Green, 50, 130, 600, 30, 360
H. _. Mathews, 50, 590, 1000, 100, 605
Green Miles, 30, 110, 200, 100, 355
Burrell Howell, 150, 1150, 1500, 200, 840
Joseph Robrts, 60, 140, 1000, 100, 653
John Lyons, 40, 250, 800, 50, 461
Oliver Mathews, 140, 720, 4000, 250, 475
Hardy Webb, -, -, -, 65, 100
Thomas Mcguire, 65, 175, 700, 80, 325
Alen A. D. Hopper, 25, 295, 150, 50, 354
Franklin Bozman, 30, 290, 350, 40, 288

Marshall County Alabama
1860 Agricultural Census

Agricultural and Manufacturing Census for 1860 Microfilmed by the Alabama Department of Archives and History under a Grant from the National Science Foundation

1860 Schedule 4 Agricultural –Dekalb to Morgan Counties

Filmed for the University of North Carolina from Original Records in the Alabama Department of Archives and History

These are the items represented and separated by a comma: for example John Doe, 20, 25, 10, 5, 100. Occasionally, the word "renter" appears.

1. Owner
2. Acres of Improved Land
3. Acres of Unimproved Land
4. Cash Value of Farm
5. Value of Farm Implements and Machinery
13. Value of Livestock

NOTE: In some instances where the first few letters of the first name or initials are missing and indicated with _, the microfilming did not pick up parts of the left margin for Marshall Co. for it was too close to the binding and could not be flattened enough. It is my understanding that the sheets once filled out were then bound. My guess is that the Alabama Department of Archives and History would not allow the books to be taken apart and had to be filmed as is. Thus, some parts of first names or initials are not visible on the film.

M. Galbreath, 90, 230, 4000, 80, 1300
Margarett Jester, -, -, -, -, -
Joseph Douglas, 10, 310, 400, -, 30
A. M. Davenport, -, -, -, -, 50
Anthony Dansy, -, -, -, -, 125
W. D. Wiggs, 16, 24, 800, 40, 340
W. Siebold, 40, 40, 600, 0, 125
S. M. Wallace, -, -, -, -, 240
Jas. C. Hays, -, -, -, -, 175
Frank Dillen (Diller), -, -, -, -, 20
A. M. Thomason, -, -, -, 60, 370
G. Greenwood, 40, 70, 2500, 50, 350
Wm. D. Walker, -, -, -, 6, 40
E. D. Nickles, 140, 720, 11500, 30, 500
Wm. D. Thomas, 23, 42, 700, 40, 520
Simon Jacobs, -, -, -, -, 540
Jas. W. Th__iburgh, -, -, -, -, 75
James Jester, -, -, -, -, 40
James Boggess, 25, 15, 1000, 75, 450
John J. Carter, 15, 20, 300, 50, 371
L. D. Thomas, -, -, -, 5, 200
Thomas Ward, -, -, -, -, 40
Thomas Hale, 100, 60, 2500, 100, 353
Timothy Rast, 70, 98, 1500, 75, 400

Jacob M. Caine, 23, 12, 200, 17, 160
H. Cunningham, 50, 70, 500, 5, 170
Ellen Malone, -, -, -, -, 50
Joseph Cunningham, -, -, -, -, 50
David G. Lewis, -, -, -, -, 895
Horain Robinson Sr., -, -, -, -, 38
Thomas Dyer, -, -, -, -, 100
Hiram Robinson Jr., -, -, -, -, 38
Wm. James, -, -, -, -, 20
John Presley, -, -, -, -, 20
Duncan McRece, -, -, -, -, 40
Joseph Hainey, -, -, -, -, 5
Wm. Crawford, -, -, -, -, 20
John Bromer (Browner), -, -, -, -, 15
Nicholas Grevis, -, -, -, -, 5
Peter A. Bailey, -, -, -, -, 40
W. _. Bishop, -, -, -, -, 3
P. G. B. Knight, -, -, -, -, 50
W. _. Gilbert, -, -, -, -, 10
Andrew Baker, -, -, -, -, 185
Elizabeth Thornburg, -, -, -, -, 70
S. S. Lackey, -, -, -, -, 255
W. G. Carter, -, -, -, -, 100
Moses Yarboro, -, -, -, -, 105

Crawford Saeles, -, -, -, -, 50
John B. Decker, -, -, -, -, 555
Allen W. Decker, -, -, -, -, 205
Gilford Johnson, -, -, -, -, 20
Richard Berrsy, -, -, -, -, 52
Thomas Drier, -, -, -, -, 160
Peter E. McCaine, 10, 30, 200, 10, 240
H. Carlisle, -, -, -, - 8480
John W. Jett, -, -, -, -, 36
John H. Tiffin, -, -, -, -, 36
John H. Harrison, 18, 61, 100, 5, 95
John S. Harrison, -, -, -, -, 140
Richmond Nickles, 10, 185, 1000, 25, 575
Joseph B. Cook, -, -, -, -, 45
A. J. Farmer, -, -, -, -, 87
Andy Gowen, -, -, -, -, 60
Susan Berry, 25, 15, 200, 0, 100
Ohina Derrick, -, -, -, -, 62
Nathan Allred, -, -, -, -, 15
Nathan T Proctor, 40, 200, 1000, 100, 515
Reuben Baugh, 8, 72, 200, 5, 90
Thomas J. Todd, -, -, -, -, 130
Jesse Baugh, 5, 75, 200, -, 40
Thomas Malone, 47, 112, 300, 60, 255
Jefferson Malone, -, -, -, 6, 55
Isaac Malone, -, -, -, -, 80
Thomas Filmon, -, -, -, -, 20
Jesse A. Thomas, -, -, -, -, 25
Thompson Garman, -, -, -, 75, 300
George H. Garman, -, -, -, -, 83
James Garman, -, -, -, 5, 33
Jane Newman, 20, 140, 400, -, 20
N. G. Newman, -, -, -, -, 15
Elizabeth Hart, -, -, -, 5, 142
Charles Nichols, 25, 95, 100, 30, 170
Mary Hickman, -, -, -, -, 205
Joseph Carr, -, -, -, 39, 221
Thomas Vandegriff, 11, 69, 300, 12, 101
Elizabeth Paris, -, -, -, 12, 168
William Pitts, 20, 20, 125, 10, 205
Peter Smith, -, -, -, -, 56
Edward Mason, -, -, -, -, 50
Roxanna Loveless, 130, 150, 3000, 90, 358
Gre__ B. Loveless, -, -, -, -, 450
F. Conner, 20, 20, 200, 10, 140
Thos. F. Swords, 15, 145, 800, 4, 106
James Swords, -, -, -, -, 100
P. M. Tyler, -, -, -, 35, 165
Jonathan G. Swords, 30, 130, 1500, 75, 395
Wm. M. Harden, -, -, -, -, 110
Henry Parrott, 5, 35, 50, -, 15
T. J. Hoyle, -, -, -, -, 40

John Noble, 30, 370, 500, 35, 105
Joseph Hooper, -, -, -, -, 215
J. C. Coleman, 60, 20, 500, -, 304
Thomas Pattison, 200, 500, 8500, 100, 1345
H. L. Miller by Agt., 200, 600, 8400, 225, 1940
Henry Milner (Miller), 150, 450, 8000, 300, 2000
Henry Chambliss, -, -, -, 15, 265
J. M. McWilliams, -, -, -, -, 235
W. S. Buchannon, -, -, -, -, 25
Edward Davidson, 60, 40, 1200, 105, 280
David Davidson, -, -, -, 70, 470
Nathaniel Davidson, -, -, -, 6, 520
Jas. M. Kelley, 80, 150, 2000, 75, 585
Levina Herrin, 18, 22, 500, 5, 202
Robert Kelley, -, -, -, 4, 295
Daniel Keelley, -, -, -, -, 185
Thos. C. Wills, 20, 20, 200, 3, 123
Miller W. Pollard, 90, 59, 894, -, 41
Jehu Huggins, 40, 40, 1000, 70, 330
Francis Cowan, 100, 100, 2500, 75, 700
Jackson Cowan, 18, 62, 1000, -, 250
John Ricketts, 40, 40, 800, -, 20
Robert M. Johnson, -, -, -, -, 28
Simeon A. Garrett, 35, 70, 1200, -, 200
James H. Garrett, 50, 20, 700, 115, 180
William Brown, 40, 20, 1400, 15, 248
Simon Conn, -, -, -, -, 33
Henry Martin, 55, 121, 2500, 100, 400
John J. Lany, 12, 28, 300, -, 160
Benj. Martin, -, -, -, 150, 485
William J. Bain, 57, 128, 2000, 10, 415
Luke Smith, -, -, -, -, 60
Wm. A. Mitchell, -, -, -, 70, 355
John I Bain, 120, 80, 300, 100, 695
M. M. Roden, -, -, -, -, 15
John D. Nol__, -, -, -, -, 15
Jas. McDurmet, 40, 80, 500, 60, 365
Saml. Manning, 100, 140, 300, 75, 400
John H. Wright, 50, 50, 1250, 60, 345
Robert B. Logan -, -, -, -, 40
John S. Carns, 200, 650, 8500, 200, 1400
William Green, 60, 125, 600, 100, 465
F. M. Nixon (Mixon), 60, 230, 780, 150, 480
M. J. Thrasher, 15, 65, 200, -, 102
Wm. Buchannon, 30, 210, 500, 10, 80
Daniel Horton, -, -, -, 75, 110
Clayton Cook, -, -, -, -, 75
Jas. N. Nixon, 10, 30, 100, 5, 303
James Nixon, 8, 52, 200, 10, 380
Jas. B. McClesky -, 160, -, -, 100
Jesse Smith, -, -, -, -, 85
John B. Smith, 25, 55, 100, 5,185

John K. Rogers, 20, 81, 200, 100, 222
Miles Martin, 35, 125, 800, 35, 248
Matthew Lisles, -, -, -, -, 80
William Hughes, 35, 45, 700, 25, 135
A. M. Mays, 30, 9, 150, 60, 193
William M. Hyatt, 30, 90, 250, 45, 198
Geo. W. Smith, 18, 62, 250, 75, 271
Nelson Corbin, -, -, -, -, 130
Rosey Smith, -, -, -, -, 30
Seeborn Mitchell, -, -, -, 20, 160
John Stewart, -, -, -, -, 30
Enoch Ca__sby(Ca__sley), 11, 129, 200, 15, 376
John Y. Bain, 22, 18, 400, -, 47
William Gilbert, -, -, -, -, 36
Samuel Goodwin, 16, 62, 200, 10, 191
Wm. H. Lyons, -, -, -, 50, 243
Garland Garrett, -, -, -, 10 138
James Denham, 75, 345, 800, 100, 427
Haley T. Merrell, 40, 200, 600, 10, 305
Samuel Phillips, -, -, -, 70, 182
John Duvall, 25, 268, 600, 50, 365
John W. Jones, 8, 152, 200, 5, 170
Nancy Smith, 20, 60, 150, 140, 450
Joseph Lang, -, -, -, 5, 115
Robert Lang, 40, 40, 600, 70, 422
James Lang, 23, 17, 300, 5, 198
John S. Lang, -, -, -, 6, 159
Miles M. Martin, -, -, -, 8, 82
Nathan B.Morgan, 80, 160, 1100, 6, 341
Wm. Sampson, -, -, -, 5, 110
Albert W. Morgan, -, -, -, -, 243
Mat. Cornelius, 12, 68, 300, 65, 370
Narcisse Little, 20, 20, 150, -, 41
David Smith, 60, 100, 700, 5, 125
John D. Harper, -, -, -, -, 100
Jas. D. Martin, -, -, -, 5, 105
Allen Y. Williams, 12, 28, 300,5, 110
Thomas J. Campbell, 18, 22, 150, 68, 607
Carson Cox, 8, 72, 200, 80, 108
Henry W. Lang, 13, 27, 250, 10, 115
Daniel Riche, 3, 37, 150, -, 15
Geo. W. Tolbert, -, -, -, 3, 106
Holland J. Bentley, 30, 10, 300, 45, 245
James Boling, -, -, -, -, 85
William E. Terry, 20, 60, 200, 3, 127
J. W. B. Hughes, 20, 140, 200, 10, 178
James A. Collins, 35, 5, 150, 40, 185
Matilda Moseley, -, -, -, -, 30
Nancy Jentry, -, -, -, -, 55
William Rain, -, -, -, -, 15
Polly Smith, -, -, -, -, 15
James M. Roper, -, -, -, 5, 25
Thos. O. Ledder, -, -, -, 45, 171
Isham Arington, -, -, -, 5, 8
James Ledder, -, -, -, 100, 157

William Denham, -, -, -, -, 6
Martha Parish, -, -, -, -, 50
Thos. J. Parish, -, -, -, 8, 270
John Lang, -, -, -, -, 35
Reuben Lang, -, -, -, -, 29
William Lang, 30, 50, 500, 5, 85
Jason Higgins, 35, 85, 600, 10, 334
Wm. Davidson, 40, 200, 550, 110, 365
H. A Billingsley, -, -, -, 50, 55
John Stilwruth, 6, 74, 175, -, -
Jeremiah Walley, -, -, -, -, 15
Linsey Robinson, 83, 317, 1200, 75, 370
E. D. McCleskey, 7, 513, 800, 10, 65
Jas. R. Williams, 20, 60, 250, 50, 250
James Williams, 40, 120, 500,5, 260
Sarah Williams, -, -, -, -, 46
Saml. Douglas, -, -, -, -, 162
Henry Luck, -, -, -, -, 18
Gilford Wheeler, -, -, -, 45, 190
Silvester Fields, -, -, -, 65, 95
Wiley W. Owen, -, -, -, -, 35
James Hudson, 10, 70, 300, 2, 95
John J. Sleigh, 16, 64, 200, 5, 194
Louis Patterson, 30, 90, 250, 5, 45
Milton Bailey, 40, 160, 400, 2, 156
William S. Walker, 130, 570, 2000, 125, 1619
William Duncan, -, 320, 320, -, 20
Uriah Hunts, 35, 45, 250, 10, 161
Jackson Hunts, -, -, -, -, 20
John Lancaster, -, -, -, -, 25
James F. Turner, 40, 80, 300, 60, 140
William Waits, -, -, -, -, 90
John C. Lancaster, 35, 165, 500, 40, 259
John Smith, -, -, -, 5, 113
Mary Chamness, 24, 96, 400, 5, 215
William Smith, 12, 38, 100, 5, 105
Denstus Cornelius, -, -, -, 2, 72
John Tilman, -, -, -, -, 98
John Gaither, 80, 160, 1000, 80, 675
Marshall J. Morton, 40, 160, 1200, 60, 647
E. R. Kier, 65, 175, 3000, 100, 283
R. C. Cannon, -, -, -, -, 50
G. W. Kiker, -, -, -, -, 45
Sarah Kiker, -, -, -, 10, 600
William F. Bain, 50, 110, 1500, 40, 477
William E. Morton, 40, 80, 900, 10, 217
Logan Snead, 85, 235, 1100, 40, 411
Wm. A. Chamness, -, -, -, 10, 140
Isaac Snead, -, 40, 100, 5, 220
Henderson Snead, 30, 170, 1000, -, 20
Henry Smith, 15, 145, 150, 5, 30
John A. E. Walker, 70, 50, 1200, 75, 536
Levi Murphree, 80, 900, 2500, 125, 1297
W. T. Jordan, 300, 1500, 500, 275, 2500

G. A. Dulin, 60, 460, 70, 10, 249
Joshua _. Gregory, 10, 30, 200, 5, 145
John Pridemore, 40, 120, 1000, 130, 390
Jas M. Morton, -, -, -, -, 130
Shepherd Wilerman, 50, 270, 1000, 80, 1124
Mary Cardwell, -, -, -, -, 65
Harriett L. Brazier, 30, 90, 200, -, 110
Thos. P. Harrison, 30, 13, 200, 47, 252
Claiborn Smith, 25, 55, 80, 6, 301
Aaron Harrison, 50, 270, 320, 10, 283
Moses B. Sullivan, 35, 205, 500, 25, 79
Joshua Sullivan, 22, 298, 500, 30, 265
Thomas Hill, 22, 58, 200, -, 170
Celia Dulin, 58, 142, 350, 10, 280
Wm. B. Dulin, -, -, -, -, 75
Joshua Moore, 14, 146, 175, 55, 351
James Moore, -, -, -, -, 80
Louis Crawford, 75, 80, 800, 100, 287
John A. Owen, 50, 75, 200, 30, 335
Daniel D. Watts, 15, 65, 200, 5, 160
Andrew Owen, 6, 54, 130, -, 35
Marion Sparks, 175, 425, 1000, 100, 372
William Gibbs, 12, 68, 150, 10, 115
J. M. Chandler, 37, 323, 1800, 90, 400
Wm. A. Scott, -, -, -, 10, 221
A.L. Bishop, 20, 60, 300, 5, 178
John W. Estes, 85, 595, 2000, 100, 422
F. W. Meadow, 40, 120, 500, 39, 185
Isaac Moon (Moore), 26, 294, 1000, 10, 260
Joseph Barton, 45, 155, 1000, 55, 256
Luke Mizell, 50, 110, 300, 50, 230
Eosa Mizell, 20, 100, 1000, 6, 107
Warick H. Estes, -, -, -, -, 60
Jonathan Winchester, 65, 495, 1520, 70, 637
John A. Snead, 20, 140, 320, 6, 198
Henry H. Carleton, 40, 102, 500, -, -
Henry Carleton, 30, 50, 400, 15, 466
Merrell B. Brazell, -, 133, 200, 20, 252
George P. Bedford, -, -, -, 60, 471
Jesse P. Stallings, -, -, -, 10, 48
James Walker, 130, 350, 1000, 50, 604
Nancy McCay, -, -, -, 8, 137
Wm. B. Brazeale, -, -, -, -, 81
P. L. Buffington, 30, 210, 1200, 100, 350
Jane Walker, 80, 120, 1000, 100, 297
J. M. Bedford, 200, 370, 4200, 200, 758
C. R. Johnson, 80, 87, 1300, 20, 46
James Smith, 150, 310, 6000, 100, 515
William Martin, -, -, -, 150, 230
John M. Marlow, -, -, -, -, 75
L. D. Wood, 60, 340, 1000, 35, 428
Eliza J. Graves, 30, 100, 400, 20, 249
Elizabeth Purser, 25, 195, 250, 5, 129

Wm. Lee, -, -, -, -, 123
David H. McCleskey, 60, 220, 1500, 15, 467
Thos. W. Averhart, 75, 205, 1000, 110, 367
Jonathan Morton, 35, 140, 2000, 100, 165
Thos. M. Bond, 30, 290, 1030, 5, 345
James Daily, -, -, -, 5, 192
Joshua Morton, -, -, -, -, 150
J. L. Gibson, 125, 155, 2000, 120, 730
R. V. Waits, 125, 155, 2000, 120, 730
Geo. W. Martin, 125, 581, 2000, 200, 1599
Allen Morton, 75, 215, 2000, 100, 775
Marshall Morton, 40, 20, 500, 10, 419
Joel Morton Sr., 45, 115, 500, -, 90
Joel Morton Jr., 70, 170, 1000, 90, 731
Thos. A. McCleskey, 30, 170, 2000, 175, 360
Thos. Prator, -, -, -, -, 160
B. R. Pullian, 50, 230, 2000, 37, 303
Warren R. Hanes, 12, 308, 600, 5, 195
Chistena Gregory, -, -, -, -, 15
J. H. McCleskey, 75, 625, 1200, 30, 405
J. R. McCleskey, -, -, -, -, 320
Silas Crump, 80, 420, 1200, 100, 506
W. D. Crump, 8, 72, 100, -, 23
N. T. McCleskey, 30, 250, 1000, 10, 415
Joel Morton, -, 80, 150, 5, 284
James Morton, 10, 310, 320, 5, 196
Robert Reece, 15, 105, 300, 4, 22
William Poland, 15, 105, 300, 5, 141
Isham Dalton, 35, 125, 200, 15, 115
Benj. Fleming, 54, 246, 1200, 10, 262
Chas. H. Bradford, 20, 60, 200, 40, 185
Jesse Turner, 80, 480, 900, 100, 111
Gilbert Sample, -, -, -, -, 15
J___ Lawing, 15, 65, 250, 5, 190
Wm. T. Holmes, 40, 280, 800, 50, 290
Elenar Reed (Reece), 30, 130, 300, 65, 316
George L. Reece, -, -, -, -, 160
John B. Johnson, -, -, -, 5, 163
George Bartlet, -, -, -, 20, 192
Mary Walker, 28, 52, 300, 5, 262
Jas. Armstrong, -, -, -, -, 50
Wm. B. Gilliland, 30, 91, 250, 8, 120
Jackson Lawson, 75, 183, 1200, 125, 661
John S____, -, -, -, 5, 232
Charles Campbell, 40, -, 500, 12, 177
W. H. Morrow, 25, 55, 300, 40, 220
John Callaham, 50, 110, 600, 200, 625
James B. Glazier, 30, 50, 400, 60, 331
Thomas Abber, -, -, -, 75, 262
Vincent Jones, 30, 10, 150, 6, 132
Jesse Jones, -, -, -, -, 175

Stephen Hill, 30, 50, 300, 40, 214
James W. Bishop, -, -, -, 125, 255
Tibitha Randol, 200, 290, 2000, 80, 700
Geo W. Vancleave, 100, 1100, 2000, 300, 1466
John Vancleave, 50, 130, 1000, 75, 493
Thomas Vancleave, 8, 92, 300, 5, 58
Henry Vancleave, -, -, -, -, 273
Z. Sparks, -, -, -, 30, 130
Elias Suggs, -, -, -, -, 56
Minor Collins, -, -, -, -, 30
Russell Sparks, -, -, -, -, 29
James R. Sparks, -, -, -, -, 350
John _. T. Uptain, 30, 130, 500, 30, 130
Alfred Padget, -, -, -, -, 110
Geo. W. Uptain, 50, 260, 500, 50, 496
F. M. Uptain, -, -, -, 5, 45
Geo. W. Thrasher, 15, 145, 300, 50, 226
Thomas Thrasher 7, 73, 50, 4, 141
J P. Elkins, -, -, -, 30, 125
W. W. Elkins, -, -, -, -, 40
Elias Thrasher, 30, 250, 300, 75, 780
Marion J. Thrasher, -, 160, -, -, 20
Owen Bryant, -, 80, -, -, -
John Smith, -, -, -, -, 120
Marion Noogent, 23, 12, 250, 10, 110
Samuel Burns, 220, 300, 4000, 90, 920
Robert Miller, 40, 40, 400, 60, 510
Needham Miller, -, -, -, -, 200
E. W. Miller, -, -, -, 50, 150
John A. Beard, -, -, -, -, 40
Granberry Garrard, 40, 20, 100, 5, 129
Jesse F. Miller, 20, 20, 100, 25, 275
James Garrard, -, -, -, -, 184
Andrew Miller, 6, 290, 70, -, 115
George King, 30, 130, 500, 35, 230
James King, -, -, -, -, 115
James F. B__alley, 20, 140, 700, 58, 418
Arthur J. Knight, 20, 100, 425, 110, 485
George E. McCracken, 25, 79, 300, 50, 338
Edmond Kuykendall, 100, 140, 1000, 110, 440
M. F. Corbin, -, -, -, 10, 280
J. C. Miller, 40, 120, 600, -, 50
Henry L. Hodge, 40, 80, 530, 30, 220
Jas H. Oliver, -, -, -, 75, 137
Saml. Garrard Sr., 30, 130, 1000, 100, 151
Saml. Garrard Jr., -, -, -, -, 20
N. S. Bond, -, -, -, -, 235
William Marlow, -, -, -, 30, 111
A. L. Harris, -, -, -, -, 60
Wm. J. Cryar, -, -, -, 3, 214
C. P. Fielder, 30, 90, 300, 100, 846
Matilda Adams, -, -, -, -, 120

Sanders (Landers) Adams, -, -, -, -, 161
John Baugh, 10, 70, 150, 90, 143
J. W. Matthews, 15, 65, 700, 70, 356
Susan Berry, -, -, -, -, 64
John Baker, 18, 22, 200, 100, 645
Thos. Fielder, 15, 25, 200, 25, 185
Joseph Ramsey, -, -, -, 60, 46
Elizabeth Walker, 30, 10, 200, 5, 75
Abraham Eason, -, -, -, -, 135
Bryant Eason, 60, 100, 300, 0, -
Atlas Rice, -, -, -, -, 130
William Gannan, -, -, -, 140, 490
Albert Gannan, -, -, -, -, 70
William Johnson, 80, 120, 600, 60, 581
J. W. Grant, -, -, -, -, 215
Henson Jetton, -, -, -, 140, 433
James Heardin, -, -, -, -, 220
M. M. Johnson, 50, 70, 500, 40, 345
William Conner, 24, 136, 320, 100, 478
Henry Dalrymple, 70 210, 1200, 40, 292
G. T. Chambers, -, -, -, -, 101
Robert Coker, -, -, -, -, 319
Abraham Bowin, -, -, -, -, 300
Charles Bowin, -, -, -, -, 68
Ebenezer Bowin, -, -, -, -, 73
William Bowin, -, -, -, -, 28
William Pruett, 20, 20, 150, 30, 100
Wm. M. Ragsdale, 60, 60, 330, 95, 307
Joseph H. Jett, -, -, -, 10, 118
Nathan Carter, -, -, -, -, 103
John Miller, 100, 60, 1000, 150, 454
Jas. H. Miller, -, -, -, -, 163
Jas. M. Poor, -, -, -, 56, 285
Thomas W. Roe (Rae), 100, 100, 525, 120, 220
Thos. L. Chambers, 25, 55, 160, 125, 293
John Roe (Rae), 20, 20, 125, 50, 175
James Jett Sr., -, -, -, -, 330
James Jett Jr., -, -, -, -, 130
Elihu Denton, -, -, -, -, 149
Elijah Denton, 40, 80, 500, 53, 251
Aquilla Bearden, -, -, -, 25, 23
Arthur Fowler, 40, 120, 265, 50, 228
B. H. Massey, 60, 39, 400, 60, 434
Robert C. Wood, 120, 380, 2000, 110, 310
Geo. W. Klutts, -, -, -, -, 80
J. D. Ducket, -, -, -, -, 115
Nancy Powell, -, -, -, -, 56
John Morgan, 30, 50, 150, 5, 95
Nancy Hooper, 22, 58, 300, -, 50
George A. Bing, -, -, -, -, 19
James Neal, -, -, -, 107, 117
William Phillips, 20, 20, 200, 30, 292
A. P. Neal, -, -, -, -, 50

Margreth Rose, 150, 300, 10000, 175, 2148
James Bush, -, -, -, 10, 183
Alvin Whisnant, -, -, -, 5, 215
Jonathan Shipp, -, -, -, 7, 50
William Ellenburg, -, -, -, -, 93
H. A. Garvin, 30, 130, 800, 110, 398
Benjamin Abney, -, -, -, 5, 538
B. M. Thompson, 67, 413, 3000, 230, 497
_. J. B. Slaton, -, -, -, 5, 113
Elijah Slaton, -, -, -, 5, 113
A. P. Parris, 40, 120, 600, 114, 407
N. D. Parris, 16, 24, 200, 4, 255
Thomas J. Berry, 30, 170, 1000, 95, 448
Jeptha Cagle, -, -, -, -, 216
James Ballew, -, -, -, -, 26
Isaac Childress, 45, 75, 300, 60, 193
Francis Waters, 12, 68, 100, 5, 149
William Beaver, 25, 15, 100, 40, 258
Willis Slaton, 15, 25, 100, 10, 300
William Johnson, 10, 30, 1100, 4, 185
John L. Johnson, -, -, -, 60, 56
Wm. C. Tiffin, -, -, -, 40, 85
Waid Slaton, 70, 90, 600, 50, 538
R. C. N. Reaves, 35, 45, 300, 85, 510
Elizabeth Brown, 35, 85, 600, 17, 159
Mary Dorsett, 40, 40, 400, 35, 260
Lucrecia Fluting, 15, 65, 300, -, 155
A. C. Fluting, 25, 15, 200, 18, 265
Levi Frazier, 40, 40, 500, 125, 600
W. D. Hainey, 20, 60, 500, 5, 80
Henry G. M. Smith, 40, 120, 400, 5, 245
Jacob K. Dowdy, -, -, -, -, 50
Manervy Dowdy, 22, 38, 250, -, 97
William Finley, 38, 42, 600, 60, 463
F. M. Machin, -, -, -, 50, 280
Columbus Bryant, -, -, -, -, 30
Charles Hainey, 20, 20, 120, 30, 186
Benj. W. Roden, -, -, -, 5, 240
Wm. B. Wright, -, 40, 50, 5, 194
G. P. Slaton, -, -, -, 3, 175
James Bearden, 42, 75, 500, 80, 427
Richard Bearden, -, -, -, -, 195
Uriah Riddle, -, -, -, -, 160
Jamees Wright, 30, 40, 300,5, 228
Isaac Wright, -, -, -, 44, 124
Pleasant Craig, -, -, -, 5, 110
Ignacious Ranes, -, -, -, 5, 100
Josiah Ranes, 60, 220, 1400, 85, 553
Vincent Roden, 17, 23, 200, 5, 275
George Roden, -, -, -, 45, 230
S. W. Wilbanks, -, -, -, 30, 245
John Hunter, 70, 90, 500, 40, 300
James P. Pogue, -, -, -, 5, 45
Emily Pogue, 40, 80, 300, -, 37
Willis H. Raines, -, -, -, -, 200

Anthony Terrill, 15, 25, 100, 5, 80
J. W. Childress, -, -, -, -, 100
Jas. C. Houston, -, -, -, 5, 79
John J. Jordan, -, -, -, 5, 50
A. B. Strange, -, -, -, 5, 97
Mansfield Nixon, -, -, -, 45, 75
John Griffith, 22, 18, 150, 45, 112
John F. Griffith, -, -, -, -, 33
Redric Reaves, -, -, -, 5, 146
John Taylor, 40, 80, 200, 8, 194
Geo. W. Gantrey, 20, 60, 550, 3, 172
E. H. Kay, -, -, -, 110, 662
Marens Kay, -, -, -, 65, 260
Benj. Johnson, 100, 240, 1500, 100,1 669
Elizabeth Gantrey, -, -, -, -, 215
Silas Gantrey, -, -, -, -, 33
Isaac Gantrey, -, -, -, 5, 205
Martin Gantrey, -, -, -, 80, 160
Dixon McClenden, -, -, -, -, 21
A. E. Nixon, -, -, -, -, 21
James Moore, 12, 28, 200, 4, 110
Jesse Godfrey, -, -, -, 50, 191
Stephen Godfrey, -, -, -, 5, 235
Samuel Godfrey, -, -, -, 5, 130
John McClaine, 30, 25, 400, 55, 273
Asberry Martin, 20, 60, 530, 5, 102
William Martin, -, -, -, -, 140
J. D. Waid, 20, 20, 300, 60, 297
Geo. T. Hainey, 16, 24, 350, 70, 205
J. W. Wilabay, 60, 100, 1000, 100, 255
J. J. Terrill, -, -, -, 6, 176
Alexander Bain, -, -, -, 5, 115
Charles R. Terrill, 30, 10, 150, 25, 75
Robt. Terrill, -, -, -, -, 84
John Jutton, 40, 40, 600, 5, 85
Andrew King, 51, 117, 900, 50, 639
D. M. Adcock, 20, 60, 600, 10, 185
Jackson Roberts, -, -, -, -, 30
William Berry, -, -, -, 5, 138
Redic Harris, 30, 90, 350, 150, 320
Stephen Slaton, 50, 30, 200, 5, 188
Peyton Terrill, 20, 40, 350, 5, 161
Wm. B. Strange, -, -, -, 12, 324
Hiram Bailey, 150, 350, 4000, 125, 855
Michael Taylor, -, -, -, -, -
Francis Riche, -, -, -, -, 50
James Forman, -, -, -, 6, 280
Lucinda Hodge, 14, 120, 500, -, -
Hilliard Davis, 19, 21, 320, 8, 361
Thos. J. Davis, -, -, -, 30, 180
David Sulcer, -, -, -, 30, 158
William Taylor, -, -, -, 10, 150
James J. Bain, 100, 140, 2000, 80, 865
Meredy Light, -, -, -, 10, 470
Wm. P. Paty, -, -, -, -, 155
Byrd J. Kirkland, -, -, -, -, 165

Robt. Ranes, -, -, -, 6, 369
John Sloan, -, -, -, 60, 225
S. C. Hodge, 25, 15, 500, 65, 505
James E. Hodges, -, -, -, -, 55
Joseph Capshaw, -, -, -, -, 135
Benj. Capshaw, 23, 12, 300, 5, 243
John Beardin, -, -, -, -, 92
David Smith, 90, 190, 3000, 50, 560
William Coots, -, -, -, -, 50
John Summers, 33, 87, 800, 75, 333
Henry K. Godwin, -, -, -, -, 60
Judith Peak, 20, 20, 150, 45, 373
Rebecca Peak, -, -, -, -, 139
Anna Collins, 15, 25, 200, 5, 129
Jas. A. Godwin, 40, 40, 150, 40, 140
G. H. Kirkland, -, -, -, 10, 244
O. R. Callaham, 20, 100, 250, -, 340
Dempsey T. Hibbs, 50, 230, 1500, 75, 417
James Reynolds, 75, 66, 100, 25, 595
Enoch Strong, -, -, -, -, 29
John Reynolds, -, -, -, 5, 190
R. H. Dass (Doss), 200, 220, 4000, 250, 1227
Thos J. Evans, 100, 300, 4500, 200, 1248
William White, -, -, -, -, 15
John Evans, -, -, -, -, 40
Sarah Johnson, 20, 20, 300, -, 10
Saml. Johnson, 33, 7, 300, 50, 157
Emily C. Milligan, 80, 120, 2000, 60, 285
Malinda Holland, 19, 21, 300, 7, 463
William G. Williams, 75, 82, 1600, 50, 841
John Johnson, 27, 47, 500, 30, 302
George Patterson, 16, 24, 400, 5, 307
Delila Childress, 35, 22, 800, 50, 418
Ana Smith, 9, 31, 110, -, 88
James B. Scott, 18, 22, 250, 5, 135
Edmond Dickey, 70, 90, 700, 70, 495
Charles Dickey, -, -, -, -, 100
Elizabeth Evans, 25, 15, 300, 7, 210
A. J. Evans, 60, 28, 800, 282, 489
Charlotte Peters, 12, 28, 50, 6, 160
David J. Beam, 15, 25, 350, 23, 130
J. D. Jones, 74, 86, 1200, 100, 749
Edward Robbins, 350, 450, 10000, 125, 350
J. W. Connaly, 10, 30, 150, -, 93
Isaac Forman, -, -, -, -, 50
Dennis McClenden, 15, 25, 100, 45, 348
Jasper McClenden, -, -, -, -, -
Marion McClenden, -, -, -, -, 140
Jas. W. Hodges, 100, 193, 2930, -, 170
Thos. Phillips, -, -, -, 65, 100
C. N. Minix, -, -, -, 5, 60
John Robbins, 120, 80, 3000, 12, 340

William Parker, 25, 15, 250, 10, 177
Jacob Moore, 10, 30, 150, 5, 100
James Parker, -, -, -, 5, 175
Willis Carpenter, -, -, -, 5, 42
L. D. Armstrong, 45, 35, 1000, 95, 360
Stephen Armstrong, -, -, -, 20, 527
Nathan W. Perry, 13, 27, 300, 7, 145
Hugh F. Gilbrath, 25, 15, 400, 80, 529
John S. Jaco, -, -, -, 20, 193
Spencer Patterson, 30, 50, 600, 77, 1135
F. M. Bruice, -, -, -, 55, 220
C.C. Gerron, 38, 82, 1200, 75, 348
Thomas Johnson, 30, 90, 400, 25, 30
Jesse Womack, 40, 40, 1000, 40, 425
Elijah Woosley, 70, 70, 1000, 15, 461
Thos. Woosley, 50, 20, 350, 30, 249
Catherine Thomason, -, -, -, 5, 105
Elijah Beam, -, -, -, -, 115
Franklin Cox, -, -, -, 50, 285
Geo. W. Cox, -, -, -, 5, 130
Wm. M. Southerland, -, -, -, 4, 137
James Hodge, 100, 140, 1000, 65, 1270
Nimrod Sandridge, 25, 15, 300, 10, 130
Jacob Roden, -, -, -, 35, 60
Nathaniel Wilborn, 35, 85, 800, 70, 422
James R. Tucker, -, -, -, 5, 36
A. J. Williams, 75, 285, 2000, 70, 454
Atha Pendergrass, 30, 50, 600, 10, 172
Joseph M. Carter, 600, 1360, 14700, 1000, 3390
A. B. Carter, -, -, -, 50, 928
James B. Holland, -, -, -, 44, 170
Robert Allen, -, -, -, 7, 54
Elizabeth Southerland, 77, 199, 2000, 100, 658
Alfred Pendergrass, -, -, -, 5, 40
Hardy H. Sanders, 40, 40, 500, 12, 275
Richard Nelson, 4, 36, 200, 5, 130
John R. Hamblin, 25, 55, 400, 35, 195
James Brown, 14, 66, 300, 5, 35
John Finley, -, -, -, 6, 179
Mahala Hillian, 20, 60, 500, 80, 215
Allen Bain, -, -, -, 6, 138
Benj. Beadles, -, -, -, 90, 387
Ludy F. Ling, -, -, -, 6, 72
F. M. Kirby, 150, 750, 700, 500, 1418
William Morgan, 30, 10, 200, 10, 100
James Roden, -, -, -, 5, 157
Nathaniel Lee, -, -, -, 80, 145
William Swofford, 60, 160, 300, 110, 848
James E. Cox, -, -, -, 5, 148
D. M. Durham, -, -, -, 10, 157
Thos. L. Holland, -, -, -, 5, 238
Wm. C. McDonough, -, -, -, 100, 351
P. M. Davis, 15, 62, 600, 35, 426
Riley Davis, -, -, -, 4, 65

Hanay Finley, -, -, -, 12, 196
James Woosley, -, -, -, 5, 146
Wm. McDuffee, -, -, -, 10, 237
John Durham, -, -, -, 5, 232
John Orman, -, -, -, 5, 135
B. Partain, -, -, -, 80, 215
Ezekiel Venable, -, -, -, 10, 45
John Grammar, -, -, -, 10, 175
Josiah Swofford, 15, 25, 165, 10, 194
Asa Womack, -, -, -, 40, 344
Thomas Lisles, -, -, -, 8, 85
Mathew Calbert, 260, 720, 9000, 90, 869
Gilbert Renoe, -, -, -, -, 100
Louis Martin, 100, 140, 1700, 75, 461
Seiborn Phillips, 50, 74, 1000, 50, 591
Jas. B. Cooper, -, -, -, -, 15
G. S. Black, -, -, -, 60, 480
Wm. G. Moore, 30, 50, 800, 50, 270
A. B. Cooper, 75, 95, 2000, 75, 877
Jas. A. Coleman, -, -, -, 10, 173
Thos. A. Coleman, 80, 200, 2000, 75, 538
Newton McClenden, -, -, -, -, 1__
T. B. Moore, 30, 290, 600, 15, 100
John C. Cooper, 40, 80, 800, 15, 420
Emanuel Peters, -, -, -, 50, 212
Wm. C. Cox, -, -, -, 125, 675
J. S. Bain, 320, 380, 7000, 650, 1660
M. T. Ledbetter, -, -, -, -, 40
Preston Jetton, -, -, -, 5, 175
Mary Bain, 30, 30, 600, 75, 111
James Bain, 75, 45, 600, -, 337
Liberty J. Jones, 10, 20, 125, 12, 35
Mary Mahan, 20, 20, 150, 5, 145
Alexander Jordan, 300, 220, 8000, 345, 2610
J. C. Cornwell, 60, 224, 1750, 60, 400
John Tidwell, 20, 20, 150, 35, 143
Jane W. Waden, 320, 230, 5200, 230, 3730
James Crit_hn, -, -, -, -, 725
G. H. Arms, -, -, -, -, 200
S. K. Rayburn, 80, 205, 4000, -, 222

There are 232 farms to come off because their annual produce is not as much as $100 leaving 528 farms fully returned.

G. B. Guest, -, -, -, 125, 527
E. J. Pollard, 20, 20, 400, 10, 120
Tho. O. Garrett, 45, 50, 900, 70, 325
Claiborn Whitworth, -, -, -, 10, -
Wm. Goodwin, 50, 30, 1000, 100, 400
Chas. McBeth, 30, 12, 1000, 75, 400
D. McGlathry, -, -, -, 30, 175
Chars__, Sorter, -, -, -, 75, 300
Jas. Smith, 18, 22, 200, 5, 180

Wm. Lewis, 18, 15, 500, 5, 125
W. G. Cowen, 180, 180, 3000, 50, 500
Jno. A. Smith, 23, 17, 200, 3, 35
Jas. B. F Bruce, -, -, -, -, 16
M. G. Mitchell, -, -, -, 3, 145
Con. J. Young, 100, 240, 3000, 100, 780
D. Weatherly, 200, 120, 4000, 20, 1288
Wm. Larue, 40, 120, 1200, 40, 643
Tho. J. Morris, 8, 98, 800, 5, 50
Henry Charnless, 40, 40, 650, 25, 525
A. G. Russell, 100, 700, 2450, 110, 920
J. D. Pinkerton, -, -, -, 15, 160
F. Bodine, 60, 20, 1000, 100, 352
Job Wills, 40, 20, 750, 75, 536
E. Jennings, 110, 50, 1600, 100, 430
W. P. Jennings, -, -, -, -, 20
Thos. E. Kelley, -, -, -, 15, 165
John N. Norman, 75, 45, 1200, 75, 418
Wm. Bodine, 60, 20, 800, 50, 271
C. Whitworth, 45, 15, 600, 125, 212
D. Collins, -, -, -, -, 210
J. E.Duran, 75, 145, 1500, 75, 510
Clab Whitworth Jr., 20, 20, 350, 55, 277
H. G. Patrick, -, -, -, 5, 219
Joseph Whitworth, -, -, -, 10, 310
M. P. Whitworth, -, -, -, 5, 150
H. M. Megee, 125, 295, 2300, 150, 820
H. G. Bishop, 45, 60, 1200, 70, 410
H. Bodine, 100, 90, 1500, 215, 258
Jno. O. Fermster, -, -, -, -, 223
Elias Patrick, 27, 3, 300, 5, 100
Wiley S. Collins, -, -, -, 5, 177
R. E. Fermster, -, -, -, 5, 172
G. F. Moon, -, -, -, 5, 147
Thos. J. Pinkerton, -, -, -, 5, 83
Jonas P. Moon, -, -, -, 5, 211
William Moon, 140, 120, 3000, 150, 583
Geo. F. Ballew, -, -, -, 5, 80
Thos. H. Williams, 100, 40, 1600, 100, 460
Daniel McNtire, -, -, -, 5, 130
Jas. M. Bates, 50, 90, 1200, 35, 373
Wm. Swaringen, -, -, -, 50, 240
Jno. F. Cox, -, -, -, 65, 447
Thos. J. Gilbreth, 50, 30, 1000, 140, 490
Peter K. Berry, -, -, -, 40, 222
Caswell Maze, -, -, -, 8, 100
R. Nobles, -, -, -, 8, 510
Abram Larue, 55, 150, 2000, 100, 735
Yancy Nobles, 60, 20, 1200, 125, 765
Thos. Nobles, 150, 240, 6000, 300, 990
Richard Stephens, 250, 150, 1000, 150, 1500
A. J. Gilbreth, 80, 120, 3000, 70, 445
Louis P. French, 150, 170, 2100, 100, 1252

E. R. Chandler, 175, 265, 3000, 200, 1020
D. C. Murphy, 40, 22, 600, 60, 557
Wm. Higgins, 20, 20, 350, 5, 119
Geo. Baine, 75, 105, 1200, 100, 800
Lucinda Easley, 90, 82, 2500, 10, 287
Thos. Atkins, 325, 436, 10000, 250, 2082
Anthony Alexander, 38, 31, 500, -, -
J. M. Hill, 30, 10, 300, 10, 180
Calvin Brown, 30, 10, 250, 110, 126
Jno. S. Kennemore, 70, 50, 2000, 15, 223
V. Alexander, 25, 15, 250, 50, 150
Wm. Alexander, 37, 3, 200, 5, 75
E. Alexander, 25, 15, 250, 10, 150
Osburn Alexander, 35, 5, 300, 5, 155
George Grass, 70, 90, 1000, 100, 387
D. C. Rigway, 12, 8, 100, 5, 92
E. B. Rigway, 100, 220, 1500, 60, 375
Hyram Vaughn, 12, 8, 100, 5, 90
James Nabours, 75, 75, 1500, 150, 360
Wm. J. Goodwin, 15, 40, 400, 5, 142
Wm. J. Johnson, 20, 20, 200, 5, 182
Thos. Nobles, 32, 28, 500, 5, 130
Joshua Morgan, 25, 95, 400, 5, 93
Barnabus Boiles, 300, 200, 4000, 150, 994
Nancy Boiles, -, -, -, 5, 230
Jas. Boiles, -, -, -, 5, 100
Champion Farris, 140, 406, 3000, 200, 700
Benj. F. Fry, -, -, -, 100, 227
Cley Fry, 60, 100, 1500, - -
John Cox, 40, 72, 800, 80, 300
Wm. A. Blakely, -, -, -, 75, 150
Jas. E. Farris, 45, 10, 400, 10, 466
Robert Elgin, 125, 115, 3000, 150, 435
N. J. Carter, 90, 70, 3000, 30, 600
Jas. N. Baley, 90, 20, 1600, 150, 1400
Byran Hynds, 80, 80, 1400, 85, 466
S. W. Fermster, 40, 40, 450, 75, 635
Jas. N. W. Brown, 52, 28, 900, 125, 285
Geo. W. Barry, -, -, -, 10, 232
H. H. Stephens, -, -, -, 10, 166
Martha Gilbreth, 60, 20, 450, -, 100
Jas. M. Gilbreth, -, -, -, 50, 95
Jas. Barry, 110, 90, 4000, 300, 600
Manning Brookshore, 80, 40, 1200, 200, 700
Sarah Nobles, 200, 240, 8000, 10, 440
Jas. H. Moor, 75, 40, 1500, 100, 170
Wm. Laslie—C. C. Cobb agent, 650, 750, 15000, 750, 3600
C. C. Cobb, -, -, -, -, 150
B. D. Woodall, 50, 77, 1500, 125, 750
Wm. W. Griffin, 200, 153, 3500, 150, 1000

Benj. Johnson, 100, 100, 2000, 60, 800
M. B. Morgan, 30, 10, 400, 15, 150
Jas. M. Vaughan, 60, 20, 500, 125, 375
Wm. M. Griffin, 600, 600, 15000, 500, 2784
Jno. Jordan, 50, 150, 6000, 250, 50
H. Culver, -, -, -, 75, 30
Geo. W. Roper, 60, 60, 700, 15, 100
John Cown (Coun), -, -, -, 5, 30
Wm. Smith, 150, 196, 2700, 150, 1000
Margarett A. Bennett, 150, 150, 5000, 220, 735
Jas. L. Sheffield land in Texas, 80, 420, 6000, 80, 3000
Jas. M. Duran, -, -, -, 20, 20
Wm. Parker, 25, 15, 200, 150, 250
Thos. J. Conelly, -, -, -, 10, 150
David S. Nowlan, 20, 5, 1100, -, 580
G. C. Ledbetter, -, -, -, -, 270
Geo. King, 140, 272, 3000, 20, 670
S. S. Ledbetter, 95, 140, 2000, 70, 360
R. J. Kennedy, 50, 50, 1500, 80, 655
Benj. F. Porter, 40, 80, 2000, 200, 250
D. C. Jordan, 122, 362, 4300, 125, 1775
Robert Wedsworth, -, -, -, 10, 250
P. J. Mitchell, 11, -, 700, 65, 250
Wm. Wilson, -, -, -, 150, 200
Creed Taylor, 4, 500, 500, 20, 160
P. M. Ragsdale, 80, 240, 1520, 250, 870
Wm. Brock, 30, 130, 2000, 125, 290
J. M. Thompson, 50, 30, 1000, 75, 137
Elvina D. Hynes, -, -, -, -, 132
S. J. French, 15, 65, 300, 10, 122
Saml. Blakely, -, -, -, 5, 162
Hiram Brasier, -, -, -, 60, 205
Wm. P. Stephens, -, -, -, 5, 140
Saml. Prentice, 50, 110, 200, 100, 284
Wm. L. Parrott, 7, 28, 150, 60, 120
Jas. B. Parrott, -, -, -, 10, 230
Jas. French, 60, 20, 500, 55, 200
J. T. French, -, -, -, 5, 200
A. M. Culbreth, -, -, -, 5, 115
Isaac M. Barry, 40, -, 300, 10, 375
Allen Baily, -, -, -, 10, 300
Solomon Hoil, -, -, -, 100, 400
Jno. F. Atkins, -, -, -, 10, 200
Jno. Rutledge, 20, 10, 150, 25, 219
Nancy Toton, -, -, -, 5, 207
Jas. L. Brown, 12, 28, 100, 10, 240
Peter Runnetts (Runnells), 12, 300, 350, 10, 225
Ann Dunn, 65, 130, 2000, 100, 360
Joseph R. Light, -, -, -, 45, 240
Wm. L. Galloway, 50, 154, 700, 75, 600
Sam. Barkliff, 60, 20, 1200, 75, 867
Rodney Parker, 15, -, 500, 80, 125

L. N. Shelton, -, -, -, 100, 200
Fedrick Beal, -, -, -, 5, 72
Jno. M. King, -, -, -, 60, 100
Jane S. Fermster, 45, 35, 224, 65, 322
Wm. Collins, 40, 40, 200, 20, 500
Rice Simmons, -, -, -, 5, 115
Rebert Simmons, -, -, -, 5, 115
Lemuel Graves, -, -, -, 55, 60
Wm. Pirkins, -, -, -, 10, 215
Martha Putnam, 70, 216, 700, 80, 475
Jno. Dickerson, 40, 60, 1000, 10, 175
Joseph Light, 20, 60, 500, 5, 115
Margarett Light, -, -, -, 5, 178
Jonathan Keller, 15, 25, 100, 10, 300
John Endy, 60, 20, 300, 90, 300
Telitha Tate, 200, 120, 5000, 125, 690
Josiah Ditto, -, -, -, 100, 380
Daniel Echols, 100, 245, 2500, 75, 700
Robert Rutledge, -, -, -, 10, 150
Wm. Wright, -, -, -, 5, 500
John Cagle, -, -, -, 5, 170
John Julian, 200, 200, 5000, 150, 300
Jas. Julian, 425, 695, 9100, 275, 1290
John Julian Jr. -, -, -, 100, 180
Archibald Black, 20, 40, 1000, 100, 413
Howel H. Holley, 35, 45, 500, 100, 650
Philip Willis, -, -, -, 10, 484
Jas. Merritt, -, -, -, 5, 114
Levi Endy (Eady), -, -, -, 75, 105
M. M. Verser -, -, -, 75, 450
Wm. Holley, 15, 22, 200, 5, 148
Acy L. Jones, -, -, -, 5, 100
Geo. W. Hale, 175, 225, 2000, 80, 884
Oliver Haney, -, -, -, -, 50
P. L. Barnard, 160, 650, 4000, 100, 1455
T. F. Shoemate, -, -, -, 10, 175
Richard Black, 14, 66, 200, 5, 200
Hugh L. Brisco, 25, 50, 400, 60, 300
Geo. W. Turner, 45, 20, 600, 15, 105
John Merrit, 30, 50, 400, 5, 150
Geo. W. Winfrey, 40, 102, 2000, 100, 400
Matilda S. Ligon, 85, 75, 1600, 75, 700
Jas. Lamar, 775, 765, 23500, 200, 8000
Geo. W. Carlin, 25, 51, 800, 40, 205
Jas. H. Moore, 125, 260, 8625, 150, 1100
Nickless L. Moon, 35, 95, 940, -, -
W. L. May, 15, 25, 2000, 150, 1200
Mary _. Beard, 35, 950, 15000, -, -
Wm. M. Henderson, 40, 40, 400, -, 30
W. P. Mcfarlane, -, 290, 2400, 200, 555
L. D. Lusk, 8, 12, 1200, -, 225
Jas. Ditto, -, 235, 235, 100, 500
Wm. Allen, -, 70, 320, -, -
Geo. Allen, -, 70, 70, -, -
Mahala Randles, 9, 9, 687, 100, 640

Thos. Capehart, -, -, -, -, 50,
Reuben Hampton, -, -, -, 30, 390
Joel Chamless, -, -, -, 5, 242
J. P. Kennedy, -, -, -, -, 125
A. G. Henry, 500, 100, 22000, 500, 3000
A. S. Harris, 700, 550, 20000, 500, 3370
Wm. Ragin, -, -, -, 5, 30
Saml. Henry, 145, 360, 5050, 100, 1000
Wm. H. Mehaffy, 100, 50, 2500, 200, 820
Louis Wyeth, 141, 460, 15000, 40, 545
Wm. B. Harrison, 140, 180, 5000, 15, 500
Mary Hampton, 40, 40, 800, 10, 185
Thos. A. Craft, 80, 80, 1500, 100, 496
H. B. Fields, -, -, -, -, 58
Jas. A. Beard, -, -, -, -, -
Jas. M. Jackson, 45, 65, 525, -, 215
Dicy Davis, -, -, -, -, 100
Mary Barnard, -, -, -, 5, 303
Jno. E. Erwin, -, -, -, 5, 80
Jas. Anderson, -, -, -, 5, 100
John Harris, 20, 20, 100, 5, 364
Virgil Newson, 35, 165, 1000, 100, 500
Joseph Black, 10, 70, 300, -, 50
Bouling Merritt, -, -, -, -, 65
Wm. Creamer, 45, 151, 1000, 75, 540
Alexander Black, -, -, -, -, 212
Alabama Black, 20, 60, 300, 5, 97
John M. McClure, -, -, -, -, 60
Britain Bowlin, -, -, -, 5, 185
Jas. Henderson, -, -, -, 5, 75
Martha Whisnant, -, -, -, 5, 88
William Bush, -, -, -, -, 30
Wm. Doget, -, -, -, 5, 130
Drury King, 140, 350, 700, 105, 700
Geo. King, -, -, -, 4, 140
Barnett King, 15, 25, 50, 75, 300
Wm. King, -, -, -, -, 100
Mary Whisnant, 20, 20, 300, 10, 200
Wm. Jetton, -, -, -, 5, 75
Mary Alexander, 40, 120, 300, 50, 125
Geo. E. Whisnant, -, 40, 100, 10, 271
Wm. Ditto, 130, 145, 2200, 175, 847
Stephen Dukes, 50, 150, 500, 100, 947
Henry Davidson, 250, 250, 2400, 150, 2022
Temperance Dunlap, 150, 248, 1500, 100, 544
David S. Black, 120, 375, 3000, 150, 990
Geo. Bush, 150, 480, 3700, 150, 1380
Jas. W. Hill, 100, 100, 1000, 150, 635
Wm. King, -, -, -, 5, 260
Dennis Roberts, -, -, -, -, 50
Mitchell Jetton, 20, 27, 300, 75, 500
Hollowell--William Warnum agent, 240, 360, 4800, 200, 3000
Aaron Blake, -, -, -, -, 76

Elijah Wade, 40, 40, 400, 50, 200
Hirena Stephens, 20, 20, 300, -, 14
Nickless Blake, 8, 32, 100, 20, 75
Peter Taylor, -, -, -, 10, 150
Evens Sneed, 30, 10, 250, 100, 600
Wm. Couch, -, -, -, 25, 526
Saml. Wilson, -, -, -, -, -
Newel Allen, -, -, -, 100, 300
Daniel Dunn, -, -, -, -, 250
Charles Carter, 150, 290, 5000, 200, 1127
Thos. Carter, 40, 40, 600, 30, 400
Thos. Couch, 120, 20, 2000, 100, 600
Martin B. Carter, 57, 73, 2000, 20, 300
Jas. W. Brisco, -, -, -, 5, 200
Mariah Cotton. 70, 90, 1200, 100, 500
Jackson Allen, 1, 39, 100, 7, 90
Wm. White, 40, 120, 1000, 10, 350
Robert Barnard, 70, 107, 3000, 15, 300
James Cay, -, -, -, -, 80
Benj. Bowman, 12, 28, 200, 5, 150
Louis Cay, 6, 34, 100, 85, 175
William Craig, -, -, -, 5, 200
Gray Williams, 20, 20, 400, 10, 250
Josiah J. Williams, 70, 130, 2000, 100, 600
Orran Williams, 10, 150, 300, 50, 540
Wilson Pirkins, -, -, -, 15, 300
Benj. Allen, -, -, -, 5, 27
Rachael Nearing, -, -, -, -, 50
Joseph G. Ivy, -, -, -, 5, 37
Obadiah Trimier, -, -, -, 10, 150
A. J. Turner, -, -, -, 25, 112
F. A. Akin, -, -, -, 35, 85
Wm. Butlar, -, -, -, -, 170
Jefferson Bean, 30, 50, 1000, 10, 250
O. H Marrow, 40, 80, 1000, 70, 400
Joseph Morrow, -, -, -, -, 150
Geo. T. Morrow, -, -, -, -, 15
Jas. Trimier, -, -, -, 10, 200
Wm. H. Burnsides, -, -, -, 10, 120
Jacob Wauls, 30, 110, 300, 100, 300
John Wauls, -, -, -, -, 400
Jas. F. Barnard, -, -, -, -, 36
Wm. P. Parsons, -, -, -, 10, 225
Henry Hope, 7, 33, 200, 25, 86
Wm. Gibson, -, -, -, 10, 250
Lovina Neely, -, -, -, 15, 220
Jane Duncan, -, -, -, 12, 68
John J. Shores, -, -, -, -, 60
Wm. McNeely, -, -, -, 5, 55
H. McMill, -, -, -, 50, 110
R. Fearn –Jesse McKinney Agt, 400, 700, 17000, 550, 2260
Wm. F. Westbrook, -, -, -, 50, 120
Hannah Ragin, 35, 45, 500, 75, 560

Jas. W. Fennell, 260, 440, 14000, 600, 3146
John Neely, 50, 130 500, 75, 246
Jas. Sulcer, 40, 100, 1400, 15, 280
Jane Cross, 45, 35, 400, 150, 600
Arthur C. Beard, 675, 1671, 35190, 500, 4200
R. R. Williams, -, -, -, -, 300
Wm. R. Erwin, 100, 260, 2800, 100, 400
Wm. Anderson, 150, 140, 3000, 150, 1622
J. Fermster, 30, 50, 500, 10, 230
Peter Kilfoye, 40, 170, 2000, 150, 2032
Daniel Spitser, -, -, -, -, -
R. W. Foster, 30, 52, 500, 300, 1200
Jas. McLawlin, -, -, -, -, -
Jeremiah White, 10, 30, 150, -, 100
There are 53 farms to come off because their annual product is not as much as $100.

James Fletcher, 80, 220, 2000, 300, 700
Amos Stapler, 60, 260, 2000, 30, 1160
James B. Fletcher, 25, 70, 60, 10, 330
William _. Fletcher, 25, 115, 600, 10, 190
James W. Clay, 50, 150, 800, 15, 1100
James Whitaker, 50, 125, 1600, 10, 300
Julyan Ridle, 25, 15, 300, 15, 150
John Murray, 35, 28, 600, 13, 80
William McDonald, 8, 12, 200, 10, 145
Rubin Lemley, 50, 72, 500, 20, 916
Abraham Kennemore, 35, 13, 450, 120, 233
John Kennemore, 25, 95, 800, 200, 618
John H. McMillion, 18, 142, 400, 10, 111
Cristopher Davis, 12, 28, 50, 5, 135
Jordan Fletcher, 45, 235, 500, 30, 435
William Right, 12, 75, 100, 10, 190
Rollings Whitaker, 30, 182, 400, 75, 601
David Cooper, 6, 91, 200, 6, 184
Tempy Griffey, 15, 105, 200, 10, 256
Jane Craig, 38, 95, 300, 10, 375
Andrew Craig, 10, 60, 100, 10, 259
James Cornwalis, 12, 68, 100, 10, 173
Mary Ashburn, 10, 30, 100, 10, 155
James M. Shelton, 80, 200, 1500, 50, 578
John Fulks, 16, 144, 400, 10, 205
David R. Fletcher, 23, 87, 500, 10, 240
William Watts, 100, 300, 800, 50, 729
John Tucker, 22, 98, 500, 12, 262
Linda Kirkland, 10, 70, 300, 8, 60
George W. Tucker, 75, 160, 500, 20, 590
Lewis Clapp, 22, 98, 300, 20, 230
Azseriah McGehee, 20, 140, 300, 20, 588
Benjamin Fletcher, 20, 140, 300, 10, 225
Aliner Gibson, 30, 50, 300, 8, 95

John Kirkland, 80, 80, 120, 50, 463
Mannerrice Bidwell, 16, 104, 150, 5, 55
Matilda _. Cochran, 140, 180, 2000, 80, 1500
W. A. Cochran, 50, 110, 600, 15, 470
Andrew Davis, 200, 240, 1200, 75, 860
William Winkle, 70, 90, 800, 20, 138
Mary Birdwell, 40, 40, 1000, 12, 408
Nacy Riggins, 10, 70, 640, 15, 191
Elisha Saint, 25, 9, 100, 15, 310
John H. Ledbetter, 60, 120, 600, 35, 298
James Dads, 10, 70, 160, 30, 245
John A. Meroney, 40, 144, 1000, 24, 585
William B. Roliman, 40, 185, 600, 78, 485
R. R. Kirkland, 40, 200, 800, 75, 485
Joseph Hoke, 60, 60, 100, 87, 136
Jesse Mainner, 40, 198, 1000, 67, 220
J. W. Dickey, 50, 106, 1500, 170, 781
James O. Walker, 16, 24, 1000, 5, 92
Madison _. Richie, 190, 550, 700, 160, 1585
Thomas Ice Sr., 250, 600, 3000, 300, 820
John Walker, 150, 150, 1000, 238, 1740
George Chenault, 155, 318, 2300, 98, 1005
George W. McGaha, 300, 600, 5000, 400, 1300
Sawyer Simpson, 60, 320, 3000, 126, 1215
Horatio Furgeson, 150, 603, 3000, 1000, 1344
W. H. Herrin, 15, 85, 1000, 50, 150
Edward T. Parker, 160, 490, 1900, 200, 1520
Hannah Johnson, 165, 650, 8000, 100, 1125
William Stephens, 20, 80, 300, 15, 171
Charles W. Moore, 20, 200, 1000, 50, 205
Margaret Merrell, 50, 110, 600, 75, 265
Thomas Ice Jr., 65, 215, 3000, 30, 720
John w. Barnard, 60, 100, 1500, 75, 503
William H. Ice, 60, 120, 800, 25, 345
Lucy Glasscock}, 16, 24, 400, 50, 400
  Qury! has it }
  never been }
  broken }
James Latham Emp., 700, 1800, 37500, 806, 6103
Henry Stephens, Jr, 18, 62, 100, 10, 205
Nickoles Stephens, 100, 280, 800, 75, 938
Henry Stephens Sr. renter, 25, 266, 3000, 90, 900
Thomas J. Bishop, 45, 35, 600, 130, 599
William Selrige, 60, 60, 400, 15, 56
Samuel M. Jolee, 15, 65, 500, 100, 335

William P. Bridges, 90, 182, 1700, 60, 540
Martin B. Bridges, 100, 266, 1750, 150, 789
Joseph F. M. Walker, 40, 40, 1200, 10, 368
Joseph P. Stephens, 15, 65, 300, 15, 40
Presselia Fortel, 55, 225, 600, 15, 283
B. A. Edmonds, 20, 100, 300, 14, 384
Randolph Ivey, 22, 16, 300, 14, 332
Comadore Rodgers, 32, 368, 1000, 65, 332
James C. Scott, 150, 300, 6500, 170, 2502
David Ricketts, 200, 690, 5000, 700, 1200
Jinkins Bergess, 25, 15, 300, 10, 245
Thomas B. Parkhill renter, 28, 102, 1000, 50, 385
John Whitenburg, 60, 100, 750, 100, 175
Isaac Whitenburg, 15, 75, 750, 10, 131
Archibald Ledbetter, 23, 57, 400, 100, 330
Allen H. Parkhill, 90, 310, 3000, 100, 785
Nancy Troop, 155, 325, 3000, 120, 1242
Charner H. Stewart, 37, 24, 150, 19, 227
B. R. Stewart, 37, 24, 200, 10, 214
William McDonald, 30, 50, 550, 10, 410
Menerica Starnes, 30, 85, 1000, 70, 690
George M. Embry, 30, 127, 900, 40, 462
Baxter S. Clapp, 220, 580, 5000, 100, 900
Leonard Lewis, 50, 290, 1000, 60, 235
Hiram Stell renter, 50, 75, 200, 10, 590
James McDonald, 100, 380, 4000, 125, 685
P. Henry & Brother, 540, 745, 13500, 581, 1955
Isaac Henry, 200, 420, 6350, 25, 255
T. A. Jolie, 20, 20, 200, 15, 418
Nelson Norris tenant, 25, 50, 300, 12, 160
Samuel C. Price, 12, 28, 150, 15, 286
Thomas Price, 60, 380, 2000, 80, 590
James Price, 22, 58, 800, 80, 350
Benjamin Roden, 80, 160, 960, 146, 553
Portland Roden, 40, 40, 500, 530, 331
A. P. Roden, 40, 40, 500, 15, 443
James Roden, 60, 115, 3000, 143, 1208
A. M. Roden, 25, 59, 800, 15, 121
John A. W. Starnes, 70, 180, 1000, 131, 1066
Peter c. Starnes, 100, 94, 1000, 90, 725
William Jones tenant, 20, 68, 350, 25, 260
John Starnes, 200, 440, 10000, 422, 2484
Bartley C. Johnson, 300, 650, 10000, 360, 1700

Ever Green Findley, 247, 753, 8000, 175, 1362
B__ Wheeler, 24, -, 200, 120, 634
William Baker, 330, 340, 15000, 737, 3314
G. W. Lanier per Erskin, 900, 683, 18996, 806, 4240
Robert R. Allen, 40, 15, 500, 85, 380
John Read & Celsar, -, -, -, 10, 432
William Terrell, -, -, -, 15, 230
Pleasant L. Rollings, 105, 209, 2000, 230, 1417
John Smith, 60, 190, 1200, 155, 617
Luisa Bayles, 6, 4, 150, 3, 155
John Benson, -, -, -, 20, 260
William McKee Jr., -, -, 300, 112, 260
John Martin, 50, 89, 700, 95, 751
William McKee Sr., 160, 430, 6521, 202, 2018
James Lamar per F.M.B., 300, 340, 6400, 415, 1813
Elizabeth A. Woods, 15, 25, 300, 15, 200
G. W.Taylor, 30, 14, 400, 15, 149
James Tidwell, 10, 30, 200, 107, 315
William J. Starnes, 50, 265, 2000, 126, 512
Pherilia Boggess, 50, 50, 600, 84, 486
John Tucker, -, -, -, 15, 284
David Bashart, 50, 70, 1300, 100, 434
Isham R. Starnes, 132, 203, 2594, 131, 1287
B. L. Matthews, 500, 805, 10000, 494, 3285
J. C. McCorkle, 75, 103, 1500, 130, 705
William T. Read, 1000, 583, 18750, 800, 3710
John Ryan, 1000, 1295, 39000, 551, 2477
Matthew B. Robinson, 50, 182, 700, 40, 375
Henry I. Candler, 100, 340, 4400, 141, 844
Thomas Wilemon, 60, 39, 300, 40, 797
Nancy Ross, 125, 176, 1800, 156, 790
William S. Thomas, -, -, -, 106, 513
James M. Thomas, 10, 270, 280, 24, 666
William C. Thomas, 200, 670, 8000, 218, 2720
William S. Clack, 5, 35, 100, 30, 464
Simeon D. Clack, 30, 159, 700, 160, 292
John Ling, -, -, -, 10, 92
Robert Benson, 26, 94, 300, 10, 219
Lewis Manning, 200, 800, 6000, 700, 1030
Preston B. Manning, 75, 100, 1000, 75, 470
William Benson, 90, 305, 1600, 145, 761
Spencer Benson, -, -, -, 15, 242
John Clark, -, -, -, 15, 120
Robert G. Bashart, 40, 73, 600, 75, 629
W. A. Benson, -, -, -, 62, 125
Isiah Wilemon, 20, 60, 200, 20, 261
Richard Dunham, 30, 170, 500, 40, 185
John Griffey, 40, 110, 500, 140, 342
S. P. Wilemon, 24, 56, 350, 56, 334
Wesley B. Ward, -, -, -, 8, 422
Joseph Pendergrass, 150, 469, 5000, 180, 1098
Solomon Benson, 25, 15, 400, 80, 380
L. D. Bashart, 700, 400, 6000, 370, 1909
William B. Bashart, -, -, -, 65, 818
Nancy C. Jones, -, -, -, 10, 125
William Dunn, -, -, -, 10, 286
William W. McCutch_n, 100, 380, 4000, 440, 860
P. C. Ward, 28, 121, 600, 40, 225
Ervin Bohannon, 22, 58, 400, 42, 511
William Stewart, -, -, -, 120, 496
Robert P. Brandon, -, -, -, 15, 82
James Benson, 12, 108, 300, 15, 517
Coleman Watson, 18, 68, 250, 15, 122
Nathaniel Whitaker, 10, 70, 200, 10, 695
Bailey Wilemon, 4, 36, 100, 10, 24
David A. Derrick, 70, 123, 500, 100, 437
Sarah Derrik, 75, 125, 2000, 70, 735
Jasper Harper, 50, 90, 400, 25, 513
John C. Sutton, 40, 81, 300, 25, 181
James R. Sutton, -, -, -, 10, 144
Jesse Smith, 75, 245, 500, 12, 271
Charles E. Smith, -, -, -, 6, 110
David Baker, 15, 725, 2000, 100, 491
John Clack, 25, 135, 300, 70, 505
Jacob Guntharp, -, 160, 200, 20, 102
T. R. Clapp, 18, 102, 230, 12, 169
John Riggens, -, -, -, 15, 100
P. R. Woodall, 130, 470, 3000, 185, 1844
James R. Woodall, -, -, -, 80, 978
James T. Page, 65, 95, 1000, 135, 1281
Stephen Kennamore, 85, 155, 1000, 104, 879
Phelan W. Farmer, -, -, -, 5, 221
John Hill, 40, 40, 600, 15, 329
Samuel Hill, -, -, -, 175, 955
Nancy Kennamore, 65, 55, 600, 60, 518
S. D. Kennamore, 7, 73, 100, 5, 249
Levi Kennamore, -, -, -, 6, 327
David Kennamore, 182, 458, 3000, 65, 1320
Asaph Kennamore, 100, 100, -, 80, 1159
A. T. Camless, 35, 45, -, 105, 800
Isham Right, 350, 125, 4000, 275, 3005
John W. Right, 55, 45, 1000, 190, 1770
Matthew E. Kees, 25, 95, 1000, 20, 342

Richard McCuller per R. H. Derrick, 150, 150, 7000, 65, 2365
S. B. Baxter, 15, 30, 200, 104, 205
Robert J. Hodges, 40, 100, 800, 30, 646
Zacheus C. Kennamore, 130, 270, 5000, 156, 1047
Richard L. Elkins, -, -, -, 25, 495
Jacob Kennamore, 150, 170, 2000, 290, 2220
Sophia Kennamore, 95, 105, 2700, 50, 1224
Sampson Bishop, 50, 60, 1000, 115, 656
John F. Grayson, 70, 130, 1500, 25, 695
William P. Bevel, -, -, -, 8, 72
J. J. Grayson, -, 61, 40, 10, 294
David Kennamore, 30, 90, 412, 125, 1067
Joel L. Barclay, 3, 37, 150, 10, 110
Stacy D. Smith, 8, 32, 200, 15, 273

John Lee, 80, 160, 1500, 50, 506
Sarah Perkins, 75, 305, 3000, 10, 495
William Perkins, 20, 20, 250, 95, 543
James W. Bulman, 16, 144, 300, 115, 350
Lucinda Philips, 60, 60, 1000, 50, 823
James Fryer, 6, 114, 500, 10, 20
Johnathan Baxter, -, -, -, 10, 117
Nathaniel Kennamore, 90, 230, 3000, 160, 1304
N. K. Elkins, 80, 120, 2500, 240, 578
James Elkins, 28, 92, 500, 20, 312
Nancy Page, 40, 40, 400, 77, 658
Ira T. Cobb, 75, 320, 8000, 600, 1160
James M. Davis, -, -, -, 6, 107
Henry Jones, 40, 80, 1000, 70, 452
John B. Middleton, 13, 7, 100, 10, 110
Elizabeth J. Davis, 15, 25, 300, 5, 93

Macon County Alabama
1860 Agricultural Census

Agricultural and Manufacturing Census for 1860 Microfilmed by the Alabama Department of Archives and History under a Grant from the National Science Foundation

1860 Schedule 4 Agricultural –Dekalb to Morgan Counties

Filmed for the University of North Carolina from Original Records in the Alabama Department of Archives and History

These are the items represented and separated by a comma: for example John Doe, 20, 25, 10, 5, 100

1. Owner
2. Acres of Improved Land
3. Acres of Unimproved Land
4. Cash Value of Farm
5. Value of Farm Implements and Machinery
13. Value of Livestock

NOTE: In some instances where the first few letters of the first name or initials are missing and indicated with _, the microfilming did not pick up parts of the left margin for Macon Co. for it was too close to the binding and could not be flattened enough. It is my understanding that the sheets once filled out were then bound. My guess is that the Alabama Department of Archives and History would not allow the books to be taken apart and had to be filmed as is. Thus, some parts of first names or initials are not visible on the film.

S. S. Oslin, -, -, -, -, 200
R. F. Ligon, 550, 650, 14000, 300, 4000
John T. Wimberly, 400, 400, 12000, 250, 3000
John Sevanson, 650, 650, 12000, 300, 4050
Lewis Alexander, 400, 360, 12000, 200, -
Lovick McDonald, 530, 630, 17750, 300, 4500
Jas. M. Alexander, 1000, 305, 19000, 500, 5620
Dr. C. Battle, 700, 600, 15000, 300, 3500
J. W. Bradford, 250, 270, 6000, 200, -
A. A. Barton, 500, 460, 19200, 300, 375
W. C. Rest, Rented, Rented, -, -, 400
Mrs. Mary Mourice, 150, 300, 6000, 150, 600
Ostis Mourice, 80, 100, 2000, 10, 500
Wm. H. Ellington, 50, 200, 2500, 10, 350
Virgil A. Mourice, 100, 230, 3000, 50, 900
Edwd. Webster, 90, 60, 1400, 75, 500
Wm. Norris, 100, 57, 1000, 25, 500
James Peres, 175, 145, 3200, 450, 1000

Alex. H. Simmons, 110, 210, 4000, 160, 800
Philip Lightfoot, 430, 460, 10000, 400, 2000
Wm. H.Simmons, 180, 300, 4000, 20, 1200
Edey M.Smith, 25, 80, 700, 25, 400
Thomas Saunders, 100, 60, 1200, 50, 900
Mrs. Mary Freeman, -, -, -, -, 150
Jas. M. Myrick, 50, 104, 2500, 25, 500
Richd. Stratford, 131, 30, 3000, 25, 570
Dr. Ben Walter, Rented, Rented, -, 30, 1100
Emanuel Mathews, 80, 80, 1600, 10, 300
Daniel Johnston, 50, 550, 12000, 20, 400
Cicero Cloud, 200, 600, 25000, 100, 2000
Mathew Harris, 300, 140, 5000, 50, -
Nehi L. Harris, 500, 300, 7500, 50, -
Mrs. R & John Berry, 650, 150, 16000, 200, 4600
Wm. Newman Ad., 300, 100, 4000, 100, 1500
Wm. F. Rogers, 600, 536, 25000, 200, 4000

Wm. B. Allen, 300, 320, 16000, 200, 2500
Alex B. Shehee, 240, 260, 7000, 100, 2500
Mrs. Sarah McCracken, -, -, -, -, 75
Wm. Quinily, -, 2, 1000, -, 60
R. W. H. Kennen, 325, 325, 12800, 250, 2000
Thos. Ramsey, 105, -, 3000, -, -
Jesse Pipkins, 300, 160, 3000, 100, 1242
Job Thompson, 660, 374, 20000, 500, 3898
John A. Perry, 230, 142, 4480, 250, 2151
K. W. Griswold, 150, 670, 7200, 100, -
Mrs. Flora Hooks, 110, 90, 3500, -, 800
John Laslie, -, -, -, -, 400
Jno. M. Frazier, -, -, -, -, 200
R. L. Mays, 60, 65, -, -, 2500
C. A. Battle, -, -, -, -, 1350
Mathew Peters, 100, 150, 3500, 100, 1000
W. H. C. Perkins, -, -, -, -, 800
Joseph I. Daniel, -, -, -, -, 20
J. N. Locker, -, -, -, -, 25
J. T. Lee, -, -, -, -, 50
W. L. Heath, 135, 125, 4000, 50, 1200
Morgan S. Brown, 190, 370, 5000, -, 1500
Henry Loftin, 300, 340, 7500, 200, 2600
Joseph Woolfolk, 300, 340, 17500, 250, 2700
R. T. Davis, 120, 300, 6000, 100, 1000
Joseph L. Moultrie, 1000, 1420, 40000, 500, 4830
J. D. Goss, -, -, -, -, 750
E. W. Toney, -, -, -, -, 25
W. H. Waugh, -, -, -, -, 100
A. C. Moore, 200, 160, 4320, 100, 1200
Dr. E. V. Culver, 150, 100, 1700, 50, 900
Geo. P. Culver, 25, 75, -, 50, 1550
John F. Foreman, 110, 150, 5400, 100, 05
Britton Duncan, -, -, -, -, 50
John Leslie, -, -, -, -, 450
M. W. Dick, -, -, -, -, -
J. B. Martin, 200, 370, 8000, 100, -
A. M. Gillespie, 240, 160, 10000, 200, 2000
John Alums (Alemes), 600, 900, 15000, 250, 3000
Wm. W. Battle, 165, 35, 3000, 100, 1110
W. L. Hendrick, 110, 290, 4000, 50, 1000
R. L. G. Bozeman, 450, 750, 20000, 200, 2000
John Baker, 150, 84, 2000, 100, 700
James D. Powell, 325, 100, 9000, 100, 1800

W. H. Ellison, 300, 120, 5000, 100, 1500
W. Threadgill, 120, 180, 10000, 100, 700
N. B. Powell, 2000, 1980, 53760, 1000, 12000
Homer Blackman, 1370, 2800, 50000, 500, 7500
Est. of Jas. Blackman, 400, 720, 16000, 200, 2700
Wm. R. Mason, -, -, -, -, 240
Charles W. Casey (Carey), 400, 600, 25000, 200, 2500
M. A. Sayre, 200, 200, 10000, 100, 1500
E. L. Casey(Carey), -, -, -, -, 470
James & T. Randle, 600, 480, 20000, 100, 2000
_. R. Vann, 350, 1050, 38000, 100, 1400
Benj. Calleway, -, -, -, -, 175
Mrs. Mary Beverly, 100, 200, 2000, 50, -
Ira T. Jordan, 500, 580, 14000, 100, 3000
Reuben Allison, 600, 400, 15000, 500, 5876
Alfred Allison, 400, 240, 11520, 100, 2350
Barria Hughes, 1200, 1050, 56250, 1000, 6745
George Stewart, -, -, -, -, 1200
John W. Rogers, -, -, -, -, 225
Stewart & Rogers, -, -, -, -, 900
Wm. Sheppard, -, -, -, -, 250
James R. Rogers, 395, 225, 7500, 100, 5000
Mrs. H. M. Pickett, 150, 150, 6000, 50, 450
C. H. Journigan, 200, 120, 3500, 500, 1000
C. S. M. Journigan & Son, 200, 67, 3000, 50, 1500
Wm. B. Howard, -, -, -, -, 300
Benj. Howard, -, -, -, -, 350
Mrs. W. Smith, -, -, -, -, 150
Wm. M. Lampkin, 250, 800, 10000, 100, 1600
Joel T. Crawford, 800, 480, 25000, 500, 5000
Appleton Haygood, -, -, -, -, 2000
Dr. G. Caldwell, 400, 320, 8300, 100, 3000
Jas. I. Banks, 400, 216, 9210, 100, 3500
Jas. M. Tarver, 520, 1245, 15000, 500, 3800
E. W.Tarver, 700, 1100, 20000, 500, 4000
A. A. Persons, 410, 130, 8000, 200, 2600
Dr. G. W.Crimes(Grimes), 250, 140, 15000, 100, 2500
W. T. Davis, 400, 300, 20000, 500, -

Jas. H. White, -, -, -, -, 250
Lemuel Segrist. 300, 240, 13000, 200, 1500
P. O. Harris, 800, 800, 25000, 300, 4700
A. Guthrie, -, -, -, -, 150
A. Lane, 600, 800, 12000, 300, 2000
Mrs. E. Whitton, 100, 60, 1000, 50, 200
W. A. Wood, -, -, -, -, 110
Charles Alley, -, -, -, -, 145
M. B. Breedlove, 160, 112, 2720, 50, 200
_. H. Dozier, 200, 70, 2000, 50, 500
Dr. C. Wright, 500, 500, 650, 100, 800
Geo. Langston, -, -, -, -, 150
Ben Borum, 1100, 700, 30240, 500, 3417
Wilkerson & Turpin, 650, 450, 22000, 400, 1855
Wesley Wicker, 200, 120, 3200, 25, 1200
Mrs. N. Strickland, -, -, -, -, 25
Joseph T. Burt, 300, 380, 12000, 200, 2000
Stephen Pace, 900, 300, 12000, 50, 3500
S___ Tilman, -, -, -, -, 150
A. Ellison, 500, 500, 10000, -, 2000
David Tillman, -, -, -, -, 50
_. M. Lloyd, 300, 120, 3500, 100, 1500
W. D. Brooks, 80, 40, 400, -, -
John M. Chatham, 70, 50, 1200, 10, 300
E. Burt, 80, -, 700, -, -
James M. Davis, 100, 100, 2000, 25, 700
M. W. Murdock, 65, 35, 1000, -, 200
Geo. W. Stanley, -, -, -, -, 200
Jas. M. Foster, 40, -, 800, -, 200
T. G. Brandon, 70, 53, 1000, 10, 500
H. S. Brandon, 50, -, 500, 10, 200
Saml. Segar, 80, 80, 1600, 20, 520
Jessee Haddock, 140, 180, 4000, 50, 1000
Jno. H. Mealing, 260, 170, 6500, 2000, 1705
Jas. T. Pruitt, 130, 110, 2400, 125, 1000
D. Adams, 80, 80, 1800, 10, 300
W. J. Murdock, 80, 75, 800, 10, 300
Mrs. Ethridge, 55, -, 660, 10, 150
Joseph Slaton, 40, 40, 580, 10, 200
Wm. S. Caughter, 25, 75, 1000, 10, 250
Chas. A. Redd (Read), 600, 571, 2000, 300, 5000
C. C. Cater (Caten), -, -, -, -, 100
Nell Bledsoe, -, -, -, -, 570
J. W. Eley, 250, 257, 7000, 200, 2148
W. J. Lee, 600, 300, 15000, -, 2500
T. H. Thornton, 400, 374, 11212, 200, 2600
Wm. W. Baker, 160, 100, 4000, 100, 945
Mrs. E. Corley, 12, 28, 500, -, 250
Thos. Thompson, -, -, -, -, 175

M. F. Thompson, 600, 400, 12000, -, 2410
Henry Glover, -, -, -, -, 375
John C. Grizzell,- -, -, -, 300
Wiley Grizzell, -, -, -, -, 200
Abel Tatum, 100, 100, 300, 75, 900
George Byrd, -, -, -, -, -
Wiley M. Byrd, 250, 250, 5000, 300, 2790
Edward Dinkins, 200, 200, 8000, 200, 1500
Wiley Tate, -, -, -, -, 300,
Thos. C. Pickett, -, -, -, -, 400
Julius Wicks, 150, 200, 3000, 100, 2000
Jas. A. Chapman, -, -, -, -, 255
Verton Fern___(Fem___), 300, 440, 14800, 200, 2175
Wm. M. Lewis, 170, 310, 8000, 150, 1200
Pleasant Tullis, -, -, -, 200, 1200
Mrs. A. Ivey, 700, 300, 15000, 150, 1700
B. F. Ivey, 200, 191, 3191, 100, 950
Wm. W. Arnold, 300, 120, 6300, 150, 1400
Est. Emanuel Slye, 200, 43, 5140, 150, 200
Mrs. S. C. Clarke, 150, 100, 4200, 50, 900
J. R. Herria, 440, 233,8000, 100, 2500
K. T. Jones, 300, 300, 9000, 100, 1400
A. M. & A. Williams, 400, 313, 14260, 200, 2535
Henry H.Hicks, 900, 1300, 48000, 600, 10012
J. R. Lawson, 400, 80, 5000, 500, 2255
S. & R. Thomas, 800, 536, 26730, 600, 3500
John Wright, 220, 500, 7500, 300, 1200
W. R.Davis, -, -, -, -, 300
O. B. Stanley, -, -, -, -, 175
F. V. Rutherford, -, -, -, -, 200
B. S. Fields, -, -, -, 100, -
John C. Carter, 75, 105, 1800, 50, 250
A. C. W. Shelton, 200, 120, 3000, 100, 2000
P.(F) DeLoach, 130, 30, 1500, 50, 700
W. Strickland & Jackson, 140, 135, 3000, 100, 650
Walter Strickman, -, -, -, -, 350
Jas. H. Snipes, 300, 340, 6000, 200, 1000
Jas. T. Persons, 1200, 1200, 35000, 500, 5300
M. Carlisle, 80, -, 800,-, 125
Elisha Talbot, 500, 532, 8320, 200, 1565
R. G. Herbert, 300, 340, 640, 100, 1400
Jas. C. Burt, 150, 160, 3200, 100, 400

Henry A. Key, -, -, -, 125, 700
Richard M. Burt, 200, 40, 2400, 100, 1500
S. Strickland, 40, 40, 800, -, 125
A. Croley, -, -, -, -, 100
A. J. Shelton, 280, 240, 6000, 100, 1500
A. P.(D) Jackson, 90, 30, 1000, 20, 300
Geo. T. Scroggins, -, -, -, -, 150
B. N. Bibby, -, -, -, -, 50
Wm. M. Avery, 50, -, 1000, 20, -
Jno. W. Pace, 125, 50, 1850, 50, 800
Eldred Wilkinson, 100, -, 1000, 10, 150
Wm. Croley, -, -, -, -, 100
Joel Langford, -, -, -, -, 150
Wm. Croley Jr., -, -, -, 10, 300
Allen Croley, -, -, -, -, 125
Thos. Pace, 200, 200, 4000, 100, 1200
Moses Harris, 700, 1200, 20000, 50, 4000
A. G. Langford, -, -, -, -, 450
Jno. C. Wilhite, 120, 100, 3000, 100, 1000
Jas. M. Rivers, -, -, -, -, 50
Jas. G. Godfrey, 70, 10, 800, -, 200
John Pride, 100, 240, 2400, 50, 800
Wm. P.(F) Dobbs, -, -, -, -, 200
Peter V. Guerry, 300, 400, 7000, 200, 3000
M. L. Renfroe, 135, 50, 1800, 100, 200
E. _. Huns, 30, 80, 1600, 25, 800
J. R. Richardson, 250, 150, 4500, 100, 1800
H. I. Askew, 140, 20, 3200, 100, 800
L. Henderson, 600, 340, 9400, 200, 2800
J. E. Cooper, 110, 50, 2400, 100, 620
Mrs. Lou Kilcreast, 160, 26, 2400, -, 400
Jno. R. Henderson, 200, 31, 3765, 100, 100
J. M. P.(F.) Parker, 110, 90, 1200, 50, 400
Stephen Cooper, -, -, -, -, 250
W.E. & S. C. Pinckard, 400, 400, 6000, 200, 1984
Geo. T. Menifee, 160, 130, 3000, 100, 600
Wm. C. Martin, 450, 200, 7500, 200, 2000
J. W. Perry, -, -, -, -, 300
J. A. Huddleston, -, -, -, -, 425
U. M. Menifee, -, -, -, -, 250
Danl. McBride, 110, 50, 2000, 75, 800
Ger. James, 100, 200, 9600, 100, 1000
Wm. Williams, 600, 520, 20000, 400, 3200
H. K. Walker, -, -, -, -, -
Jno. Hollingshead, 170, 310, 7200, 400, 1150
J. C. Thompson, -, -, -, 100, 1200

Albert G. May, 1700, 1700, 112000, 800, 10740
L. H. Lamar, -, -, -, -, 300
Leroy Napier, 2500, 1225, 111740, 1000, 12050
William Micon(Micou, Micow), 400, 60, 11750, 200, 1625
Joseph George, -, -, -, -, 100
Dr. George J. Bell, -, -, -, -, 500
Thos. Parker, -, -, -, -, 150
Mrs. Mary Willis, 125, 205, 3000, 100, 200
Wm. Johnston, 500, 680, 26000, 400, 3530
Joshua Wilson, 160, -, 1600, -, 70
John Harston, 161, 310, 4700, 100, 1078
Mrs. Mary Roberts, 60, 20, 1200, 50, 500
W. T. Conwell(Connell), 40, 130, 2500, 50, 350
Jas. Boon, -, -, -, -, 150
Jo. Fitzpatrick, 320, 452, 15000, 400, 2351
Wm. R. Cunningham, 350, 290, 12000, 400, 3112
D. B. Graham, 75, 35, 2400, 50, 500
John H. White, 400, 1200, 40000, 500, 3000
P.(F.) R.Devane, 100, 60, 300, 20, 500
A. U. Noster (Posten,Masten), -, -, -, -, 50
James Jackson, 210, 290, 5000, 250, 1250
N. Gower, 700, 500, 18000, 1100, 4800
U. L. Haynes, 400, 320, 7000, 250, 2500
B. H. Branscom, 250, 250,5000, 100, 1200
Chas. H. Greene, -, -, -, -, 450
A. J. Zachary, -, -, -, -, 500
W. K. Briess, 250, 350, 15000, 200, 1200
B. L. Briess, 350, 350, 15000, 250, 1200
G. J. Pierce, 100, 55, 2000, 50, 500
Jas. McGowen, 40, 60, 1500, 50, 430
J. W. Conwell(Connell), -, -, -, -, 100
N. L. Connell, -, -, -, -, 20
A. McGinty, -, -, -, -, 135
Henry Stern, -, -, -, -, 110
U. H. Smith, -, -, -, -, 50
Thos. Pullum, -, -, -, -, 250
Jas. F. Norri___, -, -, -, -, 25
F. G. Holt, 400, 500, 16500, 300, 2150
Dr. C. M. Pope, -, -, -, -, -
F. H. Dozier, -, -, -, -, 350
Mauk Rutherford, 220, 158, 6000, 200, 1400
H. J. Barker, -, -, -, -, 75
Jno. B. Coleman, 20, -, -, -, 200
James Rusus, -, -, -, -, 1200
M. L. Stetson, -, -, -, -, 475

Henry Vaughan, 200, 365, 8000, 50, -
S.Cohen, -, -, -, -, 125
Mrs. E. Jett, 250, 356, 6000, 100, -
S. M. Jones, -, -, -, -, 130
B. H. Moultrie, 700, 900, 23500, 300, 1000
David Farries, -, -, -, -, 1000
Jas. A. Jones, -, -, -, -, 400
Ben Thompson, 700, 140, 17000, 500, 6000
A. J. Grady,-, -, -, -, 500
Dr. L. J. Foster, 450, 236, 23000, 350, 3500
Arnold Seale, 150, 570, 8000, 100, 1550
S. L. Latham, -, -, -, -, 50
P. L. Shalmar, 400, 300, 15000, 200, 2280
Jas. E. Gochel,530, 1570, 37000, 500, 5000
B. F. Owen, -, -, -, -, 15
Dr. Jo. A. Green, -, -, -, -, 350
Walter Curry, 30, 44, 1200, 50, 350
Milton Rutherford, -, -, -, -, 800
Richd. Stratford, 150, -, 1500, -, 320
R. B. McGaity, -, -, -, -, 25
Sylvesta McDaniel, -, -, -, -, 124
C. A. McWhorter, 112, 352, 15000,} 300, -
E. S. McWhoter, 112, 352,   }, -, 4000
Mrs. D. A. Bulloch, 600, 1400, 35000, 500, 3500
J. T. Cunningham, -, -, -, -, 130
S. (L) Mathews, -, -, -, -, 125
Jas. G. Clark, -, -, -, -, 10
A. D.Edwards, 750, 500, 30000, 500, 4500
Jno. J. Howard, -, -, -, -, 225
H. H. Freeman, 125, 195, 3000, 100, 1294
W. L. Jackson, 15, 45, 700, 200, 3200
Wm. Alley, -, -, -, -, 100
H. E. Talliaferro, 21, 21, 300, -, 220
Jesse _. Vason, 700, 440, 10000, 500, 2750
J. R. Hand Sr., 650, 790, 33000, 300, 3000
Wesley G. Coxe, -, -, -, -, 215
Wm. Vaner, -, -, -, -, 745
Jas. Huffman, 480, 480, 5700, 250, 2100
David Huffman, 370, 350, 5000, 250, 1575
Jno. Canady, -, -, -, -, 200
John U. Huffman, 280, 40, 3200, 140, 400
Thos Lester, 225, 555, 7800, 300, 1020

E. W. Story, 225, 100, 4000, 230, 1440
Mrs. E. Gordin, 196, 20, 2940, 150, 820
Rev. Dow Perry, 350, 200, 7000, 440, 1960
A. J. Crawford, 250, 250, 6000, 300, 1300
Wm. A. Campbell, 300, 180, 10000, 300, 2150
Jno. L. Carmichael, 65, 10, 1800, 10, 350
Wm. Wood, 700, 550, 25600, 500, 6170
Wm. Menifee, 340, 400, 10000, 300, 3000
Wm. G. Crawford, 450, 630, 16000, 300, 900
Anguish McBryd, 230, 90, 3840, 200, 1100
C. L. R. Boyd, 220, 100, 4800, 30, 1100
Joseph Wilson, 350, 450, 10000, 200, 1800
M. M. Perm (Ferm), -, -, -, -, 275
F. L. Walker, -, -, -, -, 200
A. Lockwood, 800, -, 4000, -, 700
J. W. Webb, -, -, -, -, 400
Dr. W. F. Hodnett, 400, 630, 13500, 250, 1260
Thos. H. Philips, 400, 758, 7000, 250, 1850
John B. Philips, -, -, -, -, 250
Mrs. T. Philips, 250, 80, 2400, 50, 600
Wm. H. Straton, -, -, -, -, 650
G. W. Blanke, -, -, -, -, 200
Dr. B. S. Isbel, -, -, -, -, 375
Ship Guthrie, -, -, -, -, 150
J. T. Howard, -, -, -, -, 35
Dr. W.Sawyer, -, -, -, -, 250
P. W. Dodson, -, -, -, -; 700
A. Dillard, -, -, -, -, 400
J. J. Wright, 150, 370, 3500, 200, 1550
L. Johnston, 800, 1040, 50000, 400, 6210
Wm. Foster, 1400, 1380, 35000, 500, 8440
T. M. Nuckolls, -, -, -, -, 800
R. A. Crawford, 80, 80, 1000, 1, 600
Jas. _. Casey, 200, 200, 4000, 200, 1000
L. M. & C. J. Bryan, 620, 500, 20000, 500, 4000
J. J. Fort, 600, 254, 12140, 555, 3620
Jas. C. Boyd, 1200, 1100, 31500, 9704
Wm. Boyd, 300, 250, 8000, 250, 2545
Robt. Mitchell, 1600, 1200, 320000, 500, 4460
Jno. Shackleford, 500, 1000, 3000, 700, 3000
Jno. C. Judkins, 1000, 2000, 30000, 1600, 9847
John J. Jones, 300, 200, 8000, 100, 1900

John H. Pinkston, 400, 332, 15000, 300, 2400
Joseph S. Oliver, 320, -, 5000, 500, 1000
Ger. Oswalt, 1100, 1640, 26460, 460, 5000
Mrs. M. Chessen, 100, 220, 3200, 100, 400
J. F. Chessen, 420, 80, 10000, 400, 2850
A. J. Chessen, 300, 200, 10000, 300, 1700
B. N. Chessen, 225, 400, 8400, 300, 1500
M. M. Carmichael, 150, 800, 9600, 50, 1500
Robt. Harrison, 150, 500, 6600, 100, 1200
Z. _. Taylor, 220, 800, 16000, 500, 1400
Henry Oswalt, 475, -, 9600, 200, 1500
Burrell Oswalt, 160, 160, 640, 200, 1200
J. F. Maxwell, 80, 180, 4500, 200, 700
Thos. J. Roberts, 45, 43, 1320, 20, 900
L. B. Strange, -, 300, 300, -, 70
A. T. Hughes, -, -, -, -, 2760
W. C. Puryear, -, -, -, -, 230
Dr. L. M. Rush, -, -, -, -, 30
Thos. L. McGowen, -, 40, 400, -, 300
Barra McKinn, -, -, -, -, 325
Dr. W. J. Mitchell, -, -, -, -, 550
B. B. Amoss, -, -, -, -, 20
L. W. Isbell, 350, 100, 4000, -, 1200
H. B. Fannin, 400, 950, 20000, 500, 2500
M. B. Swanson, -, -, -, -, 200
Dr. U. B. Jones, -, -, -, -, 350
Dr. E. W. Jones, 450, 400, 8000, 200, 2300
Dr. Dvd. Johnston, -, -, -, -, 180
Amoss Jones, 700, 1100, 25000, -, 875
Jas. Reynold, -, -, -, -, 60
Jas. P.(F.) Brown, -, -, -, -, 500
E. S. Grover, -, 80, 200, -, 174
R. B. Tidwell, 80, -, 400, -, 315
W. F. Reynolds, -, -, -, -, 600
H. Etta, -, -, -, -, 30
John Owsley, -, -, -, -, 25
R. R. Adams, -, -, -, -, 100
W. F. Wade, -, -, -, -, 35
J. D. Tibbitts, -, -, -, -, 35
C. W. Moore, -, -, -, -, 30
Celias F. Lewis, -, -, -, -, 2000
Dr. H. S. Harris, -, -, -, -, 600
W. K. Harris, 316, 210, 6000, 300, 2500
Mrs. W. A. Harris, 60, 40, 3000, 10, 1370
John T. Peterson, -, -, -, -, 350
Mrs. _. Merrill, -, -, -, -, 407
A. A. Lipscomb, -, -, -, -, 400
Mrs. E. B. Dryer, -, -, -, -, 380

Dr. W. G. Swanson (Severnson), 600, 487, 20000, 375, 575
B. F. Foster, 430, 210, 19200, 250, 2750
D. M. Sayre, -, -, -, -, 20
Dr. W. J. Gartin, -, -, -, -, 300
W. L. Lewis, -, -, -, -, 65
W. G. Brewer, 208, 208, 3000, -, 100
Isaac M. Ford, -, -, -, -, -
Wm. M. Reed, 3, -, -, -, 200
N. R. Keeling, -, -, -, -, 190
P. Kyle, -, -, -, -, 240
S. M. Bartlett, -, -, -, -, 50
Wm. Butts, -, -, -, -, 250
T. C. Drakeford, -, -, -, -, 200
O. H. Perry, -, -, -, -, 490
G. W. Campbell, -, -, -, -, 50
C. Fowler, -, -, -, -, 285
Joseph Cameron, -, -, -, -, 20
A. E. Roo, -, -, -, -, 30
Henry J. Gilmore, -, -, -, -, 45
Jno. B. Bilbro, 150, 150, 3000, 150, 975
M. S. Campbell, -, -, -, -, 55
Dr. M. J. Rice, -, -, -, -, 250
L. D. Dickinson, -, -, -, -, 100
Wm. Edwards, -, -, -, -, 315
Jno. C. Smith, -, -, -, -, 290
C. C. Lang, -, -, -, -, 200
W. C. McIver, 30, -, 2500, -, 300
R. H. Abercrombie, -, -, -, -, 750
G. W. Stevens, -, -, -, -, 60
Marx Wolff, -, -, -, -, 335
A. B. Hill, -, -, -, -, 40
Jessee L. Adams, -, -, -, -, 5370
E. W. Lee, -, -, -, -, 40
Thos. W. McMillen, -, -, -, -, 50
Jno. L. Collins, -, -, -, -, 75
Thos. F. Martin, -, -, -, -, 140
Robt. A. Johnston, 250, 240, 3200, -, 1300
G___ Knight, 6, 15, 1500, -, 200
J. W. Hunter, -, -, -, -, 435
H. H. McQueen, -, -, -, -, 450
H. H. Howard, -, -, -, -, 500
F. G. Ferguson, -, -, -, -, 235
Jack Drakeford, -, 80, 200, -, 75
C. T. Keiser (Kuser), -, -, -, -, 225
Wm. Hara, -, 150, 2000, 20, 400
A. K. Tatum, 110, 50, 1500, 100, 1100
Lewis Huffman, 308, 100, 10000, 530, 1500
_. M. Ellington, 700, 900, 20000, 400, 5790
Iredell Johnson, 230, 210, 5400, 150, 2000
Peter Huffman, -, -, -, -, 200

N. S. Howard, 800, 200, 10000, 500, 1880
Dr. R. H. Howard, 600, 616, 12160, 500, 3220
Jas. L. Howard, 180, 250, 7500, 100, 1300
B. F. Howard, 70, 750, 16000, 60, 2100
Z. Rogers, -, -, -, -, 480
B. K. Motley, 560, 840, 17100, 300, 3400
W. L. Moore, -, -, -, -, 200
John G. Motley, 800, 1050, 19000, 400, 3045
W. B. Doudd, -, -, -, -, 200
_. N. Roberts, -, -, -, -, 61
D. S. (L.) Patterson, -, -, -, -, 175
Mrs. M. E. Greenwood, 500, 540, 12000, 400, 300
Mrs. M. W. Simmons, 160, 140, 4080, -, 1070
A. E. Roberts, 156, 164, 4500, 100, 900
A. J. Baggett, -, -, -, -, 1200
John _. Porter, 120, -, 8600, -, 300
Mauk DeBardelabon, -, -, -, -, -
John DeBardelabon, 190, 110, 4000, 200, 1300
Richd. Philpot, 200, 120, 4000, -, 500
_. W. Swearingen, 20, 565, 2500, -, 500
R. J. Swearingen, 20, 565, 2500, -, 500
W. _. Bartee, -, -, -, -, 30
Saml. S. Perry, 9, 30, 1200, 50, 960
Thos. Had___, 500, 460, 11000, 250, 2550
Amos G. Tuttle, -, -, -, -, 115
John P. McPhane, 80, -, 800, -, 700
Moses Thompson, 1200, 400, 16000, 1000, 4000
Jas. C. Ray, 475, 575, 12750, 300, 2200
W. E. Lloyd, 140, 80, 4500, 300, 1200
Thos. H. Smith, 360, 240, 7200, 400, 2350
G. L. Oldfield, -, -, -, -, 90
Rev. A. M. Handy, 230, 178, 6000, 100, 1450
W. L. Goodwin, 1500, 500, 45000, 1500, 6400
John Barclay, 6, 74, 500, 10, 55
Luther Knox, -, -, -, -, 150
Jas. O. Adams, 240, 65, 3000, 100, 1000
Thos. S. Tuck, 400, 280, 6800, 100, 1500
Judson Perry, 200, 50, 2500, 50, 800
H. Tatum, 500, 247, 5676, 25, 1500
Joel Chambless, 270, 160, 4500, 50, 2000
Mrs. E. R. Read, 340, 180, 5000, 100, 2000
Mrs. M. R. Mahone, 130, 90, 2000, 50, 1000

J. M. Etchison, 200, -, 2000, -, 500
E. S. Prince, 25, 25, 2000, -, 200
B. F. Lloyd, -, -, -, -, 150
H. R. Wooley, 40, -, 250, 10, 175
Henry Key, 740, 100, 2500, 25, 700
Saul Perry, -, -, 400, -, 100
Jno. Lumpkin, -, -, -, -, 50
Edward Lumpkin, -, -, 800, -, 200
J. B. Williams, 400, -, -, -, 75
Martin Williams, -, -, -, -, -
Thomas Williams, -, -, -, -, 25
Dr. W. A. Reynolds, -, -, -, -, 400
A. J. Williams, 75, 5, 560, 5, 300
Mrs. M. A. Harris, 250, 50, 1200, 20, 500
Dr. C. B. Hicklin, 200, 500, 500, 100, 1600
Jno. P. Germany, 120, 160, 1200, -, 1000
A. Buckhanan, 600, 1000, 16000, 300, 2000
Jas S. Moore, 700, 460, 14000, 300, 2000
J. S. V. Mason, -, -, -, -, 150
W. R. MaGruda, 1000, 2390, 500, 500, -
Mrs. E. Perry, 600, 840, -, 250, -
Mrs. Luay Key, 96, -, 1000, -, 600
N. Reynolds, 500, 200, 10500, 100, 3500
John C. H. Reid, -, -, -, -, 700
Milton Stevens, 40, 120, 2000, -, 650
James I. Menifee, -, -, -, -, 30
B. W. Starke, -, -, -, -, 200
Henry Pinkston, -, -, -, -, 300
Paul P. Carloss, -, -, -, -, 60
Thomas S. Tate, 700, 800, 22000, 200, 7000
Mrs. Nancy Smith, -, 800, 34000, 500, 8250
J. W. Echolls, 5000, 2000, 50000, 1000, 15040
J. H. Cunningham, 400, 300, 20000, 250, 2500
W. R. Spann, 200, 200, 12000, 100, 200
A. L. McKay, -, -, -, -, 400
Dr. S. C. Coward, 250, 650, 12000, 200, 1795
Mc. McLeod, -, -, -, -, 250
Mrs. Jane Warnack, -, -, -, -, 350
Thoms McGowan, -, -, -, -, 600
N. McLeod, -, -, -, -, 960
J. R. King, -, -, -, -, 300
Geo. W. Noble, -, -, -, -, 150
M. Carson, 200, 210, 4100, 100, 1500
John C. McSween, 150, 430, 8700, 100, 1000
Finley McSween, -, -, -, -, 500
Wm. Lovelace, 105, 200, 2000, 50, 836
J. R. Wood, 200, 100, 3000, 25, 400
John L. Robom, 100, 370, 4770, 50, 1100

Roderick Bethune, 340, 120, 5750, 250, 3030
John J. Pitts, 220, 296, 4460, 300, 1070
F. A. Cooper, 300, 200, 9000, 150, 1000
Bira Fitzpatrick, 180, 300, 12000, 300, 3500
Hon D. Clopton, -, -, -, -, 500
Rev. John Green, 750, 530, 12800, 200, 35000
Col. N. S. Graham, 300, 340, 10000, 200, 4720
Mrs. Sarah Johnston, -, 85, -, -, 800
Samuel B. Johnston, -, -, -, -, 150
R.S. Harper, 300, 340, 19200, 200, 2750
W. H. Echolls, 500, 490, 14000, 200, 4000
Col. A. C. Ferrell, 400, 1340, 19000, 400 (not readable)
W. C. Thompson, 1000, 1800, 30000, 400, 6000
Wm. Thompson, 500, 284, 10000, 200, 3500
E. Troup Randle, 200, 600, 8000, 100, 1500
Mrs. T. S. Pinckard, 300, 700, 10000, 100, 300
Mrs. S. C. Peterston, 400, 400, 8000, 125, 2500
Cynthia Haddock, 100, 20, 3000, 50, 1000
Thomas J. G__awin, 250, 70, 16000, 300, 2000
Geo. W. Haden, 280, 620, 7000, 200, 1275
Wm. Pullun, 60, 100, 1200, 50, 325
Ennis Wilkinson, -, -, -, -, -
Saml. B. Cloud, 410, 2150, 6300, 5215, 4000
Collin B. Wade, 50, 15, 3000, 50, 250
James _. Nicholson, 400, 228, 8000, 800, 2500
Wm. J. Howard, 1000, 700, 60000, 5000, 10760
John Autry, -, -, -, 100, 300
Huey (Henry) Wilson, 125, 35, 2080, 200, 587
Jno. W. Black, 125, 100, 600, 200, 500
Green B. Patterson, 175, 451, 6000, 300, 965
Mrs. H. E. Roberts, 400, 600, 17200, 300, 3080
Job Smith, -, -, -, 50, 230
Moses Trimble, 300, 340, 7600, 100, -
Mrs. S. M. Griffin, 40, 40, 1000, 10, 350
John G. Johnston, 250, 390, 12000, 250, -
Wm. Barron, 552, 552, 12000, 200, 3000
J. Wilder, 15, 145, 1000, 25, 320
S. Turner, 1, 83, 500, 50, 65
Wm. Prentice, 10, 40, 1200, 15, 150
Thomas Lee, -, -, -, -, 50
Mary Griffith, 20, 60, 1000, -, 100
A. F. Moore, 100, 220, 1500, 10, 360
F. M. Eubanks, -, -, -, -, 40
C. Plass, 3, 37, 400, 40, 50
G. C. Collins, 15, 25, 800, 15, 375
Charles O. Sears, -, -, -, -, 225
J. S.Glenn, 11, 149, 1000, 75, 25
Charles T. Segrest, 200, 340, 5400, 350, 950
Jane M. Segret, -, -, -, -, 150
J. Payne, 60, 100, 800, 100, 450
J. F.Cooper, 75, 85, 1000, 40, 300
M. W. Prescott, 40, 12, 800, 75, 80
Littleberry Lee, 30, 130, 1000, 15, 275
Wm. Lee, 60, 100, 500, 50, 350
Elijah Ingram, 40, 60, 450, 12, 350
Thos. Mobberly, 50, 127, 1200, 175, 350
Allen Raines, 150, 145, 4500, 225, 312
L. G. Ogletree, 140, 60, 2000, 100, 850
James Smith, 100, 80, 1500, 150, 2462
Silvey Mims, 70, 30, 2000, 15, 430
J. E. Cobb, 65, 15, 400, 50, 100
G. S. Shelton, -, -, -, 8, 210
James E. Brown, 5, 35, 200, 8, 200
Henry D. Taunton, 5, 25, 200, 8, 60
Thos. Dougherty, 50, 100, 1500, 135, 490
L. H. Cole, 140, 120, 3900, 75, 895
W. L. Reynolds, 5, 155, 500, -, 400
Joseph Hagins, 150, 450, 3000, 200, 983
Joe Hewey, 70, 44, 684, 40, 450
A. J. Hearn, 60, 26, 1000, 60, 450
Joseph Holeyhan, -, -, -, -, 100
R. A. Cowles, 80, 240, 3200, 100, 1300
A. B. Zachary, -, -, -, -, 550
J. J. Bufford, 200, 77, 2000, 150, 1000
J. J. Padgett,-, 200, 1000, -, 225
J. C. Ousley, 160, 100, 2300, 175, 782
J. L. Turner, 80, 50, 200, 700, 600
J. W. Eady, 60, 95, 1895, 100, 350
W. E. Smith, -, -, -, -, 250
Martin W. Kidd, 40, 140, 400, -, -
J. S. Parks, 3, -, 500, -, -
John L. Binford, 280, 40, 2000, 125, 700
E. D. Perryman, 375, 100, 5000, 80, 1300
B. Campbell, 2, -, 1500, -, -
S. C. Oliver, 150, 90, 1500, 200, 800
J. V. Reynolds, 200, 100, 2350, 75, 530
G. S. Cobb, 200, 100, 5000, 250, 2500
Wm. Flanagan, 20, 22, 1000, 5, 500
J. Gillespie, -, -, -, 100, 700
Wm. Slaton, 5, -, 400, 20, -
J. A. Goble, 2, -, 500, -, -

T. Tscheuschner, -, -, -, -, 25
H. R. Thorpe, -, -, -, -, 250
Thos. Slaton, 5, -, 1500, -, 100
M. B. Hardin, 4, -, 400, -, 200
W. B. Neal, 170, 80, 3000, 250, 100
Lewis Myers, 1, 800, 4000, -, 175
Wm. L. Carleton, 300, 200, 5000, 255, 2480
H. D. Capters, 5, -, 3000, -, 400
C. W. Wingate, 1, 2, 200, -, 60
M. M. Fagan, 1, -, 100, -, 40
Wm. H. Farrar, 57, 2000, -, 10, 375
Thos. Wingate, 1, 1, 200, -, 325
Wm. M. Rucker, -, 80, -, 100, 420
J. A. Holifield, 6, -, 1000, -, 50
L. H. Turner, 2, -, 1000, 20, 125
Wm. Tarver, 600, 448, 5280, 500, 2890
R. C. Holifield, 40, 50, 1200, 150, 500
John B. Ross, 500, 226, 6000, 300, 3200
Geo. W. Shelton, 25, 9, 1500, 10, 275
Joseph Daniel, 4, 4, 175, 25, 200
A. L. Phelps, 150, 80, 2000, 15, 580
Hilery Bostick, 75, 75, 1500, 45, 565
E. P. Mahone, 300, 100, 1000, -, 100
_. J. Morris, 5, -, 1600, -, 175
R. R. Dickinson, 7, -, 1000, 250, 375
George Leeroy, -, -, -, -, 150
W. W. Cox, -, -, -, -, 400
J. W. King, 2, -, 200, -, 200
J. R. Ferrell, -, -, -, -, 95
John Dougherty, 2, -, 300, -, 35
John Vaughan, 1, -, 300, -, 15
Franklin Crittenden, 320, 100, 4200, 200, 1200
James Ward, 40, 40, 480, 10, 400
Wm. Iverson, 140, 310, 200, 150, 1100
George Arberry, 6, -, 500, -, 600
W. C. Vaughn, 90, 10, 500, 10, 500
James Wooten, 50, 42, 4000, 10, 300
S. B. Heerman, 125, 15, 1000, 20, 100
Addison Frazer, 1000, 640, 1000, 550, 4680
Daniel Clower, -, -, -, 50, 800
Mary A. Grigg, -, -, -, -, 125
Simeon Perry, 600, 700, 1300, 300, 1845
H. C. Sills, 700, 890, 16520, 300, 3785
Thos Eady, 90, 45, 1240, 65, 400
J. B. Hackney, -, -, -, -, 250
C. Raiford, 125, 25, 1250, 100, 5880
James F. White, 700, 600, 19000, 700, 350
Thos. M. Kimbrew, 700, 400, 10000, 350, 172
Thos. B. Peddy, 200, 180, 2656, 150, 300
W. L. Tennyson, 117, -, 936, 50, 300
Wm. Nunn, 225, 27, 1500, 240, 1000

Isaac Hill, 400, 200, 3000, 200, 1000
Thos. L. Pettigrue, 40, 280, 100, 12, 360
Wm. Cadenhead, 250, 750, 14000, 200, 800
L. S. Scott, 80, 80, 1200, 75, 300
N. G. Macon, 30, 130, 1000, -, 800
S. N. Dubberly, -, -, -, 200, 335
James R. Greene, 400, 180, 6000, 150, 2165
Wm. Ballon, 75, 48, 800, 5, 300
Moses J. Mayes, 240, 200, 2400, 150, 915
John Smith, 500, 280, 6440, 325, 2070
F. M. Reese, 650, 500, 10000, 400, 200
D. A. Reese, 750, 560, 8000, 400, 200
Wm. Walton, -, -, -, 75, 200
James E. Cooper, -, -, -, 5, 600
F. G. McElhany, 90, -, 1350, 200, 610
Edwin Reese, 450, 230, 10000, 140, 1530
Wm. F. Slaton, 25, -, 400, 125, 1200
Phillip Watkins, 400, 300, 3500, 125, 1385
Edward Frazer, 200, 280, 4870, 300, 1810
C. D. Oliver, 70, 160, 10000, 100, 780
W. A. Greene, 400, 410, 5700, 150, 1450
A. L. Bedell, 340, 240, 4060, 185, 1038
Ann Bedell, 300, 280, 4000, 400, 2300
J. A. Bedell, 40, 70, 500, 75, 500
L. B. Blanks, 300, 375, 7000, 175, 2300
Wm. Rea, 14, 8, 500, 5, 75
James N. Wood, 250, 240, 3500, 150, 1000
W. A. Shaw, 270, 120, 4840, 150, 1058
James Mimms, 250, 360, 5280, 300, 1245
Peter Johnson, -, -, -, -, 1110
B. F. Bedell, 50, 70, 1600, 150, 430
A. Clopton, 80, 40, 720, 100, 450
L. S. Burford, 110, 40, 770, 125, 480
Robt. Huston, 150, 100, 1275, 40, 708
H. H. Armstrong, 150, 100, 5000, 10, 800
A. P. Roberts, 250, 250, 3000, 200, 1000
Daniel Patterson, 100, 183, 1300, 15, 355
Edmond Knowles, -, -, -, 75, 300
Baker Spinks, 70, 10, 800, 75, 350
Wm. Youngbloood, 100, 160, 1500, 125, 700
J. A. Hargrove, 100, 120, 2500, 100, 660
L. P. Zuber, 50, 110, 1000, 100, 400
H. S. Cornett, -, -, -, 10, 175
John Byrnes, -, -, -, 7, 55
W. B. Pettis, -, -, -, 10, 250
Simeon Whatley, 160, 160, 2500, 125, 350
Wm. A. Chafin, -, -, -, 5, 300
Wm. Thompson, 100, 320, 3000, 75, 415
T. H. Hunt, 30, 50, 500, 15, 260
Parker Hunt, 30, 50, 500, 15, 260

Daniel Brunson, 100, 300, 3000, 75, 625
W. T. Bennett, 110, 200, 3000, 100, 625
John Haley, 100, 140, 2400, 125, 550
A. B. L. Tatum, 180, 100, 2800, 75, 550
J. B. Walsh, 160, 95, 1200, 100, 870
Susanna Shank, 200, 60, 2000, -, 1000
J. H. Smith, -, -, -, 20, 400
W. W.Wright, 250, 250, 5000, 100, 750
J. Jackson, 320, 400, 5760, 250, 2555
Wm. Christian, 60, 300, 1000, 10, 300
Joseph Hewey, 22, 48, 500, 5, 175
Wm. Jenks, 60, 30, 1000, 10, 300
J. R. Davies, 40, 40, 320, 60, 420
W. S. Randall, -, -, -, 12, 250
Reuben Watkins, 60, 20, 800, 25, 300
Josiah Sanford, 150, 100, 3000, 200, 1230
James Winchell, 50, 230, 1000, 100, 375
Hyrum Reid, 250, 340, 5000, 150, 1260
Phillip Neagle, 18, 18, 160, 10, 60
Thos Gormer, 40, 40, 600, 100, 200
James Hord, 110, 75, 2000, 200, 750
H. G.Watkins, 80, 60, 600, 200, 300
J. L. Watkins, 46, 34, 800, -, 200
J. M. Hause, -, -, -, 100, 500
Simeon Brooks, 75, 205, 2000, 200, 400
Thomas Huff, 10, 70, 400, 50, 100
R. S. Adams, 50, 150, 800, 200, 500
H. H. Hudgins, 30, 130, 800, 10, 200
David Cobb, 90, 160, 1500, 70, 440
Thos. Gilbert, 100, 60, 1500, 100, 550
H. Lasenby, 160, 160, 2500, 100, 650
Warren L. Davis, 50, 40, 600, 700, 300
Frances Gilmore, 40, 50, 600, 50, 300
Elizabeth Baker, 100, 60, 750, 50 300
Scion L. Hill, 180, 280, 4000, 120, 420
James Hill, 80, 80, 1000, 20, 420
James Allen, 300, 215, 6500, 500, 2350
Perry Farmer, 40, 40, 550, 100, 390
David Shealey, 75, 95, 800, 100, 400
C. C. Knowles, 160, 240, 5000, 300, 1400
Joshua Spradling, -, -, -, 75, 300
P. McKinney, 300, 190, 3000, 300, 1500
L. A. Foster, 200, 70, 2500, 1000
E. B. Chafin, 50, 270, 2000, 75, 600
C. Turner, 60, 40, 1200, 75, 250
R. L. Willis, 200, 75, 1600, 250, 800
Wm. Youngblood, 100, 160, 1000, 300, 600
G. H. Talley, 150, 250, 2000, 500, 600
M. L. Clayton, 50, 40, 500, 200, 300
Meses Padgett, 20, 20, 200, 200, 100
J. Jolt, 35, 135, 200, 60, 400
W. H. Huff, 70, 150, 1200, 30, 300
John Bolton, 60, 40, 500, 40, 260
Sam Richardson, 35, 48, 300, 50, 150

D. W. Gassiway, 200, 530, 4500, 200, 1200
Moses Jones, 475, 415, 7000, 600, 2420
Brance Ligon, 400, 160, 3360, 150, 1500
James Torbert, 1400, 1240, 45000, 1050, 9515
Thos. Flournoy, 400, 240, 5000, 350, 2518
W. H. Cadenhead, 20, 40, 600, 10, 300
A.S. Griggs, 90, 70, 1000, 100, 700
J. M. Torbert, 400, 320, 6000, 500, 3000
Wilson Williams, 300, 140, 3000, 150, 1300
G. A. Clower, 170, 160, 3000, 150, 850
T. J. Waller, 140, 160, 3300, 150, 620
Peter Zellars, 450, 400, 7000, 300, 1590
William Collins, 50, 810, 2500, 100, 1046
Winson Collins, -, -, -, 10, 200
John Mitchell, 180, 140, 4000, 30, 600
B.W. Trotter, 75, 45, 1200, 75, 300
Jesse Taylor, 300, 180, 4000, 150, 1330
Jasper Cooper, -, -, -, -, 200
W. O. Moore, 200, 283, 7000, 200, 1100
Samuel Nunn, 600, 400, 9000, 400, 3110
C. G. Rush, 60, 100, 400, 10, 390
Wm. Jenks, 100, 340, 1500, 150, 750
H. H. Hudgins, 30, 290, 1200, 10, 166
Jane Kirk, 10, 30, 200, 2, -
James Day, 40, 40, 200, 75, 380
J. R. McDonald, -, -, -, 30, 205
E. O'Gwynn, 20, 20, 250, 5, 200
John O'Gwynn, 10, 70, 600, 15, 200
Steven O'Gwynn, 25, 55, 240, 100, 200
Wm. Kilcrease, 200, 120, 4100, 150, 975
Geo. D.Richardson, 130, 250, 2500, 70, 670
Saml. Richardson, 30, 50, 300, 10, 110
Martha S. Appleby, 3, 400, 70, 6, 375
A. J. Sistrunk, -, -, -, 120, 870
T. H. Walker, 90, 70, 800, 75, 430
Daniel McRae, 100, 100, 100, 100, 650
Nathan Dobbs, 20, 140, 400, 40, 175
J. W.Willis, 300, 300, 14400, 200, 1850
Thos. F. Gordon, 80, 40, 800, 50, 680
John J. Baker, 100,1 60, 750, 10, 328
John Mulkie, 50, 70, 800, 10, 500
Thos. Mullins, 100, 160, 2600, 50, 500
R.D. Mullins, 100, 80, 600, 60, 300
Wiley Bridgman, 120, 140, 500, 50, 275
Nancy Thompson, 10, 140, 1200, 5, 200
J. A. Conger, 40, 60, 1000, 75, 185
J. P. Patterson, 100, 60, 1000, 20, 375
D. C. McIntosh, 200, 200, 4000, 50, 560
L. T. Patterson, -, -, -, 10, 140
G. H. Mitchell, -, -, -, 10, 245
W. D. Oliver, 40, 120, 1280, 10, 475

Susanna Sistrunk, 600, 800, 14000, 350, 2350
A. W. G. Torbert, 400, 660, 12000, 300, 2500
Mary A. Dill, 200, 100, 2400, 250, 1490
Wm. F. Kelly, 400, 275, 4000, 300, 2500
Reuben Kelly, 500, 300, 4800, 350, 6000
John Moor, 50, 10, 800, 75, 550
A. C. Jordan, 140, 160, 3000, 135, 740
Lizzie Kennedy, 100, 58, 1000, 60, 358
R. T. Foote, 500, 140, 3510, 200, 1700
P. Grimes, -, -, -, 5, 150
T. W. Brunson, 100, 220, 3000, 100, 680
John W. Brown, 1600, 2150, 37500, 2000, 7400
A. N. Adams, 80, 260, 2500, 80, 530
F. M. Ligon, 10, 15, 600, 5, 150
T. W. Preddy, 30, 60, 400, 10, 300
M. B. Bogan, 18, 26, 200, 5, 50
____(Wm.) Jones, 550, 250, 8000, 300, 2521
L. L. Torbert, 435, 115, 6000, 300, 2585
John B. Martin, 60, 60, 2000, 60, 285
Elihu Wiggins, 80, 176, 1500, 75, 225
Wm. F. Sanford, 700, 1000, 1500, 500, 3100
N. J. Scott, 700, 1200, 25000, 700, 3000
Thos. Glaze, 550, 300, 10000, 130, 2265
Job Huguley, 400, 116, 2580, 150, 1900
C. Highley, 500, 220, 5000, 230, 1200
Wm. Cadenhead, 170, 520, 7000, 200, 900
Joseph Kerbo, 100, 200, 3600, 25, 800
T. J. Dismuke, 100, 320, 3200, 125, 900
Daniel Ray, 150, 225, 2000, 80, 800
L. Williams, -, -, -, 6, 550
Jacob Keitt, 400, 350, 8000, 250, 2200
Burrell Barrow, 400, 550, 8000, 225, 2100
Churchhill Gibson, 700, 2300, 15000, 500, 3500
James Wright, 100, 120, 2500, 200, 800
A. C. Chapman, 300, 200, 3700, 200, 1500
Henry Segrest, 350, 450, 9700, 200, -
Peter Driskill, 850, 960, 20000, 500, 5850
A. H. Rowell, 400, 400, 8000, 300, 2475
G. H. Talley, 125, 300, 3000, 400, 3000
Sarah C. Clanton, 280, 50, 6000, 150, 1000
W. H. Stafford, 400, 261, 10600, 490, 2500
Benjamin Rush, 350, 230, 7200, 275, 1775
W. A. Chamblis, 650, 586, 14532, 400, 2900

Thomas Loughry, 400, 200, 12000, 250, 250
M. K. Wheat, 700, 700, 22400, 500, 4000
Jesse Thompson, 1050, 650, 1900, 600, 5000
Joseph N. Scott, 300, 212, 8000, 225, 1100
J. M. Band, 90, 80, 2000, 125, 550
Wm. Culvard, 350, 450, 16000, 250, 2000
J. T. Cloud, 400, 200, 16000, 250, 1800
E. F. Montague, 200, 206, 7000, 300, 1700
Margaret Cloud, 33, 32, 900, 25, 250
James Corbitt, 350, 261, 7230, 150, 750
W. L. Scurlock, -, -, -, 25, 230
James M. Day, 200, 130, 4000, 200, 450
J. A. Floyd, 200, 410, 9150, 125, 700
Ann Floyd, 200, 410, 9150, 125, 1900
Charles Boyd, 700, 357, 16250, 350, 4500
C. L. R. Boyd, 1000, 1400, 24000, 500, 4500
P. Pettiway, 640, 120, 3300, 100, 1400
Wm. Pollard-agt., 300, 400, 10000, 250, 2000
G. F. Bates, 200, 450, 9750, 150, 2100
Conrade Webb, 400, 740, 11400, 500, 3500
Sneede Mays, 450, 225, 10000, 300, 2500
B. A. Blakey, 600, 360, 20000, 420, 3990
John Crabtree, 250, 73, 5000, 50, 1250
W. C. Bibb, 1200, 550, 20000, 500, 5000
C. W. Carr, 200, 30, 1500, 200, 600
Alex Frazer, 800, 500, 10000, 400, 3000
G. W. Gunn, 320, 600, 20000, 600, 280
Eliza Burch, 500, 1267, 15000, 480, 3436
J. M. Simmons, -, -, -, 100, 1530
Mary E. Walker, 500, 240, 23000, 600, 3300
Julia a. Walker, 400, 260, 6000, 250, 1800
G. C. Carmichael, 200, 247, 3500, 225, 1200
G. W. Hayden, 320, 1200, 10000, 175, 900
Len Segrest, 320, 320, 7680, 250, 1800
Henry Carr, 100, 60, 650, 50, 300
J. W. Dawson, 48, 10, 900, 30, 281
James Mitchell, 120, 172, 3500, 75, 608
Elisha Hightower, 200, 327, 1500, 100, 350
Peyton J. Moore, 350, 250, 3000, 400, 1500
Elizabeth Tomplin, 400, 180, 5800, 150, 1600

Rebecca Scott, 120, 40, 1600, 50, 600
M. W. Patillo, 200, 190, 2500, 120, 1000
A. H. Hannon, -, -, -, 20, 350
W. Foster, 75, 50, 1200, 60, 500
E. A. Sadler, 210, 150, 4000, 200, 1600
H. H. Grimes, 400, 550, 900, 250, 2200
C. L. Croft, 350, 150, 5500, 175, 2300
P. McIntosh, 350, 210, 4200, 245, 725
J. Collins, 100, 100, 4000, 100, 475
J. Phillips, 200, 270, 6000, 200, 1400
O. D. Coze, 500, 300, 1500, 400, 2800
N. Felton, 800, 3540, 30100, 800, 3440
W. R. Pierce, 70, 20, 900, 75, 400
G. T. Langford, 30, 70, 1000, -, 50
J. H. Cadenhead, 125, 40, 1200, 50, 820
J. G.Robinson, 500, 200, 7070, 80, 825
James Wright, 300, 300, 5000, 80, 400
A. G. Barrow, 120, 200, 1200, 50, 750
J. M. Kennedy, 375, 260, 5000, 300, 1600
P. S. Beazeley, 350, 650, 6000, 250, 1210
W. J. Talley, 600, 320, 9200, 600, 3100
L. B. Stroud, 75, 50, 3500, 200, 500
H. N. Sneede, 350, 250, 6000, 300, 1650
Wm. C. Talley, 250, 280, 4344, 65, 700
W. T. Shaw, 40, 6, 1600, 5, 400
M. B. Arant, 75, 25, 600, 40, 450
W. T. Livingston, 300, 50, 2500, 250, 1000
Levi Jones, 100, 600, 4000, 150, 500
Amos Laseter, 160, 190, 2000, 150, 1000
W. J. Horton, 100, 56, 1000, 40, 650
Samuel P. Hale, 210, 190, 2500, 250, 780
A. G. Simpson, 650, 650, 7000, 300, 3500
W. Lukroy, 180, 120, 3000, 225, 725
G. B. Laquey, -, -, -, 40, 375
A. W. Cunningham, 40, 120, 600, 100, 525
G. W. Cooper, 80, 40, 760, 100, 225
Singleton York, 160, 640, 2000, 300, 600
J. S. Zachary, 250, 250, 3500, 200, 1800
Andrew Jackson, 100, 20, 1200, 100, 700
A. H. Beazeley, 275, 285, 5000, 200, 1800
Henry Guy, 40, 40, 500, 50, 200
David Watson, 250, 200, 2000, 250, 1000
J. A. Bolin, -, -, -, 25, 500
Nancy Terrell, 225, 675, 4000, 200, 1700
H. T. Crowder, 350, 250, 4480, 100, 730
C. D. Bilbro, 300, 80, 4000, 200, 1200
T. B. Bilbro, 125, 35, 1200, 125, 500
A. B. Stroud, 240, 93, 3333, 250, 1425
J. O. Lawer, 270, 90, 2500, 130, 1215
B. F. Moore, 400, 200, 6000, 400, 1850
W. B. Moore, 400, 200, 6000, 400, 1850
J. C. Strickland, 65, 1500, 1000, 150, 600

A. Sattawhite, 240, 100, 3000, 50, 800
B. F. Johnson, 175, 50, 300, 120, 600
J. W. W. Drake, 450, 450, 12000, 800, 3000
L. M. Lamar, 240, 80, 2800, 150, 1200
Edward Echols, 300, 140, 3500, 25, 510
Myrick Dowdell, 1000, 1450, 20000, 500, 3883
W. B. Parham, -, -, -, 10, 200
David Harris, 100, 20, 800, 15, 500
J. H. Parham, 40, 40, 500, -, 350
J. H. Drake, 700, 360, 7500, 200, 1800
M. W. McCraw, 300, 200, 3500, 75, 400
John Echols, 650, 1000, 9780, 500, 2700
Susan Huguley, 200, 84, 2800, 300, 550
D. T. Haladay, 25, 20, 500, 10, 650
A. G. Duke, 15, 55, 700, 10, 200
Wm. Goodson, 180, 134, 3400, 232, 970
Lewis Todd, 4, 2, 400, 10, 462
Wm. O'Neal, -, -, -, 50, 625
John A. Shell, -, -, -, 10, 175
Thomas M. Burford, 350, 385, 4000, 100, 1410
James T. Wagnon, 250, 150, 5000, 150, 1468
Wm. E. James, -, -, -, 25, 600
Narcissa Henderson, 600, 200, 7000, 200, 1750
M. L. Collars, 100, 100, 2000, 125, 710
B. S. Johnson, 450, 133, 3500, 155, 1600
J. B. Ogletreee, 1000, 600, 15000, 500, 2772
E. T. Glenn, 850, 650, 16000, 500, 3000
Johnathan David, 800, 740, 12300, 400, 3360
Marion Mahan, 150, 200, 3000, 125, 1000
Pleasant Macon, 400, 600, 10000, 400, 2000
J. D. McElhany, -, -, -, 100, 500
Israel Champion, 150, 100, 3000, 125, 800
John Miles, 150, 200, 1500, 200, 1100
N. G. Macon, 100, 250, 2000, 150, 800
Robert Adams, 800, 1100, 20000, 600, 5000
Lewis Simms, -, -, -, 200, 700
Martha Pullen, 100, 100, 1500, 75, 450
Robert Kellam, 300, 300, 700, 250, 1600
P. R. McKenzie, 325, 300, 2650, 300, 200
Henry McKenzie, 300, 185, 2000, 200, 1300
J. H. Rowell, 100, 75, 1200, 100, 750
Zack McKenzie, 150, 125, 3000, 175, 900
Edmund Webb, 200, 200, 4000, 250, 1400

Matilda Thomas, 250, 220, 4000, 300, 1450
W. W. Webb, 50, 75, 1000, 25, 500
W. D. Rowell, 75, 75, 1000, 30, 550
G. W. Thomas, 40, 40, 300, 20, 200
E. B. Zachary, 150, 100, 1200, 150, 800
J. M. Carleton, 500, 300, 8000, 300, 2500
Milton Yancey, 250, 220, 8000, 300, 1500
Jas. (Jos.), N. Collins, 850, 780, 25000, 1000, 7500
Wm. Davis, 50, 35, 200, 20, 200
Alfred Sixe, 50, 55, 600, 100, 700
W J. Sanenett, 100, 120, 6000, 100, 1200
Wm. H. Lamar, 120, 200, 4500, 170, 2000
Thos. C. Lamar, 85, 150, 200, 100, 650
Henry B. Smith, 200, 100, 1000, 250, 1500
Elizabeth Smith, 30, 5, 60, 30, 250
James Whitley, 100, 8, 200, 100, 900
John Haley, 100, -, 100, 100, 400
Wm. Conger, 100, 5, 150, 40, 358
Isaac Herring, 150, 85, 1000, 55, 800
A. S. Brooks, 50, 30, 1000, 15, 300

Mobile County Alabama
1860 Agricultural Census

Agricultural and Manufacturing Census for 1860 Microfilmed by the Alabama Department of Archives and History under a Grant from the National Science Foundation

1860 Schedule 4 Agricultural –Dekalb to Morgan Counties

Filmed for the University of North Carolina from Original Records in the Alabama Department of Archives and History

These are the items represented and separated by a comma: for example John Doe, 20, 25, 10, 5, 100. At some places an * is used as well as a small x . I do not know what these are referencing as there is no explanation.

1. Owner
2. Acres of Improved Land
3. Acres of Unimproved Land
4. Cash Value of Farm
5. Value of Farm Implements and Machinery
13. Value of Livestock

NOTE: In some instances where the first few letters of the first name or initials are missing and indicated with _, the microfilming did not pick up parts of the left margin for Mobile Co. for it was too close to the binding and could not be flattened enough. It is my understanding that the sheets once filled out were then bound. My guess is that the Alabama Department of Archives and History would not allow the books to be taken apart and had to be filmed as is. Thus, some parts of first names or initials are not visible on the film.

Augustin Demorny, 14, -, 5000, 50, 1000
John R. McBurney, 8, -, 2000, 50, 350
Michael Cannon, 10, -, 800, 50, 325
Henry Case, 12, -, 1200, 100, 300
Antoine Drey, 12, 9, 1200, 100, 300
Michael Carlin, 40, -, 5000, 200, 1100
James Nolan, 15, 75, 1800, 125, 350
Christopher Nolan, 12, -, 1000, 100, 220
John Finch, 10, -, 1000, 50, 110
John D. Haynie, 18, 15, 4000, 100, 200
Martin Harnett, 19, -, 3000, 200, 400
Desire Grandjean, 12, 24, 1200, 150, 75
Elisabeth Tally, 10, 16, 700, 50, 110
Aime Gormond, 9, -, 200, 50, 350
Claude Morel, 11, -, 1500, 50, 800
George D.Rickarby, 33, -, 2500, 500, 800
George E. Chisholm, 6, -, 300, 50, 130
Claudine Gasson, 5, -, 1000, 100, 175
Finton Moore, 12, -, 1500, 75, 200
Francois Fenonville, 24, -, 1400, 60, 1050
Joseph Schembrer (Schenber), 30, -, 1500, 300, 1200
Julien Chevalier, 20, -, 1000, 250, 1500

Antoine Pandolfo, 20, -, 1000, 100, 80
John H. Farnell, 10, -, 500, 100, 125
Migues Marques, 20, -, 400, 150, 250
John H. Riviere, 20, -, 1000, 150, 1000
Sidome Chastang, 20, -, 1000, 290, 1500
Jame Petithany, 12, -, 900, 15, 150
James Miga, 25, -, 1000, 50, 300
Harriet Howard, 20, -, 500, 100, 150
Joel T. Sandiford, 16, 13, 600, 75, 150
John Ciutat, 8, -, 500, 200, 900
John Pollard, 14, -, 280, 600, 3900
Wm. H. Cleveland, 6, -, 1000, 25, 300
Mary Boling, 20, 6, 1600, 100, 400
James Silliman, 20, 6, 1600, 100, 400
Jacob Roh, 25, -, 3000, 50, 300
Patrick Hall, 6, 18, 500, 5, 70
Marie L. Croizait, 12, 12, 600, -, 100
Joseph Rabby, 12, 9, 800, 50, 600
Louis Ella, 3, -, 300, 150, 550
Samuel Hinslow, 18, 62, 2000, 100, 750
Wm. H. Homer, 20, -, 200, 250, 5000
Larkin Cleveland, 12, 450, 2500, 100,450
Joseph Pollard, 6, -, -, -, 85

Garland Goode, 40, -, -, -, 3500
Elbert J. Murphree, 46, -, -, -, 350
William Jackson, 25, 5, 600, 150, 200
William H. Rowell, 64, 10, 2000, 250, 750
John H. Murphree, 10, 630, 2000, 65, 125
Archibald McLauchin, 18, -, 700, 60, 250
Wm. A. Pollard, 16, 64, 1200, 75, 400
Jas. C. Pollard, 12, -, 500, 90, 350
Hy. Bolton, 100, 60, 6000, 100, 950
John Barrow, 10, -, -, 80, 150
Edwin Sage, 10, -, 3000, 75, 600
Hy. Steiner, 56, -, 1800, 500, 5000
Thomas Farnel, 9, -, 200, 60, 200
Michael Murphy, 10, 10, 350, 100, 250
Michael O'Brian, 12, 50, 500, 100, 150
Joshua Collins, 12, 60, 200, 25, 40
John Pierre, 12, 6, 100, 100, 125
Henry Mallory, 8, -, 150, 75, 70
William H. Homer, 16, -, 2000, 200, 225
Charles Bright, 4, 4, 1500, 30, 300
Stewart George, 20, 286, 2500, 150, 1200
Maximillien Collins, 8, 1400, 4000, 25, 900
John Collins, 3, 200, 1000, 15, 1000
Bolten Durette, 4, 80, 800, 75, 775
James L. Jones, 4, -, 100, 25, 100
Stephen Gibson, 8, -, 250, 100, 100
Andrew Kelly, 7, -, 600, 75, 100
George Strachan, 17, 5, 2000, 100, 1200
John Duff, 10, 8, 2500, 50, 125
Jacob Klares, 12, 188, 300, 50, 75
Michael Dowling, 21, -, 800, 250, 500
Denis Nicholas, 3, -, 600, 80, 150
Lorenza M. Hilson, 40, -, 13000, 100, 1600
George Conaway, 7, 5, -, -, 400
David Stodder, 10, -, 4500, 50, 300
Wm. J. Aarderson (Harderson), 8, -, 5500, 175, 300
Hy. A. Donaldson, 20, -, 6000, 100, 500
Susan L. Sawyer, 10, -, 7000, 50, 600
Robt. Harwell, 47, 10, 3000, 500, 650
Jas Demorey, 30, 130, 750, 80, 900
Richd. Spencer, 120, 360, 3000, 150, 770
Michael Peavy, 14, 10, 500, 50, 225
Theodore Noel, 20, 60, 300, 20, 300
Geo. W.Ellis, 45, 115, 300, 20, 300
Pat O'Brien, 10, -, 1500, 20, 75
Dudly Rayford, 33, -, 2900, 25, 200
John J. McNellage, 5, -, 250, 50, 275
Amos R. Manning, 37, -, 8000, 100, 1000
Thos. Graham, 7, 60, 500, 50, 550
Harman Powell, 12, 28, 2000, 100, 850
Chas. A. Hieronymus, 9, 9, 1000, 35, 300
John Myers, 35, 85, 200, 10, 400

Edwd. Parker, 10, 2000, 2500, 20, 1000
James Baird, 10, -, 100, 30, 300
John Tilghman, 10, -, 300, 50, 900
Hansford Davis, 20, 20, 150, 45, 1050
Soloman S. Taylor, 12, 3200, 5000, 100, 3415
Theodore Lartique (Sartigue), 10, -, 800, 90, 1200
Augustus Pgloff, 10, 50, 4500, 250, 600
Richd. Roberts, 25,55, 100, 25, 400
Benjamin Hamilton, 15, -, 300, 50,1200
Robt. T. Date, 4, -, 2500, 25, 100
Elisabeth Dade, 4, -, 500, 15, 50
Augustus L. McCoy, 2 ½, -, 1000, 50, 150
__hemiah D. Stockly, 300, -, 8000, 300, 700
Jesse M. Long, 12, 1, 1000, 50, 500
Reub. Whatley, 20, 60, 1000, 100, 3500
Jno. A. Lewis, 50, 4000, 1200, 50,4100
John Lord, 7, 20, 1000, 35, 225
Jeremiah Pierce, 5, -, 500, 15, 250
Larkin Pierce, 12, -, 300, 60, 225
Fred Finchen (Firichen), 8, 73, 500, 60, 400
Saml. Thompson, 10, -, 200, 40, 375
Jacob P. Sulsback, 17, -, 252, 35, 75
Chas. A. Marsten, 30, 250, 10000, 204, 1500
J. J. Nicholson, 10, -, 5000, 60, 655
Isiah Powell, 15, 310, 500, 75, 600
Jno. P. Martin, 30, 15, 1000, 300, 1500
A. W. G. McCrary, 15, 65, 800, 100, 500
Andrew McCrary, 50, 200, 1500, 125, 475
Geo. W. Ashbee, 5, 67, 1000, 80, 175
Thos. M. Connell, 40, 90, 1000, 10, 13000
Andrw Deakle, 15, 405, 1500, 75, 1000
Isaac M. Chadrick, 30, 370, 1200, 80, 350
Thos. L. Graham, 29, 20, 600, 150, 700
____. Girard, 29, 12, 1000, 40, 400
Danl. McLogan, 8, 72, 300, 50, 10000
Annatol Rabby, 60, 209, 7000, 100, 2000
Fras Dellatorne, 30, 275, 1500, 90, 500
John Rabby, 30, 189, 4000, 150, 2200
Carlos Delmas, 3, 97, 1000, 10, 140
Jos. Laurendine, 4, 1, 600, 25, 1000
Jos. Bosarge, 4, 4, 500, 30, 450
Wilson G. Golman, 4, 10, 300, 10, 225
Alexr. Clark, 6, -, 250, 10, 125
Alphonse Ladneyre, 5, -, 250, 10, 200
Jas. Carpentr, 10, 10, 700, 204, 300
Lausons Myers, 6, 34, 75, 10, 90
Clement C. Billingslee, 50, 1000, 1500, 250, 700

Jules M. De St. Rose, 10, 300, 1200, 15, -
Thos. Clark, 15, -, 300, 400, 10, 500
Jas. Pendaris, 8, 72, 250, 10, 400
Wm. P. Turner, 30, 10000, 35000, 25, 4000
Thos. G. Morgan, 10, 5000, 20000, 75, 1100
Victor Bosage, 12, 68, 250, 15, 800
Horace Tally, 20, 140, 7000, 100, 1200
Wm. A. Rawls, 30, 290, 500, 75, 1000
Chas. Hamilton, 15, 145, 750, 70, 1250
Franklin Hamilton, 8, 152, 600, 45, 835
Thos. W.Ellis, 4, 36, 500, 20, 450
John C. Cassey, 8, 32, 500, 20, 400
Wm. Brown, 20, 60, 600, 50, 220
Archibald Lewis, 16, 144, 600, 45, 350
Addison Clement, 5, 5, 200, 10, 650
Elijah Maples, 18, -, 250, 75, 1250
John Moore, 40, 120, 1080, 100, 580
Alfred Ferrell, 25, 95, 300, 40, 400
Francis R. Williams, 20, 100, 200, 10, 230
Thomas Jackson, 20, 20, 250, 50, 1100
Silas Pierce, 18, 62, 350, 45, 1200
John Pierce, 30, 70, 400, 150, 1250
Lewis M. Pierce, 25, 5, 150, 25, 200
Floyd Pierce, 6, -, 75, 30, 200
William Pierce, 7, -, 100, 25, 275
Andrew Jackson, 8, -, 75, 55, 380
Austin Roberts, 7, 33, 100, 60, 420
Charles Turner, 30, 90, 500, 35, 920
Jesse M. Calloway, 15, 145, 250, 100, 285
Henry Fleury, 14, 26, 100, 30, 120
William H. Holloman, 12, -, 500, 10, 700
Tisdale Whatley, 25, 35, 800, 35, 100
Willis Deakle, 6, 34, 200, 25, 500
J. Andrew Deakle, 6, -, 100, 40, 1000
William Dekle, 8, -, 250, 50, 500
James L. Baker, 30, 90, 500, 30, 800
Ursin P. Baptiste, 25, 15, 100, 60, 750
Jackson P. Ward, 30, 130, 1000, 50, 1250
David Turner, 100, 360, 1300, 55, 1100
Seth Harvey, 100, 60, 500, 100, 1500
Levi Leavitt, 150, -, 6000, 400, 1200
William Shaw, 7, -, 1500, 90, 100
Thomas Wagner, 12, 15, 1200, 70, 100
Champe Taylor, 50, 40, 7000, 100, 300
Charles Hofheim 20, 12, 2000, 200, 650
Patrick Hand, 12, -, 1000, 100, 200
Richard Kelly, 40, 12, 3000, 80, 400
Charles E. Wilkins, 7, -, 500, 60, 130
James Devine, 60, -, 1200, 50, 450
Rebecca Fowler, 40, -, 8000, 100, 650
Henry L. Newbold, 6,-, 1500, 25, -
Denis Green, 11, -, 1100, 50, 250
Michael McDonale, 17, -, 2200, 75, 350
James Stewart, 15, 7, 1500, 45, 250
Patrick McNulty, 6, -, 400, 50, 350
John Kearns, 16, -, 1400, 45, 275
Thomas Finch, 9, -, 800, 50, 125
Michael Finch, 7, -, 2000, 25, -
James Fallon, 14, -, 1000, 75, 300
Dominick T. Brennan, 20, -, 6000, 100, 350
John Mason, 18, -, 200, 90, 750
Hiram Powell, 20, -, 200, 75, 700
Eli Moffett, 20, 380, 500, 130, 2200
Tallant Ward, 10, -, 200, 10, 350
David J. Pierson, 17, -, 40, 5, 80
William Ryles, 9, -, 100, 30, 100
Isaac Ryles, 6, -, 60, 5, 110
George Grimes, 30, -, 120, 50, 150
Thomas E. Pitman, 15, -, 500, 65, 375
Joseph Stringfellow, 40, -, 100, 100, 800
James Stringfellow, 30, -, 100, 50, 750
John A. Lowry, 40, -, 1000, 150, 1500
John E. Allen, 15, -, 150, 200, 300
Benjamin Howell, 20, -, 300, 45, 800
Thomas G. Newbold, 18, -, 3000, 50, 200
John Lanaker, 5, -, 550, 25, 50
Thomas McAndrew, 17, -, 800, 40, 320
Martin McAndrew, 5, -, 400, 30, 150
Patric McAndrew, 14, 4, 2500, 55, 300
Edmund Busby, 5, -, 250, 30, 750
Michael Tierny, 4, -, 400, 20, 150
Mathew McGuyre, 15, -, 500, 25, 100
James Kelly, 6, -, 300, 20, 75
Daniel Young, 23, 10, 3000, 10, 400
Ransom Dismuke, 10, -, 75, 50, 300
Robert Hatcher, 12, -, 100, 25, 100
Benjamin Howell, 15, -, 100, 20, 200
James Allen, 20, -, 150, 75, 800
William Allen, 1, -, 200, 50, 300
Ann Shelton, 40, 160, 2500, 100, 1200
Alexander Young, 6, 420, 500, 75, 350
John A. Smith, 9, 46, 300, 80, 250
John H. Cannon, 30, -, 4000, 75, 300
Samuel Smith, 5, -, 150, 50, 150
Mathew Laws (Lews), 18, -, 4000, 50, 800
Alexr. Hollinger, 12, -, 2000, 50, 175
James H. Doughdrill, 75, 3000, 2000, 200, 2250
George W. Ross, 100, 200, 500, 100, 4200
Peter McLarney, 27, 12, 3000, 40, 2000
Hugh Monroe, 25, -, 2500, 200, 700
Thomas Kavanagh, 10, -, 500, 25, 275
Eugene McDonald, 25, -, 500, 400, 2400
George N. Stewart, 20, 80, 10000, 100, 400

Patrick Develin, 17, 9, 3400, 250, 600
Thomas McDonald, 10, -, 1500, 250, 550
John Seed, 14, -, 500, 150, 500
Richard Sheridan, 20, 140, 400, -, 1000
John W. Murrell, 40, 272, 500, 4800
W. W. R. Cottrell, 100, 300, 500, -, 4000
Lewis Kennedy, 20, 500, 2000, 600, 1600
Gilbert R. Hollinger, 125, 2300, 15000, 200, 2300
Ann R. Rowan, -, -, -, -, 300
Thomas Buford, 100, 3000, 5000, 500, 1500
William Calvert, 160, 4500, 30000, 100, 5000
M. M. Rowan, -, -, -, -, 150
C. P. Crocker, 50, 1000, 6000, 200, 500
Jas. D. Godbold, 160, 775, 8000, 100, 2500
T. S. Roach, 150, 2500, 12000, 150, 1000
Eli Booth, -, -, -, -, 200
J. M. Dabney, 150, 300, 20000, 300, 2000
C. J. Duval, -, -, -, -, 600
B. M. Simison, 180, 1500, 4000, 200, 1200
J. D. Declarx, -, -, -, -, 150
Zeno, Orsos, 25, 400, 6000, 150, 500
Washington Webb, -, -, -, -, 150
John Thomas, -, -, -, -, 50
Lucretia Smith, 15, 65, 300, 50, 250
Rebecca Bryant, -, 60, 100, 50, 250
M. P. Johnson, 300, 5300, 50000, 500, 3000
J. S. Johnson, 100, 1400, 15000, 150, 3000
F. B. Shepard, 300, 2000, 20500, 200, 4500
Peter Mock, -, 40, 100, -, 100
F. McNaughton, -, 80, 100, -, 40
E. S. Barnett, -, -, -, -, 200
Jesse L. Reno, -, -, -, -, 600
J. V. D. Middleton, -, -, -, -, 400
H. Richardson, -, -, -, -, 30
Edward Fahl, -, -, -, -, 50
John Cooper, -, -, -, -, 50
Thomas Rodgers, -, -, -, -, 40
Roma Seymore, 25, 375, 800, 100, 500
John Chastang, 8, 162, 800, 50, 500
Zeno Chastang, 80, 1230, 3900, 150, 800
E. Z. Chastang, -, -, -, -, 400
J. Z. Chastang, -, -, -, -, 500
L. Z. Chastang, -, -, -, -, 500
A. Z. Chastang, 10, 140, 450, 50, 700
F. Z. Chastang, 5, 145, 450, 1000, 900
William Roberts, -, -, -, -, 25
Lemuel Byrde, 30, 135, 300, 20, 1000
Gerome Andry, 15, 25, 200, 20, 400

A. S. Andry, 15, 135, 350, -, 100
W. J. Buck, 10, 30, 2000, 20, 600
M. Dubroca, 30, 900, 2500, 125, 600
N. Dubroca, 30, 900, 2500, 125, 600
Clara Chastang, 1, 540, 2000, 50, 450
F. Dubroca, -, 150, 500, -, -,
Brazil Dubroca, -, 220, 700, -, 200
C. Baria, -, -, -, -, 150
John M. Lad, 170, 5000, 10000, 3000, 3400
Thomas Langford, -, -, -, -, 300
George Gortman, 25, 620, 1500, 200, 1500
Theodore Collins, -, 24, -, -, 400
Zeno Chastang Jr., 10, 150, 800, 200, 3200
John A. Roper, -, 700, 1600, 100, 1000
Foster Chastang, -, -, -, -, 700
Louisia Andry, 20, 500, 2000, -, 1000
Sylveter Andry, -, 26, 200, -, 240
George Coleback, -, 160, 800, -, 450
D. M. Brethand, 150, 1400, 15000, 150, 1500
Mary Oswald, 15, 500, 1000, 200, 640
John Salser, -, -, -, -, 150
John Balentine, -, -, -, -, 150
Adam Salser, -, 120, 200, -, 100
Andrw Anderson, -, -, -, -, 400
Honor Turner, -, -, -, -, 2000
A. Brashear, 10, 560, 700, 100, 1200
Sansa Collins, -, -, -, 20, 250
Gerome Chastang, 10, 150, 800, 50, 300
William T. Byrd, 30, 290, 600, 200, 650
Oliver M. Smith, 25, 535, 650, 100, 700
E. H. Smith, -, -, -, -, -
N. J. Smith, -, 320, -, -, 600
Ira B. Smith, -, 320, 600, 100, -
John J. Boykin, -, 1600, 3000, -, -
H. H. Gortman, -, 40, 100, -, -
Noah Boothe, -, -, -, -, -
G. W. Byrd, -, 320, 600, 100, 1000
William F. Hunt, 10, 30, 300, -, 900
J. F. Russell, 60, 180, 4000, 20, 800
F. E. Stokes, -, -, -, -, 450
M. A. Bickley, -, -, -, -, 70
Lemuel Harris, -, -, -, -, 100
James E. Sellars, -, -, -, -, 25
Baley Harris (Harrell), -, -, -, -, 100
Thomas A. Malone, 20, 22, 1500, -, 250
A. E. Kent, -, 40, 2000, -, 125
Henry H. Hunt, 70, 400, 10000, 150, 600
John W. Weissinger, 100, 300, 8000, 150, 500
James Byrd, -, 160, 300, -, 500
George Byrd, -, -, -, -, 200
Malaley Trainer, -, -, -, -, 150

David Barton, 20, 20000, 20000, -, 150
Wiley Wilkerson, -, 160, 600, 40, 125
L. Gilroy, -, 40, 500, -, 280
Charles Williams, -, 40, 8000,100, 120
James Kennedy, 10, 140, 600, 20, 100
S. S. D. Patrick, - 40, 250, 10, 600
John Gortman, -, -, -, -, 75
Justin Goff, 10, 30, 400, -, 450
John Harris, -, -, -, -, 1000
John Harris Jr., -, -, -, -, 250
Eli Collins, -, -, -, -, 350
Judy Reed, 40, 40, 200, 20, 400
James J. Howard, -, -, -, -, 200
William Coonoy, -, -, -, -, 100
Harriet Howard, -, 40, 200, -, 600
Richmond Powell, -, -, -, -, 450
Eli Howard, -, -, -, -, 200
William H. Walker, 15, 25, 2000, 100, 500
L. D. Ramsy, -, 40, 1500, -, 500
Julia Malone, -, -, -, -, 270
Daniel Sims, -, 40, 3000, -, 450
Reuben B. Anderson, 30, 70, 1000, 20, 200
_lark Newborn, -, 80, 150, -, 175
William M. Harris, -, 80, 150, -, 120
Joseph Newborn, -, 80, 150, -, 100
William Newborn, -, 80, 150, -, 150
Peter Chastang, 50, 1000, 2000, 300, 2000
William Windham Est., 12, 2600, 5000, 100, 900
Levi H. Norton, 100, 1300, 10000, 200, 1200
Phillip Gortman, 10, -, 300, -, 200
James Whitler, 20, -, 500, -, 900
Berry Ellison, 50, 560, 2000, 100, 1200
Ambrose Hudgens, 60, 2940, 10000, 200, 1600
William Davis, 25, 675, 3000, 200, 1500
F. N. Hudgens, 20, 180, 1000, -, 150
Michael Hartley, 10, 2000, 4000, 50, 800
Lemuel Byrd, 25, 350, 700, 30, 1000
Griffin Malone, 25, 120, 300, 25, 500
William Bussby, 6, 80, 100, 40, 240
Louis Miller, 6, 94, 225, 20, 500
A. J. Vickers, -, -, -, -, 60
Joshua Kidd, -, -, -, -, 225
John C. Helverston, -, -, -, -, 150
Travis George, 15, 150, 500, 30, 560
William Lott, 25, 15, 400, 30, 550
Alexander Cato, 20, 20, 400, 20, 300
Washington Lott, 30, 160, 500, 100, 2500
Robert Byrd, 30, 775, 1000, 100, 2575
Thomas Lott, 30, 50, 500, -, 100
Claiborne R. George, 25, 15, 250, 15, 900

Emeline Deas, -, -, -, -, 375
Joseph George, 30, 10, 150, 20, 400
R. Turner George, -, 80, 100, 20, 1000
P. & J. Masin, 10, 70, 200, -, 400
*Thomas Derrett (Denitt), 10, 150, *, -, 200
Powell Mason, -, -, -, -, 110
*Jesse Mason, 10, 30, *, -, 200
William Churchwell, -, -, -, -, 500
Thomas Churchwell, -, -, -, -, 200
*L. Howard, 15, 230, *, -, 1000
J. C. Williams, 20, 180, 300, 20, 800
*John Denmark, 14, -, *, 10, 600
*E. Harrell, 20, -, *, -, 400
William Crawford, 20, 300, 600, -, 400
E. S. Trigg, 100, 20, 10000, 100, 1000
John B. Baldwin, 50, 50, 7000, 50, 600
*Joseph Borden, 60, 480, *, 100, 1300
W. W. Smith, -, 1000, 2000, 50, 150
John Perkins, -, -, 1500, -, 400
Patrick Little, -, -, 1000, -, 200
Ezra B. Cappell, -, -, -, -, 400
Bier Juzan, - -, -, -, 100
Henry Newman, 15, 38, 2000, 20, 400
Nicholas Leipz, 30, 23, 2000, -, 600
Octave Chandron, -, -, 300, 50, 140
Charles Hildabrant, -, -, 1000, 25, 800
John Hartwell, 10,-, 3000, 50, 400
William Hair, -, -, 2000, 50, 125
William George, -, -, 1000, 25, 65
John Cunningham, -, -, -, -, 75
James Cunningham, -, -, -, -, 220
John Cunningham Jr., -, -, -, -, 250
Henderson T. Beers, 20, -, 1000, 40, 30
Phillip Gamble, -, -, 200, -, 200
James F. Paton (Saton), -, -, -, -, 300
Clement Callaway, -, -, -, -, 600
James Meaher, 20, 400, 6000, -, 125
F. Drosch, 5, -, 800, -, -
William Cottrell, -, -, 10000, 100, 3500
William Nicholas, -, -, 2000, 50, 300
William S. Degrush, -, -, 10000, 100, 600
W. A. Joiner, -, -, 300, -, 100
William Lyon, -, -, -, -, -
G. W. Bisto, -, -, -, -, 300
Charles Bancroft, 30, 50, 3000, -, 500
George McQuillin, -, 28, 600, -, 700
William Wooten, 9, -, 500, -, -
John E. Gags, 15, 5, 2000, 50, 200
William S. Norris, -, 20, 2000, 25, 350
John Hendrix, -, 25, 500, 20, 150
J. S. Barnard, -, 4, 500, -, 90
William H. Toomer, 30, -, 3000, 50, 600
John L. Toomer, -, -, -, -, 700
Nathan Howard, -, -, 1500, 50, 375
Catharine McDonald, 10, 10, 1000, -, -,

Edmund Thop, -, -, 7000, 50, 300
Seth W. Roberts, 10, -, 3000, 50, 400
Richard Fletcher, 10, -, 3000, 50, 200
Jacob Vanderslice, 20, -, 2000, 50, 200
William Foster, -, 10, 500, -, 200
William Howard, -, -, -, -, 100
John H. Bartha (Bantha), -, -, 400, -, 100
Levi J. Griffin, -, -, 200, -, 350
Andrew J. Ranagr, 1, -, 400, -, 130
John H. Bostrick, -, -, 600, -, 50
James McGill, 1, -, 500, -, -
William Bancum, 2, -, 2000, -, 25
David Holliwell, 1, -, 500, -, 50
John Eggler, -, -, 600, -, -
Thomas Hawkins, -, -, 200, -, 15
Jonathan Tarver, -, -, 1000, -, 300
Sewell Lyons, -, -, 800, -, 150
John A. Smith, -, -, 300, -, 25
Jeremiah Hawkins, -, -, 1000, -, 200
John Padget, -, -, 300, -, 20
Jabez Mann, -, -, 400, -, -
Patrick Bradley, -, -, 700, -, -
John E. Hurst, -, -, 400, -, 45
John Wakefield, -, -, 800, -, -
Patrick Hiland, -, -, 500, -, 100
George W. Satterwhite, -, -, 300, -, -
Harry Ruggles, -, -, 1500, -, -
William H. Branch, 3, 25, 2000, -, 270
James A. Gomer, -, -, -, -, 25
Wiley W. Harbin, -, -, 200, -, 75
James Landrum, -, -, -, -, 200
Jacob Saxon, 10, -, 400, -, 25
John F. Rauls, 10, -, 2700, -, 200
George Gatehouse, 3, -, 300, -, 100
Owen Russell, 10, -, 1000, -, -
John Fitzgerald, 6, -, 400, -, -
Ellis Fitzgerald, 5 25, 1500, 100, 225
Adam Lasff, -, 18, 400, -, 100
Lucinda Thompson, -, 10, 200, -, 150
William Bonner, 45, 490, 1000, 50, 2200
Daniel Kcan, -, -, 500, -, -
William Jones, -, -, 500, -, -
Ann Roland, x, -, 600, -, 50
Thomas Finagan, x, -, 600, -, -
Samuel Stephens, x, -, 700, 50, 25
Rudolph Beeder (Reeder), x, -, 700, 20, -
John Ege, x, -, 600, 60, -
John McHugh, x, -, 400, 20, 25
Richard D. Merriwether, x, -, 4000, 100, 200
Eliza J. James, x, -, 1000, 40, -
Pauline Simmons, x, -, 2000, 30, 200
John Carlson, x, -, 400, -, 25
William McAnathy, x, -, 500, -, 100
Robert Davidson, x, -, 200, -, 80
Godfrey L. Jones, x, -, 800, 25, -

Peter Mink, x, -, 1000, -, 25
Frank Cole, x, -, 400, -, 25
Murphy Crabtree, x, -, 700, -, -
Daniel Brown, x, -, 900, 20, 125
Peter Martin, x, -, 800, 100, 50
James Lewis, x, -, 300, -, -
Zilpha Warren, x, -, 2500, 100, 25
Thomas Thompson, 15, -, 3000, 100, 900
Henry Edens, -, -, -, -, 25
Charles Lyons, x, -, 1000, 50, 250
William H. Long, x, -, 2500, 50, 450
Varries Nicholas, -, -, -, -, 150
John P. Moore, -, -, -, -, 550
Joseph E. Smith, -, -, -, -, 350
Alexander L Pope, x, -, 1000, 50, 500
Garsham M. Stewart, -, -, -, -, 75
William Busby, -, -, -, -, 250
James Mc_espy, x, -, 400, -, 800
Benjamin C. Gallup, 75, 700, 20500, 100, 2500
William Powell, -, -, -, -, x
Isaac Donavan, 100, 4500, 10000, 100, 5850
Archibald M Griffin, x, -, 15000, -, 1000
Charles C. Langdon, 75, 75, 15000, -, 800
Daniel C. Culpeper, -, -, -, -, 25
Theopholis L. Foulmin, x, -, 28000, 1000, 3500
H. P. Foulmin, -, -, -, -, 200
Nelson Walkly, x, -, 5000, -, 500
Jacob Magee, -, -, -, -, 300
Mary E. Magee, 40, 160, 2000, 100, 500,
James T. Shelton, 150, 2000, 4500, 100, x
William D. Berry, x, -, 10000, 100, 325
Phillip A. Jontilian (Joutlian), x, -, 600, -, -
John M. Brown, 300, 6500, 15000, 200, 500
Thomas H. Rawls, x, -, 2000, -, 100
James L. Farree, x, -, 800, -, 125
David L. Myers, 25, 400, 3000, -, 900
Daniel S. Myers, 25, 400, 3000, -, 800
John H. Myers, 25, 400, 3000, -, 510
Daniel Myers, 25, 400, 3000, -, 250
Ostin Ellis, -, -, -, -, 200
James Patton, -, -, -, -, 25
Joel Vickers, -, -, -, -, 75
David Broom, -, -, -, -, 100
John Keeley, -, -, -, -, 125
Saloman Oswalt, 15, 160, 500, 50, 500
James H. Seaberry, 20, 290, 1500, 75, 450
James McNaspy, 12, 150, 500, 50, 700
George P. Kelly, 15,25, 3000, 50, 250
James E. Williams, -, -, -, -, 25
Henry T. Williams, -, 80, 160, -, 525

Joseph Calhoun, -, 175, 2000, -, 900
Thomas S. Sheldon, x, -, 3000, -, x
John Williams, 50, -, 280, 1000, -, 1300
Richard Helveston, -, 40, 100, -, 1200
Isaac Lewis, 50, 1600, 2500, 200, 2600
James Lewis, -, -, -, -, 175
Martha Meeks, -, 40, 100, -, 600
Jourdan Lewis, -, 80, 300, -, 225
William M. Thomas, -, -, -, -, 50
John Malone, 10, 350, 1500, 50, 800
Nancy Permanter, -, -, -, -, 300
James Malone, x, -, 500, -, 850
Alfred W. Kennedy, -, -, -, -, 125
George Boice, -, -, -, -, 125
William B. Malone, x, -, 600, -, 150
Augustas Chastang, x, -, 800, 50, 550
John Bailey, 18, 75, 150, 50, 1400
John Lacost, -, -, 3000, 150, 1500

Polete Alvirez, -, -, 1500, -, 1800
Henry Alvirez, 20, 1800, 3000, -, 1150
Barbary Alvirez, -, -, 2500, -, 450
Vincent Alvirez, -, -, 1000, -, 1700
Henry Morris, -, -, 800, -, 1800
Matilda Rice, -, -, -, -, 500
William F. Cleveland, -, -, 20000, 150, 2600
Edward Ryan, -, -, 1000, 50, 525
Charles Rawls, -, -, 40000, -, 800
Augustas R. Meslier, -, -, 40000, 100, 1500
Isaac Wood, -, -, 1200, 100, 750
James Marsh, -, -, 2500, -, 100
John G. Gardiner, -, -, 8000, 100, 500
Charles M. Echolds, -, -, -, -, 160
Michael Awlmond, -, -, -, -, 225

Montgomery County Alabama
1860 Agricultural Census

Agricultural and Manufacturing Census for 1860 Microfilmed by the Alabama Department of Archives and History under a Grant from the National Science Foundation

1860 Schedule 4 Agricultural –Dekalb to Morgan Counties

Filmed for the University of North Carolina from Original Records in the Alabama Department of Archives and History

These are the items represented and separated by a comma: for example John Doe, 20, 25, 10, 5, 100.

1. Owner
2. Acres of Improved Land
3. Acres of Unimproved Land
4. Cash Value of Farm
5. Value of Farm Implements and Machinery
13. Value of Livestock

NOTE: In some instances where the first few letters of the first name or initials are missing and indicated with _, the microfilming did not pick up parts of the left margin for Montgomery Co. for it was too close to the binding and could not be flattened enough. It is my understanding that the sheets once filled out were then bound. My guess is that the Alabama Department of Archives and History would not allow the books to be taken apart and had to be filmed as is. Thus, some parts of first names or initials are not visible on the film.

Leuke Brooks, 6, 30, 700, 350, 460
A. R. Cook, 20, 100, 1450, 5, 40
W. A. Johns, 25, 18, 430, 600, 1000
B. F. Tolbert, 60, 100, 2000, 10, 240
G. B. A. Mosby, 40, 40, 1200, 7, 155
John W. Hicks, -, -, -, -, 100
W. C. Hicks, -, -, -, -, 125
J. R. Hicks, 40, -, 500, 200, 600
John Hicks, 100, 160, 2000, 200, 400
M. O. Merritt, 15, 25, 400, 5, 175
Uriah Beamon, 60, 254, 316, 15, 228
Thomas Tolbert, 20, 60, 360, 500, 300
W. _. Myrick, 175, 25, 5350, 400, 1495
Comport Howell, 100, 80, 2000, 600, 220
J. B. Milligam, 75, 115, 400, 1100, 625
J. Buckalew, 25, 345, 400, 300, 300
W. Sweat, -, -, -, -, 125
J. A. Sweat, 150, 330, 1500, 125, 800
William Laird, 40, 40, 500, 10, 80
J. J. Elison, 30, 70, 400, -, 350
N. Barnett, 50, 280, 400, 5, 600
D. C. Dendy, 30, 60, 250, 4, 800

W. H. Cordnell (Cordwell), 30, 70, 400, -, 350
Elizabeth Caffey, 100, 240, 600, 12, 600
M. McDaniel, 300, 210, 1000, 300, 2020
B. W. Hill, 45, 31, 600, 20, 450
Thomas Caffey, 175, 725, 2400, 200, 1593
William Athey, 100, 300, 1200, 200, 800
G. Erzor, 80, 200, 1300, 50, 800
E. Tucker, 50, 100, 450, 50, 200
W. G. Stark, 120, 380, 800, 150, 700
W. Dilliard, 200, 218, 2000, 20, 700
H. C. Tucker, 100, 360, 2700, 250, 1120
Simon Russell, 100, 160, 1000, 25, 400
James Bradley, 150, 340, 1000, 10, 500
Stephen Lewis, 100, 100, 400, 5, 500
J. W. Gaskins, -, -, -, -, 250
H. Norman, 175, 657, 1200, 40, 700
S. Gardner, 50, 125, 500, 15, 500
E. P. Dick, 120, 100, 1600, 20, 500
W. M. Butler, 100, 452, 1600, 20, 894
J. C. Butler, 60, 100, 400, 12, 242
B. F. Williams, 55, 65, 100, 1200, 400

Y. L. Williams, 75, 160, 1500, 125, 700
Wiley Athey, 100, 200, 1000, 20, 300
W. E.Tobias, 120, 120, 500, 75, 470
T. J. Courtney, 63, 217, 350, 6, 100
G. W. Courtney, 30, 130, 600, 10, 200
John Hudgins, 140, 140, 1300, 30, 758
M. L. Jackson, 150, 222, 3000, 100, 690
J. H. Knight, 80, 400, 1400, 150, 500
Isaac I. Davenport, 75, 350, 500, 50, 400
E. Allen, 100, 100, 1500, 50, 800
John Payne, 60, 100, 250, 10, 150
A. Weaver, 160, 160, 700, 175, 500
D. Bradley, 50, 300, 400, 20, 400
D. H. Bradley, 80, 190, 500, 30, 50
W. N. Posey, 25, 16, 800, 10, 400
J. F. Russell, 60, 120, 600, 8, 500
John V. Davis, 200, 1100, 2400, 550, 1250
J. S. Crittenden, 50, 150, 700, 10, 500
J. A. Kinnin, 30, 130, 500, 40, 400
C. F. M. Gardner, 30, 50, 150, 6, 200
R. H. Gaskins, 115, 245, 1500, 100, 1000
A. Garner, 200, 120, 1500, 25, 800
J. W. Hufham, 80, 40, 500, 10, 400
Porter Hufham, 45, 115, 400, 15, 500
B. Briggs, 100, 165, 1350, 10, 590
S. H. Hufham, 300, 700, 4000, 70, 1578
J. D. Tucker (Whole entry lined out), 30, 80, 150, 10, 300
J. D. Weaver, 50, 190, 600, 12, 300
J. M. Herrington, 125, 75, 900, 25, 525
Elizabeth Elison, 80, 108, 600, 12, 500
A. W. Fannin, 100, 400, 800, 25, 600
J. D. Fannin, 125, 395, 1000, 50, 800
P. G. Fannin, 160, 200, 800, 25, 800
C. Weaver, 260, 100, 2500, 200, 855
V. A. Peirson, 125, 375, 1500, 300, 400
Lewis Whatley, 100, 207, 600, 30, 1290
T. J. Sharp, 12, 58, 200, 10, 410
H. C. Howard, 35, 5, 600, 25, 500
J. S. Niblett, 40, 40, 700, 12, 300
R. W. Winn, 30, 50, 300, 15, 300
G. W. Ringstaff, 25, 75, 300, 25, 400
Allen Bradley, 45, 115, 600, 30, 350
D. A. Wilson, 50, 110, 700, 50, 300
H. E.Schley, 500, 700, 13000, 400, 3085
Lutilia Butler, 100, 200, 850, 400, 400
Dempsey Boyd, 75, 285, 400, 75, 500
J. R. Myrick, 150, 300, 2000, 400, 500
O. R. Bell, 260, 301, 5500, 450, 800
R. Boyd, 300, 1360, 6250, 600, 2600
William Measle, 8, 72, 200, 100, 150
M. D. Deavers, 72, 35, 800, 25, 400
Lucy B. Hillard, 156, 330, 2100, 125, 400
W. W. Ringstaff, 100, 326, 2000, 100, 1000

Albert Hardin, 100, 300, 600, 50, 300
M. L. Watler, 450, 600, 9200, 200, 1975
J. M. Dillehay, 250, 500, 13250, 100, 3225
W. C. Sharp, 75, 90, 900, 15, 600
D. R. Cannon, 60, 250, 1500, 25, 500
J. C. Childre, 140, 110, 400, 35, 500
W. C. Blackburn, 100, 150, 1200, 100, 300
Richard Oliver, 150, 180, 2000, 150, 900
James McNeil, 400, 280, 3000, 200, 1675
A. W. Townsend, 450, 350, 5000, 300, 2500
G. W. Dozier, 25, -, 300, 20, 265
James McNeil, 100, 500, 6300, 600, 2470
A. McNeil, 70, 90, 1000, 100, 475
Joseph McCullough, 325, 225, 4000, 150, 1000
A. C. McDonald, 100, 100, 1000, 100, 1000
Thomas McCullough, 275, 300, 3000, 100, 200
E. Blackwell, 40, 160, 800, 50, 600
W. J. Wilson, 150, 495, 1500, 150, 1450
Rebecca Wilson, 300, 580, 2500, 150, 800
Thomas Srift, 270, 40, 1500, 100, 3000
Johnathan Orum, 400, 280, 2000, 200, 300
James Crow, 250, 550, 3000, 350, 1700
Jesse G. Jones, 200, 400, 4500, 100, 1650
Powell Jones, 70, 90, 600, 25, 577
J. W. Orm, 190, 414, 1450, 200, 1500
R. P. Smith, 350, 390, 1200, 300, 1800
J. S. Forniss, 300, 250, 5000, 500, 1725
G. W. Brazell, 190, 55, 1000, 200, 1500
J. H. Miller, 100, 160, 800, 100, 500
William Allen Sen., 140, 300, 1500, 125, 610
Willey Amason (A. Mason), 60, 102, 600, 100, 400
Reuben Emerson, 150, 200, 2100, 100, 1000
P. W. Robertson, 100, 60, 2300, 25, 600
Nancy S. Hart, 400, 460, 7200, 500, 3750
W. G. Campbell, 400, 325, 4000, 500, 1500
Joshua Jones, 500, 327, 7000, 1000, 3000
R. W. Graham, 60, 210, 450, 25, 300
Samuel B. Marks, 2000, 4860, 55000, 2000, 17000
F. M. Gilmer, 1000, 700, 11800, 1400, 6150
Sarah G. Barnett, 1000, 1000, 14000, 1000, 4470
Moses Wilson, 60, 80, 800, 50, 500

Lewis Whatley Jr., 300, 300, 700, 75, 1900
W. A. Cook, 670, 100, 7000, 75, 1900
Briant Watler, 150, 60, 700, 75, 800
William Falconer, 500, 530, 8000, 500, 3000
Averburse Bowen, 250, 290, 4000, 200, 100
S. P. Barfield, -, -, 400, 10, 180
P. L. Davis, -, -, 3507, 10, 225
Benjamin Bussey, -, -, 150, 10, 130
Jesse Cone, 54, 70, 600, 30, 585
Mary Boyd, 100, 240, 1000, 10, -
John Hudgins, 23, 58, 600, 20, 300
John Jones, -, -, 300, 10, 200
Thomas Davis, 30, 55, 200, 10, 150
E. Walton, 40, 40, 1400, 75, 600
Stephen Williamson, 50, 70, 600, 75, 700
William Hall, 100, 190, 150, -, 600
S. Johnson, 100, 500, 2000, 100, 800
A. H. S. Hardin, 12, 68, 600, -, 390
John Pefis, -, -, 1200, 60, 500
N. Bonham, 100, 120, 800, 100, 800
F. W. Bozeman, -, -, -, -, -
Wm. F. Bonham, 80, 80, 600, 10, 500
James Brasher, 30, 50, 225, 10, 500
Nancy Jones, 360, 440, 4600, 100, 2300
Alfred Tally, -, -, 550, 65, 355
Thomas Tally, 200, 600, 2550, 150, 1200
W. P. Bussey, 30, 30, 2000, 300, 500
H. Ryals, -, -, 500, -, 250
Wm. S. Boyd, 100, 100, 1000, 100, 500
A. J. Moore, 375, 60, 6700, 400, 2200
A. W. Middleton, 140, 140, 1200, 100, 1000
James M. Dean, 100, 60, 1500, 25, 700
A. M. Sellars, 75, 200, 1500, 125, 700
James Chambers, 400, 100, 1000, 100, 800
James Bonham, 75, 85, 3000, 150, 1000
G. H. Jones, -, -, 675, 75, 300
D. J. Row, -, -, 300, 10, 70
James W. Poole, 500, 745, 1000, 50, 3000
E. M. Bonham, -, -, 400, 20, 200
Daniel Dean, 125, 190, 3000, 200, 800
S. M. Mathews, 124, 60, 1100, 100, 600
P. R. Parmer, 80, 120, 100, 20, 300
James A. Sellers, 200, 120, 2600, 100, 800
Robert Brady, -, -, 1000, 50, 800
A. Wilson, 40, 40, 500, 50, 600
B. E. Lewis, 45, 167, 700, 50, 700
G. W. Grant, 100, 110, 1200, 200, 700
Samuel J. Guy (Grey), 125, 35, 1200, 100, 1000
W. W. Supple, 150, 150, 2000, 150, 1000
J. L. Eubanks, 550, 1300, 6000, 500, 2100
J. Eubanks, -, -, 800, 50, 300
L. D. Watler, 110, 200, 2000, 130, 1200
Edmond Scripper, 45, 45, 700, 125, 500
H. R. Mosley, 50, 70, 700, 20, 430
J. W. Williamson, -, -, 700, 15, 155
D. A. Green, -, -, 600, 20, 200
John Stephens, 20, 20, 500, 10, 150
Benj. Stephens, -, -, 650, 15, 250
J. R. Willis, -, -, 180, 5, 50
A. W. Gibson, -, -, 600, 10, 500
O. D. Whitside, 75, 60, 1000, 50, 450
R. M. Fannin, 125, 195, 2000, 151, 1200
L. Pippin, 45, 35, 350, 50, 200
E. P. Johnson, 50, 30, 600, 30, 350
James F. Homes, 40, 40, 300, 10, 125
Joseph Revel, 60, 20, 1000, 50, 700
N. Dillard, 130, 290, 1600, 50, 1000
William Stafford, 30, 10, 400, 10, 150
M. A. Lewis, 100, 190, 600, 10, 150
E. Tarver, 70, 90, 750, 10, 150
William Parmer, 300, 900, 4500, 25, 2500
G. P. Thompson, -, -, 400, 10, 200
J. W. Anderson, 50, 60, 1000, 50, 650
S. Targer, 700, 560, 2500, 25, 2500
R. W. Pool, 40, 40, 550, 10, 305
Ira Taylor, -, -, 150, 10, 150
Barthy Taylor, 60, 20, 300, 6, 200
Isom Pettice, 100, 140, 1200, 30, 760
Mary Anne Pettice, 40, -, 1000, 10, 300
F. M. T. Tankersley, 150, 300, 3800, 200, 1800
E. Bussey, -, -, 2200, 25, 100
E. Anderson, 120, 130, 1600, 100, 700
C. Anderson, -, -, 200, 15, 200
John W. Samson, -, -, 1000, 150, 500
B. L. Ball, 30, -, 300, 100, 200
M. Driver, 25, 10, 300, 50, 200
James M. Armstrong, 250, 275, 3000, 250, 1500
T. V. A. Vickers, 500, 380, 3500, 250, 1600
J. H. Williams, 400, 580, 450, 350, 2500
T. J. Lewis, -, -, 1000, 125, 1500
A. W. Mosley, 550, 150, 5000, 400, 2500
A. Sanderson, 300, 312, 4200, 300, 2300
Jesse R. Sanderson, -, -, 650, 100, 500
A. W. Jackson, 30, 10, 1000, 100, 500
C. Payne, 65, 55, 500, 30, 300
John Bonham, 250, 310, 3500, 300, 150
G. W. Shackleford, 250, 230, 5000, 300, 2000
F. Shackleford, 480, 160, 3925, 150, 1325
Estate of G. W. Shackleford, 35, 125, 3450, 150, 1800

S. W. Capps, 35, 45, 1600, 700, 500
H. Capps, 80, 80, 200, 20, 275
Dennis Allen, 80, 80, 600, 100, 250
L. Anderson, -, -, 350, 20, 250
J. N. Moncrief, -, -, 1000, 135, 600
J. G. Turner, 400, 680, 2500, 200, 1300
A. W. Hurst, 125, 305, 900, -, 1200
R. H. Cross, 100, 180, 850, 150, 850
John P. Cross, 20, 130, 900, 150, 600
E. Gregg, 125, 115, 2000, 150, 900
A. S. Armstrong, 25, 55, 600, 30, 400
L. M. Burwell (Powell) badly smudged or written over, 460, 440, 6000, 50, 1000
R. W. Wall, 400, 200, 10000, 500, 4520
J. A. Bowen, -, -, 400, 10, 200
P. G. Powell, 440, 200, 6000, 200, 2600
J. A. Falconer, -, -, 4800, 250, 1850
L. L. Lewis, -, -, 21000, 200, 500
J. S. Waller, -, -, 250, 40, 400
J. A. Calaway, 520, 100, -, 500, 6000
W. H. Smith, 70, 90, 1000, 200, 550
J. A. Mills, 100, 140, 1800, 150, 1500
J. W. Windom, 80, 200, 1600, 100, 250
John W. Windom, 30, 50, 400, 10, 150
Martin Willis, 125, 275, 2000, 200, 1000
U. Shaver, 150, 310, 1500, 150, 1400
H. Mitchell, 160, 300, 1500, 200, 1100
W. J. Dimond, 70, 170, 800, 200, 600
W. R. Willis, 100, 140, 2000, 150, 1000
A. Mitchell, -, -, 1600, 100, 1700
William McMellon, 140, 180, 2000, 50, 100
G. W. Lowe, 600, 800, 7000, 400, 4930
B. H. Mitchell, 106, 154, 1810, 200, 925
P. A. P. Bayne(Payne), 85, 75, 1500, 30, 750
J. L. Downing, 75, 145, 2000, 100, 1000
Mary Smilie, 60, 60, 1000, 150, 700
J. L. Townsend, 90, 120, 1300, 150, 800
C. Stephens, 75, 135, 1700, 150, 1000
M. M. Allen, 200, 320, 2000, 150, 1500
W. G. Rudder, 32, 208, 1200, -, 260
E. Sulivan, 80, 80, 500, 25, 700
G. W. Baskin, 270, 725, 6400, 150, 4070
H. L. McDowell, 30, 130, 350, 25, 150
C. W. Loide, 165, 115, 2700, 130, 1200
Alexander Johnson, 30, 50, 500, 10, 300
Shepherd Guice, 350, 400, 6000, 200, 2000
D. M. Dickson, 300, 300, 6000, 300, 2000
H. Garrarde, 130, 145, 3100, 100, 1200
F. Swint, 200, 260, 2300, 200, 1500
J. K. Jackson, 40, 80, 500, 10, 350
Willie (Willis) Briggs, 190, 190, 2100, 100, 160

A. W. Hightower, 85, 85, 800, 100, 500
L. Evans, 150, 250, 2980, 250, 1880
William Childrie, 60, 106, 1000, 25, 800
B. G. Terry, 500, 900, 13900, 500, 3450
John H. Lee, 400, 568, 9000, 500, 3635
P. A. Hopping (Hossing), 200, 162, 1500, 100, 1000
J. F. Armstrong, -, -, 2000, 200, 600
A. J. Willis, 200, 200, 300, 125, 550
John C. Hatly, -, -, 500, 25, 600
Mary Coplin (Coslin), 18, 62, 600, -, 200
J. W. Killn, 100, 60, 1500, 50, 600
W. L. Haygood, 160, 860, 2000, 150, 1275
James L. Fast, 40, -, 150, 10, 470
Nancy Killen, 200, 160, 4000, 100, 1500
William Patton, 300, 380, 4000, 500, 2800
W. M. Smilie, 90, 110, 1200, 120, 1115
Reice Luke, -, -, 500, 100, 700
Susan Luke, 200, 200, 2080, 100, 1500
C. T. Alford, 80, -, 1500, 125, 1000
John J. Ivy, 140, 340, 2000, 250, 1500
D. D. Ellesson, 30, 50, 700, 5, 200
B. G. Barnes, -, -, 650, 50, 400
Levin E. Alford, 80, 80, 200, 50, 500
James Corbett, 100, 140, 800, 100, 1000
Peter Corbett, -, -, 500, 50, 200
Lewis Pugh, 150, 130, 1660, 100, 1500
W. G. Alford, 100, 140, 2000, 150, 1500
Noah Gardner, 70, 120, 1800, 20, 500
Joel Tolbart, 100, 300, 1500, 25, 480
W. H. Mills, 50, 110, 1600, 15, 300
James Lowe, 35, 125, 300, 4, 300
Eliza Dickey, 125, 275, 400, 20, 75
W. G. Cooper, 60, 148, 400, 15, 305
W. E. Adams, 40, 80, 400, 300, 1000
Samuel Thaxton, 23, 12, 400, 12, 200
W. R. Sumerlin, -, -, 300, 15, 150
J. H. Cogburn, 60, 20, 700, 20, 312
W. F. Niblett, 60, 60, 1620, 12, 383
W. G. Robertson, 278, 185, 3800, 300, 1400
G. G. McLendon, 80, 150, 600, 75, 600
T. L. Leonard, 150, 40, 8000, 800, 960
E. S. Leonard, 600, 400, 4000, 1200, 2300
William Oliver, 70, 47, 1319, 125, 325
H. W. Henry, 300, 760, 6250, 600, 4000
J. W. Crews, 300, 320, 6000, 600, 2530
D. T. Blakley, 550, 550, 10000, 800, 3200
T. J. Tinsley, 480, 160, 5000, 500, 1200
A. G. Ray, 800, 1400, 10000, 800, 4570
W. F. Fitzpatrick, 300, 300, 5000, 1000, 1500

D. G. Fitzpatrick, 350, 320, 7500, 600, 1989
W. L. Meriwether, 600, 400, 11000, 1000, 3500
A. F. Ellsberry, 530, 350, 10650, 1000, 3300
A. Boyd, 75, 75, 500, 20, 100
L. J. Brown, -, -, 400, 10, 250
W. T. Adams, 150, 10, 1000, 150, 800
Rebecca Adams, 40, -, 100, 25, 100
J. Adams, 30, 50, 400, 50, 500
J. R. Colman, 50, 60, 600, 100, 400
W. H. Noble_, 70, 50, 700, 205, 1000
James B. Hooten, -, -, 5000, 300, 3000
W. H. Rolo, 18, 22, 300, 25, 300
John Rolo, -, -, 500, 25, 350
John Bunch, -, -, 200, 100, 500
James Miner, -, 160, 700, 100, 500
William Watters (Walters), -, -, 400, 10, 300
Thomas Stubbs, -, -, 375, 10, 400
A. B. Jackson, 150, 340, 1600, 150, 1000
Hail Tolbert, 200, 200, 2300, 300, 1050
Wm. Chancy, 35, 65, 600, 100, 390
John Mitchell, 35, 45, 1000, 100, 350
Ann Gillis, 80, 120, 800, 100, 450
John Hancock, 125, 300, 2300, 300, 1500
F. J. C. Hanson, 125, 300, 2500, 300, 1000
N. A. Moore, 400, 120, 3800, 300, 1700
William P. Rieves, -, -, 500, 100, 300
Gracy McCall, -, -, 400, 100, 300
Henry C. Hooten, 200, 100, -, -, 1000
Luke Noble_, 100, 60, 800, 300, 1200
Henry Pate, 45, 95, 425, 25, 450
Daniel (David) Meads (Meals), 20, 20, 675, 20, 450
Robert Boothe, 20, 20, 500, 25, 90
E. C. Boothe, 40, 40, 700, 150, 200
J. C. Alford, 600, 1000, 10000, 300, 5000
Mary A. Ellissair, 50, 190, 800, 100, 600
Isaac Vincent, 300, 100, 1200, 150, 100
C. R. Barnett, 500, 800, 3500, 500, 2000
A. L. Barnett, 125, 128, 2000, 200, 1000
Wm. J. Barnett, 400, 580, 7500, 400, 3000
Elisha Reynolds, 400, 1240, 8500, 300, 4000
Calvin Reynolds, 400, 300, 4000, 300, 3000
Eliza Picket, 120, 120, 2000, 160, 900
D. M. Reynolds, 25, 55, 2800, 300, 1200
W. G. Reynolds, 250, 120, 2000, 150, 1600
C. H. Owens, 200, 200, 1500, 150, 200
John W. Moody, 25, 135, 1500, 150, 600
B. T. Stephenson, -, -, 700, 140, 300
E. A. Reynolds, 600, 400, 8500, 400, 4000
E. R. Moss, 450, 400, 4000, 300, 2500
William Willis, 300, 340, 4000, 300, 3000
D. D. Turnipseed, 200, -, 1300, 150, 800
Wm. Turnipseed, 250, 350, 3500, 300, 1500
J. P. Montagne, 120, 360, 1700, 150, 400
Louid (Lovid, Louis) Ryals, 50, 60, 1700, 150, 400
Samuel Smith, 225, 295, 3300, 400, 1400
M. H. Barnett, 300, 300, 2000, 300, 1500
W. L. Jones, 140, 220, 800, -, 800
J. J. Stowers, 100, 140, 1000, 150, 900
Jane Stowers, 90, 23, 1000, 150, 600
George Stowers, 90, 23, 1000, 150, 600
James Steen (Stein), 35, 45, 700, 150, 200
T. P. Welch, 200, 380, 3500, 300, 2000
A. Murry, 200, 80, 3000, 300, 1200
Willey Eidson, 350, 610, 3500, 300, 3000
H. Eidson, 250, 770, 3500, 300, 200
W. B. Parker, 75, 100, 700, 150, 500
Josiah Stephens, -, -, 1000, 150, 400
A. Bright, 200, 200, 2000, 300, 1500
L. F. Cochran, ¾, -, 200, 500, 1200
A. S. _teate, 120, 200, 1800, 700, 920
H. D. Alford, 60, 30, 1600, 75, 825
D. E. Eubanks, 250, 350, 2000, 75, 1100
Y. A. Johnson, 450, 430, 4000, 150, 1800
James McNeil, 550, 450, 6600, 300, 3000
William Allan, -, -, 700, 50, 300
C. H. Jones, 115, 85, 900, 100, 435
L. W. Flinn, 200, 160, 1200, 150, 1000
P. Zimerman, 300, 600, 3700, 300, 2500
W. J. Butler, 100, 220, 2000, 400, 1500
W. C. Hays, 200, 200, 3000, 400, 2000
Mary Carless, 200, 200, 1200, 100, 1000
James Ozier, 100, 120, 1200, 100, 1000
H. K. Tally, 200, 800, 2420, 400, 1500
Coleman P. Moore, 150, 600, 1700, 200, 1500
T.L.M. Moore, 400, 1620, 2500, 300, 1700
E. A. Moore, 160, 40, 800, 50, 850
W. L. Leak, 50, 70, 1000, 50, 300
W. J. Lewis, -, -, 2000, 125, 1000
William Lewis, -, -, 200, 50, 200
Jackson Fuzziel, 250, 190, 2000, 200, 800
John W. Timmons, 80, 90, 900, 100, 600
E. W. Ward, -, -, 500, 50, 400
C. R. Waller, 90, 70, 1500, 150, 700
J. R. Berry, 30, 50, 500, 100, 200
John Readle (Keadle), 25, 33, 100, 20, 40
John M. Smith, 35, 25, 1250, 150, 700

T. J. Eilands, 32, 50, 500, 150, 300
J. A. Meads, 27, 33, 500, 10, 200
W. D. Misseldine, 30, 90, 500, 25, 500
J. M. Urquart, 250, 350, 4000, 1000, 2500
Nancy J. Shaver, 100, 40, 1500, 100, 500
Moses Timmons, 80, 40, 600, 100, 500
J. D. Garrard, 75, 125, 1000, 150, 750
A. B. Gibson, 70, 10, 500, 25, 200
G. W. Reasonover, 85, 315, 1600, 50, 500
N. Evans, 80, 80, 700, 15, 400
John Jackson, 70, 30, 700, 100, 600
J. C. Yon, (Yow, You), 60, 180, 700, 100, 600
W. H. Shaver, 65, 100, 800, 100, 750
George P. Shaver, -, -, 150, 10, 400
John W. Pedigo, 14, 26, 150, 10, 175
Nancy Gardner, 40, 40, 550, 15, 200
Jacob Briggs, 60, 80, 500, 50, 200
Susan Rushton, 50, 30, 500, 100, 400
David Derek (Duck), 40, 40, 800, 100, 400
Sarah Rushton, 40, 160, 500, 100, 300
B. M. Rushton, -, -, 200, 15, 200
John Garner, 18, 22, 250, 10, 100
Thomas Brown, 40, 160, 400, 25, 300
W. W. Dickey, 85, 118, 900, 300, 400
David Hufman, 250, 1350, 3400, 200, 1200
Lewis A. Bullock, 18, 142, 250, 50, 330
John H. Hill, 80, 160, 1650, 300, 1000
Henry J. Hill, 25, 255, -, -, 120
Samuel Harvell, 30, 50, 300, 20, 300
Moore Carter, -, -, 150, 25, -
Joshua Paulk, 200, 100, 3000, 200, 1300
David Wright, 300, 278, 6480, 250, 2500
Meredith Wright, 500, 2300, 7800, 400, 4300
John Taylor, -, -, 500, 20, 200
John Joice, 100, 100, 2000, 250, 1080
Lem Peak, -, -, 400, 25, 375
W. L. Shaver, 170, 350, 500, 30, 1000
W. C. Parks, 80, 160, 1000, 200, 800
John Allen, 250, 1489, 6000, 200, 2000
Perry Ozier, 100, 140, 1000, 150, 2000
Benjamin Mosley, 110, 400, 1000_, 75, 4100
W. C. Sweat, 30, 50, 350, 12, 250
J. M. Thaxton, 40, 108, 450, 25, 550
A. J. Loflin, 300, 300, 3300, 1000, 1000
Charles Musvine (Murvine), 40, 275, 1000, 50, 385
G. B. Canty, 60, 60, 700, 650, 400
M. G. Jackson, 50, 150, 2000, 300, 1500
J. C. Baskins, 60, 140, 500, 75, 600
B. H. Fitzpatrick, 230, 180, 4000, 300, 2200
Bird Fitzpatrick, 160, 40, 1500, 300, 1500
P. B. Baldwin, 350, 290, 10500, 500, 3000
S. C. Rutland, 100, 180, 2000, 250, 1800
Single Mackey, - -, 1300, 150, 1000
Nancy Holt, 60, 60, 700, 150, 800
Wm. J. Pouncey, 70, 130, 1000, 150, 1000
J. C. Courtney, 150, 425, 1000, 150, 1000
Elkanah Barnes, 800, 1420, 10000, 1000, 2025
Martha Xone, 100, 210, 1400, 200, 1300
J. L. Eubanks, -, -, 1200, 150, 500
S. W. Jackson, 200, 40, 2300, 175, 1000
J. S. Foster, 100, 220, 300, 125, 1000
D. D. King, -, -, 250, 25, 200
William Cartor, 80, 80, 1000, 150, 400
A. Hill, 100, 260, 1500, 200, 850
A. J. Martin, 30, 10, 200, 10, 200
A. J. Johnson, 35, 45, 500, 30, 250
Caroline Stephens, 30, 50, 350, 25, 250
Elizabeth Canty, 150, 110, 1600, 150, 1500
E. H. Cochran, 27, 53, 300, 25, 500
Daniel Malloy, 200, 200, 7300, 300, 2000
James Daniel, 200, 140, 2000, 300, 1000
John B. Caloway, 400, 200, 11000, 300, 3000
A. Jones, 500, 300, 11000, 300, 3500
P. H. McEachin, 225, 113, 7000, 300, 2500
w. M. Dickey, -, -, 175, 25, 100
B. J. Baldwin, 560, 320, 6000, 500, 4220
T. S. Baskins, 250, 270, 2500, 100, 1500
David H. Hufman, -, 131, 600, 25, 400
R. O. Sankey (Lankey), 140, 300, 2600, 250, 800
John R. Simmons, 50, 30, 300, 20, 150
B. B. McElevene, 160, 160, 1000, 150, 200
F. McMurphy, 200, 200, 2500, 300, 200
John Coplin, 50, 110, 700, 150, 500
E. Hodge, 140, 160, 2000, 300, 1300
C. T. Fitzpatrick, 200, 311, 3500, 300, 1200
C. J. Read, 200, 40, 4500, 300, 2000
B. L. Landrum, 100, 220, 2000, 300, 1500
James Freeman, -, 40, 300, 10, 200
N. Smith, 95, 185, 500, 50, 500
C. Crow, 45, 35, 400, 200, 500
W. R. Jones, 420, 260, 4000, 1000, 3000
J. Campbell, 400, 360, 5000, 500, 1700
Samuel Mar__, -, -, 500, 10, 300
Elias Evans, 350, 510, 3200, 300, 2000
Zed Owens, 90, 150, 1200, 50, 500

Ned Harris, 60, 100, 700, 50, 500
W. M. Thomas, 160, 160, 800, 25, 800
T. Underwood, 130, 180, 3000, 100, 900
John Nelson, 150, 90, 2500, 300, 1200
L. B. Underwood, 160, 302, 3000, 300, 1000
R. R. Underwood, 30, 60, 400, 200, 300
B. F. Underwood, -, -, 1300, 25, 1000
M. L. Armstead, 300, 194, 3000, 200, 1500
V. R. Porter, 800, 340, 13000, 500, 4000
Robert Coner, 70, 90, 1200, 150, 700
John Emfinger, -, -, 500, 25, 400
Wm. Slawson, -, -, 500, 15, 400
E. Durden, 200, 240, 2000, 200, 1000
J. D. Sankey, 340, 100, 7000, 300, 3000
J. C. Sankey, 80, 80, 1500, 150, 700
H. Howard, -, -, 1000, -, 250
Wm. Shepherd, -, -, 700, 150, 300
Robert Carr, 100, -, 700, 25, 600
William Sharp, 400, 1300, 7000, 300, 2500
James Sharp, 100, 72, 1200, 150, 520
H. C. Howard, 30, 10, 300, 125, 400
James R. Dillard, 800, 800, 12000, 500, 4000
Delilah Dabney, 400, 400, 4000, 250, 1500
Charles McEachin, 500, 453, 7000, 300, 2000
H. Threat, 90, 120, 1000, -, 600
A. L. Dunkin, 50, 70, 500, 125, 500
J. W. Battle, 400, 800, 3500, 300, 200
D. Day, 200, 120, 4000, 300, 2000
Isiah Eilands, 95, 145, 2200, 500, 1300
(Name Not Visible), 400, 600, 22750, 600, 4220
M. C. Stokes, 650, 400, 25000, 500, 4000
A. E. Fuller, 10, 360, 150, -, 175
L. H. Goldston, 200, 220, 7000, -, 250
John H. Robertson, 200, 40, 4800, 500, 2110
W. A. Moore, 600, 400, 8000, 500, 2900
E. H. Edmonds, 140, -, 4350, 100, 2030
W. P. Vandevver (Vanderver), 1040, 660, 1000, 1500, 3500
E. C. Cannon, 40, 15000, 150, 2, 875
John Parnell, 1800, 1400, 60000, 800, 3600
W. L. Stggers, 190, -, -, 520, 1200
W. G. Waller, 120, 150, 15000, 100, 1500
W. L. Shepherd, 460, 100, 15000, 1000, 1200
T. Leomax, 1785, 987, 56810, 1200, 8215
Caroline D. Sayre, -, -, -, -, 3625
R. T. Pollard, 500, 300, 8000, 1000, 2275
J. N. Halladay, 300, 540, 16800, 400, 1575
W. D. Battle, 300, 228, 21120, 500, 3300
John Whiting, 1100, 700, 72000, 250, 9150
W. L. Allen, 600, -, -, 400, 2400
John Stacy, 175, 15, 2400, 75, 1445
R. H. Molton, 900, 711, 40000, 800, 4800
William Grayham, 400, 200, 24000, 500, 4170
A. Martin, 250, 183, 32000, 300, 2166
B. F. Tarver, 1000, 900, 60000, 1500, 7125
M. H. Smith, 125, 75, 4000, 200, 780
Alfred Pool, 250, 320, 9000, 1500, 1992
James Boyd, 100, 100, 3000, 100, 650
William B. Fraisiere, 15, 10, 8000, 200, 1000
W. B. Ray, 400, 300, 15000, 500, 1206
Nancy Brassell, 250, 390, 2000, 400, 2392
Thomas W. Norman, 340, 170, 7000, 800, 2502
W. D. Sankey, 120, 120, 6000, 300, 2374
Thomas W. Oliver, 650, 270, 25000, 1200, 4258
William H. Smith, 500, 175, 35000, 2000, 3900
James R. Powel, 1000, 5000, 20000, 1000, 3270
B. S. Bibb, 1200, 600, 80000, 5000, 8500
William Taylor, 450, 790, 70000, 15000, 2995
L. L. Hill, 1700, 1800, 105200, 1500, 8700
H. W. Henry, 700, 600, 16296, 500, 3030
W. J. Bibb, 600, 500, 44000, 1000, 4150
M. M. Coapeland, 15, -, 8000, 250, 525
Kate Burton, 123, 60, 12000, 500, 1800
W. H. Ogbourn, 570, 490, 21200, 750, 4425
A. C. Alford, 500, 457, 19700, 1000, 4160
Rager Fords, 200, 297, 21500, 500, 1520
William T. Mason, 150, 250, 13000, 500, 1545
Bryant Croomes, 650, 70, 28800, 500, 3153
William Taylor, 175, 225, 8000, 200, 1350
Janee M. Taylor, 150, 350, 11200, 200, 1350
W. T. Taylor admin of, -, -, -, -, -
A. C. Taylor, 400, 300, 17500, 400, 1625
A. S. Hays, 35, -, -, 20, 300

Jesse Bozeman, 400, 100, 17000, 700, 3640
James McGehee, 600, 200, 40000, 500, 778
Jack Stacy, 35, 15, 2000, 50, 528
Mary McGehee, 700, 200, 36000, 300, 1250
Bunley (Brimley) Flinn, 450, 330, 25000, 300, 2090
Watson Flinn, -, -, -, -, 940
Jehu Adams, 750, 850, 51000, 700, 3640
William Johnston, 500, 145, 18000, 1500, 3939
Harriet L. Jarett, 450, 430, 34400, 500, 2600
H. L. Whipple, 600, 500, 27500, 500, 3570
William W. Manning, 550, 450, 28000, 1000, 4858
P. S. Graves, 900, 136, 38000, 500, 2185
P. R. Gratton, 300, 200, 3000, 500, 1850
Wade Jones overseer, 1200, 300, 15000, 1000, 5752
Sarah A. Manning, 450, 40, 8940, 1000, 1380
Jacob S. Felder, 350, 360, 35500, 60, 4466
Adam Felder, 1000, 950, 58000, 1000, 4735
John W. Roberts, 600, 272, 34880, 600, 4532
J. R. Baldrick, 250, 95, 13800, 500, 3041
Michajah Thomas, 800, 420, 36600, 500, 3041
J. D. Bibb, 560, 940, 30000, 1300, 6110
George Thomas, 1600, 600, 88000, 2500, 7086
Warren H. Stone, 280, 120, 16000, 300, 1880
John G. Haines, 600, 640, 24800, 500, 4850
Barton Stone, 2400, 357, 100000, 2500, 8400
George Stone, 200, 100, 9000, 50, 1373
William P. F. Ashley, 250, 290, 16200, 525, 3380
B. F. Ashley, 880, 520, 69000, 600, 4532
J. J. Cox, 610, 400, 50000, 2500, 5200
Caroline Mathews, 400, 800, 36000, 300, 2130
Thomas Taylor, 1200, 300, 75000, 500, 7230
F. M. Taylor, 700, 400, 55000, 300, 2655
Kennon Jones, 400, 680, 54000, 500, 4240

Murdock McCaskill, 100, 202, 8040, 75, 665
J.E.B. Mitchell, 1400, -, -, 400, 3019
A. Hollaway, 1100, 1900, 90000, 1000, 5520
Benjamin Perry, 130, 352, 29100, 500, 1811
Bolin Young, 250, 310, 12000, 300, 2000
Est. of B. Young, 800, 1470, 30000, 500, 4500
W. C. Manning, 100, 104, 204, 150, 855
R. S. Jones, 180, 60, 6000, 400, 1505
Elizabith Hill, 300, 100, 10000, 600, 2200
James L. Waugh, 300, 160, 11500, 700, 2200
W. H. Henderson, 220, 20, 2800, 400, 1931
W. H. Micou, 40, 27, 1005, 15, 296
James Chathan, 36, 44, 1800, 10, 188
Thomas Mitchell, 90, 70, 12000, 20, 1190
Benjamin Micou, 50, -, -, -, -,
W. T. Parker, 70, 90, 3200, 75, 390
Alexander Carter, 800, 1400, 66000, 1000, 13000
John Beasley, 300, 310, 17250, 300, 2775
W. E. Lucas, 900, 500, 28000, 300, 4650
A. J. Bunch, 460, 580, 20800, 300, 3920
Lewis F. Dowdell, 540, 560, 15000, 500, 4318
R. H. Brewer, 400, 320, 10800, 300, 1505
Katharine Clark, 60, 20, 2000, 125, 170
John J. Lide, 200, 80, 5600, 75, 825
Francis Lide, 50, 110, 3200, -, 406
James W. McDade, 250, 270, 10400, 500, 1785
Adaline McDade, 300, 220, 6300, 25, 650
Estate of A. McDade, 300, 180, 9600, 260, 1815
Sarah McDade, 350, 150, 6000, 25, 835
Thomas Barnett, 600, 700, 39000, 500, 7945
B. H. Micou, 700, 900, 64000, 700, 4405
N. D. Barnett, 1000, 1850, 42750, 800, 6911
W. B. Gilmer, 530, 230, 22800, 700, 4142
F. M. Mathews, 500, 460, 30000, 600, 1725
William Mathews, 800, 1982, 84660, 1000, 7620
Mille B. Abacrumbie, 400, 620, 40800, 500, 5893
James F. Ward, 260, 300, 22400, 400, 1900
J. G. Jones, 700, 710, 21900, 500, 7340

Estate of W. K. Buford, 400, 260, 9400, 300, 1520
William B. Barnes, 320, 630, 15900, 500, 2175
Elbert A. Holt, 1000, 600, 64000, 1000, 4328
William Edwards, 350, 330, 13600, 400, 2611
T. B. Gregg, 950, 600, 100000, 500, 6550
S. D. Holt, 200, 40, 24000, 300, 1400
S. Arington, 1220, 680, 54000, 1000, 8510
T. W. Cowles, -, -, 300, 2, 4540
W. T. Judkins, 1100, 700, 34000, 780, 7775
J. R. Chappell, -, -, -, -, 850
R. S. Compton, 60, 220, 2000, 100, 200
Daniel Whitford, 75, 163, 1000, 100, 550
William Whitford, -, -, -, -, 30
John Cristie, 170, 230, 4000, 300, 1425
William Lester, 100, 60, 2400, 100, 1000
P. Cromelin, 700, 1500, 3300, 500, 3338
R. M. Cain, 700, 800, 54000, 1200, 10335
L. D. Hallenquist, 750, 600, 22950, 800, 3484
A. J. Terrell, 530, 870, 15000, 750, 3000
J. N. Norris, 300, 280, 10000, 750, 3070
Allen Sims, 400, 500, 10000, 700, 4230
W. L. Cunningham, 500, 500, 20000, 500, 3170
M. Harwell, 60, 420, 1500, 600, 350
Absolum Harwell, 200, 700, 4000, -, 400
Lucy A. Gaines, 1000, -, 1411, 150, 580
B. J. Murrell, -, -, -, -, 625
William White, 100, 14, 1000, 30, 857
Andrew Laprade, 130, 290, 1600, 455, 1010
Sarah Mason, 30, 50, 400, 120, 765
Osburn McGaha, 20, 20, 150, 10, 240
Faithy E. Welch, 75, 100, 1200, 120, 450
William Welch, 40, 120, 700, 20, 200
John Sanford, 50, 250, 500, 100, 593
John Mannin, 600, 950, 12000, 500, 3700
James J. Zimmerman, 600, 700, 15000, 300, 3375
M. H. Molton, 45, 323, 8000, 250, 4800
Josephus F. Sharp, -, -, -, -, 100
R. Y. & J. H. Ware, 850, 610, 4500, 600, 320
John G. Glazeag, 1200, 1100, 70000, 1300, 6570
J. R. Burton, 600, 1000, 18000, 600, 5300
William Townsend, -, -, -, 500, 3725
Richard Brazell, 800, 2200, 30000, 1000, 4615
F. D. Brazell, -, -, -, 125, 680
Albert B. Brazell, -, -, -, 50, 1240
Morgan Brown, 160, 400, 8000, 50, 1560
W. J. Yarbrough, 50, 30, 320, 12, 170
Patsey Parrott, 12, 80, 300, 12, 200
William Dean, 50, 120, 600, 75, 1030
Eaves Bradford, 320, 700, 19500, 1325, 3900
J. Eason, 1350, 500, 33300, 1000, 9000
Thomas Ellicott, 25, 45, 200, 140, 360
Thomas J. Mitchell, 300, 1000, 12000, 1000, 5000
T. E. Mitchell, 500, 500, 5000, 480, 3000
R. J. Ware, 1400, -, -, 3000, 1030
Mary Abercrumbie, 140, 20, 300, 200, 1075
John B. Abercrumbie, -, -, -, -, 275
R. A. Monk, 20, 20, 150, -, 100
L. L. Harwell, 200, 520, 2500, 40, 1195
William Sandlin, 70, 150, 1000, 20, 470
G. W. Marshall, 150, 90, 1400, 150, 1300
Anderson Bealy, 50, 190, 600, 100, 200
John Preslley, 500, 190, 1000, -, 495
Wright Daniel, 12, 108, 500, 60, 178
Thomas Sorrel, 50, -, 300, 50, 300
Tilman Leach, 250, 270, 3250, 400, 1200
Rebecca Scoggins, 100, 180, 1000, 50, 235
John Scoggins, 100, 220, 1000, 200, 455
Benj. Welch, 30, 210, 500, 75, 300
Benjamin Butler, 200, 120, 1000, 150, 1011
Linna Welch, 70, 130, 800, -, 440
James F. Welch, 60, 180, 1000, 125, 465
George Eliott, 50, 100, 200, 50, 250
David Eliott, 50, 100, 200, 20, 220
L. J. Ward, 120, 200, 1000, 100, 640
William Broday, 15, 65, 200, 100, 252
Nathaniel Welch, 40, 260, 600, 50, 270
Jesse Welch, 140, 360, 3000, 200, 1115
Margaret Owen, -, -, -, -, 350
R. G. Welch, 125, 250, 1500, 75, 800
Wm. R. Hainton, 60, 110, 450, 30, 250
John Hainton, 60, 110, 450, 30, 250
Thos. R. Bulloch, 75, 100, 800, 50, 1000
William Townsend, 100, 400, 3000, 300, 1200
Joseph M. Gill, 15, 155, 800, 75, 425
James Gill, 50, 20, 300, 100, 350
Thomas M. Ramsey, 50, 330, 1500, 70, 418
Benj. Gill, 50, 90, 600, 10, 325
Anderson W. Adcock, 90, 98, 1000, 125, 574
Wm. A. Adcock, 20, 20, 200, 120, 157

Drucilla A. Bulloch, 1200, 650, 39160, 800, 5561
Edward Edwards, 260, 220, 6000, 300, 1900
B. F. Caffey, 500, 160, 20000, 600, 3821
T. B. Brown, 450, 250, 30000, 1000, 3700
James Porter, 300, 250 18250, 1200, 5870
R. H. Raylor, 350, 130, 9600, 500, 1720
G. W. Hailes, 950, 150, 27600, 1500, 10475
H. M. Knight, 95, 65, 4000, 25, 567
Wade Allen, 650, 350, 30000, 1000, 5435
G. W. Bush, 80, 80, 4000, 150, 885
E. S. Chambliss, 865, 235, 50000, 755, 5745
Silas H. Bullard, 130, 80, 4000, 250, 1510
Henry Brown, -, -, -, -, -
Flemin Wiley, 80, 80, 1900, 100, 807
William C. Todd, 80, 20, 1600, 100, 400
Daniel Williams, -, -, -, 100, 125
G. W. Bazier, -, -, -, -, 359
James J. Gilmer, 1400, 1000, 72000, 1200, 7965
Amis Lopes, 200, 200, 10000, 200, 1030
George Powell, 300, 240, 21600, 500, 2752
Willis Callaway, 1100, 600, 72000, 1200, 5605
W. B. S. Gilmer, 1600, 1031, 62620, 1200, 9726
J. M. Williams, 450, 1200, 70000, 1000, 5630
L. C. G. Gilchrist, 150, 50, 6600, 150, 1840
James Marks, 1000, 2000, 75000, 2000, 7650
G. W. Mathews, 5000, 11000, 200000, 2908, 21530
Nicholas L. Merawether, 800, 320, 22400, 1000, 3460
Nicholas Merawether, 380, 70, 9000, 200, 4470
C. L. Mathews, 1100, 780, 37800, 2000, 5115
James B. Mereweather, 1000, 600, 3600, 2500, 9061
Thomas Merewether, 1500, 800, 69000, 2500, 8478
Bunley A. Hood, 700 815, 15000, 200, 3720
Joseph Henderson, 280, 100, 17000, 400, 2180
F. L. Gilmer, 525, 650, 40000, 500, 6537
Francis M. Mathews, 270, 312, 17460, 400, 2015
G. H. B. Mathews, 525, 650, 40000, 500, 3253
E. G. W. Abercrumbie, 300, 340, 8000, -, 400
William Ross, 900, 600, 30000, 250, 1560
J.G. Yarbrough, 50, 610, 3000, 500, 700
James Leon, 30, 50, 400, 50, 180
F. M. Gilmer, 70, 20, 13500, 1000, 1900
W. R. Westcoat, 600, 1300, 106700, 800, 3760
C. L. Pollard, 1500, 1700, 75000, 200, 12650
Ann M. Lirm, 100, 60, 8000, 100, 975
D. J. Bunting, -, -, -, -, 4700
W. W. Allen, 360, 100, 17250, 500, 3771
James ware, 1200, 800, 73000, 200, 7900
T. J. Judge, 600, 500, 50000, 1000, 6119
J. A. Elmore, 150, 650, 5000, 200, 1440
Jacob Fable, 93, -, 16264, 300, 783
Estate R. Felder, 700, 180, 32800, 600, 2150
William Jones, 200, 54, 17850, 700, 1604
R. Y. Ware, 2750, 3750, 105000, 2500, 1500
Moses McLemore, 1500, 655, 64650, 3000, 12977
H. A. Walks, 325, 800, 50000, 500, 2324
T. G. Vickers, 472, 749, 50000, 1000, 3450
Elizabeth Cowles, 1400, 600, 40006, 1500, 5000
Rebecca Smith, 200, 40, 7380, 700, 730
J. E. Thompson, -, -, -, -, 820
J. H. Holt, 270, 50, 16000, 500, 2750
C. Ballinger, 600, 1800, 46200, 500, 4977
J. C. Nicholson, 350, 25, 24000, 400, 2311
Thos. Taylor, 1200, 500, 68000, 1200, 7420
Martha M. Micou, 500, 150, 21600, 700, 3200
A. J. McLemore, 650, 175, 40000, 500, 2700
H. L. Shelmon, 240, 80, 80000, 250, 1775
F. C. Pinkston, 700, 120, 25000, 600, 2367
Martha E. Conyers, 290, 60, 7750, 500, 2070
Layfayette Murdock, 830, 370, 48000 900, 4906
A. G. Smith, 1200, 250, 5070, 1200, 6960
F. H. Cobb, 450, 145, 14975, 500, 3575
P. S. Sayer, 650, 258, 22700, 600, 4900
J. B. Scott, 1100, 485, 42125, 600, 5125
C. L. Fuller, 90, 70, 10000, 30, 875

J. W. Mitchell, 1000, 600, 32000, 1000, 7995
E. B. Pelot, 15, 15, 3000, 200, 617
J. A. B. Clemmons, 275, 264, 5399, 300, 1440
C. S. Lucas, 1300, 1300, 65000, 2000, 16730
J. H. _. Judkins, 1500, 700, 23000, 500, 6525
Estate of H. Lucas, 5000, 2000, 20000, 3000, 21725
John Judkins, 1350, 510, 27900, 100, 4140
P. W. McLemore, 420, 460, 20000, 500, 2355
John A. Shelmon, 175, 65, 4800, 300, 790
A. W. McDade, 250, 130, 12000, 300, 1705
F. Rowle, 600, 400, 50000, 800, 5180
C. L. Sample, 130, 188, 11000, 225, 690
J. G. Freeny, 50, 150, 6000, -, 1110
M. M. Crews, -, -, -, -, 1400
E. D. Brown, 900, 660, 40000, 800, 5797
Flem Freeman's River Plantation, -, -, -, -, 8700
Harriett Glenn, 600, 400, 24000, 600, 5680
G. L. Hogan, 400, 352, 18000, 500, 2982
Estate A. J. Pickett, 800, 1000, 79200, 2000, 6325
M. P. Conoly, 300, 400, 21000, 500, 1000
D. B. Grayham, 80, 80, 10000, 200, 500
P. R. Gilmer, 3300, 311, 114550, 200, 11888
Sally Gale, -, -, -, 300, 1050
W. R. Caloway, 700, 420, 44800, 1000, 6575
P. B. Mastin (Martin), 1500, 1200, 70000, 200, 5930
C. G. Gunter (Ganter), 1500, 4500, 200000, 1500, 6674
William Knox (Knon), 700, 900, 40000, 900, 6300
C. H. Molton, 1400, 1000, 84000, 1800, 7540

H. M. Caffey, 1000, 280, 61700, 1000, 5225
W. H. Taylor, 300, 459, 15000, 500, 3710
J. M. Cheney, 400, 295, 12000, 400, 4784
T. B. Bettina, 2200, 4200, 160000, 200, 12790
Thomas Bunting (Banting), -, -, -, 500, 4200
F. T. Hunter, 250, 254, 20200, 500, 5630
James Irby, 500, 240, 15000, 1500, 2875
J. T. Thomas, -, -, -, 150, 1004
F. M. Randolph, 320, 360, 35000, 800, 3000
M. L. Gilmer, 540, 275, 32400, 500, 2274
W. B. Armistead, 540, 300, 33000, 700, 7625
T. H. Watts, 2300, 1520, 200000, 400, 5500
William Monks, 1800, 2700, 96000, 1000, 9450
Felix Ashley, 900, 900, 64200, 200, 8340
Arintha Brasell, 400, 600, 20000, 400, 4415
J. F. Jackson, 300, 250, 7300, 1000, 6500
Josiah Parmer, 300, 700, 20000, 100, 1550
Roseannah Taylor, 800, 480, 65060, 500, 5030
Montg. Lumber Co., -, 3800, 16000, -, 9000
Fleming Freeman, 2000, 900, 80000, 5000, 11300
A. J. Walker, 50, -, -, -, 605
George W. Stone, -, -, -, -, 450
Joseph B. Bibb, 1200, 813, 63175, 600, 5260
William H. Rives, 2300, 2000, 150500, 5000, 31435
B. C. Jones, 600, 680, 42800, 800, 3555
B. Croom, 1500, 400, 75000, 1600, 7520
L. G. Jones, 300, 300, 5500, 300, 2120
J. H. C. Canton, 300, -, 10000, 200, 4311
G. T. & W. A. Griales (Griates), 800, 420, 30000, 1500, 4250

Monroe County Alabama
1860 Agricultural Census

Agricultural and Manufacturing Census for 1860 Microfilmed by the Alabama Department of Archives and History under a Grant from the National Science Foundation

1860 Schedule 4 Agricultural –Dekalb to Morgan Counties

Filmed for the University of North Carolina from Original Records in the Alabama Department of Archives and History

These are the items represented and separated by a comma: for example John Doe, 20, 25, 10, 5, 100. Also, this county does have some rented lands and public land usage. For example, John Doe, rented, rented, -, 10, 5. If the word "rented" covers two or more columns the word is printed to cover the number of columns where shown. This is also true for "public."

1. Owner
2. Acres of Improved Land
3. Acres of Unimproved Land
4. Cash Value of Farm
5. Value of Farm Implements and Machinery
13. Value of Livestock

NOTE: In some instances where the first few letters of the first name or initials are missing and indicated with _, the microfilming did not pick up parts of the left margin for Monroe Co. for it was too close to the binding and could not be flattened enough. It is my understanding that the sheets once filled out were then bound. My guess is that the Alabama Department of Archives and History would not allow the books to be taken apart and had to be filmed as is. Thus, some parts of first names or initials are not visible on the film.

Geo. Staunton, 80, 80, 1000, 400, 900
William Pevy, 60, 340, 1500, 12, 400
Richd. Turbeville, 70, 90, 500, 100, 900
J. Turbeville, -, -, -, 3, 200
J. Turbeville, -, -, -, 5, 150
Jo. Purcell, 9, 31, 100, 5, 200
Malinda Williams, -, -, -, -, 40
Wm. McKinley, 12, 48, 100, 5, 100
Jo. McKinley, 10, 30, 100, 100, 800
Elbert McKinley, 26, 54, 1000, 100, 600
Rich. Turbeville, 10, 110, 200, 40, 250
Christian Gates, 40, 150, 1000, 10, 500
A. Crosley, 5, 85, 500, 5, 350
Thos. Brown, -, -, -, -, 60
Madison McKinley, 40, 80, 700, 60, 650
J. King, -, -, -, -, 15
S. Chapman, -, -, -, -, 10
W. McKinley, 20, 100, 1000, 300, 450
J. McKinley, 30, 90, 1000, 75, 400
J. McKinley, 11, 69, 500, 5, 300
A. McKinley, 15, 65, 500, 5, 300

J. Hollis, 20, 60, 250, 10, 225
Berry Chisholm, 11, 116, 300, 5, 150
John Davis, 150, 1500, 10000, 400, 1400
M. Cobb, 15, 25, 100, 5, 250
W. Etheridge, 23, 148, 400, 15, 300
Ben. Griffin, 20, 100, 300, 5, 100
Drury Mossy, 80, 200, 2000, 50, 200
Jerry Bayles, 100, 480, 3000, 50, 900
Thomas Hall, 50, 40, 500, 5, 150
Robt. Wiggins, 50, 30, 800, 10, 500
J. Ballard, 15, 145, 800, 5, 300
W. Whisenhunt, 63, 100, 4000, 75, 420
J. Powell, 200, 800, 10000, 400, 1000
M. McCall, 800, 200, 4000, 600, 1600
Elizabeth Lock, 300, 900, 6000, 650, 1500
G. Bradley, 160, 60, 5000, 500, 1300
John Holly, 60, 260, 2000, 600, 900
John Richardson, 15, 225, 1000, 10, 200
John Thompson, 22, 100, 1000, 10, 250
W. Wiggins, 18, 62, 400, 5, 300

E. Wiggins, 20, 300, 1000, 8, 225
W. Wiggins, 40, 40, 400, 50, 250
J. Andress, 30, 90, 400, 10, 275
Jane Thompson, 32, 34, 300, 10, 200
E. Bayles, 20, 30, 400, 10, 400
R. Holley, 15, 25, 200, 5, 400
W. Bayles, 25, 85, 500, 10, 300
H. Fry, 50, 170, 800, 60, 480
J. Sollins (C. Sellers), 35, 160, 800, 5, 400
J. Johnson, 10, 70, 200, 60, 650
J. Rutherford, 50, 420, 2000, 100, 600
John Johnson, 400, 400, 2000, 200, 1000
Aaron Bradley, 100, 176, 3000, 500, 1100
M. Bradley, 100, 450, 4000, 100, 400
A. Laster, 650, 1700, 15000, 600, 5200
R. M. Coy, 35, 125, 800, 65, 400
W. M. Henderson, 450, 1900, 14000, 300, 3700
Alex Williams, 800, 3070, 38000, 1000, 5200
J. Stabler, 300, 782, 6000, 300, 3400
R. Marbin, 350, 6000, 10000, 500, 4300
The. Williams, 600, 4900, 35000, 700, 4500
E. Amerson, 18, 311, 800, 8, 130
Larkin Vaughan, 30, 166, 400, 25, 300
J. Warren, 30, 130, 400, 5, 300
A. Warren, 20, 180, 500, 30, 425
J. Morris, 25, 295, 800, 10, 300
B. Porter, 100, 650, 1500, 100, 300
W. Morris, 20, 140, 500, 125, 250
J. Turbeville, 45, 395, 1200, 60, 700
B. Chapman, 25, 95, 200, 50, 375
E. Rowell, 20, 60, 200, 50, 400
J. Bryant, 26, 94, 250, 5, 250
A. Bryant, 130, 350, 1500, 100, 1600
E. Bryant, -, 200, 300, 5, 300
J. Ritter, 30, 80, 300, 40, 600
Jesse Bradley, 130, 800, 8000, 100, 2000
D. Nettles, 230, 900, 10000, 200, 2500
J. Hicks, 120, 160, 1400, 150, 700
J. Riley, 300, 320, 1500, 500, 1800
W. Hicks, 50, 30, 300, 75, 300
A. Gainers, 200, 280, 3000, 100, 1200
H. Brown, 120, 280, 3000, 300, 1000
W. Gainers, 60, 500, 2500, 10, 500
S. Lindsey, 250, 180, 5500, 300, 1500
S. McCrary, 750, 820, 10000, 400, 1400
Jas. Cunningham, 120, 315, 7000, 200, 1700
A. Marshall, 80, 120, 1700, 75, 700
W. Gibson, 120, 240, 4000, 100, 1000
John Lyon, 250, 250, 9000, 500, 2100
Robt. Cunningham, 200, 240, 6000, 200, 1200

J. Saunders, 400, 1250, 11000, 400, 2500
Boulevard & Hunter, 500, 400, 12000, 500, 2300
J. Hicks, 50, 270, 1000, 5, 400
W. Hicks, 150, 370, 2200, 50, 600
W. Fort, 33, 97, 700, 10, 300
E. Deer, 60, 150, 1200, 100, 800
James Rabb, 250, 587, 6000, 500, 2500
Geo. Andrews, 250, 1190, 8000, 500, 1700
L. Lolaway, 60, 367, 450, 150, 700
W. Obanion, 100, 140, 1200, 75, 800
Est. Stallworth, 600, 600, 20000, 600, 3000
Sam Dubose, 500, 800, 15000, 500, 2700
Jo. Montgomery, 300, 700, 10000, 700, 500
W. Marshall, 110, 190, 6000, 200, 1200
R. Andrews, 50, 110, 1800, 100, 400
W. Rodgers, 55, 82, 1000, 25, 300
S. Andrews, 450, 1550, 35000, 500, 1800
H. Andrews, 70, 40, 2000, 100, 450
H. Davison, 200, 250, 4000, 300, 1500
G. Davison, 235, 723, 9000, 700, 2000
Ann Riley, 300, 200, 5000, 400, 2000
Thos. Riley, 600, 1200, 35000, 1100, 500
E. Riley, 300, 220, 8000, 5000, 500, 2000
J. Harrington, 150, 250, 9000, 500, 700
J. Cotton, 300, 500, 10000, 600, 2000
J. Graham, 200, 150, 3000, 152, 17000
H. Kyle, 500, 600, 11000, 300, 2900
Nancy Riley, 150, 90, 2000, 500, 1000
J. Childress, 24, 96, 600, 10, 200
Alex Curry, 30, 90, 600, 10, 100
Wm. Abney, 70, 200, 1500, 50, 300
J. Bradley, 110, 490, 12000, 300, 1000
M. Stallworth, 1600, 2000, 35000, 1000, 8000
J. Stallworth, 1000, 2000, 30000, 800, 4500
W. Dubose, 130, 200, 5000, 1200, 1300
L. Stallworth, 650, 750, 15000, 500, 3000
Sarah Davison, 300, 250, 3000, 250, 1000
Thos. Jones, 66, 82, 2000, 10, 600
John Shaw, 200, 640, 7000, 400, 1200
John Franklin, 170, 480, 3000, 300, 650
Jas. Davison, 200, 400, 9000, 400, 1100
William Rodgers, 155, 245, 4000, 300, 800
James Burgess, 200, 300, 500, 250, 1800
Dennis Crosby, 700, 1300, 25000, 500, 4300
Cal. McMillan, 150, 480, 7000, 400, 900
John Watts, 400, 1320, 10000, 600, 3000
L. Northerly, 35, 82, 500, 25, 850
S. Andress, 120, 40, 1500, 400, 900

William Sallworth, 800, 1000, 20000, 800, 5000
John Colley, 75, 800, 5000, 600, 700
John Saunders, 75, 325, 2000, 160, 600
John Marshall, 65, 75, 2000, 50, 900
Hugh McKenzie, 110, 410, 2500, 100, 900
Duncan McKenzie, 140, 80, 1500, 400, 1100
Kezeah Cotton, 30, 10, 500, 10, 250
Stanford L.Mines, 600, 2600, 10000, 1000, 3700
Thos. Snowden, 70, 130, 1500, 20, 900
James Brooks, 25, 45, 400, 10, 200
John McClammey, 100, 500, 2000, 150, 1500
Wm. Hawkins, 35, 45, 400, 100, 600
John Booker, 50, 70, 600, 50, 600
M. McClammey, 150, 450, 8000, 500, 2000
W. Lovelace, 30, 270, 1000, 50, 400
W. Booker, 125, 615, 3000, 100, 1500
Nolen Booker, 30, 50, 500, 10, 350
Elbert Cato, 25, 175, 1000, 60, 400
Willis Booker, 300, 700, 9000, 400, 1300
Sarah Dubose, 80, 40, 600, 80, 600
Wm. Brown, 70, 125, 1800, 15, 500
Ferin Baldwin, 250, 1120, 20000, 500, 2300
D. McNeil, 75, 125, 4000, 150, 900
J. Montgomery, 200, 520, 8000, 300, 1000
J. Brown, 12, 28, 500, 5, 280
R. Marshall, 110, 130, 2500, 500, 800
D. Parker, 150, 330, 2400, 500, 800
R. Parker, 50, 50, 2000, 50, 600
W. McCants, 400, 1795, 15000, 400, 200
Wm. King, 1000, 1044, 35000, 1500, 5600
John McCasky, 75, 85, 1000, 50, 900
James Welch, 30, 70, 2500, 20, 900
Jo. Gates, 30, 120, 1500, 20, 350
F. Rhoad, 30, 114, 1000, 20, 400
W. Rhoad, 75, 525, 3000, 100, 800
Jacob Rhoad, 30, 110, 1000, 20, 400
J. Legett, 400, 600, 7000, 400, 2300
Ann Powell, 170, 290, 4000, 300, 1100
Ja. Packer, 400, 415, 40000, 1000, 3000
G. Morrissette, 350, 252, 22000, 600, 2400
E. Morrissette, 250, 400, 30000, 400, 1900
J. Stabler, 500, 1200, 40000, 500, 2800
J. Stabler, 100, 149, 3000, 100, 800
J. Ward, 200, 900, 7000, 500, 1500
Elijah Powell, 250, 420, 6000, 2200
John Leslie, 25, 375, 2000, 100, 625
James Parker, 175, 525, 10000, 100, 1500
John Powell, 100, 600, 9000, 500, 1200
Chas. Hunt, 250, 800, 4000, 150, 750
Lewis Hybert, 100, 420, 20000, 400, 650
James Wiggins, 15, 40, 300, 10, 100
J. Norwood, 50, 170, 4000, 50, 600
Thos. McCants, 115, 725, 4000, 500, 900
J. Wheeler, 64, 260, 2500, 100, 400
N. Barnes, _30, 10, 300, 50, 250
Matissa Griffin, 10, 70, 500, 10, 200
Wm. Burgess, 35, 245, 1500, 10, 250
Ann Burgess, 15, 65, 500, 40, 275
M. Frederick, 45, 555, 2000, 50, 700
J. Chunn, 75, 165, 1500, 30, 500
C. Crosby, 15, 65, 500, 10, 280
J. Crosby, 70, 90, 2000, 120, 250
H. Oquynn, 20, 20, 500, 20, 230
W. Chunn, 50, 110, 1000, 70, 450
A. Grace, 84, 360, 2000, 700, 900
T. Black, 22, 40, 400, 50, 190
W. Black, 20, 20, 400, 10, 100
C. Hutto, 20, 20, 500, 20, 300
J. Rachels, 35, 85, 600, 5, 250
B. Rachels, 45, 35, 400, 10, 200
M. Ladd, 25, 95, 600, 60, 250
J. Ladd, 2, 38, 200, 10, 240
J. Bayles, 30, 130, 1500, 10, 330
J. Burnet, 180, 1210, 6500, 750, 1600
A. McDuffee, 150, 650, 7000, 700, 1650
G. Finklea, 150, 550, 10500, 400, 1200
S. Nettles, 80, 320, 6000, 500, 1200
John Finklea, 100, 220, 3500, 70, 700
J. Turbeville, 20, 20, 500, 10, 350
John Black, 30, 545, 6000, 40, 500
D. McCants, 100, 150, 1200, 60, 900
J. McCants, 150, 1030, 11000, 350, 1500
M. Brown, 35, 45, 1000, 50, 400
W. Medetteton, 30, 40, 1000, 10, 225
J. Young, 18, 22, 300, -, 168
W. Medetteton, 60, 110, 1500, 50, 575
J. Steadman, 20, 60, 400, 10, 140
W. Hayles, 70, 250, 1500, 20, 350
J. Turbeville, 30, 90, 600, 40, 350
A. Stanley, 15, -, 150, 10, 200
J. Odom, 500, 1440, 40000, 700, 3400
F. Liddle, 300, 600, 25000, 800, 2150
A. McNeil, 30, 170, 2000, 60, 350
D. McMurphy, 25, 95, 500, 50, 300
J. Oquynn, 40, 40, 800, 70, 425
Thos. Fountain, 100, 300, 4000, 150, 1200
L. Mellender, 100, 280, 2500, 400, 1080
J. Black, 35, 85, 800, 50, 340
J. Richardson, 350, 740, 28000, 1000, 2200

C. Hancock, 10, 30, 200, 10, 160
Jo. Green, 300, 580, 10000, 300, 1500
John Green, 20, 60, 500, 10, 500
G. Jones, 40, 120, 1000, 25, 280
J. Reeves, 40, 60, 1000, 50, 300
J. Reeves, 20, 20, 300, 10, 150
W. Millender, 50, 270, 3000, 110, 600
John Snell, 400, 460, 15000, 500, 3200
M. Perryman, 365, 445, 15000, 350, 2600
A. Lacy, 125, 635, 9000, 250, 1000
J. Perrin, 140, 430, 10000, 800, 1000
Amelia Childers, 50, 130, 1000, 30, 300
Wm. Fountain, 140, 460, 12000, 640, 1500
P. Gwatney, 35, -, 300, 10, 400
M. Nettles, 100, 100, 2500, 125, 700
G. Rikard, 100, 180, 4000, 100, 600
W. Middleton, 100, 100, 2500, 650, 1000
Sula Kina, 200, 150, 4000, 300, 800
J. Cook, 33, 1, 600, 10, 400
Dockery & Kearley, 200, 100, 3000, 400, 1000
Wm. Houlder (Houlden), 12, 68, 500, 10, 200
J. Rikard, 50, 510, 5600, 65, 600
Alex. Dailey, 250, 300, 5000, 500, 1300
Jas. Dounes, 20, 20, 300, 20, 100
Jno. Smith, 30, 10, 300, 10, 100
Ed. Shannon, 41, 80, 1200, 70, 350
L. Linusey (Lindsey), 60, 160, 2000, 350, 450
S. Sessions, 30, 50, 600, 10, 150
G. Riley, 127, 225, 4000, 150, 700
W. Crosby, 75, 65, 2000, 75, 700
N. Stallworth, 90, 310, 4000, 600, 800
W. Ross, 40, 40, 800, 60, 350
L. Griffis, 20, 140, 1000, 75, 350
J. Murry, 35, 45, 1000, 20, 500
E. Finklea, 65, 55, 2000, 60, 500
John Jones, 60, 12, 6000, 30, 500
J. Courtney, 20, 140, 1200, 40, 400
C. Riley, 60, 60, 1000, 60, 300
K. Rodgers, 16, 64, 600, 10, 150
J. Dukes, 80, 88, 2000, 80, 420
T. Jones, 40, 240, 2500, 75, 450
F. Finklea, 70, 130, 2500, 60, 500
M. Rikard, 60, 230, 2500, 200, 700
C. Rikard, 45, 35, 800, 20, 250
W. Dukes, 30, 500, 800, 10, 300
H. McNiel, 150, 450, 6000, 300, 1350
E. Fells, 60, -, 300, 45, 375
W. Bragg, 185, 365, 8000, 450, 1700
J. Lock, 80, 370, 6500, 80, 1000
C. Clausel, 450, 332, 3000, 350, 1650
T. Clausel, 165, 330, 3300, 175, 800
L. Rikard, 80, 220, 800, 75, 350

M. Stainton, 100, 340, 1000, 20, 600
D. Stainton, 100, 210, 3000, 400, 1050
S. McClure, 70, 275, 100, 75, 550
Moab Kerby, Rented, Rented, -, 10, 300
T. Biggs, 100, 100, 500, 40, 800
W. Biggs, 30, 265, 600, 25, 225
R. Biggs, 40, 200, 2000, 80, 800
W. Buzby, 50, 110, 600, 40, 300
A. Campbell, 40, 120, 500, 10, 300
B. Waters, Rented, Rented, -, 10, 300
N. Waters, 30, 50, 150, 10, 50
B. Bradberry, 80, 320, 1500, 100, 400
R. Robertson, 30, 50, 250, 10, 225
C. McInis, 80, 40, 600, 60, 250
James McInis, 3, 77, 500, 10, 110
C. Barnet, 40, 20, 500, 50, 350
A. Duke, 400, 380, 2500, 650, 1000
C. Doggett, 320, 380, 4000, 140, 1400
G. Dogget, 20, 130, 600, 10, 200
Duncan Rankin, 73, 330, 1500, 70, 400
H. Rankin, 160, 650, 2000, 200, 1300
R. Rumbley, 80, 160, 1000, 40, 450
Jo. Stainton, 180, 500, 1500, 350, 1100
Sam Senn, 10, 100, 300, 35, 35
E. Haynes, 20, 100, 400, 10, 175
Jas. Drew, 75, 165, 2000, 100, 600
C. Smith, 400, 500, 5000, 500, 1200
F. P. Clingmann, 25, 40, 2000, 50, 225
Phebe Salter, 260, 40, 1500, 75, 1000
M. Griffith, 30, 370, 900, 30, 300
P. Davis, 15, 305, 500, 10, 250
Sarah Colvin, 35, 365, 700, 500, 325
Martha Thomas, 10, 70, 600, 10, 250
J. Salter, 12, 28, 250, 10, 100
J. White, 9, 11, 150, 10, 250
Isaac Helton, Rented, Rented, -, 10, 180
Jerry Helton, Rented, Rented, -, 10, 100
W. Helton, 40, 120, 600, 70, 520
W. Helton, 60, 260, 1500, 80, 900
J. Dailey, 210, 1100, 5000, 360, 1650
Simon Haller, 100, 200, 300, 20, 250
M. East, 225, 360, 1500, 90, 1000
W. East, Rented, Rented, -, 10, 200
Drury Ranolson, 200, 750, 9000, 200, 2600
J. Ranolson, 80, 80, 1500, 40, 1000
Thomas Wiggins, 75, 325, 6000, 100, 750
Chas. Newberry, 25, 35, 600, 10, 275
James Wiggins, 35, 85, 800, 45, 350
C. Fortenberry, 50, 70, 1000, 60, 375
D. Fortenberry, 20, 73, 800, 45, 500
J. Fortenberry, 12, 93, 500, 10, 200
W. Fortenberry, 16, 64, 500, 48, 225
C. Fortenberry, 20, 25, 500, 90, 375
Mwry Black, 50, 110, 2000, 10, 750
N. Black, Public, Public, -, 10, 200

R. Perry, Public, Public, -, 30, 450
H. Davison, 300, 1400, 15000, 800, 1400
J. Davison, 175, 800, 8000, 400, 800
Nelson Fore, 30, 370, 1000, 60, 575
Smithy Fore, 90, 310, 1200, 70, 435
John Allen, 150, 530, 3000, 200, 1200
Hugh Fountain, 200, 560, 3000, 200, 1200
W. Fountain, 350, 500, 4000, 50, 680
J. Henderson, 400, 655, 2500, 450, 2500
J. Davison, 75, 205, 1000, 100, 1000
J. McCall, 125, 40, 500, 20, 400
Osborne Crook, Rented, Rented, -, 20, 300
J. Baxley, Rented, Rented, -, 70, 500
W. Green, 225, 300, 3000, 230, 1400
R. Morris, 100, 70, 1000, 30, 200
G. Watson, 350, 650, 10000, 250, 1450
J. Watson, 250, 410, 3000, 500, 1200
W. Dees, 65, 15, 400, 85, 300
S. McMillan, 100, 20, 600, 80, 350
Bennet McMillan, 200, 200, 4000, 250, 1300
Jas. McMillan, 100, 100, 2000, 120, 350
Thos. Pritchett, 80, 80, 600, 40, 350
S. Autrey, 600, 500, 6000, 500, 2000
W. Moore, 20, 300, 1000, 10, 50
W. Faulk, 20, 100, 500, 10, 300
Oren Brantley, 100, 240, 1000, 80, 400
T. Self, 30, 300, 1000, 10, 325
W. Blair, Public, Public, -, 75, 180
Thos. Henson, 150, 450, 2000, 55, 800
J. Watson, 60, 300, 1800, 10, 250
P. Stranghan, 400, 200, 3000, 540, 2200
A. Giddings, 70, 110, 1200, 70, 550
E. Atkinson, 80, 40, 600, 40, 500
W. Atkinson, Rented, Rented, -, 10, 200
Bryant Crawford, 25, 55, 500, 10, 200
W. McWilliams, 60, 20, 300, 70, 300
E. Powel, Rented, Rented, -, 10, 200
J. Corley, 25, 175, 500, 60, 550
W. Nevels, 200, 175, 2000, 300, 1000
Owen Talurn, 150, 409, 3500, 140, 1000
W.Wenner, 35, 245, 500, 10, 200
J. Johnson, 50, 350, 1000, 12, 275
W. Snowdin, Rented, Rented, -, 10, 250
P. Patrick, 80, 160, 1200, 60, 1080
J. Smith, 30, 250, 1200, 75, 250
A. Wiggins, 45, 115, 1000, 70, 400
Ben Goodin, Rented, Rented, -, 10, 60
J. Griffin, 40, 80, 500, 10, 60
E. Baughonan, 30, 170, 1000, 10, 200
H. Ross, 200, 300, 1500, 100, 650
J. Ross, Rented, Rented, -, 10, 250
A. Ross, 25, 55, 400, 10, 300
T. Herrin, 40, 40, 500, 10, 125

E. Byrd, Rented, Rented, -, 83, 200
D. Grimes, 100, 220, 2000, 50, 650
G. Purce, 30, 300, 1000, 10, 300
W. McMillan, 150, 300, 2000, 100, 2700
Nancy Hines, 50, 242, 2500, 70, 650
R. Hines, 40, 280, 2000, 12, 200
H. Hines, 20, 180, 1000, 10, 275
S. Rouch, Rented, Rented, -, 8, 150
John Fore, 60, 180, 1200, 90, 600
E. Northcut, 20, 109, 1000, 20, 200
D. McKenzer, 50, 150, 1000, 100, 450
Wm. Anderson, 70, 250, 2500, 60, 500
Robt. Youngblood, 30, 50, 600, 90, 500
G. McKinny, 100, 380, 2000, 85, 1200
J. Chappel, 60, 100, 800, 40, 200
C. Mines, 500, 1300, 13000, 650, 4000
J. Bursin, Rented, Rented, -, 20, 550
J. Snowdin, 300, 775, 8000, 500, 1600
James Fore, Rented, Rented, -, 20, 1500
W. Jourdan, 150, 783, 8000, 650, 1300
J. Johnson, 75, 205, 2000, 60, 600
E. Adams, Rented, Rented, -, 10, 125
Z. Bizzell, 22, 58, 500, 15, 200
J. Manning, 20, 60, 300, 10, 100
E. Johnson, 33, 127, 1000, 15, 325
R. Remley, 20, 300, 1000, 10, 200
L. Watts, 15, 25, 300, 7, 20
J. Eddins, 45, 75, 1000, 10, 275
J. Soloman, 30, 250, 100, 11, 250
J. Soloman, 20, 240, 1200, 75, 500
S. Wright, 40, 84, 700, 15, 250
J. Wright, 18, 58, 380, 8, 70
A.Wilkinson, 100, 340, 2000, 400, 650
D. Wilkinson, 35, 65, 500, 10, 250
E. Mathews, Rented, Rented, -, 9, 75
John Remley, Rented, Rented, -, 10, 100
J. Saloman, 6, 34, 400, 12, 150
J. Myrick, 23, 27, 500, 70, 200
Philip Owen, 60, 100, 1000, 70, 500
L. Lee, 30, 95, 600, 15, 225
G. Collins, 35, 5, 300, 120, 650
John Owen, 15, 155, 1000, 100, 375
E. Snowdin, 40, 25, 500, 50, 550
Jane Smith, 40, 80, 1000, 20, 450
J. Dykes, Rented, Rented, -, 8, 300
E. Robertson, 60, 260, 1500, 40, 400
Sam Owen, 45, 195, 1200, 20, 325
D. Griffin, Rented, Rented, -, 50, 150
Robt. Granton, 35, 485, 2000, 50, 400
Jourdan Fiester, Rented, Rented, -, 10, 450
H. McDonald, 80, 320, 1600, 120, 475
J. Langham, 35, 85, 1000, 15, 350
Wilie Cates, 20, 60, 400, 10, 160
John Stokes, Rented, Rented, -, 8, 80
Nancy Purifoy, 150, 210, 3000, 500, 1250

Mary Warnac, 175, 445, 6000, 115, 1250
R. George, 466, 1234, 8000, 800, 3000
J. Byrd, 75, 365, 3000, 70, 800
Wilis Childs, 60, 90, 1500, 100, 640
Jo. Jenks, 45, 95, 840, 10, 325
W. Coleman, 150, 450, 4800, 50, 1000
S. Byrd, 300, 700, 10000, 500, 1650
Jackson Booker, 25, 95, 800, 34, 250
J. Coleman, 125, 130, 1500, 400, 700
W. Garret, Rented, Rented, -, 75, 400
E. Fore, 30, 100, 1000, 10, 230
A. Deloach, 24, 96, 500, 10, 125
M. Middleton, 140, 500, 5000, 200, 1475
Jo. Garret, 60, 160, 1000, 250, 550
C. Garret, 100, 380, 3500, 100, 535
W. Robertson, 50, 190, 1000, 100, 425
H. Dailey, 28, 132, 1000, 35, 266
Ellen Wright, 50, 10, 800, 20, 180
J. Wright, 45, 115, 1200, 40, 400
E. Pate, 50, 230, 1500, 30, 220
J. Feagin, 65, 185, 1500, 100, 500
W. Wilson, 45, 55, 700, 50, 150
R. Wilson, 30, 70, 500, 5, 125
T. Feagin, 40, 85, 800, 100, 375
E. Barlow, 35, 45, 200, 90, 600
A. Byrd, 200, 360, 6000, 365, 1500
S. Byrd, 150, 300, 3000, 100, 1200
M. Byrd, 100, 180, 2000, 100, 550
Mary Byrd, 25, 15, 300, 10, 110
J. Simpkins, 225, 475, 4000, 350, 1950
A. Byrd, 25, 55, 500, 50, 350
G. Stinson, 12, 28, 500, 10, 225
W. Ward, 35, 65, 500, 11, 325
Jo. Byrd, 60, 380, 2000, 40, 420
M. Anderson, 150, 1000, 10000, 300, 1250
R. Stinson, 40, 385, 2000, 120, 700
G. Chancelcy, 50, 250, 2000, 45, 400
J. Ward, 40, 120, 800, 20, 225
M. Holly, 40, 200, 1000, 70, 450
W. Simpkins, 50, 470, 3500, 20, 700
M. Middlete, 60, 340, 2000, 50, 600
J. Covin, 60, 360, 2000, 80, 800
J. Ikaner, 30, 130, 1000, 10, 350
J. Middleton, 200, 220, 2500, 85, 750
J. Middleton, 40, 40, 500, 20, 275
J. Hardee, 150, 650, 5000, 150, 1350
Nathan Hardee, Rented, Rented, -, 10, 250
JohnWiggins, Rented, Rented, -, 8, 65
Joel Mixon, 25, 95, 500, 10, 240
Mason Barlow, 18, 62, 600, 8, 100
E. Crumarty, 20, 40, 400, 10, 200
E. Pierce, 35, 45, 500, 28, 300
W. Brown, 30, 90, 600, 38, 250
J. Little, 18, 62, 400, 35, 125

E. Cunningham, 50, 70 1000, 50, 450
J. Anderson, 70, 330, 2000, 45, 600
P. Fore, 50, 190, 1200, 85, 420
F. Devane, 65, 175, 1500, 50, 420
T. Coker, 500, 1000, 7500, 500, 450
J. Hendrix, Public, Public, -, 35, 350
Charles Barton, 25, 160, 300, 50, 150
D. Morris, Public, Public, -, 30, 375
D. Hendrix, 30, 240, 600, 20, 300
M. Hendrix, 20, 60, 400, 8, 225
H. Hendrix, 30, 170, 500, 20, 400
J. Nail, Public, Public, 15, 225
W. Sager, 30, 290, 500, 10, 200
James Hale, 23, 57, 200, 10, 175
Jesse Hall, 70, 40, 1200, 40, 650
J Joy, 30, 190, 580, 40, 300
D. King, 600, 270, 300, 70, 2140
J. Daniel, 400, 2000, 17000, 200, 5200
T. English, 700, 2800, 23000, 1000, 7600
W. English, 200, 500, 7000, 400, 450
A. Etheridge, 400, 1000, 15000, 1000, 3300
E. Kellum, 200, 500, 7000, 550, 2400
N. Jones, 200, 500, 4000, 600, 2100
John Weatherford, 200, 500, 4000, 600, 2100
A. Gordin, Rented, Rented, -, 200, 3000
J. Oferrill, 50, 110, 1000, 60, 1100
A. Avery, Rented, Rented, -, 10, 125
Jo. Boyles, 200, 440, 5000, 750, 3600
Jehu McCall, Rented, Rented, -, 50, 280
J. Kinsey, Rented, Rented, -, 30, 175
John Girdrut, 700, 400, 30000, 1000, 6000
N. Ogburnur, 200, 800, 5000, 255, 3200
Martha Lambert, Rented, Rented, -, 5, 175
M. Boyles, 160, 140, 3500, 700, 1800
J. Oguynn, 50, 190, 3000, 80, 1350
H. Oguynn, 25, 55, 1000, 60, 450
Nancy Boules, 15, 65, 400, 10, 425
G. Sizemore, 12, 28, 300, 10, 200
Benton Qualls, Rented, Rented, -, 10, 86
Jo. Sliggins, Rented, Rented, -, 40, 330
J. Cloud, 75, 325, 1300, 100, 850
C. Weatherford, 100, 270, 2500, 300, 2500
W. Norris, 180, 180, 1000, 700, 1350
M. Dees, 40, 240, 870, 95, 1150
Mary Dees, 300, 130, 500, 40, 1900
O. Coley, 68, 652, 1500, 20, 700
J. Gallespie, Public, Public, -, 20, 750
E. Hendrix, 30, 90, 250, 20, 550
D. King, 80, 260, 1000, 45, 916
John Johnson, 40, 280, 500, 20, 350
J. Massengale, 220, 980, 2000, 200, 1550

D. Corley, 30, 330, 300, 35, 315
Isiah Corley, 30, 210, 500, 65, 550
Edmond Smith, 25, 215, 500, 15, 130
N. McMillan, 90, 230, 1000, 55, 500
E. Cline, 50, 131, 500, 15, 190
S. Blackwell, 35, 450, 700, 35, 150
Jo. Lambert, 100, 300, 500, 12, 550
N. Agee, 350, 150, 2500, 500, 1650
E. T. Dees, 28, 112, 1000, 75, 450
William Estep, Public Public, -, 40, 150
Jas. Lourie, 6, 54, 500, 8, 100
W. Barton, -, 120, 300, 10, 210
W. James, 40, 200, 1000, 60, 625
F. McCord, Rented, Rented, -, 10, 150
D. McNeil, 35, 165, 1000, 95, 430
W. Holt, 45, 320, 1000, 95, 430
J. Thompson, 40, 320, 1000, 75, 90
Wm. McCarty, 35, 93, 300, 25, 300
B. Hamilton, 90, 200, 1000, 15, 600
S. Fry, 25, 40, 350, 30, 80
James Edwards, 15, 21, 500, -, 90
W. Emmons, 50, 230, 1000, 100,485
John David, Rented, Rented, -, 8, 150
S. Ray, 75, 325, 1300, 10, 400
E. Watts, 20, 20, 100, 5, 50
Dan Cobb, 8, 112, 150, 100, 60
Burrel, Morris, 14, 106, 200, 50, 350
Hannah Murphy, 20, 100, 300, 8, 275
Lord Foster, Public, Public, 8, 60
John Roly, 25, 55, 400, 30, 260
F. Thames, 50, 310, 2000, 75, 650
John Norris, 50, 270, 600, 20, 175
R. Johnson, 25, 35, 250, 10, 65
John Ross, 45, 35, 700, 40, 460
William Moore, 350, 290, 3000, 440, 1900
A. Lambert, 300, 700, 1500, 100, 1500
E. Lambert, 400, 600,1500, 100, 1300
A. Stacy, 60, 60, 300, 50, 230
Manning Stacy, 50, 110, 400, 80, 190
G. Stacy, 15, 25, 250, 85, 228
M. Lambert, Public, Public, -, 5, 430
N. Blackwell, 40, 120, 500, 10, 180
J. Lourymore, 50, 190, 600, 40, 210
Saml. Langham, Rented, Rented, -, 25, 200
E. Taylor, 150, 310, 1000, 78, 850
W. Taylor, 20, 100, 150, 50, 450
F. Taylor, Rented, Rented, -, 8, 110
Elizabeth Whatley, 60, 100, 400, 10, 230
J. Lambert, 150, 970, 3000, 300, 1300
William Lambert, 25, 255, 500, 10, 250
T. Lloyd, Rented, Rented, -, 5, 125
J. Loftin, 30, 10, 200, 15, 195
Edmond Davis, 200, 90, 5000, 100, 950

Thomas Howard, 200, 270, 4700, 350, 1200
J. Slaughter, 125, 275, 5500, 300, 2350
A. Daniel, 60, 140, 1200, 60, 200
D. Wingate, 150, 250, 2000, 215, 780
John Friar, 125, 650, 6000, 300, 2160
John Marshall, 800, 2000, 30000, 800, 5250
Lewis Slaughter, 400, 1000, 20000, 800, 2650
W. Carter manager, 100, 300, 2000, 200, 800
A. Orman, 90, 150, 500, 65, 560
J. Thompson, 100, 400, 2000, 75, 750
J. Daniel, 400, 1600, 20000, 450, 1600
H. Lambert, 225, 265, 3000, 500, 1200
A. Lambert, 35, 45, 500, 20, 575
J. Lambert, 120, 150, 1500, 200, 800
J. Lambert, 60, 180, 1200, 200, 720
A. Lambert, 110, 390, 4000, 230, 780
Nancy Harris, 450, 400, 8000, 700, 2100
J. Bullard, 600, 1900, 25000, 600, 2530
P. Dennis, 90, 230, 2500, 100, 900
W. Armistead, 600, 100, 15000, 2000, 3600
A. Barefield, 125, 375, 1000, 450, 1800
Mary Scott, 950, 1050, 30000, 1500, 6500
W. Herrin, 500, 500, 16000, 600, 3000
J. Patterson, 300, 640, 5000, 600, 1700
J. Lindsey, 220, 600, 20000, 400, 2500
J. Blanton, 30, 50, 550, 110, 450
A. Parker, 300, 1040, 4500, 600, 3791
M. Foster, 25, 175, 600, 10, 265
John Smith, 50, 150, 1200, 10, 170
D. McMillan, 350, 850, 5000, 600, 1630
James Rosco, Rented, Rented, -, 10, 10
S. Kelly, 120, 420, 700, 200, 700
H. Kelly, 15, 185, 400, 10, 120
G. Kirksey, 17, 103, 400, 10, 100
T. R. Pope, 75, 485, 1500, 50, 460
N. Biven, 50, 220, 1000, 20, 300
D. Biven, 75, 425, 2000, 20, 550
John Murphy, 15, 105, 200, 25
W. Liddle, 10, 30, 100, 10, 150
A. Hixon, 200, 500, 4000, 400, 1530
Sam Hixon, 30, 170, 1000, 50, 550
R. Hethinglow, 250, 1000, 2000, 600, 1300
W. Turbeville, Rented, Rented, -, 10, 150
Jesse Haynes, 20, 20, 450, 10, 75
W. Harvy(Horry), 30, 270, 2000, 50, 300
M. McCorvey, 120, 520, 5000, 500, 900
E. Brown, 100, 260, 2000, 50, 650
E. Andrews, 25, 475, 800, 10, 156
Rufus Brown, 50, 70, 500, 10, 250

A. Dubose, 100, 350, 1200, 550, 905
R. Deese, 60, 150, 700, 15, 210
J. Wiggins, Rented, Rented, -, -, 250
J. H. Fry, 300, 860, 5000, 550, 2150
E. Andrews, 40, 40, 300, 30, 350
R. Hixon, 25, 97, 500, 10, 230
W. Fountain, 80, 232, 1200, 600, 415
J. McWilliams, 300, 900, 3500, 300, 1750
Jo. Netley, 80, 470, 1000, 50, 200
J. Andrews, 200, 400, 1400, 100, 730
Jas. Gully, 150, 310, 4000, 500, 350
Rich. Talbot, 50, 270, 1500, 75, 450
Travan Simmons, 100, 140, 1200, 75, 500
Henry Melinder, 60, 240, 1500, 150, 680
D. McCorvey, 60, 380, 3000, 300, 800
Lucius Roberts, 30, 310, 3000, 50, 250
Geo. Foster, 300, 635, 15000, 500, 2800
W. Hall, 200, 250, 4500, 200, 950
Sam. Williamson, 20, 60, 500, 25, 210
Orlando Abrury, 250, 450, 10000, 600, 150
W. Pace, 40, 80, 700, 40, 500
J. Williamson, 10, 120, 150, 20, 350
A. Norris, 20, 220, 700, 60, 300
L. R. Moore, 1000, 2000, 8000, 1000, 1400
John Everet, 50, 70, 1000, 90, 1000
R. Draughon, 200, 860, 10000, 475, 1800
S. Busy, 140, 1300, 10000, 600, 2000
L. Gibbon, 1300, 2660, 30000, 2500, 7750
M. Murphy, 30, 40, 1000, 35, 370
Ann Black, 10, 20, 2000, 15, 200
John Arthur, 80, 100, 1000, 100, 650
John Jennings, 28, 92, 900, 70, 500
W. Pridgeon, 90, 70, 1920, 65, 460
Young Lee, 300, 380, 5000, 530, 750
W. Grimes, 10, 36, 1000, 60, 275
Ed. Mills, 100, 100, 2000, 150, 1450
L. Bowden, 75, 165, 1800, 80, 530
A. Lambert, 120, 800, 4500, 200, 1000
Ann Thompson, 100, 140, 1200, 15, 250
Rob. Thompson, 30, 60, 1000, 10, 300
Sara Carter, 80, 80, 1000, 70, 400
W. Thompson, Rented, Rented, -, 10, 325
Thos. Thompson, 175, 485, 2500, 150, 925
Thos. Thompson Sr., 40, 40, 105, 25, 925
James Fountain, 175, 15, 1200, 430, 1700
D. Sawyers, 40, 140, 800, 10, 300
J. Eubanks, 100, 520, 3000, 10, -
Ivey Sanderson, 40, 150, 730, 85, 175
J. Garner, 15, 185, 500, 10, 230
J. Garner, 15, 35, 200, 10, 125
J. D. Perry, -, 40, 50, 10, 60
J. Hendrix, 45, 475, 1650, 75, 800

R. Hendrix, Rented, Rented, -, 15, 125
D. Roberts, Public, Public, -, 35, 770
Nancy Fountain, 110, 50, 1200, 1700, 350
Neal McCorvey, 100, 700, 2000, 250, 600
Barbary Taylor, 10, 70, 150, 10, 200
Wm. Lowry, 40, 40, 200, 50, 250
John Taylor, 30, 90, 600, 60, 300
J. D. Hawkins, 280, 250, 280, 50, 250
John Frye, Rented, Rented, -, 10, 350
Wm. Gibson, 30, 170, 500, 5, 250
John Wiggins, 100, 120, 800, 50, 250
R. N. Galaway, 8, 72, 280, 15, 60
W. P. Rumbley, 70, 250, 1000, 25, 140
David Stanford, 25, 135, 240, 10, 150
David Loge, 40, 160, 450, 5, 295
Jesse Eubank, Rented, 40, 200, 10, 175
Rawlin Talbot, 150, 290, 2200, 700, 1735
Geo. W. Salter, Rented, Rented, -, 25, 200
J. L. Davidson, 80, 400, 400, 300, 500
J. M. Henderson, 260, 505, 3500, 405, 1895
John T. Daily, 250, 750, 7000, 1000, 1560
Amos Archer, 20, 60, 500, 10, 150
M. P. Stephens, 15, 65, 500, 10, 115
J. T. Stanton, 25, 145, 625, 75, 300
J. G. Henderson, Rented, Rented, Rented, 60, 50
John Kimbrel, 60, 150, 600, 60, 230
John Cross, 30, 210, 500, 20, 240
M. J. Weston, 40, 162, 800, 25, 257
J. L. McLane, 30, 132, 400, 20, 238
Milligan Patrick, 30, 50, 500, 60, 420
Joel Rawls, 50, 430, 1000, 250, 650
James Andrews, 50, 150, 600, 25, 620
Harvey Philips, Rented, Rented, -, 20, 500
A. B. Tucker, 120, 400, 2500, 150, 1045
Richd. Reaves, 150, 210, 1500, 70, 869
Joseph Ryland, 200, 160, 1500, 100, 449
Noah Rawls, 20, 140, 300, 10, 200
David Salter, 150, 230, 1500, 125, 800
Andrew Frye, 50, 205, 600, 45, 235
Prissilla Talbot, 60, 220, 700, 25, 200
W. H. McMillan, 120, 360, 2500, 150, 496
R. H. Harvy(Horry), 80, 360, 1500, 400, 724
Arm Bohanon, 40, 160, 500, 100, 672
Wm. L. Gully, 80, 225, 1500, 100, 736
W. McWilliams, 100, 320, 1000, 75, 640
John McCorvey, 80, 280, 2000, 100, 600
Wm. T. Nettles, 300, 250, 4000, 500, 1250
Quinncy Powell, 60, 260, 1000, 30, 600

N. K. Chilsholm, Public, Public, -, 20, 600
West Frye, Rented, Rented, -, 10, 150
John Hixon, Rented, Rented, -, 10, 100
James Deese, 70, 70, 420, 200, 750
Willis, Deese, Rented, Rented, Rented, -, 215
Joel Deese, 75, 85, 480, 100, 400
Nall Henderson, 100, 210, 3000, 75, 375
Isaac Salter, 24, 136, 500, 10, 125
B. Kenedy, 24, 226, 350, 65, 140
Nathan Bell, 50, 330, 3000, 100, 1200
Wm. C. Falk, 150, 250, 2000, 500, 300
J. J. Eubank, Rented, 40, 150, 15, 250
Wm. D. Dunn, 30, 50, 300, 40, 300
Wm. Newberry, 35, 50, 700, 30, 400
John Daily, 150, 1050, 3000, 400, 605
J. T. Henderson, 100, 260, 4000, 100, 920
J. C. Wiggins, 100, 540, 1000, 75, 675
J. F. White, 125, 755, 2500, 275, 990
J. M. Brown, 50, 105, 1500, 5, 689
Wm. Brown, 50, 150, 2000, 10, 15
J. DeLoach, 60, 440, 2200, 10, 250
Robt. Malden, 150, 300, 2000, 50, 330
J. Ryland agent, 525, 580, 3000, 50, 1530
Thos. L. Roberts, 120, 298, 4800, 150, 1050
Levi Spurlin, 80, 80, 400, 85, 350
John Avery, 80, 150, 800, 115, 465
Malilda (Matilda, Mahlda) Simpson, 50, 272, 1000, 15, 500
Jacob Strocks, 40, 200, 2500, 20, 350
James Strocks, Rented, Rented, Rented, 10, 75
J. R. Thames, 60, 110, 500, 30, 400
Car Thames, 70, 130, 1000, 400, 225
Thos. Newberry, 60, 150, 800, 50, 300
Hugh L. White, Rented, Rented, -, 100, 250
W. Henderson, 125, 435, 1500, 125, 887
W. Lockhart, 60, 185, 700, 25, 241
Jo. Wiggins, Rented, Rented, -, 10, 358
Robt. Wiggins, 25, 55, 800, 10, 250
H. Smith, 20, 140, 200, 25, 250
Henry Smith, 12, 68, 100, 40, 180
A. Bohannon, 30, 290, 300, 60, 355
T. Malden, Rented, Rented, -, 10, 550

G. Hallman, 25, 15, 100, 5, 450
M. Graham, 100, 380, 3000, 25, 575
C. Broughton, 300, 1000, 9000, 600, 1610
R. Cross, 36, 557, 750, 20, 307
R. Oconnel, 30, 130, 350, 10, 250
J. Jenkins, 170, 250, 2150, 100, 1110
John Kearley, 100, 200, 2000, 75, 560
Mary Smith, 60, 140, 1000, 350, 500
T. McCants, 150, 550, 14000, 600, 1600
C. C. Nettles, 100, 350, 9000, 150, 1016
M. Fountain, 300, 100, 2000, 500, 400
L. Wiggins, 100, 90, 3000, 200, 700
A. McMillan, 100, 300, 1500, 400, 530
George Davison, -, -, -, -, 45
N. McMillan, Rented, Rented, -, 120, 830
W. Davison, 300, 1100, 12000, 500, 1924
M. McMillan, 60, 340, 4000, 50, 500
Jane Fountain, 20, 150, 2500, 20, 300
E. Richardson, 350, 980, 13000, 154, 140
A. Beggs, 80, 120, 600, 50, 200
E. Smith, 30, 490, 3800, 50, 300
E. Morris, 100, 100, 1500, 120, 775
William Crook, 700, 700, 3000, 500, 2100
E. Edwards, Rented, Rented, -, 800, 400
W. Crawford, 50, 90, 800, 10, 325
Thos. Watson, 30, 130, 1000, 30, 150
Nancy Fowler, 1000, 2500, 8000, 600, 3800
Wm. Cunningham, 700, 800, 12000, 1000, 2700
Isaac Betts, 200, 280, 48000, 165, 1800
Mary Watkins, 300, 700, 5000, 500, 2000
Mary Coker, 30, 10, 350, 30, 125
Adison Barnes, 75, 81, 500, 70, 500
J. Watson, 110, 10,700, 400, 550
R. Mosley, 400, 1400, 9000, 500, 2000
T. Ryland manager, 1000, 1000, 3000, 700, 2300
James Lett, 150, 280, 2500, 100, 950
J. Justin manager, 600, 900, 11000, 1000, 3750
E. Lell (Lett), 1500, 1350, 5000, 600, 2450

Morgan County Alabama
1860 Agricultural Census

Agricultural and Manufacturing Census for 1860 Microfilmed by the Alabama Department of Archives and History under a Grant from the National Science Foundation

1860 Schedule 4 Agricultural –Dekalb to Morgan Counties

Filmed for the University of North Carolina from Original Records in the Alabama Department of Archives and History

These are the items represented and separated by a comma: for example John Doe, 20, 25, 10, 5, 100. Sometimes rented or renter and public lands is used. When the word covers more than one column, the word is used as shown covering one or more columns.

1. Owner
2. Acres of Improved Land
3. Acres of Unimproved Land
4. Cash Value of Farm
5. Value of Farm Implements and Machinery
13. Value of Livestock

NOTE: In some instances where the first few letters of the first name or initials are missing and indicated with _, the microfilming did not pick up parts of the left margin for Morgan Co. for it was too close to the binding and could not be flattened enough. It is my understanding that the sheets once filled out were then bound. My guess is that the Alabama Department of Archives and History would not allow the books to be taken apart and had to be filmed as is. Thus, some parts of first names or initials are not visible on the film.

Martha A. Price, -, -, -, 15, 228
Henry Turney, -, -, -, 85, 665
M. D. Fowler, 100, 250, 1000, -, 100
P. J. Turney, 200, 600, 1800, 500, 300
John B. Stuart, 7, 240, 1000, -, 400
John Maples, 30, 300, 500, 60, 150
Andrew J. Nelson, 11, -, 50, 8, 100
Ann L. Moore, -, -, -, -, 55
H. D. Moore, 17, 43, 700, 70, 40
Wm. D. Harper, 60, 340, 1000, 70, 555
Joseph B. Rice, -, -, -, -, -
John F. Banks. 44, -, 500, -, 65
James Halbrooks, 20, 20, 100, 5, 188
Thomas Maples, -, -, -, 250, 25
Wm. G. Locke, 1, -, 800, -, 25
James E. Tunstill, 15, 40, 400, 30, 34
Mary Brown, 200, 200, 5000, 200, 750
Susan R. Fletcher, 250, 350, 6000, 350, 1195
Robert C. Davis, 100, 65, 800, -, 300
D. G. Kobb agent for James McDowell, 350, 900, 15000, 300, 200
James McDowell, -, -, -, -, 300

John McCroskey, 300, 360, 6600, 300, 400
E. J. S. Trou___, 430, -, -, 500, 2627
_. J. Gill, -, -, -, -, -
E. H. England, 37, 388, 2000, 100, 115
Lucinda Holley, -, -, -, -, 12
Jane Tarver, 2, 38, 60, 5, 40
Mary E. Ferguson, 4, 36, 50, -, 15
William M. Orr, 12, 68, 100, 7, 80
Thomas Blankenship, 2, 38, 50, 40, 15
Joshua Blankenship, 8, 72, 100, 40, 60
Yatinian C. Wright, 14, 26, 100, 5, 150
Elizabeth Nolan, 35, 285, 320, 70, 150
Hampton Slaton, 75, 185, 260, 65, 175
Andy W. Lyem, 14, 26, 60, 3, 25
William G. Gill, 40, 1400, 12000, 500, 2500
Henry Skidemore, -, -, -, -, -
C. H. Wright, 45, 175, 550, 150, 500
Jesse H. Wright, 75, 260, 1675, 300, 450
Presley H. Wright, -, -, -, 250, 100
Alf McGlathery, 13, 147, 800, 50, 275
Susan Bean, 350, 1000, 6700, 438, 2353
Ira Yeager, 60, 220, 2000, 2500, 300

Thos L.(F.) Strain, -, -, -, 500, 150
Thos. A. Strain, 190, 400, 3000, 100, 700
Addison Ratcliffe, 200, 400, 4000, 200, 700
James Ratcliff, 200, 280, 4500, 200, 1500
Lemuel Dollar, -, -, -, -, 20
J. C. Halbrooks, -, -, -, 10, 400
Launcelott Chinn, 20, 60, 100, 150, 25
Susannah Pitts, 7, 33, 50, 300, 40
James E. Yeager, 100, 160, 800, 150, 650
Elijah McClannahan, 90, 390, 600, 15, 800
Henry Livingston, 30, -, 450, 10, 300
Ganer J. Edwards, 30, 50, 50, 5, 150
Monroe Tapscott, -, -, -, 15, 175
Tandy P. Cobb, 51, 211, 1600, 250, 450
John H. (A.) Tunstill, 60, 100, 600, 300, 700
Alexander McClannahan, -, -, -, 900, 150
Thomas H. Blackwell, 70, 270, 1250, 100, 500
W. W. Kenner, -, -, -, 50, 75
James H. (A.) Tunstill, 100, 140, 700, 1000, 1000
Thos. J. Campbell, -, -, -, -, 170
John Thompson, 100, 420, 2000, 75, 1000
E. J. Halbrooks, 65, 45, 600, 80, 800
Charles W. Price, 750, 1280, 24000, 500, 2070
B. F. Bean, 255, 557, 4000, 200, 1800
P. Todd, -, -, -, -, 50
H. C. Evans, -, -, -, -, 15
J. Fisher, -, -, -, 50, 400
B. M. Dollier, -, -, -, 15, 40
M. Mahans, -, -, -, 15, 200
A. A. Burleson, 250, 550, 6000, 100, 120
J. D. Johnson, -, -, -, -, 180
Lewis Hobert, 60, -, 4000, 200, 500
R. N. Walden, 40, 300, 1000, -, 700
Finch P. Scruggs, 50, 15, 2500, 100, 400
L. S. Banks, 20, -, 1000, 15, 50
J. W. Jones, -, -, -, -, 75
A. Jones, -, -, -, -, 60
D. Gilbert, -, -, -, -, 30
A. A. McCartney, 10, -, 1000, 150, 450
Thos. Patterson, -, -, -, -, 65
Levi Sugars, -, 160, 500, 10, 230
J. N. Dararin, -, -, -, -, -
John H. Austin, -, -, -, -, 25
James M. Brundridge, -, -, -, -, -
John Hollingsworth, 20, 20, 800, 20, 200
A. Cooper, -, -, -, -, 75
R. L. Neely, -, -, -, -, 15
A. P. Baxter, -, -, -, -, 50
J. L. Polston, 16, -, 320, 10, 125
James Biddy, -, -, -, -, 20

C. A. Ragsdall, 10, -, 200, 10, 225
John Drain, 18, -, 18000, 110, 320
C. L. King, 60, 40, 2500, 175, 725
John S. Marks, 150, 180, 2500, 275, 1000
Wm. Moore, 40, 40, 300, 75, 250
R. H. Ellis, 80, 160, 2000, 10 85
V. T. Auston, 30, 18, 450, 45, 200
William F. Huston, 30, 18, 450, 40, 500
Reubin Webster, 80, 160, 1000, 130, 75
Wm. P. Hill, 18, 62, 250, -, 25
Wm. C. Kelly, 60, 100, 900, 100, 250
John D. Rather, 550, 550, 20000, 600, 300
Theop Norwood, 200, 100, 7000, 150, 5000
E. M. G. Kimble, 450, 135, 8775, 250, 2000
Mrs. C. Smith, 450, 500, 7000, 200, 2500
James H. Britt_, 80, 80, 1500, 150, 1200
Jas. C. Love, 70, 130, 1000, 75, 700
S. F. A. Yeager,, 12, 158, 600, 100, 450
Jas. R. Witt, 43, 77, 500, 15, 300
Sam Moore, 6, 34, 160, 10, 100
Thos. F. Sharp, Rents, Rents, -, 5, 7
Elkeniah Speagle, 50, 70, 235, 10, 300
Mary Spain, 40, 80, 300, 5, 135
H. W. Horn, 40, 80, 300, 5, 180
Wesley Moore, 40, 80, 300, 25, 200
B. Dement, Rents, Rents, -, 25, 200
Wash Tapscott, 35, 45, 300, 20, 250
John Dollar, Renter, Renter, -, 10, 50
Hugh Stephenson, 60, 100, 1000, 10, 175
Anderson Childers, 37, 43, 250, 10, 250
Wm. M. Lundy, 200, 800, 20000, 800, 1200
R. H. Thompson, 550, 1600, 10000, 700, 2000
Wm. Parker, 100, 100, 1000, 125, 600
Hick Reeves, 160, 160, 1200, 150, 600
M. V. L. Denton, 40, 40, 300, 10, 250
D. G. Thompson, 16, 64, 200, 10, 100
George Hartsell, 125, 615, 2000, 50, 1000
A. McClannahan, 80, 200, 1000, 25, 400
R. H. Chunn, 40, 40, 200, 20, 10
W. R. Chunn, Rents, Rents, -, 10, 140
Naham, Chunn, 50, 130, 350, 37, 350
John W. Peck, 1200, 1200, 30000, 500, 2000
A. Houk, 110, 20, 3000, 250, 600
Wm. T. Crow, 75, 545, 2000, 18, 175
D. R. Long, 18, 102, 200, 35, 100
John Burlison, 30, 80, 1000, 50, 300
R. J. Burlison, 23, 35, 100, 8, 200
P. C. Love, 20, 136, 200, 15, 100
Z. Woodall, 7, 33, 100, 10, 88
John Morgan, 10, 90, 250, 25, 160

Wm. A. L. Lawrence, 20, 20, 150, 10, 70
Sander H. R__s, 15, 25, 200, 5, 75
James Ford, 60, 439, 1000, 75, 500
Jane Ford, 35, 50, 150, 5, 150
M. Milton, 12, 28, 125, 35, 100
J. R. Moss, 12, 100, 300, 20, 225
Benj. Sandlin, 40, 160, 500, 10, 400
J. S. Ero (Cro), 60, 100, 400, 75, 250
Jesse Sively, 100, 300, 100, 75, 800
C. M. Green, 15, 25, 200, 50, 125
J. Burlison, 700, 2000, 15000, 500, 5000
D. Kirkland, 200, 560, 8000, 300, 2000
J. R. Bishop, Renter, Renter, -, 30, 160
Joseph Bishop, Renter, Renter, -, 40, 400
Wm. J. Stephenson, 245, 420, 7000, 350, 1200
Elizabeth McClellan, 60, 60, 1800, 100, 520
John J. McClellan, 50, 55, 1000, 150, 500
Moses Walden, 120, 80, 1000, 110, 500
Lewis Crow, Renter, Renter, -, -, 300
P. F. M. Bishop, Renter, Renter, -, -, 50
J. W. Herring, 70, 170, 1200, 300, 500
J. C. Vaughn, 25, 134, 500, 7, 50
John Means, 30, 110, 300, 7, 200
A. M. Means, 20, 100, 300, 15, 500
J. R. Breedlove, 100, 240, 800, 25, 350
Elizabeth Breedlove, 75, 45, 300, 25, 175
W. C. Martin, Renter, Renter, -, 10, 40
A. S. Blackwell, 500, 820, 12000, 250, 2000
Wm. Russell, 12, 68, 250, 15, 100
C. F. M. Dancy, 350, 600, 9000, 400, 1850
J. P. Moseley, 600, 500, 15000, 500, 3500
Wm. Moseley, 680, 428, 22000, 500, 3000
Thos. M. French, 55, 28, 2490, 70, 300
H. M. Bouldin, 600, 660, 9200, 575, 3290
H. A. Burt, 150, 120, 4050, 100, 700
Ann G. Burt, 200, 200, 4000, 200, 2000
Wm. E. Murphy, 800, 720, 20000, 750, 3400
L. T. Minor, 200, 120, 4000, 300, 1200
Mrs. F. T. Minor, 300, 180, 6000, 400, 1600
John A. Lyle, 600, 600, 20000, 1000, 3500
Thos. Lyle, 560, 800, 30000, 700, 2700
W. F. Bouldin, 500, 200, 14000, 600, 3500
R. B. Nevill, 200, 80, 4000, 350, 1000
Jas. A. Nevill, 130, 80, 3000, 200, 1200
F. M. Davis, 480, 360, 15000, 450, 2500
D. V. Moseley, 500, 500, 20000, 600, 3470
H. S. Nevill, 160, 160, 4000, 150, 800
Wm. Grizzard, 500, 1000, 10000, 500, 2500
Sarah Morris, 432, 616, 20000, 130, 1800
J. T. Adair, 90, 500, 3000, 100, 700
D. Chambers, 20, 40, 75, 5, 175
Wm. Ramsey, 23, 17, 300, 10, 140
S. F. Darwin, Renter, Renter, Renter, 100, 1500
A.Davis, Renter, Renter, Renter, 100, 350
Wm. F. Orr, Renter, Renter, Renter, 15, 125
Jackson Gunn, 680, 200, 12000, 200, 1800
Wm. W. Matthews, -, -, -, 215, 2800
Thos. Russell, 30, 700, 2000, 300, 700
G. A. Sarvers, 5, 35, 75, -, 25
V. Hubbard, 12, 68, 120, 5, 20
John Utley, 15, 25, 80, 30, 40
Mrs. C. Gordon, 100, 220, 2500, 50, 350
Jo. Curlis, 80, 120, 1500, 200, 2500
J. G. Burt, 60, 100, 1500, 50, 350
J. L. Burt, 200, 100, 7000, 200, 1000
Henry Fenisill, 1900, 540, 17000, 1200, 4000
J. E. Stalbrooks agent for Garth, 4300, 2700, 20000, 200, 7000
Jese W. Garth, 1000, 1700, 15000, 200, 4000
Jesse A. Carter, 200, 400, 2500, 100, 1600
D. R. Crow, 50, 50, 700, 125, 800
Wm. B. Burleson, 280, 120, 3500, 120, 1300
David Crow, 100, 300, 4000, 100, 600
Jonathan Ford, 220, 280, 4000, 150, 800
John Tapscott, 230, 160, 3000, 400, 1200
Wm. Callahan, 90, 70, 1600, 50, 700
Thos. Gibbs, 740, 240, 30000, 600, 4000
O A. Rolfe, 500, 650, 20000, 200, 2000
Thos. C. Wilhite, 70, 130, 1500, 100, 872
Wm. S. Deskins, 50, 70, 700, 125, 625
S. M. Nevill, 160, 160, 4800, 200, 1300
John Long, Renter, Renter, Renter, 10, 20
E. N. Thompson, 700, 1000, 15000, 400, 2000
Wilson Green, 60, 20, 800, 100, 500
J. J. Murphey, 320, 400, 7200, 200, 1500
Mrs. E. Stephenson, 600, 450, 11000, 350, 1500
Edward Wise, 500, 740, 12400, 400, 2100
Henry Grizzard, 110, 130, 2400, 150, 600
James E. Dancy, Renter, Renter, Renter, 75, 862
Robert Hudson, 50, 30, 600, 100, 350
R. J. Johnson, 60, 187, 2724, 200, 300

H. Johnson, 130, 200, 3500, 200, 100
L. G. Sharp, 40, 30, 200, 30, 500
Drury Mitchell, 160, 80, 540, 30, 200
Rubin Lane, 30, 90, 300, 10, 125
Wright Mitchell, Renter, Renter, Renter, 30, 600
G. E. Lane, Renter, Renter, Renter, 75, 100
A. F. Basham(Barham), 9, 111, 150, 10, 125
Benj. Askew, 19, 95, 150, 10, 250
Sol Sybert, 50, 150, 1000, 70, 600
E. O. Lyman, 35, 165, 300, 70, 80
H. C. Poteet, 150, 850, 3000, 325, 1067
Theophilus Poteet, Renter, Renter, Renter, 10, 400
J. S. H. Sandlin, Renter, Renter, Renter, 10, 200
Mrs. R. Sybert, 110, 250, 2000, 40, 350
Robert Vest, 100, 230, 1000, 30, 450
David W. Somerford, Renter, Renter, Renter, 30, 50
Wm. E. Woodall, Renter, Renter, Renter, 10, 30
Jo. Stroup, 175, 225, 1200, 50, 600
Sarah Nusmith, 30, 90, 500, 30, 280
Jas. C. Thompson, 85, 15, 500, 100, 600
Frank Casteel, 20, 20, 100, 5, 65
Soloman Owen, 50, 70, 300, 10, 150
John McIntire, 18, 62, 230, 10, 28
Jona. McIntire, 30, 130, 400, 75, -
Acy Griffin, 20, 60, 500, 10, 27
John Griffin, 20, 180, 300, 40, 145
M. R. Kirby, 70, 110, 500, 100, 400
John M. Kirby, 25, 125, 300, 10, 600
John T. Roger (Royer), 40, 320, 2500, 150, 900
Elijah Wiley, 35, 110, 500, 75, 500
John B. Hockett, 20, 20, 100, 75, 80
Wm. Roger, 30, 230, 1000, 25, 400
Wash. Wiley, 15, 105, 500, 10, 300
G. W. Threasher, 18, 42, 300, 6, 100
Mary Seayt, 60, 200, 2000, 100, 1000
Chas. Roger (Royer), 250, 340, 3000, 175, 1125
Jon Moore, Renter, Renter, Renter, 5, 100
James M. Syks, 40, 135, 500, 200, 200
Wm. Syks, 25, 15, 100, 10, 200
C. C. Anderton, Renter, Renter, Renter, 100, 60
Samuel White, 60, 20, 700, 25, 100
Richmon Johnson, 50, 110, 800, 50, 100
Nancy Mcclary, 40, 40, 500, 10, 75
Jesse Davis, 40, 60, 1000, 10, 75
Wm. Hackett, 25, 15, 200, 75, 100
James Hackett, 15, 25, 200, 12, 130

Jo. Mitchell, 150, 220, 1500, 75, 500
Wm. Braswell, 15, 165, 400, 100, 400
J. M. Braswell, 40, 200, 720, 75, 175
Wm. W. Means, 65, 115, 1000, 100, 350
Orman Means, 130, 350, 2000, 75, 600
Wm. H. Bodery, Renter, Renter, Renter, 100, 400
B. W. Worrick, Renter, Renter, Renter, 50, 400
A. Jackson, Renter, Renter, Renter, 30, 175
Jason Lipscomb, 130, 190, 400, 100, 800
W. H. Burt, 185, 299, 4840, 220, 100
Mrs. M. Thompson, 700, 800, 20000, 400, 1200
Hugh D. Morrow, 80, 340, 400, 30, 300
William G. Gill, 100, 2300, 1600, 10, 258
John Cowley, -, -, -, 10, 700
Charles Higdon, 350, 800, 4000, 100, 1600
Charles Higdon, 25, 81, 308 50, 350
Margret Farmiton, -, 80, -, 50, 150
Thos. Smallwood, -, -, -, 50, -
Ann Oldaore, 45, 35, 200, 200, 400
Granberry Wilson, 300, 1700, 1500, 100, 3000
William t. Morris, 100, 100, 500, 40, 540
William H. Nunn, 15, 305, 75, -, 25
Dudley Dean, 150, 560, 1500, 200, 975
James Stuart, -, -, -, -, 100
John G. Wright, 40, 500, 200, 20, 400
H. J. Garner, 180, 620, 1800, 30, 1410
B. F. Tompson, 50, 35, 400, 30, 760
Thos. Spegle, 25, 135, 200, 10, 250
John J. Tompson, 23, 138, 175, 5, 250
William Tapscott, 45, 80, 450, 25, 460
Robert H. Tompson, 45, 90, 360, 6, 225
Absalom Spegle, 60, 360, 600, 10, 400
William M. Brown, -, -, -, -, 108
William Coffee, 151, 185, 200, 66, 175
William Eperson, 25, 135, 100, 6, 250
William T. Clark, 25, 175, 200, 6, 125
Dradg D. Francis, 80, 640, 400, 15, 680
John Hubbard, -, -, -, -, 125
George W. Reaves, -, -, -, 10, 60
George W. Vest, -, -, -, -, 190
Joseph Hunter, 40, 140, 400, 15, 410
James Clark, 40, 120, 400, 16, 170
William Lott, 20, 60, 100, 10, 330
William Evans, 25, 40, 200, 15, 195
Alfred Jones, 10, 100, 100, 7, 150
Isom G. Riddles, 2, 38, 20, 5, 160
Edward Dunaway, -, -, -, 5, 731
James Lott, 30, 40, -, 2, 220
Thos. Morrow, 53, 467, 1800, 40, 1000
George Hughs, 6, 74, 75, 5, 145

William D. Wright, -, -, -, -, 360
James Evans, -, -, -, -, 20
William Nelson, 50, 214, 750, 25, 650
Richard Evans, -, -, -, 5, 125
Thos. R. Johnson, -, -, -, -, -
Greenberry Riggs, 15, 65, 95, 10, 175
Martha Barkley, 300, 900, 1500, 25, 824
Leonard Lott, 15, 65, 75, 500, 824
David Hany, 35, 85, 280, 10, 185
J. C. Hartswell, 30, 290, 300, 12, 278
James Crow, 9, 190, 50, 10, 175
James H. Woodall, 75, 500, 500, 25, 825
Ples. P. Woodall, 20, 60, 150, 15, 300
A. Livingston, 40, 80, 200, 12, 630
Richard Mays, -, -, -, 5, 50
John C. Nance, 40, 80, 200, 12, 630
James R. Jennings, 50, 130, 500, 10, 250
Andrew J. Jennings, -, -, -, -, -
Randolph Sandling, 100, 340, 12000, 25, 1185
James T. Morris, 18, 102, 90, 15, 350
John Y. Furgason, 125, 600, 1200, 25, 800
William C. Johnson, 50, 600, 1000, 25, 400
Elisabith, Rodgers, 100, 56, 300, 12, 611
Debary A. Burleson, 235, 1100, 2250, 40, 2200
James B. Johnson, 80, 95, 1200, 20, 2200
Nicolas Sanlin, 60, 122, 600, 500, 1000
Sarah A. Orr, 600, 1720, 10000, 200, 1600
Johnathan Orr, 600, 616, 7200, 500, 4500
Reubin Bennett, -, -, -, 500, 6600
P. A. Bibb, 75, 161, 1000, 125, 4500
Cyntha Orr, 300, 600, 5000, 100, 1550
Willis F. Orr, 425, 975, 6000, 700, 3000
Lena Bibb, 200, 120, 3000, 300, 715
Thos. Reaves, 45, 115, 500, -, 210
James P. Parker(Barker), 80, 50, 1000, 20, 400
P. L. Orr, 500, 1100, 6600, 250, 5875
William B. Willson, -, -, -, -, 350
John C. Orr, 500, 600, 5000, 100, 1000
Wm. E. Baker, 400, 230, 3200, 1500, 1900
John McDaniel, 200, 300, 200, 400, 200
Robert M. Johnson, 650, 270, 3900, 400, 3120
M.W. Troop, 400, 639, 3000, 150, 3220
Abner Starlin, -, -, -, 5, 150
Nancy Carter, -, -, -, 16, 100
Salomon S. Long, 700, 1300, 5000, 300, 4640
Jolin Stephenson, 60, 60, 600, 20, 400
Thos. McBroom, -, -, -, -, -

Thos. Gray, 30, 150, 400, 15, 115
Robert M. Nesmith, -, -, -, -, 160
Celin Howell, -, -, -, 5, 350
G. W. C. Long, 40, 160, 320, 5, 200
Thos. James, 100, 360, 750, 15, 1400
T. W. Finerter(Femster), 20, 20, 100, 8, 140
James Copeland, 27, 53, 200, -, 125
William J. Copeland, 25, 135, 200, 40, 955
J. C. Hemsely, -, -, -, -, -
Hiram N. Vest, 25, 55, 125, 10, 156
Redrick Cathorn, 90, 310, 200, 70, 275
James T. Howell, 60, 100, 300, 5, 260
Wm. N. Vest, 70, 110, 300, 20, 500
A. N. Vest, 15, 420, 250, 150, 200
John Howell, 35, 125, 105, 5, 525
Levander Craft, 35, 125, 105, 5, 160
Elias Craft, 60, 240, 400, 100, 400
Edward Sumerford, 80, 90, 300, 50, 400
Job Eldesson, -, -, -, -, 100
Wm. Breedlove, 60, 160, 600, 200, 1500
Wm. Roberts, -, -, -, 10, 275
S. B. Humphreys, 230, 250, 2875, 375, 2000
Stephen Simpson, 300, 180, 4000, 150, 2225
John W. Wyatt, -, -, -, -, 36
Simeon B. Lovelady, -, -, -, -, 353
John W. Hary, 45, 115, 300, 150, 400
Dorington McCorley, -, -, -, 5, 65
George P. Charlton, 80, 560, 1500, 125, 110
V. A. Hamilton, -, -, -, 10, 40
John W. Francis, 25, 225, 250, 20, 175
George B. Turney, 100, 220, 500, 100, 800
John W. Bain, -, -, -, 10, 300
James B. McGlattery, 200, 300, 1500, 30, 1000
John W. Francis, 25, 85, 395, 6, 125
William T. Walling, -, -, -, 5, 136
William W. Balew, 50, 110, 250, 25, 300
James T. Morris, 90, 240, 1500, 150, 930
John Milican, -, -, -, 25, 50
James Tapscott, 25, 215, 125, 10, 250
Matilda Hale, 60, 70, 300, 15, 400
Margret H. Vinsant, 9, 173, 40, 1000, 200
A. J. McGhee, -, -, -, 5, 25
Gabriel H. Alvia, -, -, -, 3, 400
Thos. Hall, 80, 400, 250, 15, 500
Nancy Francis, 175, 300, 1500, 30, 500
James B. McClesosky, 100, 400, 1000, 175, 120
C. L. Wilhite, 300, 700, 6000, 30, 1600
J. J. Land, -, 80, -, -, 130

Nancy Wilhite, 60, 120, 1500, 6, 770
Wiley McGhee, -, -, -, 10, 180
William H. Wilhite, 16, 24, 150, 5, 250
James T. Francis, 20, 60, 200, 10, 200
Nelson Ryland, 120, 500, 720, 60, 700
Henry Spegle, 200, 700, 1200, 200, 1450
J. B. Patterson, 90, 550, 1000, 85, 1000
Agnes Patterson, 40, 160, 200, 10, 400
W. G. W. Smith, 30, 90, 240, 400, 300
Daniel Patterson, 60, 60, 360, 60, 315
Wm. L. Wright, 120, 460, 800, 120, 915
Russel Vawter, -, -, -, 5, 100
David G. Stuart, -, -, -, 75, 300
H. M. Smith, 40, 80, 480, 125, 400
John M. Smith, 45, 50, 450, 60, 500
John Martin, 75, 105, 700, 10, 460
Thos. Mayfield, -, -, -, 15, 445
John M. Shaply, 60, 180, 1000, 300, 765
Benjamin Acals (Aeals), -, -, -, 75, 365
Tuesday Gipson, 130, 270, 520, 50, 400
Easter Penn, 60, 150, 360, 60, 490
David Gipson, 25, -, 125, 8, 300
Sel Gipson, 40, -, 240, 10, 453
James W. Gipson, 300, 340, 3000, 250, 1676
John Gipson, 40, -, 240, 15, 400
Lawson Wildman, 75, -, 750, 25, 335
William A. Wilson, 65, 65, 500, 20, 1000
John A. Wilson, 40, 60, 320, 8, 165
Uriah Sherrel, 150, 230, 800, 30, 1500
Joseph L. Witt, 80, 80, 800, 150, 800
Nancy Hubbard, 45, 35, 160, 50, 125
D. W. Sherrel, 30, -, 300, 10, 420
W. L. Sharpley, 80, 58, 720, 160, 570
J. J. Gipson, 85, 95, 850, 100, 1189
John G. Gipson, 25, 55, 400, 50, 355
W. W. Wilhite, 100, 189, 1500, 110, 930
James C. Hale, -, -, -, 5, 300
James Simpson, 100, 120, 800, 200, 700
J. O. P. Cummings, -, -, -, -, 20
Robert M. Johnson, 200, 230, 2000, 200, 840
Nancy J. Simpson, 120, 120, 720, 100, 447
Lucy J. McDaniel, 120, 200, 700, 100, 600
Wm. A. Beem, 60, 60, 720, 15, 590
Thos. Dutton, 100, 230, 1200, 200, 1460
Thos. Sparks, 50, 20, 300, 50, 350
James H. Barham(Basham), 100, 1000, 1500, 600, 1185
James H. Nelson, -, -, -, 15, 250
Jessie Bennet, 100, 80, 300, 75, 600
James W. Turntine, 50, 350, 900, 300, 500

William S. Turntine, 40, 280, 800, 10, 190
James Johnson, 18, 22, 135, 5, 185
Allen Freeman, 100, 100, 500, 40, 1000
Abington Simpson, 100, 260, 800, 100, 950
Richard Day, 60, 100, 300, 75, 500
George W. Deskins, 80, 660, 800, 15, 850
John F. Freeman, 0, 180, 1000, 10, 585
Asberry Freeman, 30, 50, 500, 110, 250
James J. Turntine, 33, 47, 330, 90, 200
William Rhodes, -, -, -, 200, 146
Elizabeth M. Pettus, 70, 60, 840, 150, 600
Wiley B. Sherril, 150, 200, 1200, 50, 770
G. W. Barham(Basham), 25, 100, 600, 20, 200
David Day, 100, 60, 900, 100, 740
Robert H. Parker, 90, 90, 700, 40, 475
W. P. Garrett, 35, 45, 350, 10, 240
James Lanling(Sanling), 100, 240, 1000, 185, 740
William McDaniel, 70, 90, 560, 80, 525
James J. Dinsmore, 240, 200, 1440, 125, 940
Andrew M. Patterson, 300, 1000, 2000, 400, 2000
Joseph Brown, -, -, -, 8, 50
Micall Spegle, 60, 300, 600, 100, 800
Andrew Spegle, 40, -, 400, 15, 300
Henry Alvis, 15, 65, 60, 10, 125
Ann Oden, 30, 50, 150, 40, 100
Snow Smalling, 20, 60, 50, 35, 200
John J. Morris, 260, 300, 1000, 250, 1500
D. D. R. A. Jones, 105, 570, 1150, 200, 1300
Isaac Snelling, 50, 140, 200, 10, 120
James S. Cassey, 50, 140, 200, 10, 200
John P. Smalling, -, -, -, 10, 115
Wm. A. Patterson, -, -, -, 130, 100
John Mallatz, -, -, -, 4, 15
J. B. Cooper, 60, 200, 600, 75, 700
James E. Abbit, -, -, -, 75, 125
Dillard Blevins, 80, 40, 500, 300, 300
Samuel Davis Sr., 175, 185, 875, 100, 850
Samuel Davis Jr., 20, 60, 100, 15, 125
William Brown, -, -, -, 5, 57
Edward Mitchel, -, -, -, 100, 600
A. A. Hewlett, 300, 340, 4500, 150, 1500
Penelope, C. Blankingship, -, -, -, 10, 80
Robert B. Blankingship, -, -, -, 5, 20
Janie Ford, 100, 140, 1000, 25, 250
Jonathan Inman, 45, 140, 450, 30, 340
Joseph Inman, 40, 80, 400, 100, 420
Joseph Henry 250, 420, 1250, 340, 800
F. M. Calaway, 75, 40, 520, 100, 500

John R. Wiggins, 150, 250, 1500, 100, 325
Allen H. Harris, -, -, -, 50, 1200
George W. Key, 60, 100, 300, 20, 350
Jacob L. Wiggins, 80, 220, 800, 100, 725
Charles H. Harberson, -, -, -, 5, 300
Ann O. Tucker, 100, 340, 600, 85, 1000
Edward R. Evans, 45, 75, 445, 50, 350
Peter Mooney, 2, 39, 60, -, -
Isaac Edwards, 30, 50, 300, 50, 460
Elias P. Simmons, -, -, -, 15, 250
William Brown, -, -, -, -, 125
A. W. Henseley, 25, 15, 150, 125, 300
Martha Herring, 12, 228, 100, 3, 600
James Campbell, -, -, -, -, 100
William Evans, 40, 160, 400, 100, 150
Elija Brown, 30, 90, 150, 60, 450
William Tarver, 20, 300, 200, 20, 900
Robert B. Neesmith, 50, -, 230, 330, 300
John S. Jenkins, -, -, -, -, 40
H. J. Wilhite, -, -, -, 30, 200
Jane Milican, 25, 135, 250, 100, 300
William Harnes (Hames), 70, 170, 900, 75, 600
Andrew Flowers, -, -, -, 75, 125
Ann C. Bailey(Railey), 28, 2, 280, 10, 275
James Bailey(Railey), -, -, -, 10, 125
John England, -, -, -, -, 30
John Hanes, 18, 50, 90, 10, 400
Gordan Sanlin, 75, 45, 300, -, 300
James A. Stinger, 55, 65, 440, 15, 200
Albert M. Wilhite, 65, 53, 250, 150, 700
Martha Morris, 40, 40, 500, 10, 200
Burrel Hardwick, 100, 120, 500, 100, 600
Edward A. Sumerford, -, 80, -, 10, 150
John Williams, 40, 120, 400, 100, 600
William J. Morris, 75, 85, 800, 250, 800
Jane B. M. Morris, 35, 45, 400, 12, 250
John King, 100, 140, 1000, 15, 375
John W. Robinson, -, -, -, 20, 180
Thos. Wallace, 80, 80, 700, 150, 950
William B. Owens, 20, 60, 300, 50, 200
John F. Wallace, 35, 45, 350, 15, 275
Wm. P. Wallace, 90, 70, 900, 510, 750
George Sandlin, 25, 130, 170, 65, 240
John P. Wilhite, 100, 300, 1000, 100, 885
John Parker, -, -, -, 50, 100
William K. Young, 50, 250, 400, 100, 600
Samuel Brown, 25, 55, 150, 8, 150
Elias Riddles, 30, 50, 300, 15, 200
John Roberts, -, -, -, -, 75
Elija T. _unn (Nunn), 25, 55, 250, 300, 200
A. J. Gladden, -, -, -, 5, 200

Benjamon, Breedlove, 100, 150, 1000, 75, 500
Wm. H. Breedlove, -, -, -, 5, 150
William A. Speeks, 80, 290, 800, 70, 500
Job H. Morris, 33, 45, 140, 3, 60
L. D. Eavans, 60, 300, 900, 10, 260
George Francis, 60, 200, 600, 10, 700
Benaga (Benaza) Bibb, 40, 60, 1000, 10, 400
Josiah K. Master, 40, 40, 800, 75, 500
Joel Collins, 3, 3, -, -, 200
Wm. C. Mayhall, 5, 1, -, 5, 125
George Collins, 5, 75, 200, 5, 200
Wm. Curry, 60, 160, 700, 10, 250
Robt. Wilson, 2, 38, 50, 2, 230
Elizabeth Jennings, 175, 265, 1500, 15, 900
Jas. A. Lenox, 25, 55, 250, 10, 250
Cassy Belew, 5, 15, 75, -, 40
Isham Johnson, 95, 155, 1500, 75, 350
Fleming Wade, -, -, -, 10, 70
Francis Henderson, -, -, -, -, -
T. R. Williams, 30, 10, 400, 50, 250
Mary Williams, 100, 300, 1500, -, 1500
P. B. Williams, 200, 300, 250, 75, 1500
T. R. Williams Jr., 75, 205, 1200, 60, 1300
John D. McCutchen, 80, 120, 800, 15, 705
Sarah Chester, -, -, -, -, 30
While M. Campbell, -, -, -, 3, 28
Ann Cryer, 60, 240, 600, 12, 450
William Cryer, -, -, -, 5, 90
Elijah Wray, -, -, -, 5, 25
Larking Humphreys, 40, 75, 500, -, 100
Joshua McCutchen, 60, 240, 600, 45, 450
George Campbell, -, -, -, 10, 14
Jas. McCutchen, 80, 400, 1500, 60, 600
Elijah Echols, -, -, -, 5, 130
J. J. Gairs, 125, 500, 3000, 150, 600
Russell H. Smith, 60, 58, 400, 30, 250
Els. Wray, 60, 40, 350, 60, 400
James Smith, 25, 55, 300, 30, 400
Jas. B. Grantland, 40, 80, 600, 75, 400
Susan Grantland, -, -, -, -, 50
Richd. Holding, 100, 140, 800, 75, 220
Loucinda Draper, 150, 210, 1000, 45, 825
Lamb J. Ragland, 300, 421, 2500, 600, 2000
John O. & Z. Lewis, 1300, 1330, 18000, 1000, 4000
J. L. Walker, -, -, -, -, 475
B. L. Chunn, 180, 110, 1500, 80, 535
W. J. Draper, 150, 20, 400, 155, 560
Mary Draper, 60, 30, 500, -, 480
David Q. Draper, 215, 641, 5000, 90, 955

Wm. C. Wenton, 80, 80, 8000, 20, 580
Susan Wenton, 60, 60, 500, 60, 305
Mary Wenton, 75, 85, 600, 40, 165
Melchijah Wenton, 20, 60, 275, -, 295
Saml. C. King, -, -, -, -, 180
David W. Whitten, 30, 50, 300, 10, 185
Walter J. Draper, 50, 150, 1000, 10, 220
Frances M. Whitten, -, -, -, 20, 20
Walter J. Draper, 50, 150, 1000, 10, 220
Andrew J. Sharp, -, -, -, 10, 350
Jem Sharp, 90, 110, 1200, 60, 550
Elija M. Ballinger, 15, 25, 150, -, -
John M. Sharp, -, -, -, 200, 280
Mary W. Davidson, 16, 64, 200, -, 60
Saml. Sharp, 60, 140, 1000, 90, 500
John M. Sharp, -, -, -, -, 140
John Maxwell, -, -, -, -, 35
Allen Anderson, 40, 80, 400, 65, 330
F. J. Murphy, -, -, -, 7, -
Joshua Pendergrass, -, -, -, -, 50
Ann Rice, 10, 10, 100, -, 25
Elenor McCutcheon, 20, 60, 250, -, 30
Johnathan Collins, 40, 200, 500, 10, 595
Elizabeth Wray, -, -, -, 1, 170
Bartlett Collins, 70, 305, 500, 35, 380
John Lenox, 55, 125, 800, 70, 415
Jacob Dunn, 40, 80, 400, 60, 465
Thos. L. Collins, 8, 57, 500, 20, 80
George W. McCutchen, 45, 185, 400, 75, 425
Jesse Collins, -, 200, 300, 5, 210
John Mcclure, -, -, -, -, 158
John C. Gooch, 25, 295, 600, 20, 380
Reubin Collins, 20, 100, 700, 10, 200
Mary Wilson, -, -, -, -, 25
Sowell Jennings, 100, 264, 2000, 220, 1120
David R. Bowers, -, -, -, -, 10
Jackson Fields, 180, 318, 5000, 200, 1850
Jim L. Day, -, -, -, -, 20
P. J. Campbell, -, -, -, -, 50
Daniel Revers, 15, 85, 400, 5, 345
John C.(O.) Rea, 40, 120, 800, 75, 540
Jas. A. Morrow, -, -, -, 10, 237
S. N. Burns, 450, 490, 9000, 290, 1200
Horatio P. Winton, 40, 103, 800, 90, 279
Rachel N. Morrow, -, -, -, -, 125
Jas. Morrow, -, -, -, 10, 80
Henry T. Willis, -, -, -, -, 225
Richard Draper, -, -, -, 25, 540
Joshua West, -, -, -, 25, 160
Jas. Cryer, 33, 127, 1100, 15, 395
Wm. H. Lyle Sr., 100, 94, 1000, 75, 670
Wm. H. Lyle Jr., 25, 55, 400, 10, 165
Edward Lyle, -, -, -, -, 100
Michael Lyle, 60, 66, 650, 30, 460

Wm. West, 100, 120, 1000, 65, 500
Z. T. Kyle, 50, 330, 2000, 65, 500
Albert T. J. Kyle, -, -, -, -, 115
Jas. Wilcoxen, 25, 175, 1000, 5, 130
Chas. Burns, 10, 30, 250, 5, 35
Jared Wilson, 30, 50, 500, 10, 210
John Qualls, 75, 75, 1000, 35, 235
Sophia A. Maxwell, 15, 25, 100, 10, 130
David Grubbs, 70, 130, 1000, 110, 150
Robt. A. McDonald, -, -, -, -, 15
Wm. A. McDonald, 10, 70, 300, -, 70
Lafayette Smith, -, -, -, -, 86
Wm. R. Robinson, 45, 35, 600, 10, 242
Jas. W. Johnson, 60, 140, 1500, 55, 545
Jas. W. Johnson, 40, 40, 400, 10, 100
Sarah Johnson, 30, 50, 300, 5, 65
W. A. Nance, 8, 10, 150, 10, 210
Nancy Echols, 20, 80, 300, 25, 110
Nathan C. Clybourne, -, -, -, 80, 225
John McAlister, -, -, -, 110, 165
John W. Bear, 120, 817, 7000, 115, 1290
H. (M.) D. Bird, -, -, -, -, -
Est. W. W. Pick, 600, 200, 5000, 200, 500
Eli Taylor, -, -, -, 40, 420
Andrew G. Taylor, -, -, -, -, 80
M(H)ers B. Russel, -, -, -, -, 75
Thos. J. McCurley, 70, 90, 1500, 65, 555
David G. McCurley, 20, 140, 600, 10, 500
Jared McCurley, 80, 160, 1500, 65, 910
Washington Pope, 7, 153, 1100, 35, 500
J. D. Watkins, 18, 12, 450, 55, 195
John Bain, -, -, -, 10, 125
Thos. Higden, -, -, -, 5, 95
John C. Higden, -, -, -, -, 28
Wm. Dorse, -, -, -, -, 70
Jas J. Neal, -, -, -, -, 35
Daniel (David) A. Waddle, -, -, -, -, 150
Wyle Cannon, 30, 50, 400, 40, 145
John G. Cannon, -, -, -, 10, 145
H. W. Lynn, 60, 140, 1500, 55, 495
Claborn Ratliff, 150, 870, 500, 110, 1150
Wm. Fowler, -, -, -, -, 131
Walter B. Stroup, -, -, -, -, 120
John J. Cox, 10, 60, 500, -, 60
John Vincent, -, -, -, -, 128
Nathan Weaver, 15, 5, 300, 5, 165
Jas. M. St. Clair, 30, 270, 2500, 5, 308
Jethro Weaver, 40, 80, 1000, 35, 200
Isaac Johnston, 40, 80, 1000, 65, 250
Jeremiah Romines, 100, 220, 2000, 40, 455
Holoway Moody, -, -, -, -, 27
Sarah Welch, -, -, -, 5, 220
Richard Tedford(Ledford), -, -, -, 5, 123

John Alexander, -, -, -, 5, 103
Oliver Jacobs, -, -, -, 5, 25
Jas. Prince, -, -, -, -, 125
Wm. A. Limons, 10, 100, 300, 10, 170
David Prince, 75, 45, 225, 15, 1090
Andrew J. Va___, -, 40, 75, -, 15
Luch Cagle, 20, 20, 75, 5, 220
Jas. Raines, 25, 95, 100, 5, 185
Wyatt Rains (Rams), 35, 165, 100, 30, 212
Allen Johnston, -, -, -, -, 15
Ishmet Endy, 15, 60, 250, 5, 205
Jacob Endy, -, -, -, 5, 240
David Rivers, 12, 68, 50, 5, 60
George Carson (Caison), 50, 190, 800, 30, 636
Wm. A. Brooks, 40, -, 250, 10, 25
Nancy Curry, 25, 15, 150, 5, 70
Jos. Campbell, 30, 90, 400, 5, 130
Jas. Handy, 40, 40, 250, 45, 300
Wm. Johnston, -, -, -, -, -
Ann Wilson, 12, 28, 100, -, 30
Elvy Pannel(Parnel), -, -, -, 40, 145
Kitty Leeman, 40, 120, 500, 5, 300
Jas. C. Griffin, 45, 175, 500, 10, 290
Eli Lamasscus, 70, 90, 700, 60, 65
John Edwards, 50, 259, 350, 10, 395
Alfred Cryer, 24, 96, 150, 5, 185
Saml. Haslett, 250, 750, 5000, 180, 2150
Est. of R. Chapman, 600, 700, 8000, 195, 2064
Joseph Vest, -, -, -, -, -
Thos. Lipscomb, 50, 30, 300, 10, 146
John Williams, -, -, -, 5,80
David S. Black, -, -, -, 15, 315
Malinda Terry, 75, 45, 1000, 15, 465
John Moon (Moore), -, -, -, 85, 165
D. M. Bush, 115, 125, 1200, 90, 870
Martha McCutcheon, 30, 50, 200, 5, 15
Eliza (Elija) J. Evans, 50, 20, 400, 15, 520
John Townsend, -, -, -, -, 35
Howard Campbell, 35, 85, 450, 5, 150
Charicy (Chasicy) Bowers, 20, 20, 170, -, 55
W. M. Parnell,-, -, -, 5, 155
Thos. Garner, 200, 900, 7000, 120, 1590
Jas. P. & A. J. Rogers, -, -, -, 5, 90
George Litteral, 15, 25, 150, 10, 240
Wm. McClure, 25, -, 450, 10, 270
Jeramiah Hollaway, 20, 47, 500, 5, 308
Gabriel Roan, 60, 100, 1000, 60, 290
John Holloway, 80, 80, 1000, 50, 565
Lawson Williams, 8, 32, 150, -, -
Jas. Hollaway, 3, 37, 25, 5, 240
Elisha Blevens, 30, 90, 600, 40, 305

Stephen Pate, 100, 192, 2000, 50, 400
George Hankins, -, -, -, 5, 130
Nathan Danes, 65, 40, 1200, 95, 445
John Russel, 100, 320, 2500, 65, 1031
Jane Russel, 150, 350, 2500, 60, 320
Henry Hollaway, 30, 40, 500, 5, 220
John Guine, 120, 480, 2200, 90, 640
Moses Watson, -, -, -, 45, 300
Jas. A. Johnston, -, -, -, 5, 15
Newton Johnston, -, -, -, 5, 60
Josiah McCutcheon, 50, 110, 700, 35, 300
John Roan, 5, 35, 50, 5, 25
Jay Lassiter, 100, 300, 3000, 65, 440
Saml. E. Russel, 100, 157, 1800, 100, 790
Wm. L. Hall, -, -, -, 75, 360
Stephen Lassiter, 40, 80, 500, 25, 155
Monroe Compton, -, -, -, 5, 90
Alexander Stephens, -, -, -, -, -
Richd. B. Hughes, 65, 55, 1000, 50, 443
Thos. J. Russel, 80, 160, 2500, 65, 1022
Moses Endy, 20, 17, 250, 75, 550
Jane Skidmore, 150, 250, 4000, 100, 1250
Elijah B. Nunn, -, -, -, 100, 435
Jas. H. Rhyan, 120, 580, 5080, 65, 1495
M. C. Jenkins, 25, 55, 400, 60, 335
Elisha B. Gray, -, -, -, -, 40
Wm. Ryan, 200, 350, 6000, 100, 1734
Asa Benson owner, 130, 210, 3500, 75, 400
W. S. Brown, employer, 120, -, 3500, 75, 450
Levi N. Oden, -, -, -, 5, 80
John Tenmonet, -, -, -, 5, 160
Jackson Peak,-, -, -, 5, 105
Jas. R. Wright, -, -, -, 5, 30
Loid Wilber, 125, 275, 2000, -, 250
Miles Holly, 60, 140, 2000, 15, 550
Jas. McAnut, 50, 70, 600, 65, 460
Wm. M. Hamillton, -, -, -, -, 80
Kish Hamillton, 8, 112, 500, 25, 365
A. T. Hamillton, -, 290, 300, -, 212
Wm. B. McAnier, 75, 225, 1000, 85, 460
Benja. Even Sr., 25, 175, 200, 20, 365
A. C. Widner, -, -, -, 35, 382
Simpson Bearfield, -, -, -, 10, 170
Saml. T. Moneyham, -, -, -, -, 90
Wm. R. Moneyham, 13, 27, 200, 10, 35
Curby Sams, 6, 34, 400, 15, 170
Besty Simons, 35, 85, 200, 10, 190
Josiah Evans, 100, 200, 7800, 48, 570
James D. Evans, 25, 95, 300, 35, 245
Andy M. Pattison, 80, 115, 1000, 75, 385
Hester M. Collins, -, -, -, 120, 285
John C. Sams, -, -, -, 5, 125
Elisabeth Stuart, 100, 60, 1000, 95, 520

Lawson Garner, 825, 1875, 13500, 350, 3315
Maynard Humphreys, 40, 210, 1000, 55, 875
James M. Simons, -, -, -, 45, 173
Archilbald Tabscot, 70, 90, 700, 37, 450
Wm. J. Morris, 12, 28, 250, 85, 560
James M. Stuart, -, -, -, -, 100
Hidapus Stuart, 90, 670, 1250, 310, 935
Thos. Stuart, 26, 714, 400, 60, 503
Jedidiah Stinson, 50, 485, 2000, 125, 550
Jas. R. Stinson, -, -, -, -, 200
Wm. P. Rey, 90, 110, 1200, 50, 995
David Stinson, 80, 80, 500, 60, 555
Wm. W. Cosby, -, -, -, 5, 215
James W. Oaks, 200, 120, 1500, 60, 575
John Oaks, -, -, -, -, 300
Isaac Oaks, -, -, -, -, 230
Isaac Power, -, -, -, 5, 90
John Drinkard,-, -, -, -, 210
Thomson R. Drinkard, -, -, -, -, 270
Mark Noble, 30, 190, 500, 40, 250
David Bain, 10, 200, 2000, 50, 320
Joshua Oaks, 30, 50, 500, 5, 350
Seth Waddle, 700, 463, 3000, 100, 1410
Thos. Donaldsin, 60, 257, 4000, 225, 1735
Melvin Arms, 100, 150, 1500, 75, 775
Robt. Morrow, 125, 275, 2500, 60, 795
Wm. R. Blackm__, -, -, -, 110, 350
E. McCrosky, -, -, -, 10, 105
George W. Morrow, 80, 205, 1500, 40, 540
T. E. Grantland, 180, 509, 3695, 150, 1607
Duglas, Grady, 40, 98, 500, 38, 795
William Smith, 50, 270, 1000, 95, 320
Jas. Harland, -, -, -, 105, 120
John W. Smith, -, -, -, -, 132
Reubin S. Watkins, 140, 460, 1500, 85, 685
Crhistopher A. Welch, -, -, -, 8, 150
Robt. A. Stuart, 30, 468, 500, 150, 550
Jas. H. Gill, -, -, -, -, 60
J. F. Roberts, 375, 382, 10000, 125, 1250
Green P. Rice, 3, 133, 600, 5, 290
H. M. Mason, 18, 78, 1300, 125, 250
Leroy L.Harland, -, 80, 50, 105, 130
Eli M. Sams, -, -, -, 100, 300
Nancy P. Davis, -, -, -, 130, 1130
Simion s. Morrow, -, -, -, 5, 100
Ann E. Rice, -, -, -, 60, 380
Hanable Hamilton, -, -, -, -, 450
Estate of V. Maddin, 800, 400, 10000, 135, 1500
John Harris, -, 40, 50, 10, 120

Wm. H. Campbell, -, -, -, -, -
Wm. Allen, 25, 55, 150, 5, 75
Martin N. Hagy, 30, 50, 300, 10, 190
Wm. C. Garrison, 70, 80, 350, 35, 175
Simon P. Garrison, 100, 300, 1200, 100, 725
Talitha Breeding, 160, 100, 800, 90, 620
Wm. Breeding, 130, 300, 1560, 100, 670
Mary Ring, 30, 90, 200, -, 30
John Ring, -, -, -, 5, 235
James Whitten, 15, 105, 300, 30, 345
Samuel Breeding, 100, 200, 1500, 125, 1115
Martha H. Russell, 140, 260, 2500, -, 305
Jas. Breeding, 8, 33, 200, 100, 810
Jas. R. Hobbs, -, 80, 50, 125, 700
Wm. M. McCurley, 200, 240, 1000, 110, 790
John W. Russell, 150, 350, 2000, 45, 725
Thos. H. Lyle, 60, 350, 550, -, 150
Jas. Spain, , 34, 86, 1500, 45, 360
Estate Jeb Turney, 100, 500, 1500, 35, 740
Harris T. Bowers, -, -, -, 75, 545
Martin G. West, -, 40, 50, -, -
Jas.Rice, 8, 12, 150, 10, 300
Wm. V. Cook, -, -, -, -, 15
Wm. Cook, -, -, -, 10, 125
Geo. Lipscomb, -, -, -, -, 90
John Williams, 200, 160, 1000, 230, 685
Wm. Walding, 25, 15, 400, 10, 405
Wm. T. Walding, -, -, -, 3, 78
Andrew J. Wilson, 60, 120, 500, 50, 215
Aaron Cryer, -, -, -, -, 130
Wm. Johnston, 30, 45, 250, 5, 175
Jas. Ransom, 70, 50, 450, 65, 450
Thos. Stean (Dean), 5, 35, 75, 5, 50
Wm. C. Thomas, 40, 120, 500, 30, 207
Jas. Thomas, 190, 680, 1200, 125, 920
Saloman P. Jones, 20, 20, 200, 15, 450
Gabriel S. Tyler, 40, 60, 600, 10, 175
Horace Wright, -, -, -, 12, 175
Jas. Brown. -, -, -, 35, 240
John Brooks, 20, 60, 500, 35, 235
Henderson Perry, -, -, -, 40, 45
Catharine Lee, 6, 234, 300, -, 85
Jasper Free, -, 80, 100, 5, 90
John D. Robinson, 100, 565, 2000, 200, 940
W. F. Winton, 30, 130, 400, 30, 435
Wm. C. Harison, 45, 50, 800, 75, 375
John R. Cain, 100, 20, 2000, 200, 630
Leonard E. Plines, -, -, -, -, -
Sarah Jackson, 140, 180, 4000, 100, 250
Solomon Winton, 25, 155, 500, 50, 400
John Alford, 6, 74, 200, 5, 230

Jackson Dunn, -, 80, 150, 5, 240
Nancy Lowery, 25, 95, 500, 5, 210
Racheal Thomas, 2, 18, 40, -, 30
Sarah Motin (Martin), -, -, -, 15, 560
Jesse J. Weaver, 95, 705, 2000, 25, 645
R. B. Allison, 50, 170, 55, 8, 442
Wm. T. Cobb, 45, 162, 500, 10, 545
James C. Oden, -, -, -, -, 35
Wm. M. Self, 160, 120, 600, 12, 444
Jas. A. Sperrier, -, -, -, 12, 75
Chas e. Oden, 50, 160, 600, 10, 444
Lucentia Oden, 60, 260, 1900, 14, 383
Jacob Jones, 20, 60, 500, 10, 254
Baily Oden, 1, 39, 200, 20, 39
Abram, H. Doty, 30, 139, 500, 5, 120
Thos. B. Oden, 22, 18, 250, 7, 150
Richard W. Packet, -, -, -, 7, 80
Hortense (Hordeca, Horace), M. Homes, -, -, -, 5, 160
Levi M. Stringer, 35, 65, 650, 10, 557
Cyntha Drinkard, 15, 25, 200, -, 60
Hezakiah Frost, -, -, -, -, 162
A. B. Oden, 10, 230, 300, 500, 428
Saml. D. Drinkard, 10, 150, 700, 6, 303
Geo. Derrick, 15, 65, 250, -, 229
Wm. R. Derrick, 80, 80, 1300, 75, 506
John Derrick, -, -, -, 5, 140
Evaline Lynn, -, -, -, -, 10
Reuben M. Holmes, 30, 130, 500, 8, 420
Jasper W. Holmes, 20, 60, 300, 10, 360
John Holmes, 180, 980, 4640, 100, 194
Thos. P. Cook, 150, 475, 2000, 65, 801
John Alexander, -, -, -, 5, 142
John C. Alexander, -, -, -, 5, 270
Wm. R. Turney, -, -, -, -, 558
Robt. C. Barnes, -, -, -, 5, 215
John O. Neal, -, -, -, 7, 171
Joseph G. Brown, -, -, -, 250, 1777
E. D. Turney, 80, 160, 1000, 10, 955
Daniel O. Russell, -, -, -, 45, 100
Jas. Armes, 2, 38, 200, 45, 208
Wm. Turney, 150, 456, 1600, 135, 1045
Martha Blackwell, 80, 80, 1100, 65, 1239
Thos. Allen, -, -, -, 110, 240
J. F. Turney, 100, 100, 500, 55, 564
Richard Willis, 75, 85, 1500, 60, 250
Smith Ryan, 100, 390, 2300, 115, 650
Frances Widner, -, -, -, 5, 140
Perry Widner, -, -, -, 5, 80
Wm. Holcomb, 40, 236, 800, 65, 200
Moses Widner, -, -, -, 50, 260
W. M. Humphreys, -, -, -, 50, 68
Simeon G. Garret, -, -, -, 30, 80
Mary Muguffee, -, -, -, 5, 138
Freeman Bryan, -, -, -, 5, 340
Wm. E. Cox, 35, 125, 400, 40, 127

D. K. Bryan, 17, 120, 600, 6, 75
Harriet C. Smith, -, -, -, -, -
Reuben Widner, 25, 195, 400, 105, 358
Soloman Puke (Peeke), -, -, -, 70, 335
Wyle J. Bartlett, 30, 130, 500, 15, 150
R. A. Taylor, 225, 380, 7500, 220, 1445
Jas. Gealding, 70, 90, 500, 110, 638
Sippio Martin, -, -, -, 5, 130
Elisha Joiner, -, -, -, 5, 65
Eli Allen, 50, 70, 150, 90, 230
Mary Patteson exec of estate of Malcomb Patteson decd, 125, 300, 2000, 60, 705
Elisha Ryan, -, -, -, 10, 610
Isaac M. Jackson, 100, 300, 4000, 200, 1165
Wm. Brisco, 45, 55, 800, 40, 730
A. F. Rutledge, 30, 102, 700, 10, 380
Henry W. Rutledge, 30, 25, 300, 80, 307
John Foresman, -, -, -, -, 300
Catharine Foresman, 70, 130, 1000, -, 50
Wm. Foresman, 20, 180, 300, 60, 830
John P. Alexander, 50, 225, 1500, 10, 740
Jas. Prince, 40, 40, 400, 60, 665
Jesse Gurley, 25, 35, 700, 75, 590
Enoch Wi___, 150, 150, 3000, 125, 1585
John Ryan, 80, 180, 2500, 75, 875
Wm. Culbreth, 20, 100, 600, 75, 262
John Culbreth, 12, 68, 300, 5, 148
Thos. Brisco, 100, 300, 1200, 70, 360
Thos. Humphreys, -, -, -, 5, 68
Pleasant R. Brisco, -, -, -, 60, 75
Jos. Brisco, -, 40, 50, 5, 180
Jestherena Garrison, 25, 55, 400, 20, 95
Jas. C. Garrison, 10, 258, 2000, 105, 415
Richd. Coalter, 50, 70, 330, 50, 250
Elwood Coalter, -, -, -, 5, 80
Joel A. Estus, 20, 60, 300, 75, 120
Jas. Limons, 25, 15, 400, 10, 435
Andrew J. Gray, -, -, -, -, -
Lewis Williams, 45, 250, 800, 60, 300
Enoch J. St. John, 25, 155, 500, 5, 158
John Banks, -, -, -, 5, 100
Jesse Clemand, 35, 85, 200, 5, 250
Jas. Hamilton, 30, 145, 1000, 5, 268
Thos. Jenkins, -, -, -, 100, 375
Pinkney Fant, -, -, -, 5, 75
R. M. Fant, -, -, -, 185, 280
Walker Benson, 75, 85, 120, 95, 1435
Jas. W. Putman, -, -, -, 5, 100
John H. Wade, -, -, -, 125, 258
Milly Wade, 50, 190, 1000, 10, 280
Asa Holly, -, -, -, 5, 165
Darcas Hall, 25, 40, 300, 5, 257
Ben Hamilton, -, -, -, 5, 125
John Wagoner, -, -, -, -, 150
Thos. Ryan, 200, 640, 5000, 50, 1435

Jas. Lancaster, 100, 200, 3000, 10, 685
Elias Oden, 60, 60, 1500, 40, 760
David McKee, 24, 62, 400, 5, 275
Elizabeth Clyner, -, -, -, -, 150
John J. Bartlett, 25, 215, 400, 5, 335
Phillip Ryan, 40, 180, 1000, 10, 458
Mary McKee, 25, 56, 800, 5, 179

Carrol McKee, 30, 50, 600, 5, 245
Wm. Stringer, 100, 540, 2000, 200, 2154
Nathan Barham(Basham), -, -, -, 5, 261
Phillip Ryan Sr., 60, 65, 2500, 10, 845
Lindsey Cagle, -, -, -, 5, 331
Wm. B. Cagle, -, -, -, 5, 34

INDEX

__hen, 42
__ord, 24
_one, 93
_teate, 92
_unn, 114
Aarderson, 82
Abacrumbie, 95
Abber, 57
Abbit, 113
Abercrombie, 73
Abercrumbie, 96-97
Abernathy, 30
Ables, 45, 48
Abney, 59, 100
Abott, 51
Abrahams, 36
Abrury, 106
Acals, 113
Acklin, 23
Acre, 7-8
Acreman, 4
Adair, 110
Adams, 1, 4, 13-15, 26, 30, 34-36, 38, 42, 46, 49-50, 58, 70, 73-74, 77-79, 91-92, 95, 103
Adare, 18-19
Aday, 25
Adcock, 59, 96
Addison, 9
Adkins, 41, 48-49, 52
Aeals, 113
Agee, 33, 35, 105
Akers, 49
Akin, 64
Akins, 45, 49
Alemes, 69
Alexander, 11, 30, 37, 62-63, 68, 116, 118
Alexandra, 14
Alford, 91-92, 94, 117
Alison, 17
Aliston, 3
Allan, 92
Alldridge, 32, 45
Allen, 8, 30-31, 33-34, 42-43, 51, 60, 63-64, 66, 69, 77, 83, 89, 91, 93-94, 97, 103, 117-118
Alley, 70, 72
Allisin, 24
Allison, 16, 18, 22, 69, 118
Allman, 50

Allred, 55
Allsup, 46
Alston, 3, 36
Alums, 6, 69
Alvia, 112
Alvirez, 87
Alvis, 113
Amason, 89
Amerson, 47, 100
Amoss, 73
Anagle, 48
Anderson, 7, 9, 21, 34, 36-37, 63-64, 84-85, 90-91, 103-104, 115
Anderton, 48, 111
Andetton, 50
Andress, 100
Andrews, 22, 26, 35, 100, 105-106
Andry, 84
Anjan, 18
Ansley, 1
Anthony, 50
Appleby, 77
Arant, 3, 79
Arberry, 76
Archer, 106
Archy, 36, 41
Arington, 56, 96
Armes, 118
Armistead, 98, 105
Arms, 61, 117
Armstead, 94
Armstrong, 7, 31, 41-42, 44, 46, 50, 52, 57, 60, 76, 90-91
Arnold, 70
Arthur, 42, 47, 106
Ashbee, 82
Ashburn, 64
Ashley, 95, 98
Ashworth, 27
Askew, 36, 71, 111
Aston, 41, 48, 50, 52
Atcherson, 10
Atchly, 19
Athey, 88-89
Atkins, 26, 62
Atkinson, 2-3, 103
Ausborn, 43, 45

120

Austin, 46, 109
Auston, 109
Autrey, 4, 51, 103
Autry, 33, 75
Avenger, 5
Averhart, 3, 57
Avery, 71, 104, 108
Awlmond, 87
B__alley, 58
Ba_gher, 25
Baccus, 48
Bagget, 52
Baggett, 74
Bailes, 20
Bailey, 25, 27, 54, 56, 87, 114
Baily, 35, 63
Bain, 8, 55-56, 59-61, 112, 115, 117
Bainbridge, 31
Baine, 11, 62
Baird, 82
Baker, 20, 26-27, 41, 54, 66, 69-70, 77, 83
Balch, 25
Balderce, 14
Baldrick, 95
Baldridge, 25
Baldwin, 4, 29, 85, 93, 101
Balentine, 84
Bales, 43
Balew, 112
Baley, 35, 62
Ball(en), 30
Ball, 90
Ballard, 34, 44, 99
Ballew, 59, 61
Ballinger, 97, 115
Ballon, 76
Balus, 43
Bancroft, 85
Bancum, 86
Band, 78
Bands, 38
Bankhead, 45-46
Banks, 2, 69, 108-109, 118
Bannister, 45
Bantha, 86
Banting, 98
Baptist, 36-37
Baptiste, 83
Barclay, 67, 74
Barefield, 105
Barfield, 7, 90
Bargainer, 1
Barganier, 5-6, 9
Barginere, 5
Barham, 111, 113, 119
Baria, 84

Barker, 37, 46-47, 71, 112
Barkley, 23, 34, 112
Barkliff, 62
Barley, 20, 30
Barlow, 12, 14, 104
Barnard, 23, 63-65, 85
Barnes, 29, 45, 91, 93, 96, 101, 107, 118
Barnet, 88, 102
Barnett, 84, 89, 92, 95
Barney, 28
Barns, 44
Barr, 29
Barren, 42
Barron, 29, 75
Barrow, 29, 78-79, 82
Barry, 62
Bartee, 74
Bartha, 86
Bartlet, 57
Bartlett, 73, 118-119
Barton, 46, 57, 68, 85, 104-105
Basham, 111, 113, 119
Bashart, 66
Baskin, 91
Baskins, 93
Bates, 5-6, 25, 29-30, 61, 78
Batte, 36
Battle, 25, 68-69, 94
Bauds, 38
Baugh, 55, 58
Baughonan, 103
Baxley, 103
Baxter, 67, 109
Bayles, 66, 99-101
Bayless, 19, 21, 26-27,
Bayne, 91
Bazier, 97
Beadle, 23, 25
Beadles, 60
Beal, 63
Bealy, 96
Beam, 60
Beamon, 88
Bean, 64, 108-109
Bear, 115
Beard, 20, 43, 58, 63-64
Beardin, 58-60
Bearfield, 116
Beasley, 10, 15, 95
Beathea, 13
Beaver, 49
Beazeley, 79
Beazley, 48
Bedell, 76
Bedford, 57
Bedsole, 7

Beeder, 86
Beem, 113
Beers, 85
Beg___, 43
Beggs, 107
Beirn, 19
Belew, 26, 114
Belfore, 35
Belk, 40-41, 44
Bell, 10-11, 17-19, 22, 37, 71, 89, 107
Bells, 7
Bender, 2-3, 14
Benham, 24
Bennet, 18, 43, 113
Bennett, 8, 62, 77, 112
Benson, 66, 116, 118
Bentley, 21, 56
Benton, 26
Bergess, 65
Berrsy, 55
Berry, 2, 8, 21, 55, 58-59, 61, 68, 86, 92
Berryhill, 48, 50
Beryhill, 49
Besant, 12
Best, 7-9
Besteder, 32
Bethune, 75
Bettina, 98
Betts, 23-24, 107
Bevel, 67
Bevell, 22
Beverly, 33-34, 69
Beville, 35-36
Bibb, 10, 21, 24, 78, 94-95, 98, 112, 114
Bibby, 71
Bickley, 84
Biddy, 109
Bidwell, 65
Biggs, 102
Bilbro, 73, 79
Bile___, 52
Bill, 94
Billingslee, 82
Billingsley, 56
Binford, 23, 75
Bing, 58
Bird, 8, 12, 42, 115
Birdsong, 26
Birdwell, 65
Bishop, 26, 28, 30, 35, 40-41, 44, 48-49, 52, 54, 57-58, 61, 65, 67, 110
Bisto, 85
Biven, 105
Bizzell, 103
Black, 37, 46-47, 61, 63, 75, 101-102, 106, 116
Blackburn, 2, 21, 25, 89

Blackm___, 117
Blackman, 3, 69
Blackwell, 7, 89, 105, 109-110, 118
Blair, 103
Blake, 63-64
Blakely, 62
Blakey, 78
Blakley, 91
Blalock, 3, 42
Blanchard, 44
Blanke, 72
Blankenship, 21, 108
Blankingship, 113
Blankinship, 27
Blanks, 38, 76
Blanton, 105
Bledsoe, 13, 70
Blevens, 116
Blevins, 113
Blurch, 38
Boddie, 36-37
Boddy, 5
Bodeford, 9
Bodefort, 9
Bodery, 111
Bodine, 61
Bogan, 3, 78
Boggess, 54, 66
Boggs, 20
Bohannon, 66, 107
Bohanon, 37, 106
Boice, 87
Boiles, 62
Bolen, 34
Bolin, 79
Boling, 13, 47, 50, 56, 81
Bolling, 6, 34
Bolton, 36, 77, 82
Boman, 46
Bond, 57-58
Bonham, 6, 90
Bonner, 86
Booger, 29
Booker, 38, 101, 104
Boon, 9, 71
Booth, 84
Boothe, 7, 84, 92
Boozer, 35-36
Borden, 51, 85
Borum, 70
Bosage, 83
Bosarge, 82
Bose, 47
Boseman, 3, 7
Bostick, 76
Bostrick, 86

Botiright, 5
Botoms, 53
Bottoms, 51, 53
Bouldin, 110
Bouler, 33
Boules, 104
Boulevard, 100
Boutwell, 4
Bowden, 106
Bowen, 90-91
Bowens, 40
Bowers, 24, 115-117
Bowhannon, 20
Bowie, 2, 9
Bowin, 58
Bowlen, 40
Bowlin, 63
Box, 43
Boyd, 27, 43, 72, 78, 89-90, 92, 94
Boyettte, 9
Boykin, 84
Boyles, 104
Boynton, 14
Bozeman, 7-8, 69, 90, 95
Bozman, 51, 53
Brackenridge, 29-30
Brackett, 32
Bradberry, 102
Bradford, 23-24, 34, 50, 57, 68, 96
Bradley, 2, 9, 31-32, 46-47, 51, 86, 88-89, 99-100
Bradshaw, 18
Brady, 7, 90
Bragg, 13, 20-21, 102
Brake, 25
Brame, 37-38
Branch, 4, 30, 86
Brandon, 66, 70
Brandzway, 9
Branham, 17
Branscom, 71
Bransford, 24
Brantley, 103
Brasell, 98
Brashear, 84
Brasher, 90
Brasier, 62
Brassell, 94
Braswell, 29, 35, 111
Brazeale, 57
Brazell, 57, 89, 96
Brazelton, 17-18
Brazier, 57
Brazile, 3
Breeding, 117
Breedlove, 70, 110, 112, 114

Breitling, 31, 37
Brennan, 83
Breslin, 36
Brethand, 84
Brewer, 73, 95
Brice, 48
Brickel, 37
Bridges, 65
Bridgman, 77
Briess, 71
Briggs, 89, 91, 93
Bright, 82, 92
Brikcle, 19
Brinson, 11
Brisco, 63-64, 118
Brit, 33
Britnell, 52
Britt, 25
Britt_, 109
Britton, 21
Brock, 38, 62
Broday, 96
Brodnax, 7
Bromer, 54
Bronaugh, 26
Brooks, 6, 9, 11, 42, 70, 77, 80, 88, 101, 116-117
Brookshore, 62
Broom, 86
Broughton, 11, 107
Brow, 104
Browder, 38
Brown, 2, 7, 13, 15, 18-19, 22-23, 41-42, 45-48, 55, 59-60, 62, 69, 73, 75, 78, 83, 86, 92-93, 96-99, 100-101, 105, 107-108, 111, 113-114, 116-118
Browne, 23
Browner, 54
Browning, 25, 37
Brownlee, 4
Bruce, 5, 61
Bruice, 10, 60
Brumly, 45
Brundridge, 109
Bruner, 2-4, 9
Brunson, 77-78
Bryan, 32, 38, 72, 118
Bryans, 8
Bryant, 24, 51, 58-59, 84, 100
Bryce, 48
Buchail, 29
Buchanan, 22
Buchannon, 55
Buck, 3, 9, 36, 84
Buckalew, 33, 88
Buckhanan, 74
Buckhaurn, 38

Buffaloe, 26
Buffington, 2-3, 57
Bufford, 75
Bufington, 2
Buford, 3, 17, 84, 96
Bulimer, 16
Bulington, 49
Bull, 51
Bullard, 7, 97, 106
Bullman, 16
Bulloch, 72, 96-97
Bullock, 5, 93
Bulman, 67
Bunch, 92, 95
Bunting, 97-98
Burch, 78
Burdeaux, 7
Burden, 30
Burdett, 13
Burdine, 21
Burford, 76, 79
Burgess, 100-101
Burleson, 109-110, 112
Burlison, 51-53, 109-110
Burnet, 47, 49, 101
Burnett, 8-9, 35
Burns, 58, 115
Burnsides, 64
Burris, 43
Burron, 8
Burrow, 8
Burrows, 6
Bursin, 103
Burt, 5-6, 70-71, 110-111
Burton, 7, 31, 94, 96
Burvis, 40
Burwell, 26, 35, 91
Busby, 83, 86
Bush, 28, 31, 59, 63, 97, 116
Bussby, 85
Bussey, 90
Busy, 106
Butlar, 64
Butler, 4, 17, 48-49, 88-89, 92, 96
Butts, 73
Buzby, 102
Byars, 50
Byford, 44-45
Bynds, 62
Byrd, 70, 84-85, 103-104
Byrde, 84
Byrne, 19
Byrnes, 76
Byrom, 45
Byron, 49
C_cher_, 10

Ca__sby, 56
Ca__sley, 56
Cabiness, 24, 30
Cabness, 48, 50
Caddell, 48
Cade, 28, 37
Cadenhead, 76-79
Caffey, 10, 12, 88, 97-98
Cagle, 59, 63, 116, 119
Caigle, 50, 52
Cain, 48, 96, 117
Caine, 54
Caison, 116
Cakeney, 29
Calaway, 6, 20, 91, 113
Calbert, 61
Caldwell, 11, 14, 69
Calhoun, 19, 37, 87
Call, 45
Callaham, 57, 60
Callahan, 110
Callaway, 85, 97
Calleway, 69
Calloway, 83
Caloway, 93, 98
Calvert, 84
Cameron, 73
Camless, 66
Cammack, 36
Camp, 43
Campbell, 10, 19-21, 34, 41-42, 56-57, 72-73, 75, 89, 93, 102, 109, 114-117
Camper, 24
Canady, 72
Cancelcy, 104
Candle, 52
Candler, 66
Cane, 5
Cannon, 56, 81, 83, 89, 94, 115
Canslelep, 18
Canterberry, 4, 24
Cantolou, 13
Canton, 98
Cantrell, 40-45, 50-52
Canty, 12, 93
Capehart, 63
Cappell, 85
Capps, 91
Capshaw, 60
Capters, 76
Car, 42
Cardwell, 57
Care, 4, 5, 11
Carey, 69
Carless, 92
Carleton, 57, 76, 80

Carlin, 63, 81
Carlisle, 55, 70
Carloss, 74
Carlson, 86
Carman, 42
Carmichael, 24, 26-27, 72-73, 78
Carmichal, 20
Carmte, 3
Carmto, 3
Carnes, 2, 24
Carns, 55
Carpenter, 18, 40-41, 51, 60
Carpentr, 82
Carr, 7, 14, 52, 55, 78, 94
Carric, 26
Carsin, 14
Carson, 74, 116
Carter, 17, 20, 26, 29-30, 43, 52, 54, 58, 60, 62, 64, 70, 93, 95, 105-106, 110, 112
Cartor, 93
Cartright, 23
Case, 50, 81
Casey, 2, 4, 47, 51, 69, 72
Cashion, 40
Cason, 17, 26
Cassey, 83, 113
Cast, 27
Castain, 20
Caste, 42
Casteel, 111
Castelaw, 8
Caten, 70
Cater, 70
Cates, 5, 103
Cathorn, 112
Cathry, 37
Catleon, 8
Cato, 30, 85, 101
Caudle, 52
Caughter, 70
Cauthern, 7
Cawthon, 19, 21
Cay, 64
Celsar, 66
Centerfret, 11
Cha___, 43
Chadrick, 82
Chaffin, 44, 47, 51
Chafin, 76-77
Chambers, 7, 36, 58, 90, 110
Chambless, 74
Chamblis, 78
Chambliss, 55, 97
Chamless, 53, 63
Chamness, 47-48, 51, 56
Champion, 7, 9, 79

Chance, 51
Chancy, 92
Chandler, 17, 34, 57, 62
Chandron, 85
Chapman, 21, 28, 31, 70, 78, 99-100, 116
Chappel, 103
Chappell, 12, 96
Charleston, 18
Charlton, 112
Charnless, 61
Chastang, 81, 84-85, 87
Chasteen, 50
Chatham, 70
Chathan, 95
Chatman, 24
Cheak, 45
Cheatham, 5
Chenault, 65
Cheney, 98
Cheshire, 7
Chessen, 73
Chesser, 8
Chessir, 9
Chester, 114
Chestnut, 5
Chevalier, 81
Childers, 102, 109
Childre, 89
Childress, 17-18, 22, 26, 59, 100
Childrie, 91
Childs, 104
Chilress, 60
Chinn, 109
Chisholm, 81, 99, 107
Chison, 17
Christian, 17, 28-29, 38, 77
Chuk, 11
Chunn, 101, 109, 114
Church, 46
Churchwell, 85
Cilley, 10
Cirk, 47
Cirt_hn, 61
Ciutat, 81
Clack, 66
Clanton, 78
Clapp, 64-66
Clark, 17, 17, 22-23, 25-26, 36, 40, 45, 66, 72, 82-83, 95, 111
Clarke, 70
Clause, 47
Clausel, 102
Clay, 64
Clayton, 77
Cleghorn, 38
Cleland, 29

Clem, 27
Clemand, 118
Clemens, 23, 27, 53
Clement, 83
Clemmons, 98
Cleveland, 81, 87
Clifton, 24
Cline, 105
Clingmann, 102
Clopton, 75-76
Cloud, 17, 68, 75, 78, 104
Clower, 76-77
Clowers, 50
Clum, 20-21
Cluner, 20
Clutts, 26
Clybourne, 115
Clyner, 119
Coaker, 15
Coal, 52-53
Coalter, 118
Coapeland, 94
Coats, 34
Cobb, 14, 17, 62, 67, 75, 77, 97, 99, 105, 109, 118
Coburn, 6
Cochran, 4, 22, 65, 92-93
Cock, 50
Cocks, 49
Cocksey, 48
Cody, 43
Coffee, 111
Cogburn, 91
Cohen, 72
Cohorn, 52
Cohron, 36
Coker, 2, 15, 58, 104, 107
Coldman, 4
Cole, 13, 16, 26, 52, 75, 86
Coleback, 84
Coleman, 4, 7, 37, 55, 61, 71, 104
Coley, 104
Collars, 79
Colley, 101
Collier, 8, 17-18, 23, 34
Collingsworth, 29
Collins, 5, 15, 37-38, 41, 56, 58, 60-61, 63, 73, 75, 77, 79-80, 82, 84-85, 103, 114-116
Colman, 92
Colvin, 7, 11, 102
Combs, 20
Comens, 52
Compton, 31-32, 96, 116
Conaley, 21
Conaway, 82
Condry, 44

Cone, 90
Conelly, 62
Coner, 94
Coneron, 21
Conerou, 21
Conger, 77, 80
Conley, 42
Conn, 55
Connaly, 60
Connell, 71, 82
Conner, 36, 55, 58
Connor, 5
Conoley, 19
Conoly, 98
Conwell, 71
Conyers, 7, 97
Cook, 5, 7, 9, 11, 15, 26, 55, 88, 90, 102, 117-118
Cooksey, 48, 51
Cooley, 51
Cooper, 2, 31, 42, 44, 61, 64, 71, 75-77, 79, 84, 91, 109, 113
Coots, 60
Copeland, 112
Coplin, 91, 93
Corbett, 91
Corbin, 56, 58
Corbitt, 78
Cordnell, 88
Cordwell, 88
Corley, 70, 103, 105
Cornelius, 17, 26, 56
Cornett, 76
Cornish, 31
Cornwalis, 64
Cornwell, 61
Corthorn, 8
Corvey, 4
Cosa, 26
Cosby, 24, 117
Coslin, 91
Cothran, 9
Cottingham, 6-7
Cotton, 49, 64, 100-101
Cottorhn, 41
Cottrell, 9, 84-85
Couch, 50, 64
Cough, 22
Coun, 62
Courtney, 89, 93, 102
Covin, 104
Covington, 14
Cowan, 14, 28, 33, 55
Coward, 33, 74
Cowels, 7
Cowen, 61

Cowey, 4
Cowles, 75, 96-97
Cowley, 111
Cowling, 11
Cown, 44, 62
Cox, 3, 8, 10, 22, 45, 51, 56, 60-62, 76, 95, 115, 118
Coxe, 31-32, 72
Coy, 100
Coze, 79
Crabtree, 78, 86
Cradic, 51
Craft, 112
Craft, 17, 63
Craig, 35, 59, 64
Craighead, 37
Crawford, 2, 35, 49, 54, 57, 69, 72, 85, 103, 107
Crayton, 20
Creamer, 63
Creedeys, 34
Creeduss, 34
Crenshaw, 2, 4, 8
Crews, 91, 98
Crimes, 69
Criner, 20
Crislmass, 7
Cristie, 96
Crittenden, 76, 89
Cro, 110
Crocker, 26, 35, 84
Croft, 17, 79
Croizait, 81
Croley, 71
Cromelin, 96
Crook, 2, 103, 107
Croom, 38, 98
Croomes, 94
Crosby, 3, 100-102
Crosley, 27, 99
Cross, 9, 18, 64, 91, 106-107
Crossnor, 48
Crouch, 27
Crow, 47, 89, 93, 109-110, 112
Crowder, 79
Croxton, 7
Crum, 3-4
Crumarty, 104
Crump, 42, 57
Crutcher, 2, 24
Cryar, 58
Cryer, 114-117
Culbreth, 62, 118
Culpeper, 86
Culvard, 78
Culver, 62, 69
Culwell, 40

Cumins, 50
Cummings, 113
Cunningham, 34, 41, 47, 54, 71-72, 74, 79, 85, 96, 100, 104, 107
Curlis, 110
Curruth, 44
Curry, 37, 39, 72, 100, 114, 116
Curtis, 30, 32, 34
Custer, 42
Dabney, 84, 94
Dacus, 13
Dade, 82
Dads, 65
Dailey, 102, 104
Daily, 3, 57, 106-107
Daiton, 44
Dalrymple, 58
Dalton, 21, 57
Dancy, 110
Danes, 116
Daniel, 2, 9, 13-14, 22, 69, 76, 93, 96, 104-105
Dann, 42
Dansby, 37
Danscy, 54
Dantzler, 3
Dararin, 109
Darby, 8
Darden, 37
Darnaby, 22
Darwin, 2, 21, 26, 110
Dass, 60
Date, 82
Datton, 21
Davenport, 54, 89
Daveson, 25
David, 41, 79, 105
Davidson, 2, 3, 10, 14, 29, 37-38, 42-43, 46, 55, 63, 86, 106, 115
Davies, 77
Davis, 4, 7-10, 15, 20-22, 25, 40, 42, 45-46, 50, 59-60, 63-65, 67, 69-70, 77, 80, 82, 85, 89-90, 99, 102, 105, 108, 110-111, 113, 117
Davison, 100, 103, 107
Dawson, 78
Day, 1, 5, 26, 77-78, 94, 113, 115
De St. Rose, 83
Dea, 13
Deakle, 82-83
Dean, 7, 90, 96, 111, 117
Deans, 31
Deas, 85
Deaton, 44
Deavers, 89
DeBardelabon, 74
Debardlaben, 13
Debow, 18

Decanter, 41
Decker, 55
Declarx, 84
Dedman, 25
Deer, 100
Dees, 103-105
Deese, 106-107
Degman, 28
Degrush, 85
Dellatorne, 82
Delmas, 82
DeLoach, 32-33, 70, 107
Dement, 109
Demorey, 82
Demorny, 81
Dendy, 88
Denham, 56
Denitt, 85
Denmark, 85
Dennis, 4, 48, 105
DeNoble, 1
Denton, 58, 109
Derek, 93
Derreck, 18
Derrett, 85
Derrick, 19, 55, 66-67, 118
Derrik, 66
Desear, 38
Deskins, 110, 113
Devane, 71, 104
Develin, 84
Devine, 83
Dial, 36
Dick, 5, 69, 88
Dickason, 52
Dickenson, 48-49, 51
Dickerson, 13, 63
Dickey, 60, 65, 91, 93
Dickinson, 50, 73, 76
Dickson, 5-6, 9, 25, 91
Dilbone, 3
Dill, 78
Dillard, 8, 23, 72, 90, 94
Dillehay, 89
Dillen, 54
Diller, 54
Dilliard, 88
Dilworth, 16-17
Dimond, 91
Dinkins, 70
Dinsmore, 113
Diransy, 29
Dismuke, 78, 83
Dismukes, 34
Ditto, 63
Dixon, 18, 32

Dobbs, 71, 77
Dockery, 102
Dodson, 42, 50, 52, 72
Doget, 63
Doggett, 102
Dollar, 109
Dollar, 109
Dollier, 109
Dollins, 38
Donaldson, 22, 82, 117
Donalson, 6
Donavan, 86
Donavum, 50
Donegan, 21, 23
Dormer, 42
Dormon, 9
Dornell, 41
Doronam, 50
Dorse, 115
Dorsett, 59
Doss, 29, 60
Doty, 118
Doublin, 24
Doudd, 74
Doughdrill, 31, 83
Dougherty, 75-76
Douglas, 16, 19-20, 54, 56
Douglass, 11, 16, 21, 25
Dounes, 102
Dowdell, 79, 95
Dowdy, 59
Dowling, 82
Downam, 50
Downey, 32
Downing, 91
Downs, 43
Dozier, 70-71, 89
Drain, 109
Drake, 17-18, 20, 24, 38, 42, 79
Drakeford, 73
Drane, 2
Dranke, 19
Drann, 42
Draper, 17, 114-115
Draughon, 106
Draw, 33
Drew, 102
Drey, 81
Drier, 55
Driggers, 3
Drinkard, 32-33, 117-118
Driskill, 22, 78
Driver, 8, 90
Drosch, 85
Dry, 14
Dryer, 73

Dubberly, 76
DuBose, 31-32, 37-38, 100-101, 106
Dubroca, 84
Duck, 93
Ducke, 9
Ducket, 58
Dudley, 2-3, 12
Duff, 82
Duge__, 42
Dugger, 38
Dugless, 9
Duke, 41-42, 45, 79, 102
Dukes, 63, 102
Dulin, 57
Dunaway, 111
Duncan, 6, 14, 42, 44, 52, 56, 64, 69
Dunham, 45, 66
Dunkin, 44, 94
Dunklin, 12
Dunlap, 63
Dunn, 3, 42, 62, 64, 66, 107, 118
Dunning, 29, 33
Dunson, 46
Dupree, 24
Duran, 61-62
Durden, 94
Durette, 82
Durham, 20, 60-61
Dutton, 113
Duval, 38, 84
Duvall, 56
Dyer, 49, 54
Dykes, 103
Eads, 51
Eady, 63, 75-76
Earnest, 47
Easley, 62
Eason, 25, 58, 96
East, 102
Easterly, 8
Easton, 25
Eaton, 37
Eavans, 114
Echard, 23
Echolds, 87
Echolls, 74-75
Echols, 63, 79, 114-115
Eddins, 27, 31, 103
Edens, 86
Edgar, 51
Edins, 4
Edmonds, 65, 94
Edson, 37
Edwards, 2, 7, 14, 17, 23, 26, 36, 72-73, 96-97, 105, 107, 109, 114, 116
Eenberson, 44

Ege, 86
Eggler, 86
Eilands, 93-94
Eisdon, 92
Eldesson, 112
Eldridge, 24, 26, 50
Elesberry, 13
Eley, 70
Elgin, 62
Eliott, 96
Elison, 88-89
Elkins, 19, 58, 67
Ella, 81
Ellenburg, 59
Ellesson, 91
Ellett, 18
Ellicott, 96
Ellington, 5, 68, 73
Elliot, 35
Ellis, 109
Ellis, 6, 26, 32, 82-83, 86
Ellison, 7-8, 69-70, 85
Ellissair, 92
Ellmore, 49
Ellsberry, 92
Elmore, 37, 97
Embry, 65
Emerson, 45, 89
Emfinger, 94
Emmons, 105
Endy, 63, 116
England, 35, 108, 114
English, 27, 104
Enners, 31
Eperson, 111
Ernest, 4
Ero, 110
Erskin, 66
Ervin, 48. 50
Erwin, 63-64
Erzor, 88
Escue, 41
Eskridge, 32
Esslinger, 17-19
Estep, 105
Esterland, 33
Estes, 57
Estil, 46
Estill, 46
Estille, 46
Estus, 118
Estus, 49
Etchison, 74
Etheridge, 99, 104
Ethridge, 28, 32, 70
Ethrige, 29

Etta, 73
Eubank, 106-107
Eubanks, 75, 90, 92-93, 106
Evans, 8, 10, 30, 33, 41, 43, 51, 91, 93, 109, 111-112, 114, 116
Even, 116
Everet, 106
Evins, 43
Ewing, 19, 25
Fable, 97
Fagan, 76
Fagg, 11, 20
Fahl, 84
Falconer, 90-91
Falk, 107
Fallon, 83
Fanly, 7
Fannin, 73, 89-90
Fanning, 20-21
Fant, 118
Fanville, 7
Farier, 8
Farley, 7, 23-24
Farm, 13
Farmer, 45, 55, 66, 77
Farmiton, 111
Farnel, 82
Farnell, 81
Farr, 6, 50
Farrald, 23
Farrar, 76
Farree, 86
Farries, 72
Farrior, 12
Farris, 21, 62
Fascue, 31-32
Fast, 91
Faulk, 29, 103
Faulkenberry, 26-27
Faulks, 15
Favor, 4
Feagin, 104
Fearn, 19, 64
Federick, 53
Felder, 95, 97
Fells, 102
Felton, 79
Felvingston, 40
Fem___, 70
Femster, 112
Fenisill, 110
Fennell, 23, 64
Fenonville, 81
Ferguson, 73, 108
Ferm, 72
Fermster, 61-64

Fern___, 70
Ferrell, 8, 75-76, 83
Ferrin, 24-25
Fick, 24
Ficklin, 15
Fielder, 58
Fields, 56, 63, 70, 115
Fiester, 103
Fike, 24
Filmon, 55
Finagan, 86
Finch, 32, 81, 83
Finchen, 82
Findley, 66
Finerter, 112
Finigan, 3
Finigin, 3
Finklea, 101-102
Finley, 59-61
Finney, 32, 34
Firichen, 82
Fisher, 109
Fisk, 22
Fitts, 24, 38
Fitzgerald, 86
Fitzpatrick, 12, 71, 75, 91-93
Flanagan, 75
Flanegan, 19
Fleming, 9, 57
Flerey, 49-50
Flerry, 50
Fletcher, 22, 64, 86, 108
Fleury, 83
Flin, 46
Flinn, 47, 92, 95
Flippin, 16
Flippo, 51
Flournoy, 77
Flowers, 52
Floyd, 78
Fluker, 36
Flurry, 41
Fluting, 59
Flynt, 22, 26
Foard, 52
Fogg, 20
Foote, 78
Footen, 43
Ford, 3, 21-22, 26, 34, 45, 73, 110, 113
Fords, 94
Fore, 103-104
Foreman, 69
Foresman, 118
Forman, 59-60
Forniss, 35, 89
Fort, 72, 100

Fortel, 65
Fortenberry, 102
Fortner, 5, 30, 33
Fost, 9
Foster, 3, 8, 29, 64, 70, 72-73, 77, 79, 86, 93, 105-106
Foulmin, 86
Fountain, 32, 101-103, 106-107
Fowler, 19, 24, 58, 73, 83, 107-108, 115
Fowlkes, 25
Frails, 14
Fraisiere, 94
Francis, 111-114
Franklin, 24, 27, 41, 49, 100
Franks, 44, 48-49, 51-52
Frasier, 14, 37
Frazer, 76, 78
Frazier, 14, 59, 69
Frederic, 52
Frederick, 41, 52, 101
Fredric, 51
Free, 117
Freeman, 11, 22, 26, 30, 68, 72, 93, 98, 113
Freeny, 98
French, 61-62, 110
Freshours, 50
Freshous, 51
Fretwell, 43
Friar, 105
Friend, 21
Fritts, 35
Frittz, 30
Frost, 118
Fry, 40, 62, 100, 105-106
Frye, 106-107
Fryer, 67
Fulford, 31
Fulks, 64
Fuller, 94, 97
Fulmar, 12
Furgason, 112
Furgerson, 19
Furgeson, 65
Furlong, 7
Fuzziel, 92
G____, 24
G__in, 18
G_awin, 75
Gadess, 48-49
Gaffney, 6
Gafford, 2
Gags, 85
Gainers, 100
Gaines, 96
Gains, 37
Gairs, 114

Gaither, 56
Galaway, 106
Galbreath, 54
Galbreth, 45
Gale, 98
Gallespie, 104
Galloway, 62
Gallup, 24, 86
Gals, 24
Galzier, 57
Gamble, 8, 36, 85
Gann, 44, 4851
Gannan, 58
Ganter, 98
Gantrey, 59
Ganus, 43
Gardiner, 87
Gardner, 5, 19, 26, 46, 88-89, 91, 93
Garl_ner, 41
Garman, 55
Garner, 5, 25-26, 89, 93, 106111, 116-117
Garp, 13
Garr_e, 13
Garrard, 58, 93
Garrarde, 91
Garret, 104, 118
Garrett, 1-2, 11, 24, 55-56, 61, 113
Garrison, 117-118
Garth, 110
Gartin, 73
Garvin, 59
Gary, 13
Gaskins, 51, 88-89
Gassiway, 77
Gasson, 81
Gaston, 18
Gatehouse, 86
Gates, 99, 101
Gealding, 118
George, 27, 71, 82, 85, 104
Germany, 74
Gerron, 25, 60
Gervin, 50-51
Gess, 47, 51
Gevin, 49
Gholson, 38
Gibbon, 106
Gibbs, 47, 57, 110
Gibson, 17, 28, 57, 64, 78, 82, 90, 93, 100, 106
Giddens, 8, 21
Giddings, 103
Gilbert, 109
Gilbert, 29, 36, 42, 47, 54, 56, 77
Gilbrath, 60
Gilbreth, 61-62
Gilchrist, 11, 97

Gildersleeve, 33
Giles, 17, 20, 24
Gill, 9, 96, 108, 111, 117
Gillchrist, 10
Gillespie, 69, 75
Gilliland, 43, 57
Gillis, 92
Gillmer, 41, 46
Gillmore, 32, 43
Gilman, 32
Gilmer, 5, 7, 11-12, 89, 95, 97-98
Gilmore, 5, 73, 77
Gilmr, 46
Gilroy, 85
Gipson, 113
Girard, 92
Girdrut, 104
Givhan, 11
Gladden, 114
Glass, 9, 15, 17, 34-35
Glasscock, 19, 50, 65
Glassiss, 45
Glaze, 78
Glazeag, 96
Glenn, 3, 26, 75, 79, 98
Glover, 17, 30-31, 35-36, 70
Goble, 75
Gochel, 72
Godbold, 84
Godfrey, 59, 71
Godwin, 3, 60
Goff, 85
Golden, 20
Goldin, 22
Goldston, 94
Golman, 82
Gomer, 86
Gooch, 24-25, 115
Good, 44
Goode, 82
Gooden, 2, 46
Goodin, 11, 103
Goodson, 5, 79
Gooduir, 22
Goodwin, 3-4, 56, 61-62, 74
Goodwyn, 37
Gorden, 24
Gordin, 72, 104
Gordon, 2, 11-14, 77, 110
Gorin, 35
Gormer, 77
Gormond, 81
Gortman, 84-85
Gosey, 46
Goss, 69
Gover, 31

Gowen, 55
Gower, 71
Grace, 101
Graden, 8
Grady, 117
Grady, 72
Graham, 7-8, 22, 71, 75, 82, 89, 100, 107
Grait, 20
Gramblin, 4
Grammar, 61
Grandjean, 81
Grandland, 114
Grant, 6-7, 11, 32, 37, 58, 90
Grantham, 29-30
Grantland, 117
Granton, 103
Grass, 62
Gratton, 95
Graves, 13-14, 57, 63, 95
Gray, 112, 116, 118
Grayham, 94
Grayson, 18, 30, 67
Green, 17, 24, 28, 33, 36, 49, 52-53, 55, 72, 75, 83, 90, 102-103, 110
Greene, 13, 71, 76
Greenwood, 54, 74
Greer, 28, 38
Gregg, 15, 91, 96
Gregory, 9, 27, 57
Gresham, 5, 10, 12, 14
Greshan, 13
Grevis, 54
Grey, 90
Griales, 98
Griates, 98
Griffey, 64, 66
Griffin, 9, 31, 46, 62, 75, 86, 99, 101, 103, 111, 116
Griffis, 102
Griffith, 22, 59, 75, 102
Grigg, 47, 76
Griggers, 3
Griggs, 77
Grigory, 45
Grigsby, 22
Grimes, 69, 78-79, 83, 103, 106
Grimmit, 21
Grisworld, 69
Grizzard, 110
Grizzell, 70
Grove, 10
Grover, 73
Grower, 35
Grubbs, 115
Guerry, 71
Guest, 61

Guice, 91
Guine, 116
Guirrant, 36
Guiss, 51
Guist, 51
Guiton, 46
Gully, 106
Gunn, 78, 110
Gunter, 2-3, 98
Guntharp, 66
Gurley, 18, 118
Guthery, 43
Guthrie, 70, 72
Guy, 79, 90
Guynn, 20
Gwatney, 102
Haam, 17, 19
Haberson, 114
Hackett, 111
Hackney, 76
Hackworth, 32
Had__, 74
Hadaway, 12
Haddoc, 42
Haddock, 75
Haden, 75
Hadock, 70
Hagins, 75
Hagood, 2, 4
Hagy, 117
Haigler, 13
Hailes, 97
Haines, 95
Hainey, 54, 59
Hains, 19
Hainton, 96
Hair, 85
Haladay, 79
Halbrooks, 108-109
Hale, 13, 20, 33, 54, 63, 79, 104, 112-113
Haley, 50, 77, 80
Hall, 2, 7, 11, 18-19, 20, 22, 33, 40-42, 51, 81, 90, 99, 104, 106, 112, 116, 118
Halladay, 94
Hallenquist, 96
Haller, 102
Halley, 50
Halliday, 46
Hallman, 42, 107
Hallmark, 45, 48
Hambleton, 13, 16
Hamblin, 60
Hambrick, 14, 20, 22
Hamelton, 50
Hamer, 17
Hames, 114

Hamillton, 116
Hamilton, 2, 14, 42, 82-83, 105, 112, 117-118
Hamlett, 25
Hammon, 25
Hammons, 30
Hampton, 63
Hancock, 19, 92, 102
Hand, 72, 83
Handy, 74, 116
Haneo, 16
Hanes, 57, 114
Haney, 51, 63
Hankins, 46-47, 116
Hannah, 2, 4,
Hannon, 79
Hanson, 42, 92
Hany, 112
Hara, 73
Harbin, 4, 6, 88
Hard, 29
Hardee, 104
Harden, 55
Harderson, 82
Hardin, 76, 89-90
Hardwick, 114
Hardy, 11-12, 14
Hare, 3
Hargrove, 76
Haris, 48-50
Harison, 117
Harland, 117
Harless, 17
Harmer, 17
Harnes, 114
Harnett, 81
Harp, 49
Harper, 33, 47, 49-50, 56, 66, 75, 108
Harralson, 12
Harrel, 44
Harrell, 2, 43-44, 84-85
Harrington, 15, 100
Harrion, 8
Harris, 6, 8, 10, 20-21, 34, 38, 41, 46, 58-59, 63, 68, 70-71, 73, 79, 84-85, 94, 105, 114, 117
Harrison, 5-6, 11-13, 32, 38, 45, 50, 55, 57, 63, 73
Harston, 71
Hart, 32, 55, 89
Hartin, 9
Hartison, 10
Hartley, 2, 31, 85
Hartsell, 109
Hartsfield, 41
Hartswell, 112
Hartwell, 10, 85
Harty, 28, 34

Harvell, 93
Harvey, 83
Harvy, 105-106
Harwell, 82, 96
Hary, 112
Haslett, 116
Hasty, 28
Hatch, 31, 34
Hatcher, 83
Hatly, 91
Haum, 17
Hause, 77
Hawk, 28
Hawking, 4
Hawkins, 1-2, 5, 21, 24, 33, 37, 44, 49, 86, 101, 106
Hayes, 35-36
Haygood, 12, 69, 91
Haynes, 6, 12, 71, 102, 105
Haynie, 81
Hays, 38, 54, 92, 94
Haywood, 35
Hazard, 8
Head, 48
Heal, 76
Heardin, 58
Hearn, 75
Hearne, 10
Heath, 69
Heathcock, 22
Heerman, 76
Hellinger, 38
Helton, 48, 50, 102
Helverston, 85, 87
Hemsely, 112
Henderson, 29, 35, 42, 48, 63, 71, 79, 95, 97, 100, 103, 106-107, 114
Hendrick, 69
Hendrix, 32, 85, 104, 106
Hennesser, 36
Henry, 63, 65, 91, 94, 113
Henseley, 114
Hensley, 2
Henson, 29, 41, 103, 112
Heral, 27
Herbert, 10, 70
Herlong, 6
Herreford, 25
Herria, 70
Herriford, 20
Herrin, 55, 65, 103, 105
Herring, 80, 110, 114
Herrington, 46, 89
Hethinglow, 105
Heuse, 8
Hewey, 75, 77

Hewlett, 19, 113
Hewson, 29
Hibbs, 60
Hicklin, 74
Hickman, 55
Hicks, 5, 70, 88, 100
Hieronymus, 82
Hig_to_, 27
Higden, 115
Higdon, 111
Higginbotham, 22, 25-26
Higgins, 56, 62
Highley, 78
Hightower, 78, 91
Hiland, 86
Hildabrant, 85
Hill, 18, 22, 26, 33-34, 37, 45-46, 57-58, 62-63, 66, 73, 76-77, 88, 93, 95, 109
Hillard, 89
Hilldreth, 32
Hilldrith, 32
Hillian, 60
Hilliard, 24-25
Hillsmith, 31-32
Hilson, 82
Hinds, 8
Hines, 103
Hinslow, 81
Hinson, 1, 36, 42
Hiram, 11
Hixon, 105-107
Hlliday, 46
Hobbs, 19, 117
Hobby, 2-3
Hobert, 109
Hockett, 111
Hockings, 22
Hodge, 52, 58-60, 93
Hodges, 52, 60, 67
Hodnett, 72
Hoffa, 22
Hofheim, 83
Hogan, 98
Hogue, 30
Hoil, 62
Hoke, 65
Holbrook, 24
Holcomb, 11, 49, 52, 118
Holding, 23, 114
Holeyhan, 75
Holida, 4
Holiday, 4
Holidy, 4
Holifield, 76
Holland, 13, 33, 60
Hollandhead, 9

Hollaway, 95, 116
Holley, 9, 14, 63, 100, 108
Holliday, 46
Hollie, 46
Hollinger, 83-84
Hollingshead, 71
Hollingsworth, 109
Hollis, 35, 46-47, 99
Holliwell, 86
Holloman, 83
Holloway, 5, 20, 43
Hollowell, 63
Holly, 41, 99, 104, 116, 118
Holmes, 13-14, 57, 118
Holt, 14, 35, 71, 93, 96-97, 105
Homer, 20, 41, 48-49, 81-82
Homes, 90, 118
Hone, 19
Honey, 16
Hood, 8, 97
Hooks, 15, 69
Hooper, 55, 58
Hooten, 10, 92
Hopper, 53
Hopping, 12, 91
Hopwood, 27
Hord, 77
Horey, 16
Horn, 29, 38, 109
Hornbuckle, 17
Horner, 17, 20
Horry, 105-106
Horton, 23, 25-26, 34, 38, 48, 55, 79
Hossing, 91
Houk, 109
Houlden, 102
Houlder, 102
House, 8, 43
Houser, 13
Houston, 31, 35, 37, 59
Howard, 4, 10-12, 20, 38, 53, 69, 72-75, 81, 85-86, 89, 94, 105
Howe, 8
Howell, 52-53, 83, 88, 112
Howlette, 36
Hoyle, 55
Hrabowski, 2, 13
Hubbard, 110-111, 113
Huckabee, 5, 10, 33, 39
Huddleston, 71
Hudgens, 85
Hudgins, 77, 89-90
Hudson, 4, 6, 8, 20, 38, 50, 56, 110
Huff, 46, 77
Huffman, 7, 41, 72-73
Hufham, 89

Hufman, 93
Huggins, 4, 55
Hughes, 56, 69, 73, 116
Hughey, 41, 46
Hughs, 49, 111
Huguley, 78-79
Hull, 16
Humfries, 49
Humphin, 11, 21-22, 25-26
Humphreys, 17, 22, 112, 114, 117-118
Humphries, 7
Hundley, 23
Huns, 71
Hunt, 17-19, 23, 76, 84, 101
Hunter, 111
Hunter, 3, 11, 59, 73, 98, 100
Huntor, 18
Hunts, 56
Hurlong, 6
Hurn, 34
Hurst, 13, 86, 91
Huston, 76, 109
Hutten, 49
Hutto, 101
Huyston, 49
Hyatt, 56
Hybert, 101
Hyman, 22
Hynds, 62
Hynes, 62
Ice, 65
Ikaner, 104
Ikard, 16
Ingle, 52
Ingram, 3, 7-9, 75
Inman, 113
Innman, 45
Irby, 20, 29, 98
Irvin, 21-22, 43
Isaacs, 26
Isbel, 72
Isbell, 19, 73
Isham, 15
Isler, 35
Iverson, 76
Ivey, 65, 70
Ivy, 64, 91
Jack, 32
Jacks, 20
Jackson, 1, 4, 12, 30, 33-34, 36, 43, 52, 63, 70-72, 77, 79, 82-83, 89-93, 98, 111, 117-118
Jaco, 60
Jacobs, 23, 54, 116
Jaggars, 41
Jamar, 22-23
Jamerson, 27

James, 3, 12, 41-42, 54, 71, 79, 86, 105, 112
Jarett, 95
Jarrat, 6,
Jarret, 46
Jeffers, 41
Jefferson, 6
Jenkins, 5, 107, 114, 116, 118
Jenks, 77, 104
Jennings, 61, 106, 112, 114-115
Jentry, 56
Jester, 54
Jeter, 8
Jett, 55, 58, 72
Jetton, 58, 61, 63
Jingle, 6
Jinkins, 17-18
Johns, 88
Johnson, 1-2, 8, 11-13, 20, 24-26, 30, 35, 38, 40-48, 50-51, 55, 57-60, 62, 65, 73, 76, 79, 84, 90-93, 100, 103-105, 109-115, 117
Johnston, 7, 24, 68, 71-75, 95, 115-116
Joice, 93
Joiner, 85, 118
Jolee, 65
Jolie, 65
Jolt, 77
Jones, 2, 5-7, 9, 11, 18, 20-21, 24, 3035, 37-38, 41-42, 45, 47, 49, 56-57, 60-61, 63, 66-67, 70, 72-73, 77-79, 82, 86, 89-90, 92-93, 95, 97-98, 100, 102, 104, 109, 111, 113, 117-118
Jonson, 2
Jontilian, 86
Jordan, 8-9, 19, 23, 56, 59, 61-62, 68, 78
Jorden, 32
Jordin, 8
Jourdan, 103
Journigan, 69
Joutlian, 86
Joy, 104
Jude, 25
Judge, 97
Judkins, 72, 96, 98
Julian, 6, 63
Justin, 107,
Jutton, 59
Juzan, 85
Kaigle, 50
Kane, 33
Kavanag, 83
Kay, 59
Keadle, 92
Kean, 86
Kearley, 102, 107
Kearns, 83
Keeley, 32, 86
Keeling, 73

Keelley, 55
Keenan, 14
Kees, 66
Keggle, 27
Keiser, 73
Keitt, 78
Kellam, 79
Keller, 63
Kelley, 21-22, 25-26, 29, 32, 52, 55, 61, 82-83, 86
Kellum, 104
Kelly, 9, 12, 14-15, 19, 78, 105, 109
Kemp, 8, 49
Kenard, 32
Kendall, 12
Kenedy, 8, 52-53, 107
Keniday, 45
Kennaman, 16
Kennamore, 16, 66-67
Kenneday, 10
Kennedy, 46, 62-63, 78-79, 84-85, 87
Kennemore, 62, 64
Kennen, 59
Kenner, 109
Kenser, 103
Kent, 84
Kenum, 47
Kerbo, 78
Kerby, 102
Keshours, 50
Key, 2-3, 20, 40, 71, 74, 114
Keys, 29-30
Kidd, 75, 85
Kier, 56
Kigle, 50
Kiker, 34, 56
Kilcrease, 77
Kilcreast, 71
Kilensworth, 48
Kilfoye, 64
Kilgore, 4
Killcrease, 40
Killcreuse, 41
Killen, 91
Killgo, 45
Killingsworth, 16, 32
Killn, 91
Kimble, 109
Kimbrel, 106
Kimbrew, 76
Kimbro, 50
Kimbrough, 33,
Kina, 102
Kinard, 46
Kincade, 26

King, 6, 9, 18, 25, 29, 35-36, 58-59, 62-63, 75, 76, 93, 99, 101, 104, 109, 114-115
Kinley, 51
Kinnard, 22
Kinney, 22
Kinnin, 89
Kinsey, 194
Kiplinger, 52
Kirby, 60, 111
Kirk, 77
Kirkland, 11, 59, 64-65, 110
Kirkpatric, 5-6, 9
Kirkpatrick, 5
Kirksey, 36, 105
Kirksy, 18
Kirku, 29
Kirkum, 29
Kirvin, 33
Klares, 82
Klutts, 58
Knight, 4, 30, 33, 54, 58, 73, 89, 97
Knon, 98
Knowles, 76-77
Knox, 25, 27, 74, 98
Kobb, 108
Kolb, 5
Korneagry, 31
Krose, 11
Kuser, 73
Kuykendall, 50, 58
Kyle, 73, 100, 115
Lackey, 54
Lacost, 87
Lacy, 102
Lad, 84
Ladd, 101
Ladneyre, 82
Laird, 88
Lamar, 11, 63, 66, 71, 79-80
Lamasscus, 116
Lamb, 22, 52
Lamberson, 19
Lambert, 104-106
Lampkin, 69
Lanaker, 83
Lancaster, 56, 119
Lancer, 42
Land, 25, 43, 112
Landrum, 29, 86, 93
Landson, 8
Lane, 6, 24, 30, 49, 70, 111
Lanford, 22, 24
Lang, 56, 73
Langdon, 86
Langford, 3, 5, 37, 71, 79, 84
Langham, 103, 105

Langley, 26
Langston, 70
Lanier, 17, 22, 66
Lankey, 93
Lanling, 113
Lanman, 23
Lann, 51
Lansen, 20
Lany, 55
Laprade, 96
Laquey, 79
Largen, 27
Lartique, 82
Larue, 61
Lasenby, 77
Laseter, 79
Lasff, 86
Lasiter, 6
Laslie, 62, 69
Lason, 17
Lassiter, 116
Laster, 100
Latham, 18, 65, 72
Laughinghouse, 25
Laurendine, 82
Law, 28
Lawing, 57
Lawler, 18-19, 46-47
Lawrence, 7, 110
Laws, 83
Lawson, 34, 57, 70
Laxon, 20
Layne, 18
Lea, 50
Leach, 1, 4, 34, 96
Leacy, 23
Leak, 92
Leatherwood, 2, 26
Leavitt, 83
Ledbetter, 16-17, 61-62, 65
Ledder, 56
Ledford, 115
Lee, 1-3, 9, 19, 23, 31, 36, 42-43, 48, 50, 57, 60, 67, 69-70, 73, 75, 91, 103, 106, 117
Leeman, 116
Leeroy, 76
Legett, 101
Lell, 107
Lemley, 64
Lenox, 114-115
Leomax, 94
Leon, 97
Leonard, 91
Lesie, 4
Leslie, 69, 101
Lester, 4, 72, 96

Lett, 107
Lewis, 3-4. 8, 13, 18, 21, 23, 25, 29, 32-33, 38, 41-44, 54, 61, 70, 73, 82-83, 86-88, 90-92, 114
Lews, 83
Lexon, 20
Liddle, 101, 105
Lide, 95
Light, 10, 19, 59, 62-63
Lightfoot, 24, 68
Ligon, 63, 68, 77-78
Limons, 116, 118
Lindley, 49
Lindsey, 42, 45, 100, 102, 105
Ling, 47, 60, 66
Linsey, 53
Linusey, 102
Lipscomb, 14, 23, 30-32, 73, 116-117
Lipscombs, 111
Lirm, 97
Lisenbe, 34
Lisles, 56, 61
Lismbe, 34
Lisuner, 36
Litteral, 116
Little, 1-3, 28, 51, 56, 85, 104
Livingston, 11, 79, 109, 112
Lloyd, 10, 34, 70, 74, 105
Loaden, 51
Lock, 99, 102
Locke, 108
Locker, 69
Lockhard, 34
Lockhart, 107
Lockridge, 45
Lockwood, 3, 72
Loden, 52
Loflin, 93
Loften, 7
Loftin, 28, 33, 69, 105
Lofton, 8
Logan, 48-49, 51, 55
Loge, 106
Loggins, 43
Logue, 8
Loide, 91
Lolaway, 100
Long, 19, 82, 86, 110, 112
Lopes, 97
Lord, 82
Lott, 6, 85, 111-112
Loughry, 78
Lourie, 105
Lourymore, 105
Love, 109
Lovelace, 101
Lovelack, 74

Lovelady, 112
Loveless, 27, 55
Loving, 21
Low, 49
Lowe, 49, 91
Lowery, 25, 42-43, 118
Lowry, 36, 83, 106
Loyd, 43, 49
Lucas, 47, 95, 98
Luck, 56
Luckie, 3-4
Lucky, 12
Lucy, 33
Lue, 32
Luke, 91
Luker, 28
Lukroy, 79
Lumpkin, 74
Lundy, 109
Lure, 32
Lusk, 63
Luster, 41
Luu, 32
Lyem, 108
Lyle, 110, 115, 117
Lym, 31
Lyman, 111
Lynch, 23-24
Lynes, 19
Lynn, 37, , 115, 118
Lyon, 31, 86, 100
Lyons, 53, 56, 86
Lyson, 1
Machin, 59
Mackey, 8, 93
Macon, 76, 79
Maddin, 117
Maddox, 48
Magaha, 25
Magee, 86
Magors, 4
MaGruda, 74
Mahan, 61, 79
Mahans, 109
Mahone, 74, 76
Mainner, 65
Malden, 107
Mallatz, 113
Mallory, 82
Malloy, 93
Malone, 25, 54-55, 84-85, 87
Maloy, 47
Mamgram, 44
Mamiam, 5
Managham, 35
Mane, 12, 14, 29

Maness, 34
Mangum, 10
Maning, 4
Manly, 22
Mann, 86
Mannin, 96
Manning, 4, 16, 18, 31-32, 38, 55, 66, 82, 95, 103
Manor, 51
Mansil, 51
Manus, 33
Manuss, 34
Maples, 2, 16, 18, 83, 108
Mar__, 93
Marbin, 100
March, 6
Marchbanks, 45
Marcum, 50
Marion, 32-33
Marks, 89, 97, 109
Marlow, 57-58
Marques, 81
Marr, 36
Marrast, 11
Marrin, 24
Marrow, 51, 64
Marsh, 87
Marshal, 44
Marshall, 96
Marsten, 82, 100-101, 105
Martin, 8-9, 21, 24-27, 33, 46, 49, 55-57, 61, 69, 71, 73, 78, 86, 93-94, 98, 110, 113, 118
Marwin, 1
Maseum, 48
Masin, 85
Mask, 34
Maske, 35
Mason, 4, 27, 44, 55, 69, 74, 83, 85, 89, 94, 96, 117
Massengale, 19, 104
Massey, 6, 36, 58
Masten, 21, 71
Master, 114
Mastin, 8-9, 98
Matchett, 3
Mathews, 23, 28, 31, 45, 53, 68, 72, 90, 95, 97, 103
Mathewson, 17
Mathis, 17
Matkins, 30
Matthews, 110
Matthews, 49, 52, 58, 66
Mauldin, 35
Maxwell, 73, 115
May, 5-6, 8, 12, 20, 35-36, 45, 49-50, 63, 71
Mayden, 78

Mayes, 76
Mayfield, 41, 48, 113
Mayhall, 114
Mayhew, 21
Maynard, 4-5, 15
Mays, 51, 56, 69, 78, 112
Mayton, 29, 36
Maze, 61
Mc_espy, 86,
McAdams, 27, 46
McAlister, 115
McAllister, 31
McAnathy, 86
McAndrew, 83
McAnier, 116
McAnut, 116
Mcay, 49
McBeth, 61
McBride, 21, 71
McBroom, 18, 112
McBryd, 72
McBurney, 81
McCaa, 27
McCaine, 55
McCal, 10
McCaleb, 26
McCall, 2, 10-14, 92, 99, 103-104
McCalley, 23
McCants, 101, 107
McCarey, 45
McCartney, 109
McCartney, 27
McCarty. 7, 31, 105
McCaskill, 95
McCasky, 101
McCay, 57
McClaine, 59
McClammey, 101
McClannahan, 109
Mcclary, 111
McClellan, 110
McClenden, 59-61
McCleskey, 56-57
McClesky, 55
McClesosky, 112
McCloud, 19
McClung, 18
McClure, 32, 63, 102, 115-116
McCoa, 25
McCord, 12, 105
McCorkle, 36, 66
McCorley, 112
McCormack, 8
McCorvey, 105-106
McCoy, 82
McCracken, 58, 69

McCrary, 21, 24, 37-38, 82, 100
McCraw, 79
McCrea, 31
McCroskey, 108
McCrosky, 117
McCuller, 67
McCullough, 3, 89
McCurley, 115, 117
McCutch_n, 66
McCutchen, 114-115
McCutcheon, 115-116
McDade, 95, 98
McDamal, 23
McDaniel, 9, 48, 72, 88, 112-113
McDanold, 5
McDermot, 6
McDonald, 10-11, 19, 41, 43, 46, 64-65, 68, 77, 83-85, 89, 103, 115
McDonale, 83
McDonough, 60
McDoug__, 41
McDougll, 41, 43
McDowell, 91, 108
McDuff, 18
Mcduffee, 101
McDuffee, 61
McDuffey, 29
McDurmet, 55
McEachin, 93-94
McElevene, 93
McElhany, 76, 79
McFadden, 38
Mcfarland, 5,
Mcfarlane, 63
Mcferran, 4
McFerrin, 4
Mcfersion, 9
McGaha, 18, 65, 96
McGaity, 72
Mcgatha, 48
McGaugh, 26
McGehee, 12, 64, 95
McGhee, 112-113
McGill, 86
McGimphrey, 36
McGinney, 10, 12
McGinty, 71
McGlathery, 108
McGlathry, 61
McGlattery, 112
McGough, 14
McGowan, 74
McGowen, 73
Mcguire, 52-53
McGuyre, 83
McHugh, 86

Mciney, 51
McInis, 102
Mcinley, 51
McIntire, 111
McIntosh, 23, 27, 34, 37, 77, 79
McIver, 73
McKaskil, 6
McKay, 74
McKee, 8, 66, 119
McKensie, 101
McKenzie, 79
McKeown, 46
McKey, 7
McKiney, 24
McKinley, 99
McKinn, 73
McKinney, 3, 30, 64, 77
McKinny, 103
McLane, 106
McLarney, 83
Mclarty, 50
McLauchin, 82
McLawlin, 64
Mclehany, 24
McLemore, 10, 74, 97-98
McLendon, 91
McLeod, 22, 37, 45
McLogan, 82
Mcluskey, 52
McMellon, 91
McMill, 64
McMillan, 28-29, 100, 103, 105-107
McMillen, 73
McMillion, 64
McMinn, 48
McMullen, 41
McMullin, 19
McMurphy, 93, 101
McMurrey, 51
McMurry, 43
McNair, 35
McNaspy, 86
McNaughton, 84
McNeely 64
McNeil, 35, 89, 92, 101, 105
McNellage, 82
McNiel, 102
McNtire, 61
McNulty, 83
Mcnuse, 50
McPew, 41
McPhane, 74
McQueen, 6, 8, 73
McQueene, 10-11
McQuillin, 85
McRae, 77

Mcraw, 48
McRea, 10, 12, 38
McRece, 54
McSween, 74
McWhirter, 47
McWhorter, 6, 72
McWilliams, 55, 103, 106
Meadow, 57
Meadows, 9-10, 13
Meads, 92-93
Meaher, 85
Mealing, 12, 14, 70
Mealls, 22
Meals, 92
Means, 110-111
Measle, 89
Mecachane, 14
Medetteton, 101
Medley, 9
Meek, 2
Meeks, 87
Megee, 61
Mehaffey, 27
Mehaffy, 63
Melinder, 106
Mellender, 101
Menifee, 26, 71-72, 74
Merawether, 97
Merchant, 5, 9, 38
Meredith, 4
Mereweather, 97
Merewether, 97
Meritte, 5
Meriwether, 6, 9, 92
Meroney, 65
Merrell, 56, 65
Merrill, 73
Merrit, 63
Merritt, 88
Merriwether, 86
Meslier, 87
Mesmith, 112
Metcalf, 42, 44
Metcalfe, 47
Methers, 29
Michael, 31
Micon, 71
Micou, 71, 95, 97
Micow, 71
Middlebrooks, 14
Middlebrox, 8
Middlete, 104
Middleton, 12, 18, 67, 84, 90, 102, 104
Miga, 81
Mile, 49
Miles, 11, 15, 22, 28, 41, 49, 53, 79

Milican, 112, 114
Miligan, 18
Mill, 33,
Millender, 102
Miller, 1, 18-22, 42, 44-47, 50-53, 55, 58, 85, 89
Milligam, 88
Milligan, 60
Mills, 41, 47-48, 50-51, 91,106
Millstead, 29
Milner, 55
Milton, 110
Mimms, 75-76
Mims, 5
Miner, 92
Mines, 101, 103
Minge, 37
Minir, 47
Minix, 60
Mink, 86
Minor, 44, 110
Mise, 45
Misseldine, 93
Mitchel, 45, 50, 113
Mitchell, 19, 25, 27, 36, 52, 55-56, 61-62, 72-73, 77-78, 91-92, 95-96, 98, 111
Mixon, 36, 40, 44, 52, 55, 104
Mizell, 57
Moats, 27
Mobberly, 75
Mobley, 33
Mock, 84
Moffett, 83
Mohawill, 37
Molin, 47
Molton, 94, 96, 98
Moncrief, 13, 91
Moneyham, 116
Monk, 96
Monks, 98
Monroe, 83
Montagne, 92
Montague, 78
Montg. Lumber Co., 98
Montgomery, 7, 9, 100-101
Moody, 92, 115
Moon, 18-19, 44, 57, 61, 63, 116
Mooney, 114
Moor, 62, 78
Moore, 5, 13-14, 17, 19-21, 23, 27, 29, 32, 34-35, 44, 46, 57, 59-61, 63, 65, 69, 73-75, 77-79, 81, 83, 86, 90, 92, 94, 103, 105-106, 108-109, 111, 116
Moorer, 2-4, 9
Moorman, 52
Mooser, 2
Moran, 83

More, 52
Morehead, 42
Morel, 81
Moreland, 52
Morgan, 10, 33-35, 37, 56, 58, 60, 62, 109
Moring, 19
Moriss, 47
Morrice, 19
Morring, 35-37
Morris, 19-20, 61, 76, 87, 100, 103-105, 107, 110-114, 117
Morrisette, 32, 39
Morrison, 10, 33-34, 41
Morrissette, 101
Morrow, 32, 46, 51, 57, 64, 111, 115, 117
Morton, 46-47, 56-57
Mosby, 88
Mosea, 34
Moseley, 5, 7, 12, 56, 110
Mosely, 42, 44
Mosley, 21, 49-50, 90, 93, 107
Moss, 11, 37, 48, 92, 110
Mossy, 99
Mothershead, 15
Motin, 118
Motley, 74
Moton, 34
Moultrie, 69, 72
Mourice, 68
Movor, 18
Moxey, 43
Moyer, 29
Moze, 41
Muguffee, 118
Mulkie, 77
Mullina__, 48
Mullins, 77
Murdock, 70, 97
Murphee, 4
Murphey, 110
Murphree, 56, 82
Murphy, 8, 26, 42, 45, 62, 82, 105-106, 110, 115
Murray, 20, 64
Murrell, 84, 96
Murry, 10, 92, 102
Murvine, 93
Musgrove, 49
Mushatt, 11
Musvine, 93
Myers, 8, 14, 44, 76, 82, 86
Myrick, 68, 88-89, 103
Nabor, 37
Nabors, 62
Nail, 24, 104
Nale, 13
Name Not Visible, 94

Nance, 112, 115
Nance, 20, 25-26
Napier, 29-30, 71
Narmint, 17
Narrington, 38
Neaber, 26
Neagle, 77
Neal, 24, 40, 42, 44-45, 58, 115, 118
Nearing, 64
Needles, 29
Neely, 64, 109
Neesmith, 114
Neighbors, 17
Nelson, 31, 37, 60, 94, 108, 113
Nelurs, 37
Nereil, 31
Nesmith, 5
Netley, 106
Nettles, 100-102, 106-107
Nevels, 103
Nevill, 110
Newberry, 102, 107
Newbold, 83
Newborn, 85
Newby, 26
Newman, 55, 68, 85
Newport Warehouse Co., 10
Newson, 63
Niblett, 89, 91
Nicholas, 82, 85-86
Nichols, 7-8, 27, 28, 30, 39, 42, 45, 53, 55
Nicholson, 75-82, 97
Nickels, 8
Nickles, 54-55
Nickols, 16
Niece, 41
Nix, 9, 52
Nixon, 13, 55, 59
Noble, 117
Noble, 55, 74
Noble_, 92
Nobles, 1, 30, 61
Noblin, 22
Noe, 43
Noel, 82
Nol__, 55
Nolan, 81, 108
Nolen, 41-42, 46
Noogent, 58
Norman, 8, 14, 61, 88, 94
Norri___, 71
Norris, 5, 20-21, 33, 38, 65, 68, 85, 96, 104, 106
Norsworthy, 7
Northcut, 50, 103
Northerly, 100
Northington, 44

Northrup, 35
Norton, 42, 85
Norwood, 29-30, 101, 109
Noster, 71,
Nosworthy, 15
Nowlan, 62
Nuckolls, 21, 72
Nunn, 49, 76-77, 111, 114, 116
Nusmith, 111
Nutles, 29
Nuttess, 29
O'Brian, 82
O'Brien, 82
O'daniel, 5
O'Gwynn, 77
O'Neal, 79
Oaks, 117
Oats, 47
Obanion, 100
Oconnel, 107
Odell, 51
Oden, 113, 116, 118-119
Odom, 101
Oferrill, 104
Oflanigham, 25
Ogburn, 94
Ogburnur, 104
Ogletree, 36, 75, 79
Oldaore, 111
Oldfield, 20, 74
Olds, 22
Oliver, 3, 5, 58, 73, 75-77, 89, 91, 94
Oneal, 26, 33
Oquynn, 101, 104
Orick, 53
Orm, 89
Orman, 61, 105
Ormand, 38
Orr, 108, 110, 112
Orsos, 84
Orum, 89
Osborn, 24, 43
Osbourn, 13
Osburn, 19, 52
Oslin, 68
Osolt, 3
Oswald, 84
Oswalt, 73, 86
Otey, 21
Ousley, 75
Overstreet, 23
Owen, 9, 17, 23, 56-57, 72, 96, 103, 111
Owens, 9, 17-18, 92-93, 114
Owsley, 73
Ozier, 92-93
P_kins, 36

Pace, 44, 51, 70-71, 106
Packer, 101
Packet, 118
Padget, 58, 86
Padgett, 75, 77
Page, 66-67
Painter, 29
Palmer, 44-45, 47
Pandolfo, 81
Panee, 40
Pannel, 116,
Parham, 79
Paris, 55
Parish, 56, 60, 62, 65
Parker, 36, 44, 71, 82, 92, 95, 101, 105, 109, 112-114
Parkey, 5
Parkhill, 65
Parks, 36, 75, 93
Parmer, 5-6, 90, 98
Parnel, 116
Parnell, 44, 94, 116
Parris, 59
Parrott, 55, 62, 96
Parsen, 44
Parsons, 64
Partain, 61
Parten, 30
Partin, 4
Parvel, 18
Paschal, 43
Pasley, 30
Pate, 49-50, 92, 104, 116
Paterson, 2, 5
Patillo, 79
Paton, 85
Patrick, 5, 42, 61, 85, 103, 106
Pattern, 11
Patterson, 25, 31, 42-43, 51, 56, 60, 74-77, 105, 109, 113
Patteson, 118
Pattison, 55, 116
Patton, 21, 23-24, 86, 91
Patts___, 18
Paty, 59
Paulk, 93
Paulling, 37
Payne, 6, 19, 75, 89-91
Pe_kins, 36
Peacock, 4
Peague, 30
Peagus, 31
Peak, 60, 93, 116
Peake, 2-3
Pearce, 12-14, 41,
Pearch, 43

Pearse, 51-52
Pearson, 31
Peavy, 82
Peck, 9, 109
Peddy, 76
Pedigo, 93
Peeke, 118
Peevy, 18
Pefis, 90
Peirson, 89
Pelot, 98
Pence, 16
Pendaris, 83
Pendergrass, 60, 66, 115
Penn, 113
Penney, 21
Pennington, 46
Penny, 49
Peobles, 14
Peoples, 42
Perdue, 6, 9
Peres, 68
Perkins, 3, 36, 48, 67, 69, 85
Permanter, 87
Perrin, 102
Perry, 6, 49, 60, 69, 71-74, 76, 95, 103, 106, 117
Perryman, 75, 102
Persons, 69-70
Peteet, 31
Peters, 12, 60-61, 69
Peterson, 73
Peterston, 75
Petrey, 8
Petterson, 52
Pettey, 19-20
Pettice, 90
Pettigrue, 76
Pettis, 76
Pettiway, 78
Pettus, 25, 113
Petty, 21
Pevy, 99
Pew, 50
Pgloff, 82
Phelps, 76
Phifer, 36
Philips, 33, 50, 67, 72, 79, 106
Phillips, 26-27, 33-35, 56, 58, 60-61
Philpot, 74
Phipps, 18
Pick, 24, 115
Pickard, 51
Pickens, 5, 18, 37
Pickering, 37
Picket, 92
Pickett, 35, 69-70, 98

Pierce, 4-5, 71, 79, 82-83, 104
Pierre, 82
Pierson, 83
Pike, 21, 27
Pinckard, 71, 75
Pinkerton, 61
Pinkston, 73-74, 97
Pipkins, 69
Pippin, 90
Pirdue, 6
Pirkins, 63-64
Pirrey, 49
Pitithany, 81
Pitman, 83
Pittman, 33,
Pitts, 45, 50, 55, 75, 109
Pittsford, 43
Plass, 75
Plines, 117
Plumb, 1
Plunket, 43
Poar, 17-18
Poellnitz, 30, 34
Pogue, 59
Pointer, 29
Poland, 57
Polenred, 41
Polk, 7
Pollard, 1, 23, 41, 55, 61, 78, 81-82, 94, 97
Polly, 13
Polnitts, 35
Polston, 109
Pool, 38, 90, 94
Poole, 6, 90
Poor, 58
Pope, 28, 33, 40, 42, 51, 71, 86, 105, 115
Porter, 33, 62, 75, 94, 97, 100
Porterfield, 5
Posey, 3-4, 89
Posten, 71
Poteet, 111
Potts, 19
Pouncey, 7, 93
Pouncy, 14
Powe, 33
Powel, 18, 48, 94, 103
Powell, 10-12, 37, 40, 52, 58, 69, 82-83, 85-86, 91, 97, 99, 101, 106
Power, 20, 26, 117
Powers, 9, 19
Prator, 57
Pratt, 33
Preddy, 78
Prentice, 62, 75
Prescott, 75
Presley, 54

Preslley, 96
Price, 24, 36-38, 42, 65, 108-109
Prichard, 46
Pride, 23, 71
Pridemore, 57
Pridgeon, 106
Prillnitz, 35
Prince, 31, 74, 116, 118
Pritch, 1
Pritchet, 23
Pritchett, 29, 33, 103
Privitt, 29
Proctor, 33, 55
Provence, 19-20
Pruett, 58
Pruit, 21, 25, 29
Pruitt, 2, 12, 34, 70
Pu__ket, 42
Pugh, 5, 91
Puke, 118
Pullen, 5, 79
Pulley, 26
Pullian, 57
Pullum, 71, 75
Purce, 103
Purcell, 99
Purifoy, 103
Purnell, 44
Purser, 52, 57
Purvis, 40
Puryear, 73
Putman, 118
Putna, 63
Putt, 47
Pylant, 12
Pyron, 50
Qualls, 104, 115
Quarles, 14
Quinily, 69
Quinn, 9
Quinncy, 33
Quinney, 33
R___s, 110
Rabb, 13, 100
Rabby, 81-82
Rabon, 33
Rachels, 101
Rae, 58
Ragan, 18
Ragin, 63-64
Ragland, 114
Ragsdale, 58, 62
Ragsdall, 109
Ragsell, 19
Raiby, 30
Raiford, 76

Railey, 114
Rain, 56
Raines, 59, 75, 116
Rainey, 27
Rains, 116
Raley, 34
Rambo, 6, 10
Rams, 116
Ramsey, 58, 96, 110
Ramsy, 85
Ranagr, 86
Randall, 77
Randle, 17, 69, 75
Randles, 63
Randol, 58
Randolph, 38, 98
Ranes, 59-60
Rankin, 102
Ranolson, 102
Ransey, 49, 69
Ransom, 117
Ranson, 45
Rasberry, 46
Rast, 12, 54
Ratby, 25
Ratcliff, 109
Ratcliffe, 109
Rather, 109
Ratliff, 115
Rauls, 86
Ravson, 45
Rawlins, 24
Rawls, 31, 83, 86-87, 106
Ray, 4, 36, 50, 74, 78, 91, 94, 105
Rayburn, 52, 61
Rayford, 82
Rea, 76, 115
Read, 19, 32, 66, 70, 74, 93
Readle, 92
Reasonover, 93
Reaves, 49, 59, 106, 111-112
Red, 46
Redd, 70
Reddock, 9
Redis, 45-46
Redmond, 6
Redus, 47
Reece, 16, 26, 57
Reed, 41-45, 49-51, 57, 73, 85
Reeder, 86
Reedy, 25
Reese, 5, 10-13, 76
Reeves, 6, 37, 102, 109
Reid, 1-2, 12, 31, 74, 77
Reisor, 33
Relfe, 11-12

Rembert, 30
Remley, 103
Renfroe, 71
Reno, 84
Renoe, 61
Rentz, 29
Rest, 68
Reuchen, 5
Reucher, 5
Revel, 90
Revers, 115
Rey, 117
Reynold, 73
Reynolds, 3, 13, 27, 60, 73-75, 92
Rhoad, 101
Rhodes, 113
Rhyan, 116
Rice, 12, 17, 22-23, 26, 58, 73, 87, 108, 115, 117
Rich, 17
Richarby, 81
Richards, 48
Richardson, 8, 71, 77, 84, 99, 101, 107
Riche, 56, 59
Richey, 6
Richie, 65
Ricketts, 55, 65
Riddle, 35, 59
Riddles, 111, 114
Ridille, 35
Ridle, 64
Rieves, 92
Riggen, 42-43
Riggens, 66
Riggins, 30, 65
Riggs, 45, 112
Right, 4, 50, 64, 66
Rignivy, 19
Rigs, 41
Rigway, 62
Rikard, 102
Riley, 100, 102
Ring, 46, 117
Ringstaff, 89
Ritter, 43, 100
Rivers, 17, 71, 116
Rives, 13-14, 98
Riviere, 81
Rivis, 13-14
Roach, 84
Roan, 116
Robbins, 34, 60
Robbison, 34
Roberds, 30
Roberson, 1
Roberts, 2, 28-29, 48, 50, 53, 59, 63, 71, 73-76, 82-84, 86, 95, 106-107, 112, 114, 117

Robertson, 6-7, 10, 12, 24, 44, 89, 91, 94, 102-104
Robins, 22
Robinson, 14, 18, 20-21, 25, 31, 33-34, 54, 56, 66, 79, 114-115, 117
Robison, 2
Robom, 74
Robuck, 42, 47
Roden, 55, 59-60, 65
Rodgers, 22, 25, 30, 65, 84, 100, 102, 112
Roe, 58
Roger, 111
Rogers, 13, 21, 29, 36, 56, 68-69, 74, 116
Roh, 81
Roland, 50, 86
Rolen, 33, 45
Roler, 45
Rolfe, 110
Roliman, 65
Roller, 45
Rollings, 66
Rolo, 92
Roly, 105
Romines, 115
Roo, 73
Roper, 1, 6, 8, 41, 56, 62, 85
Rosco, 105
Rose, 59
Ross, 29, 66, 76, 83, 97, 102-103, 105
Rouch, 103
Rountree, 19
Row, 23, 90
Rowan, 84
Rowell, 78-80, 82, 100
Rowle, 98
Royer, 111
Rozell, 27
Rucker, 76
Rudder, 91
Rudolph, 2, 9, 13
Ruff, 12
Ruggles, 86
Rumbart, 37
Rumbley, 102, 106
Runnells, 62
Runnetts, 62
Ruse, 31
Rush, 18, 73, 77-78
Rushton, 93
Russel, 6, 17, 115-116
Russell, 10, 16, 19, 23, 31, 51, 61, 84, 86, 88-89, 110, 117-118
Rusus, 71
Rutherford, 70-72, 100
Rutland, 93
Rutledge, 62-63, 118

Ryals, 7, 90, 92
Ryan, 66, 87, 116, 118-119
Rye, 8, 41
Ryland, 106-107, 113
Rylander, 9
Ryles, 83
S____, 57
Saddler, 18-19
Sadler, 10, 79
Saeles, 55
Saffold, 13
Sage, 82
Sager, 104
Saint, 65
Sale, 5, 25
Salley, 2
Sallworth, 101
Saloman, 17, 103
Salser, 84
Salter, 102, 106-107
Samford, 19
Sample, 57, 98
Sampley, 5
Sampson, 56
Sams, 116-117
Samson, 90
Sanders, 27, 37, 42, 47, 60
Sanderson, 12, 24-25, 44, 90, 106
Sandiford, 81
Sandlin, 42-43, 96, 110-111
Sandling, 112
Sandridge, 60
Sanenett, 80
Sanford, 18, 77-78, 96
Sankey, 93-94
Sanlin, 112, 114
Sanling, 113
Sartigue, 82
Sarvers, 110
Saton, 85
Sattawhite, 79
Satterwhite, 86
Saulby, 29
Saunders, 15, 21-22, 35, 68, 100-101
Sawyer, 6, 72, 82
Sawyers, 106
Saxon, 86
Sayer, 97
Sayre, 69, 73, 94
Scaif, 7
Scaloon, 4
Schembrer, 81
Schenber, 81
Schley, 4, 89
Schoot, 45
Scofield, 7-9

Scoggins, 96
Scot, 32
Scott, 3, 18, 20, 22, 26, 52, 57, 60, 65, 76, 78-79, 97, 105
Scranage, 31
Scrimsher, 18
Scripper, 90
Scroggins, 71
Scruggs, 21, 23, 25, 109
Scrugs, 51
Scurlock, 78
Seaberry, 86
Seaborn, 44
Seaigler, 14
Seale, 72
Sears, 75
Seaton, 17
Seay, 25
Seayt, 111
Seed, 84
Segar, 70
Segrest, 75, 78
Segret, 75
Segrist, 0
Self, 52, 103, 118
Sellars, 84, 90
Sellers, 4-5, 100
Selrige, 65
Selvage, 16
Senn, 102
Senry, 41
Senterfrit, 1
Sessions, 13, 102
Sevanson, 68
Sevit, 41
Sexton, 14
Seymore, 84
Shackleford, 72, 90
Shalmar, 72
Shank, 6, 77
Shanks, 4
Shannon, 102
Shaply, 113
Sharp, 19-20, 89, 94, 96, 109, 111, 115
Sharpe, 7
Sharpley, 114
Shaver, 13, 91, 93
Shavers, 24
Shaw, 7, 30, 32, 76, 79, 83, 100
Shealey, 77
Sheffield, 62
Shehee, 69
Shelby, 10, 12, 26
Sheldon, 87
Shell, 79
Shelmon, 97-98

Shelton, 63-64, 71, 75, 79, 83, 86
Shepard, 84
Shepherd, 94
Sheppard, 69
Sheridan, 84
Sherling, 5
Sherrel, 113
Sherril, 113
Sherry, 34
Shields, 36
Shipp, 59
Shirey, 49
Shirley, 49
Shoemate, 63
Shoford, 11
Shoots, 45
Shores, 64
Shotts, 44
Sibley, 23
Sibly, 18
Siddens, 38
Sidgely, 44
Siebold, 54
Signington, 52
Siles, 3
Silliman, 81
Sills, 76
Sim, 10
Simes, 51
Simington, 11
Simison, 84
Simmons, 5, 7, 16, 31-32, 37, 63, 68, 74, 86, 93, 106, 114
Simms, 1, 22, 33, 79
Simons, 78, 116-117
Simpkins, 104
Simpson, 23, 40, 52, 65, 79, 107, 112-113
Sims, 6, 40, 50, 85, 96
Singleton, 30
Sisk, 52
Sistrunk, 77-78
Sively, 110
Sivet, 41
Sixe, 80
Sizemore, 47, 104
Skidemore, 108
Skidmore, 116
Skinner, 31, 34
Skipper, 35
Slanton, 76
Slater, 32
Slaton, 59, 70, 75-76, 108
Slaughter, 105
Slawson, 94
Sledge, 21, 31, 38
Sleigh, 56

Sliggins, 104
Slitte, 21
Sloan, 7, 14, 20, 60
Slute, 36
Slye, 70
Small, 34
Smalling, 113
Smallwood, 49, 111
Smaw, 38
Smether, 20
Smilie, 91
Smily, 33
Smit, 74-75
Smith, 3, 5, 10-12, 14-15, 17, 19-20, 22, 26, 28-29, 32, 35-36, 41-48, 55-61, 66-69, 71, 73-77, 80, 83-86, 89, 91-94, 97, 102-103, 105, 107, 109, 113-115, 117-118
Smither, 37
Smithers, 20, 25
Smithes, 25
Smithson, 46
Smothers, 17
Smyly, 33
Snead, 21, 56-57
Sneed, 64
Sneede, 22
Snelgrove, 1
Snell, 102
Snelling, 113
Snipes, 70
Snow, 2-3
Snowden, 101
Snowdin, 103
Snude, 22
Snyder, 20
Soles, 3
Sollins, 100
Soloman, 103
Somerford, 111
Sorrel, 96
Sorter, 61
Soudon, 47
Southall, 17, 38
Southerland, 60
Sowell, 6, 15
Spain, 109, 117
Spann, 10, 48, 74
Spark, 45
Sparks, 57-58, 113
Speagle, 109
Spear, 8-9
Spears, 44
Speed, 32
Speeks, 114
Spegle, 111, 113
Spencer, 11, 82

Sperrier, 118
Spier, 1
Spinks, 76
Spitser, 64
Spiva, 33
Spivy, 2
Spottswood, 24
Spradlin, 51
Spradling, 77
Spraggins, 14, 21
Springer, 22
Springfield, 37
Sprinkle, 47
Spruel, 42
Spruell, 42
Spurlin, 107
Squires, 33
Srift, 89
St. Clair, 115
St. John, 118
St.Clair, 13
Stabler, 4, 100-101
Stacea, 34
Stacy, 94-95, 105
Stafford, 27, 34, 78, 90
Stainton, 102
Stalbrooks, 110
Stallings, 57
Stallworth, 3, 100, 102
Stanford, 35, 44-45, 51-52, 106
Stanley, 13, 70, 101
Stapler, 17, 64
Stark, 88
Starke, 74
Starlin, 112
Starnes, 50, 65-66
Staunton, 99
Steadman, 35, 101
Stean, 117
Stean, 3
Steel, 19, 26
Steele, 5, 36
Steen, 92
Stegall, 35
Stegar, 18-19
Steger, 19
Stein, 92
Steiner, 82
Stell, 65
Stembridge, 50
Stephens, 6, 33, 40, 52, 61-62, 64-65, 86, 90-93, 106, 116
Stephenson, 25-26, 36, 38, 92, 109-110, 112
Stern, 71
Stetson, 71
Stevens, 24, 73-74

Steward, 45
Stewart, 3, 7, 31, 37, 48, 56, 65-66, 69, 83, 86
Stggers, 94
Stidham, 44
Stil, 45
Still, 44
Stilwruth, 56
Stinger, 114
Stinson, 104, 117
Stitte, 21
Stockase, 6
Stockly, 82
Stockman, 34
Stodder, 82
Stokes, 48, 84, 94, 103
Stone, 6-7, 10, 13, 19-20, 22, 43, 45, 95, 98
Storey, 51
Story, 72
Stott, 5
Stough, 8
Stout, 46
Stowers, 92
Strachan, 82
Strain, 109
Strange, 59, 73
Stranghan, 103
Stratford, 68, 72
Straton, 72
Straty, 10
Strawbridge, 46
Streetman, 52
Strickland, 49, 70-71, 79
Stricklin, 2, 26
Strickman, 70
Stringer, 14, 118-119
Stringfellow, 83
Strocks, 107
Strong, 21, 25-26, 60
Strother, 21
Stroud, 79
Stroup, 111, 115
Strudwick, 31, 36
Strut, 24
Stuart, 108, 111, 113, 116-117
Stubbs, 30, 92
Stuckey, 42, 44
Studdar, 24
Stue, 12
Sturdwick, 31
Styron, 36
Styson, 5
Sublett, 19
Suddith, 31
Suet, 50
Sugars, 109
Sugg, 46

Suggs, 58
Sulcer, 59, 64
Sulins, 52
Sulivan, 2, 4, 31, 91
Sullavan, 26
Sullens, 52
Sulley, 2
Sullivan, 26, 57
Sullman, 17
Sullnam, 17
Sulsback, 82
Sumerford, 112, 114
Sumerlin, 91
Summers, 60
Sumner, 7
Sumptor, 19
Supple, 90
Surles, 7
Sutherland, 50
Sutton, 66
Swanson, 73
Swaringen, 61
Swearingen, 33-34, 44, 74
Sweat, 88, 93
Swint, 91
Swofford, 60-61
Swords, 55
Sybert, 111
Syks, 111
Taber, 17
Tabscot, 117
Taimer, 5
Talbert, 36
Talbot, 70, 106
Talley, 77-79
Talliaferro, 72
Tally, 81, 83, 90, 92
Talurn, 103
Tankersley, 90
Tanner, 27
Tapscott, 109-110, 112
Targer, 90
Tarleton, 12
Tarver, 41, 69, 76, 86, 90, 94, 108, 114
Tate, 22, 34, 44, 46, 63, 70, 74
Tatum, 70, 74, 77
Tatus, 73
Taunton, 75
Tayloe, 37-38
Taylon, 52
Taylor, 5, 7, 9, 12, 17-18, 20, 22, 25-27, 31, 36-38, 46-47, 49-50, 52, 59, 62, 64, 66, 73, 77, 82-83, 90, 93-95, 97-98, 105-106, 115, 118
Teague, 21
Tenison, 3
Tenmonet, 116

Tennyson, 76
Terrell, 37, 40, 42, 66, 79, 96
Terril, 36
Terrill, 37, 59
Terry, 17, 19, 29, 44, 46, 56, 91, 116
Tersure, 2
Th__iburgh, 54
Thames, 105, 107
Thaxton, 91, 93
Thiess, 45
Thigpen, 2, 4
Thomas, 5, 12, 17, 21, 34, 36, 45, 54-55, 66, 70, 80, 84, 87, 94-95, 98, 102, 117-118
Thomason, 35, 54, 60
Thomblinson, 14
Thompson, 3, 26, 31-32, 36, 41, 43, 45-46, 49, 52, 59, 62, 69-72, 74-78, 82, 86, 90, 97, 99-100, 105-106, 109-111
Thomson, 1
Thop, 86
Thorman, 1
Thornburg, 51, 54
Thornton, 70
Thorpe, 76
Thrash, 35
Thrasher, 47, 55, 58
Threadgill, 34
Threat, 94
Threatgill, 69
Thrower, 8
Tibbitts, 73
Tidwell, 49, 61, 66, 73
Tierny, 83
Tiffin, 55, 59
Tilghman, 82
Till, 3-4
Tiller, 21
Tillman, 12, 70
Tilman, 56, 70
Timmons, 92-93
Tims, 10
Tinsley, 91
Tipton, 19-20
Tobias, 89
Todd, 12, 14, 41, 55, 79, 97, 109
Tolbart, 91
Tolbert, 56, 88, 92
Tomplin, 78
Tompson, 111
Tomson, 7
Toney, 23, 69
Toole, 14
Toomer, 85
Toone, 26-27
Torbert, 30, 37, 77-78
Toton, 62

Townsen, 26-27
Townsend, 22, 89, 91, 96, 116
Towny, 22
Trailer, 47
Trainer, 84
Tranick, 3
Traylor, 12
Tread_ll, 35
Treasher, 111
Tribble, 24
Trigg, 85
Trimble, 75
Trimier, 64
Trimm, 50
Trippe, 37
Troop, 65, 112
Trotman, 23
Trotter, 40, 77
Trou___, 108
Trull, 33
Trulvan, 44
Trulvar, 44
Tscheuschner, 76
Tuck, 47, 74
Tucker, 8-9, 13-14, 29, 33-34, 37, 44, 47, 50, 60, 64, 66, 88-89, 106, 114
Tulley, 4
Tullis, 70
Tunstale, 38
Tunstill, 108-109
Turbeville, 99-101, 105
Turman, 42-443
Turner, 9, 11, 14-15, 22-26, 28, 37, 56-57, 64, 75-77, 83-84, 91
Turney, 108, 112, 117-118
Turnipseed, 92
Turntine, 113
Turpin, 70
Tuttle, 74
Twilley, 34
Twombley, 2
Tyler, 25, 44-45, 55, 117
Tyson, 2, 11
Ulmer, 32
Ulwurn, 34
Underwood, 3, 50-51, 94
Updike, 29
Uptain, 58
Urquart, 93
Utley, 110
Va___, 116
Van, 18
Vancleave, 58
Vandegriff, 55
Vanderslice, 86
Vanderver, 94

Vandevver, 94
Vane, 17
Vaner, 72
Vanhoosen, 50
Vann, 17, 69
Varner, 10, 35-36
Vason, 72
Vasser, 36
Vaughan, 30-31, 62, 72, 76, 100
Vaughn, 30, 38, 48, 51-52, 62, 110
Vawter, 32, 113
Venable, 61
Vepor, 19
Verser, 63
Vest, 111-112, 116
Vick, 33-34
Vickers, 85-86, 90, 97
Vickery, 9
Vickory, 47
Vickrey, 49
Vincent, 18, 25, 92, 115
Vinger, 9
Vinsant, 112
Vinson, 8-9
Vise, 33
Vogle, 2
Waddle, 115, 117
Wade, 18, 26, 29-30, 64, 73, 75, 114, 118
Waden, 61
Wadkins, 4, 22
Wadley, 18
Wagner, 83
Wagnon, 79
Wagoner, 118
Waid, 52, 59
Waits, 57
Wakefield, 86
Walden, 41, 44, 49, 109-110
Walding, 117
Waldset, 45
Walker, 8-9, 12, 14, 20, 30, 32, 37-38, 50-51, 54, 56-57, 65, 71-72, 77-78, 85, 98, 114
Walkly, 86
Walks, 97
Wall, 14, 22, 25, 36, 91
Wallace, 54, 114
Wallarm, 11
Waller, 4, 28, 38, 77, 91-92, 94
Walley, 56
Walling, 112
Wallston, 30
Walsh, 77
Walter, 68
Walters, 92
Walton, 76, 90
Wamsley, 53

Wann, 17
Ward, 7, 20, 23, 50, 52, 54, 66, 76, 83, 92, 95-96, 101, 104
Ware, 8, 35, 38, 96-97
Warick, 8
Warnac, 104
Warnack, 74
Warnum, 63
Warren, 1-2, 9, 44, 48-49, 86, 100
Waters, 59, 102
Watkins, 8, 23-25, 76-77, 107, 115, 117
Watler, 89-90
Watson, 2, 9, 17, 27, 46, 52, 66, 79, 103, 107, 116
Watters, 92
Wattlington, 37
Watts, 26, 57, 64, 98, 100, 103, 105
Waugh, 69, 95
Wauls, 64
Wax, 42
Weatherford, 45, 104
Weatherly, 33, 50, 61
Weaver, 26, 38, 43, 89, 115, 118
Webb, 6, 27-28, 30, 43-44, 46, 48, 50, 53, 72, 78-80, 84
Webster, 18, 22, 48-49, 68, 109
Wedswroth, 62
Weeks, 47-48, 50
Weissinger, 84
Welch, 92, 96, 101, 115, 117
Welden, 41
Weldon, 41
Wenner, 103
Wenton, 115
West, 115
West, 45, 115, 117
Westbrook, 31-32, 49, 64
Westcoat, 97
Westley, 48-49
Weston, 106
Wetherford, 8
Wetherley, 51
Wetherly, 19, 50
Wharton, 25
Whatley, 2, 14, 37, 76, 82, 85, 89-90, 105
Wheat, 78
Wheeler, 1, 5, 9, 38, 48, 56, 66, 101
Whelus, 12
Whetstone, 10
Whipple, 95
Whisenhunt, 99
Whisnant, 59, 63
Whitaker, 8, 16-17, 22, 40, 64, 66
White, 9, 13, 18-19, 23, 25, 27, 32-34, 36, 41-44, 46, 48-50, 52, 60, 64, 70-71, 76, 96, 102, 107, 111

Whitenburg, 65
Whitfield, 30-32, 37
Whitford, 96
Whithead, 47-48
Whiting, 94
Whitington, 14
Whitler, 85
Whitley, 33-34, 48, 80
Whitman, 10-11, 20, 22
Whitmer, 11
Whitside, 90
Whitt, 52
Whitten, 115
Whitten, 117
Whitton, 70
Whitworth, 23, 61
Wi__, 118
Wicker, 7, 70
Wicks, 70
Widner, 116, 118
Wigenton, 52
Wiggenton, 44
Wiggins, 14, 23, 25, 78, 99-104, 106-107, 114
Wigginton, 12, 44
Wiggs, 54
Wigley, 44
Wilabay, 59
Wilbanks, 27, 59
Wilborn, 60
Wilburn, 25-26, 38
Wilcoxen, 115
Wilder, 75
Wildman, 113
Wilemon, 66
Wilerman, 57
Wiley, 1, 17, 51, 97, 111
Wilhite, 71, 110, 112-114
Wilkerson, 35, 42-43, 70, 85
Wilkins, 83
Wilkinson, 71, 75, 103
Willet, 42
Willhelms, 16
Williams, 4, 6-7, 9, 11, 13, 15, 18-19, 23, 29-30, 32, 35, 41-42, 51, 56, 60-61, 64, 70-71, 74, 77-78, 83, 85-90, 97, 99-100, 114, 116-118
Williamson, 6, 9-10, 20, 22, 33, 90, 106
Willis, 9, 20, 63, 71, 77, 90-92, 115, 118
Wills, 55, 61
Willson, 112
Wiloby, 3
Wilson, 2, 6, 8, 11, 14, 24, 42, 62, 64, 71-72, 75, 89-90, 104, 111, 113-117
Wimberly, 68
Winchell, 77
Winchester, 57
Windham, 85

Windowm, 91
Winfrey, 63
Wingate, 76, 105
Winkle, 49, 65
Winn, 89
Winsett, 27, 45
Winsted, 42-43
Winters, 7, 50
Winton, 115, 117
Wise, 110
Wisham, 49
Witherspoon, 6, 30, 34
Witt, 109, 113
Wlber, 116
Wolff, 73
Womack, 60-61
Wood, 5, 12, 36, 44, 47-48, 50, 57-58, 70, 72, 74, 76, 87
Woodall, 16, 62, 66, 109, 111-112
Woodard, 32
Woodby, 17
Woodruff, 2
Woods, 17, 46-47, 51, 66
Woodward, 20
Woody, 17
Wooley, 74
Woolf, 37
Woolfolk, 69
Woosley, 60-61
Wooten, 33, 41, 43, 76, 85
Worlcy, 17

Worrick, 111
Worth, 35
Worthan, 19
Worthy, 28
Worvan, 32
Wray, 114-115
Wright, 18, 22, 29, 35, 37, 43-44, 47, 55, 59, 63, 7-, 72, 77-79, 93, 103-104, 111-113, 116-117
Wyatt, 112
Wyeth, 63
Yancey, 80
Yarboro, 54
Yarborough, 9, 20
Yarbrough, 96-97
Yates, 9
Yeager, 108-109
Yeates, 3
Yon, 93
York, 79
You, 37, 93
Young, 12-13, 36, 42-43, 51, 61, 83, 95, 101, 114
Youngblood, 76-77, 103
Yow, 93
Zachary, 71, 75, 79-80
Zellars, 77
Zimerman, 92
Zimmerman, 96
Zineman, 47
Zuber, 76

Other Heritage Books by Linda L. Green:

1890 Union Veterans Census: Special Enumeration Schedules Enumerating Union Veterans and Widows of the Civil War. Missouri Counties: Bollinger, Butler, Cape Girardeau, Carter, Dunklin, Iron, Madison, Mississippi, New Madrid, Oregon, Pemiscot, Petty, Reynolds, Ripley, St. Francois, St. Genevieve, Scott, Shannon, Stoddard, Washington, and Wayne

Alabama 1850 Agricultural and Manufacturing Census: Volume 1 for Dale, Dallas, Dekalb, Fayette, Franklin, Greene, Hancock, and Henry Counties

Alabama 1850 Agricultural and Manufacturing Census: Volume 2 for Jackson, Jefferson, Lawrence, Limestone, Lowndes, Macon, Madison, and Marengo Counties

Alabama 1850 Agricultural and Manufacturing Census: Volume 3 for Autauga, Baldwin, Barbour, Benton, Bibb, Blount, Butler, Chambers, Cherokee, Choctaw, Clarke, Coffee, Conecuh, Coosa, and Covington Counties

Alabama 1850 Agricultural and Manufacturing Census: Volume 4 for Marion, Marshall, Mobile, Monroe, Montgomery, Morgan, Perry, Pickens, Pike, Randolph, Russell, St. Clair, Shelby, Sumter, Talladega, Tallapoosa, Tuscaloosa, Walker, Washington, and Wilcox Counties

Alabama 1860 Agricultural and Manufacturing Census: Volume 1 for Dekalb, Fayette, Franklin, Greene, Henry, Jackson, Jefferson, Lawrence, Lauderdale, and Limestone Counties

Alabama 1860 Agricultural and Manufacturing Census: Volume 2 for Lowndes, Madison, Marengo, Marion, Marshall, Macon, Mobile, Montgomery, Monroe, and Morgan Counties

Alabama 1860 Agricultural and Manufacturing Census: Volume 3 for Autauga, Baldwin, Barbour, Bibb, Blount, Butler, Calhoun, Chambers, Cherokee, Choctaw, Clarke, Coffee, Conecuh, Coosa, Covington, Dale, and Dallas Counties

Alabama 1860 Agricultural and Manufacturing Census: Volume 4 for Perry, Pickens, Pike, Randolph, Russell, Shelby, St. Clair, Sumter, Tallapoosa, Talladega, Tuscaloosa, Walker, Washington, Wilcox, and Winston Counties

Delaware 1850-1860 Agricultural Census, Volume 1

Delaware 1870-1880 Agricultural Census, Volume 2

Delaware Mortality Schedules, 1850-1880; Delaware Insanity Schedule, 1880 Only

Dunklin County, Missouri Marriage Records: Volume 1, 1903-1916

Dunklin County, Missouri Marriage Records: Volume 2, 1916-1927

Florida 1850 Agricultural Census

Florida 1860 Agricultural Census

Georgia 1860 Agricultural Census: Volume 1 Comprises the Counties of Appling, Baker, Baldwin, Banks, Berrien, Bibb, Brooks, Bryan, Bullock, Burke, Butts, Calhoun, Camden, Campbell, Carroll, Cass, Catoosa, Chatham, Charlton, Chattahooche, Chattooga, and Cherokee

Georgia 1860 Agricultural Census: Volume 2 Comprises the Counties of Clark, Clay, Clayton, Clinch, Cobb, Colquitt, Coffee, Columbia, Coweta, Crawford, Dade, Dawson, Decatur, Dekalb, Dooly, Dougherty, Early, Echols, Effingham, Elbert, Emanuel, Fannin, and Fayette

Kentucky 1850 Agricultural Census for Letcher, Lewis, Lincoln, Livingston, Logan, McCracken, Madison, Marion, Marshall, Mason, Meade, Mercer, Monroe, Montgomery, Morgan, Muhlenburg, and Nelson Counties

Kentucky 1860 Agricultural Census: Volume 1 for Floyd, Franklin, Fulton, Gallatin, Garrard, Grant, Graves, Grayson, Green, Greenup, Hancock, Hardin, and Harlin Counties

Kentucky 1860 Agricultural Census: Volume 2 for Harrison, Hart, Henderson, Henry, Hickman, Hopkins, Jackson, Jefferson, Jessamine, Johnson, Morgan, Muhlenburg, Nelson, and Nicholas Counties

Kentucky 1860 Agricultural Census: Volume 3 for Kenton, Knox, Larue, Laurel, Lawrence, Letcher, Lewis, Lincoln, Livingston, Logan, Lyon, and Madison

Kentucky 1860 Agricultural Census: Volume 4 for Mason, Marion, Magoffin, McCracken, McLean, Marshall, Meade, Mercer, Metcalfe, Monroe and Montgomery Counties

Louisiana 1860 Agricultural Census: Volume 1 Covers Parishes: Ascension, Assumption, Avoyelles, East Baton Rouge, West Baton Rouge, Boosier, Caddo, Calcasieu, Caldwell, Carroll, Catahoula, Clairborne, Concordia, Desoto, East Feliciana, West Feliciana, Franklin, Iberville, Jackson, Jefferson, Lafayette, Lafourche, Livingston, and Madison

Louisiana 1860 Agricultural Census: Volume 2

Maryland 1860 Agricultural Census: Volumes 1 and 2

Mississippi 1850 Agricultural Census: Volumes 1-3

Mississippi 1860 Agricultural Census: Volume 1 Comprises the Following Counties: Lowndes, Madison, Marion, Marshall, Monroe, Neshoba, Newton, Noxubee, Oktibbeha, Panola, Perry, Pike, and Pontotoc

Mississippi 1860 Agricultural Census: Volume 2 Comprises the Following Counties: Rankin, Scott, Simpson, Smith, Tallahatchie, Tippah, Tishomingo, Tunica, Warren, Wayne, Winston, Yalobusha, and Yazoo

Montgomery County, Tennessee 1850 Agricultural Census

New Madrid County, Missouri Marriage Records, 1899-1924

North Carolina 1850 Agricultural Census: Volumes 1-4

Pemiscot County, Missouri Marriage Records, January 26, 1898 to September 20, 1912: Volume 1

Pemiscot County, Missouri Marriage Records, November 1, 1911 to December 6, 1922: Volume 2

South Carolina 1860 Agricultural Census: Volumes 1-3

Tennessee 1850 Agricultural Census: Volumes 1–5
Tennessee 1860 Agricultural Census: Volumes 1 and 2
Texas 1850 Agricultural Census, Volume 1: Anderson through Hunt Counties
Texas 1850 Agricultural Census, Volume 2: Jackson through Williamson Counties
Texas 1860 Agricultural Census, Volumes 1-5
Virginia 1850 Agricultural Census, Volumes 1-5
Virginia 1860 Agricultural Census, Volumes 1 and 2
West Virginia 1850 Agricultural Census, Volumes 1 and 2
West Virginia 1860 Agricultural Census, Volume 1-4

www.ingramcontent.com/pod-product-compliance
Lightning Source LLC
Chambersburg PA
CBHW081233170426
43198CB00017B/2750